新编21世纪法学系列教材
总主编　曾宪义　王利明

立法学

第五版

主　编　朱力宇　叶传星

撰稿人（以撰写章节的先后为序）
朱力宇　叶传星　万其刚　董珍祥

A Textbook on Law-making

中国人民大学出版社
·北京·

内容简介

本书是供法学本科生使用的专业课程教材。本书第五版结合近年来我国立法实践和立法学研究的新进展，对第四版作了较大的修改和完善，力求体现近年来全面推进依法治国战略对立法工作的新要求。

本书围绕创制良法这一核心问题，力求简洁、全面地说明立法的基础原理、立法过程、立法程序以及立法技术等立法学中的重要问题。

本书主要以中国的立法制度和实践为考察对象，也介绍了域外的一些相关立法制度。

本书第五版从便利教学的角度共分为三编。第一编是立法的基础理论，主要阐述立法的概念和本质、立法的历史发展、立法原则、立法与利益、立法主体、立法体制以及立法效力等基础性问题，重在说明，立法要结合具体的国情、社情、民情，要贯彻正确的立法指导思想和立法原则，立法的核心是处理各类重大利益关系；也阐述立法主体、立法体制、立法效力等基本问题。第二编从动态的角度论述立法过程，以及立法过程中的主要程序，主要阐释立法规划、立法起草、立法程序、立法解释、立法完善、立法监督以及立法协商等问题，重在说明，立法过程是一个复杂的系统工程，立法过程的各个环节都对提高立法质量有重要意义。第三编介绍立法技术的基本理论，主要阐述法律规范的结构与形式、法律文本的结构和形式、立法语言等问题，旨在表明，立法也是一项高度专业化的技术活动，必须注重细节，从细节着手。

主编简介

朱力宇　中国人民大学法学院教授、法学博士；兼任中国人民大学人权研究中心学术委员会秘书长，《人权》杂志常务副总编；法国马赛第三大学访问学者，法国巴黎第一大学访问学者。主要研究领域为法理学、立法学、人权法学等。主要著作包括《彭真民主法制思想研究》（专著）、《依法治国论》（主编）、《法理学原理与案例教程》（主编）、《马克思的幽灵》（译著）等。

叶传星　中国人民大学法学院教授、法学博士；兼任中国人民大学人权研究中心副主任，中国法学会立法学研究会常务理事。主要研究领域为法理学、立法学、人权法学等。主要著作包括《当代中国的法理念》（专著）、《转型社会中的法律治理》（专著）、《马克思恩格斯法律思想研究》（专著）、《迈向新法律常识》（译著）等。

总序

曾宪义

在人类文明与文化的发展中，中华民族曾作出过伟大的贡献，不仅最早开启了世界东方文明的大门，而且对人类法治、法学及法学教育的生成与发展进行了积极的探索与光辉的实践。

在我们祖先生存繁衍的土地上，自从摆脱动物生活、开始用双手去进行创造性的劳动、用人类特有的灵性去思考以后，我们人类在不断改造客观世界、创造辉煌的物质文明的同时，也在不断地探索人类的主观世界，逐渐形成了哲学思想、伦理道德、宗教信仰、风俗习惯等一系列维系道德人心、维持一定社会秩序的精神规范，更创造了博大精深、义理精微的法律制度。应该说，在人类所创造的诸种精神文化成果中，法律制度是一种极为奇特的社会现象。因为作为一项人类的精神成果，法律制度往往集中而突出地反映了人类在认识自身、调节社会、谋求发展的各个重要进程中的思想和行动。法律是现实社会的调节器，是人民权利的保障书，是通过国家的强制力来确认人的不同社会地位的有力杠杆，它来源于现实生活，而且真实地反映现实的要求。因而透过一个国家、一个民族、一个时代的法律制度，我们可以清楚地观察到当时人们关于人、社会、人与人的关系、社会组织以及哲学、宗教等诸多方面的思想与观点。同时，法律是一种具有国家强制力、约束力的社会规范，它以一种最明确的方式，对当时社会成员的言论或行动作出规范与要求，因而也清楚地反映了人类在各个历史发展阶段中对于不同的人所作出的种种具体要求和限制。因此，从法律制度的发展变迁中，同样可以看到人类自身不断发展、不断完善的历史轨迹。人类社会几千年的国家文明发展历史已经无可争辩地证明，法律制度乃是维系社会、调整各种社会关系、保持社会稳定的重要的工具。同时，法律制度的不断完善，也是人类社会文明进步的显著体现。

由于发展路径的不同、文化背景的差异，东方社会与西方世界对于法律的意义、底蕴的理解、阐释存有很大的差异，但是，在各自的发展过程中，都曾比较注重法律的制定与完善。中国古代虽然被看成是“礼治”的社会、“人治”的世界，被认为是“只有刑，没有法”的时代，但从《法经》到《唐律疏议》、《大清律例》等数十部优秀成文法典的存在，充分说明了成文制定法在中国古代社会中的突出地位，唯这些成文法制所体现出的精神旨趣与现代法律文明有较大不同而已。时至 20 世纪初叶，随着西风东渐、东西文化交流加快，中国社会开始由古代的、传统的社会体制向近现代文明过渡，建立健全的、符合现代理性精神的法律文明体系方成为现代社会的共识。正因为如此，近代以来的数百年间，在西方、东方各主要国家里，伴随着社会变革的潮起潮落，法律改革运动也一直呈方兴未艾之势。

从历史上看，法律的文明、进步，取决于诸多的社会因素。东西方法律发展的历史均充分证明，推动法律文明进步的动力，是现实的社会生活，是政治、经济和社会文化的变迁；同时，法律内容、法律技术的发展，往往依赖一大批法律专家以及更多的受过法律教育的社会成员的研究和推动。从这个角度看，法学教育、法学研究的发展，对于法律文明的发展进步，也有着异常重要的意义。正因为如此，法学教育和法学研究在现代国家的国民教育体系和科学研究体系中，开始占有越来越重要的位置。

中国近代意义上的法学教育和法学研究，肇始于 19 世纪末的晚清时代。清光绪二十一年（公元 1895 年）开办的天津中西学堂，首次开设法科并招收学生，虽然规模较小，但仍可以视为中国最早的近代法学教育机构（天津中西学堂后改名为北洋大学，又发展为天津大学）。三年后，中国近代著名的思想家、有“维新骄子”之称的梁启超先生即在湖南《湘报》上发表题为《论中国宜讲求法律之学》的文章，用他惯有的富有感染力的激情文字，呼唤国人重视法学，发明法学，讲求法学。梁先生是清代末年一位开风气之先的思想巨子，在他的辉煌的学术生涯中，法学并非其专攻，但他仍以敏锐的眼光，预见到了新世纪中国法学研究和法学教育的发展。数年以后，清廷在内外压力之下，被迫宣布实施“新政”，推动变法修律。以修订法律大臣沈家本为代表的一批有识之士，在近十年的变法修律过程中，在大量翻译西方法学著作，引进西方法律观念，有限度地改造中国传统的法律体制的同时，也开始推动中国早期的法学教育和法学研究。20 世纪初，中国最早设立的三所大学——北洋大学、京师大学堂、山西大学堂均设有法科或法律学科目，以期“端正方向，培养通才”。1906 年，应修订法律大臣沈家本、伍廷芳等人的奏请，清政府在京师正式设立中国第一所专门的法政教育机构——京师法律学堂。次年，另一所法政学堂——直属清政府学部的京师法政学堂也正式招生。这些大学法科及法律、法政学堂的设立，应该是中国历史上近代意义上的正规专门法学教育的滥觞。

自清末以来，中国的法学教育作为法律事业的一个重要组成部分，随着中国社会的曲折发展，经历了极不平坦的发展历程。在 20 世纪的大部分时间里，中国社会一直充斥着各种矛盾和斗争。在外敌入侵、民族危亡的沉重压力之下，中国人民为寻找适合中国国情的发展道路而花费了无穷的心力，付出过沉重的代价。从客观上看，长期的社会骚动和频繁的政治变迁曾给中国的法治与法学带来过极大的消极影响。直至 70 年代末期，以“文化大革命”宣告结束为标志，中国社会开始用理性的目光重新审视中国的过去，规划国家和社会的未来，中国由此进入长期稳定、和平发展的大好时期，以这种大的社会环境为背景，中国的法学教育也获得了前所未有的发展机遇。

从宏观上看，实行改革开放以来，经过二十多年的努力，中国的法学教育事业所取得的成就是辉煌的。首先，经过“解放思想，实事求是”思想解放运动的洗礼，在中国法学界迅速清除了极左思潮及苏联法学模式的一些消极影响，根据本国国情建设社会主义法治国家已经成为国家民族的共识，这为中国法学教育和法学研究的发展奠定了稳固的思想基础。其次，随着法学禁区的不断被打破、法学研究的逐步深入，一个较为完善的法学学科体系已经建立起来。理论法学、部门法学各学科基本形成了比较系统和成熟的理论体系和学术框架，一些随着法学研究逐渐深入而出现的法学子学科、法学边缘学科也渐次成型。1997 年，国家教育主管部门和教育部高校法学学科教学指导委员会对原有专业目录进行了又一次大幅度调整，决定自 1999 年起法学类本科只设一个单一的法学专业，按照一个专业招生，从而使法学学科的布局更加科学和合理。同时，在充分论证的基础上，确定了法学专业本科教学的 14 门核心课程，加上其他必修、选修课程的配合，由此形成了一个传统与更新并重、能够适应国家和社会发展需要的教学体系。法学硕士和博士研究生及法律硕士专业学位研究生的专业设置、课程教学和培养体系也日臻完善。再次，法学教育的规模迅速扩大，层次日趋齐全，结构日臻合理。目前中国有六百余所普通高等院校设置了法律院系或法律本科专业，在校本科学生和研究生已达二十余万人。除本科生外，在一些全国知名的法律院校，法学硕士研究生、法律硕士专业学位研究生、法学博士研究生已经逐步成为培养的重点。

众所周知，法律的进步、法治的完善，是一项综合性的社会工程。一方面，现实社会关系的发展，国家政治、经济和社会生活的变化，为法律的进步、变迁提供动力，提供社会的土壤。另一方面，法学教育、法学研究的发展，直接推动法律进步的进程。同时，全民法律意识、法律素质的提高，则是实现法治国理想的关键的、决定性的因素。在社会发展、法学教育、法学研究等几个攸关法律进步的重要环节中，法学教育无疑处于核心的、基础的地位。中国法学教育过去二十多年所走过的历程令人激动，所取得的成就也足资我们自豪。随着国家的发展、社会的进步，在 21 世纪，我们面临着更严峻的挑战和更灿烂的前景。“建设世界一流法学教育”，任重道远。

首先，法律是建立在经济基础之上的上层建筑，以法治为研究对象的法学也就成为一门实践性很强的学科。社会生活的发展变化，势必要对法学教育、法学研究不断提出新的要求。经过二十多年的奋斗，中国改革开放的前期目标已顺利实现。但随着改革开放的逐步深入，国家和社会的一些深层次问题，比如说社会主义市场经济秩序的真正建立、国有企业制度的改革、政治体制的完善、全民道德价值的重建、环境保护和自然资源的合理利用等等，也已经开始浮现出来。这些复杂问题的解决，无疑最终都会归结到法律制度的完善上来。建立一套完善、合理的法律制度，构建理想的和谐社会，乃一项持久而庞大的社会工程，需要全民族的智慧和努力。其中的基础性工作，如理论的论证、框架的设计、具体规范的拟订、法律实施中的纠偏等等，则有赖于法学研究的不断深入，以及高素质人才特别是法律人才的养成，而培养法律人才的任务，则是法学教育的直接责任。

其次，21 世纪是一个多元化的世纪。20 世纪中叶发生的信息技术革命，正在极大地改变着我们的世界。现代科学技术，特别是计算机网络信息技术的发展，使传统的生活方式、思想观念发生了根本的改变，并由此引发许多人类从未面对过的问题。就法学教育而言，在21世纪所要面临的，不仅是教学内容、研究对象的多元化问题，而且还有培养对象、培养目标的多元化、教学方式的多元化等一系列问题，这些问题都需要法学界去思考、去探索。

中国人民大学法学院建立于1950年，是新中国诞生后创办的第一所正规高等法学教育机构。在半个多世纪的岁月中，中国人民大学法学院以其雄厚的学术力量、严谨求实的学风、高水平的教学质量以及丰硕的学术研究成果，在全国法学教育领域处于领先地位，并开始跻身于世界著名法学院之林。据初步统计，中国人民大学法学院已经为国家培养法学专业本科生、硕士生、博士生一万余人，培养各类成人法科学生三十余万人。经过多年的努力，中国人民大学法学院形成了较为明显的学术优势，在现职教师中，既有一批资深望重、在国内外享有盛誉的法学前辈，更有一大批在改革开放后成长起来的优秀中青年法学家。这些老中青法学专家多年来在勤奋研究法学理论的同时，也积极投身于国家的立法、司法实践，对国家法制建设贡献良多。

有鉴于此，中国人民大学法学院与中国人民大学出版社经过研究协商，决定结合中国人民大学法学院的学术优势和中国人民大学出版社的出版力量，出版一套“21世纪法学系列教材”。自1998年开始编写出版本科教材，包括按照教育部所确定的法学专业核心课程和其所颁布印发的《全国高等学校法学专业核心课程基本要求》而编写的14门核心课程教材，也包括法学各领域、各新兴学科教材及教学参考书和案例分析在内，到2000年12月3日在人民大会堂大礼堂召开举世瞩目的“21世纪世界百所著名大学法学院院长论坛暨中国人民大学法学院成立五十周年庆祝大会”之时，业已出版了50本作为50周年院庆献礼，到现在总共出版了80本。为了进一步适应高等法学教育发展的形势和教学改革的需要，最近中国人民大学法学院与中国人民大学出版社决定将这套教材扩大为四个系列，即：“本科生用书”、“法学研究生用书”、“法律硕士研究生用书”以及“司法考试用书”，总数将达二百多本。我们设想，本套教材的编写，将更加注意“高水准”与“适用性”的合理结合。首先，本套教材将由中国人民大学法学院具有全国影响的各学科的学术带头人领衔，约请全国高校优秀学者参加，形成学术实力强大的编写阵容。同时，在编写教材时，将注意吸收中国法学研究的最新的学术成果，注意国际学术发展的最新动向，力求使教材内容能够站在21世纪的学术前沿，反映各学科成熟的理论，体现中国法学的水平。其次，本套教材在编写时，将针对新时期学生特点，将思想性、学术性、新颖性、可读性有机结合起来，注意运用典型生动的案例、简明流畅的语言去阐释法律理论与法律制度。

我们期望并且相信，经过组织者、编写者、出版者的共同努力，这套法学教材将以其质量效应、规模效应，力求成为奉献给新世纪的精品教材，我们诚挚地祈望得到方家和广大读者的教正。

2006年7月1日

序言

法学教育是高等教育的重要组成部分，是建设社会主义法治国家、构建社会主义和谐社会的重要基础，并居于先导性的战略地位。在我国社会转型的新世纪、新阶段，法学教育不仅要为建设高素质的法律职业共同体服务，而且要面向全社会培养大批治理国家、管理社会、发展经济的高层次法律人才。近年来，法学教育取得了长足的进步，法科数量增长很快，教育质量稳步提高，培养层次日渐完善，目前已经形成了涵盖本科生、第二学士学位生、法学硕士研究生、法律硕士研究生、法学博士研究生的完整的法学人才培养体系，接受法科教育已经成为莘莘学子的优先选择之一。随着中国法治事业的迅速发展，我们有理由相信，中国法学教育的事业大有可为，中国法学教育的前途充满光明。

教育的基本功能在于育人，在于塑造德才兼备的高素质人才。法学教育的宗旨并非培养只会机械适用法律的“工匠”，而承载着培养追求正义、知法懂法、忠于法律、廉洁自律的法律人的任务。要完成法学教育的使命，首先必须认真抓好教材建设。我始终认为，教材是实现教育功能的重要工具和媒介，法学教材不仅仅是法学知识传承的载体，而且是规范教学内容、提高教学质量的关键，对法学教育的发展有着不可估量的作用。

第一，法学教材是传授法学基本知识的工具。初学法律，既要有好的老师，又要有好的教材。正如冯友兰先生所言：“学哲学的目的，是使人作为人能够成为人，而不是成为某种人。其他的学习(不是学哲学)是使人能够成为某种人，即有一定职业的人。”一套好的教材，能够高屋建瓴地展示法律的体系，能够准确简明地阐释法律的逻辑，能够深入浅出地叙述法律的精要，能够生动贴切地表达深奥的法理。所以，法学教材是学生学习法律的向导，是学生步入法律殿堂的阶梯。如果在入门之初教材就有偏颇之处，就可能误人子弟，学生日后还要花费大量时间与精力来修正已经形成的错误观念。

第二，法学教材是传播法律价值理念的载体。好的法学教材不仅要传授法学知识，更要传播法律的精神和法治的理念，例如对公平、正义的追求，尊重权利的观念。本科、研究生阶段的青年学子，正处在人生观、价值观形成的阶段，一套优秀的法学教材，对于他们价值观的塑造和健全人格的培养具有重要意义。

第三，法学教材是形成职业共同体的主要条件。建设社会主义法治国家，有赖于法律职业共同体的生成。一套好的法学教材，向法律研习者传授共同的知识，这对于培养一个接受共同的价值理念、共同的法律思维、共同的话语体系的法律共同体，具有重要的作用。

第四，法学教材是所有法律研习者的良师益友。没有好的教材，一个好的教师或可弥补教材的欠缺和不足，但对那些没有老师指导的自学者而言，教材就是老师，其重要作用是显而易见的。

长期以来，在我们的评价体系中，教材并没有获得应有的注重，对学术成果的形式优先考虑的往往是专著而非教材。在不少人的观念中，教材与创新、与学术精品甚至与学术无缘。其实，要真正写出一部好的教材，其难度之大、工作之艰辛、影响之深远，绝不低于一部优秀的专著，它甚至可以成为在几百年甚至更长的时间内发挥作用的传世之作。以查士丁尼的《法学阶梯》为例，所谓法学阶梯，即法学入门之义，就是一部教材。但它概括了罗马法的精髓，千百年来，一直是人们研习罗马法最基本的著述。日本著名学者我妻荣说过，大学教授有两大任务：一是写出自己熟悉的专业及学术领域的讲义乃至教科书；二是选择自己最有兴趣、最看重的题目，集中精力进行终生的研究。实际上，这两者是相辅相成的。写出一部好教材，必须要对相关领域形成一个完整的知识体系，还要能以深入浅出的语言将问题讲清楚、讲明白。没有编写教材的基本功，实际上也很难写出优秀的专著。当然，也只有对每一个专题都有一定研究，才能形成对这个学术领域的完整把握。

虽然近几年我国法学教育发展迅速，成绩显著，但是法学教育也面临许多挑战。各个学校的师资队伍和教学质量参差不齐，这就更需要推出更多的结构严谨、内容全面、角度各有侧重、能够适应不同需求的法学教材，为提高法学教学和人才培养质量、保障法学教育健康发展提供前提条件。

长期以来，中国人民大学法学院始终高度重视教材建设。作为新中国成立后建立的第一所正规的法学教育机构，中国人民大学法律系最早开设了社会主义法学教学课堂，编写了第一套社会主义法学讲义，培养了新中国第一批法学本科生和各学科的硕士生、博士生，产生了新中国最早的一批法学家和法律工作者。中国人民大学法律系因此被誉为“新中国法学教育的工作母机”。半个多世纪以来，中国人民大学法学院为社会主义法制建设培养了大批优秀的法律人才，并为法学事业的振兴和繁荣作出了卓越贡献，也因此成为引领中国法学教育的重镇、凝聚国内法律人才的平台和沟通中外法学交流的窗口，并在世界知名法学院行列中崭露头角。为了对中国法学教育事业作出更大的贡献，我们有义务也有责任出版一套体现我们最新研究成果的法学教材。

承蒙中国人民大学出版社的大力支持，我们组织编写了本套教材，其中包括本科生用书、法律硕士研究生用书、法学研究生用书和司法考试用书四大系列，分别面向不同层次法科教育需求。编写人员以中国人民大学法学院教师为主，反映了中国人民大学法学院整体的研究实力和学术视野。相信本套教材的出版，一定能够为新时期法学教育的繁荣发展发挥应有的作用。

是为序。

2006 年 7 月 10 日

第五版修订说明

法律是治国之重器，良法是善治之前提。对立法学的研究和学习正是探求“良法”的基础性工作。党的十八大提出“全面推进依法治国”，党的十八届三中全会和四中全会进一步从重大制度改革和完善的角度部署这一重大战略。党的十九大提出：“推进科学立法、民主立法、依法立法，以良法促进发展、保障善治。”“形成完备的法律规范体系”“科学立法”正是全面依法治国的基本要求之一。

党的二十大提出：“推进科学立法、民主立法、依法立法，统筹立改废释纂，增强立法系统性、整体性、协同性、时效性。完善和加强备案审查制度。”因此，“完善以宪法为核心的中国特色社会主义法律体系”是全面依法治国的基本要求之一。还需要特别指出的是，中共中央总书记、国家主席、中央军委主席习近平于2022年4月25日在中国人民大学考察调研时指出：当前，坚持和发展中国特色社会主义理论和实践提出了大量亟待解决的新问题，世界百年未有之大变局加速演进，世界进入新的动荡变革期，迫切需要回答好“世界怎么了”“人类向何处去”的时代之题。要坚持把马克思主义基本原理同中国具体实际相结合、同中华优秀传统文化相结合，立足于中华民族伟大复兴战略全局和世界百年未有之大变局，不断推进马克思主义中国化时代化。加快构建中国特色哲学社会科学，归根结底是建构中国自主的知识体系。要以中国为观照、以时代为观照，立足中国实际，解决中国问题，不断推动中华优秀传统文化创造性转化、创新性发展，不断推进知识创新、理论创新、方法创新，使中国特色哲学社会科学真正屹立于世界学术之林。

本教材的修改正是在上述大背景下进行的，我们力求努力回应国家治理现代化对“良法”的期待，反映党和国家关于完善立法的改革理念和制度创新，也努力反映近些年立法学研究和立法实践的新发展。

本教材第五版对前一版进一步完善，并进行了一定幅度的修改，主要有如下几个方面：

（1）将党的十九大以及十九届历次全会和党的二十大关于立法的新精神、新观点体现在本教材之中。同时，结合2018年修改宪法、建立国家监察制度、正式提出习近平法治思想和2023年修正《立法法》等立法新实践，对所涉及的立法问题进行了修改和充实，如：主要完善了对立法原则、监察法规、立法监督、立法参与、立法听证等相关制度的介绍和表述；在第三章“立法原则”删去了第四版中的“我国立法的指导思想”一节，增加了“习近平关于立法工作的论述”一节，以体现习近平法治思想对立法的指导引领作用，而且结合近年来立法实践的发展，特别是2023年《立法法》的修改，在第三节“关于新时代中国若干立法原则的理论阐释”增加了新内容。

（2）将第四版的四编结构调整为本版的三编结构，对多个章的顺序也做了调整，以求更便于读者领会和学习相关内容。如将“立法程序”章调整到第二编“立法过程与程序”中，将“立法协商”章调整在第十三章。同时，在各编各章的文字表述方面也做了修改，对一些法律术语进行了统一，力求精炼和准确。

（3）对各个章节中的“资料链接”进行了必要的更新，也更新了每章的“延伸阅读”文献，以帮助读者更好地理解本教材的相关重要知识点，扩展视野。

于本教材第五版的修订，各位作者所负责的章节分别是（以撰写章节的先后为序）：

朱力宇（中国人民大学法学院教授，法学博士）：绪论、第一章、第二章、第五章、第六章、第七章；

叶传星（中国人民大学法学院教授，法学博士）：第三章、第四章、第十一章、第十二章、第十三章第一、二节、第十四章；

万其刚（全国人大常委会办公厅研究室一级巡视员，法学博士）：第八章，第九章和第十三章第三、四节；

董珍祥（全国人大华侨委员会办公室主任）：第十章、第十五章和第十六章；

本教材第五版由朱力宇、叶传星最后统稿、定稿。

我们在各章的“资料链接”中摘编了有关学者作品中的文字，分享了其精彩观点，在此特致以热忱的谢意。希望读者诸君和我们一样，能从所选编的文献中受益。

与以往各版次一样，我们也期待得到有关专家、学者及读者对本版次的意见和建议，以便以后修改时进一步完善。

编著者

2023年5月

编写说明

实行和实现“依法治国，建设社会主义法治国家”的基本方略和奋斗目标的前提和基础条件，是要有法可依，因此，必须加强立法工作，提高立法质量。本书以我国社会主义立法为重点，对立法原理、立法制度、立法过程和立法技术等立法学的基本内容，进行了全面、详细的论述。本书在参考国内外有关立法学著述的基础上，力图从理论与应用、历史与现实、国内与国外、静态与动态、宏观与微观等相结合的角度，对各种立法活动及其规律进行科学的说明和综合性的研究，也力图写出自己的特色。本书的编写人员既有在高校长期从事立法学教学和研究的学者，也有在实际立法部门进行立法工作的有丰富经验的工作者，因此，本书既可以满足高校本科生教学的需要，也适合在研究机构和实际部门工作的人员阅读。

本书各章节的撰稿人是（以撰写章节先后为序）；

朱力宇，中国人民大学法学院教授，法学博士，博士生导师；负责绪论、第一章、第二章、第三章、第五章、第六章和第十章第一节的撰写。

叶传星，中国人民大学法学院副教授，法学博士；负责第四章、第十一章的撰写。

万其刚，全国人大常委会办公厅研究室综合室副处长，法学硕士；负责第七章、第八章、第九章的撰写。

董珍祥，全国人大常委会办公厅培训中心处长，法学硕士；负责第十章第二、三、四节和第十二章、第十四章的撰写。

张曙光，中国人民大学法学院副教授；负责第十三章的撰写。

全书由朱力宇统稿和定稿。如有不当之处，衷心欢迎读者提出批评意见。

编著者

2001 年 7 月

目录

绪 论
立法学概述

本章导读

为实现“全面推进依法治国，加快建设社会主义法治国家”的基本方略和国家治理目标，必须加强立法工作，提高立法质量，完善中国特色社会主义法律体系，发挥立法的引领和推动作用，因此，需要以我国社会主义立法为重点，对立法基本原理和制度、立法过程和程序、立法技术等立法学的基本内容，进行认真的学习和研究。立法学作为一门独立的法学新兴学科，有自己的研究对象和范围，有自己的学科体系，有自己产生和形成的历史沿革，在法学体系中也有自己相应的地位。这些都是我们在学习立法学时首先应当了解的。

关键术语

立法学　立法学的研究对象　立法学的研究范围

第一节　立法学的研究对象、研究范围和学科体系

一、立法学的研究对象

立法学是专门以法的创制活动及其规律为研究对象的法学分支学科。法的创制活动在各种法律现象中具有相对的独立性，因而对其进行的研究可以构成一门独立的法学分支学科。当人们将法的创制活动作为一种特定的法律现象而专门研究其内在的规律性时，立法学也就产生了。

所谓法的创制活动，是指有关国家机关在其法定的职权范围内，依照法定程序，制定、修改和废止规范性文件以及认可法律规范的各种活动。根据法的创制方式和表现形式的不同，可以将法的创制活动分为法的制定和法的认可。法的制定，是指国家机关在法定的职权范围内依照法定程序，制订、修改、废止规范性文件的活动，即广义上的立法。通过这种方式创制的法律规范是成文法。法的认可，是指国家承认并赋予某些行为规范以法律上的效力的活动。通过这种方式创制的法律规范是不成文法。在我国，由于绝大多数的法律规范都是通过法的制定方式创制的，所以在本书中，立法学的研究对象

实际是指法的制定活动及其规律。为行文的简洁、方便和统一，如无特别说明，本书所说的立法均指法的制定，即广义上的立法。

二、立法学的研究范围

立法学的研究对象涉及立法的许多问题，因此有必要划定立法学的研究范围，这样不仅可以将立法学的研究对象具体化，从而确定立法学研究的具体内容，同时也可以将立法学同其他法学学科加以区别。我们可以从不同角度对立法活动及其规律进行研究，以确定立法学的研究范围。

首先，可以从理论和应用相结合的角度对立法活动及其规律进行研究。从理论的角度讲，立法活动是有自己的理论和逻辑的；从应用的角度讲，立法活动又必须适应法律调整的实际需要；所以，立法学不仅要研究立法中的一般理论和制度问题，而且要研究立法实践中提出的应用性问题，以保证在立法实践中，民主、科学、正确、合法地创制法律规范。

其次，可以从历史和现实相结合的角度对立法活动及其规律进行研究。从历史的角度讲，立法涉及立法史的有关问题，包括不同国别的立法史、一国不同时期的立法史以及各部门法的立法史等；从现实的角度讲，立法涉及各国现实立法中具有共同性和特殊性的各种问题，立法学主要是以现实立法问题为研究对象的；所以，立法学要以我国立法活动中带有规律性、共同性的现实问题为主要研究对象。当然，也有必要介绍和论述一些中外立法史及外国现实立法中的相关问题。

再次，可以从静态和动态相结合的角度对立法活动及其规律进行研究。从静态的角度讲，近现代以来各国都是通过法律来规范立法活动的，必然形成静态的制度性规定；从动态的角度讲，各国立法要顺次经过各个法定阶段，是立法主体进行活动的过程；所以，立法学不仅要研究立法的基本制度和有关规定，而且也要研究立法过程。

最后，可以从宏观和微观相结合的角度对立法活动及其规律进行研究。从宏观的角度讲，立法活动会涉及一国的政治制度和国家机构体系等方面的重大理论问题和实践问题；从微观的角度讲，立法也会涉及起草规范性文件的技术和技巧问题，还会涉及各部门法的一些专门问题；所以，立法学不仅要研究宏观的立法制度和理论问题，也要分析微观的立法技术问题。

综上所述，本书所确定的立法学的研究范围，是以立法基本原理和制度、立法过程和程序、立法技术为基本内容的，是以我国社会主义立法为重点的。本书要从理论与实践、历史与现实、国内与国外等相结合的角度，对各种立法活动及其规律进行综合性研究。

三、立法学的学科体系

立法学作为一门独立的法学分支学科，有自己的学科体系。立法学是跨法学学科对法的创制活动进行综合研究的学科，迄今我国出版的立法学教材体系虽然各不相同，但是多为概论或通论性质的，所以本书也拟按照通论的性质，将立法学的学科体系分为三个部分，即分为三编。

第一编研究的是立法基本原理与制度，即研究立法活动中具有普遍性和规律性的有关基本理论范畴和重要制度，包括立法的概念、本质和作用及立法的历史发展、立法原则和立法的指导思想、立法与利益等方面的理论问题，以及立法主体、立法体制、立法效力等制度问题。在第一编中，我们特别注意以马克思主义和中国特色社会主义理论体系的基本原理，尤其是习近平法治思想和习近平关于立法工作的论述为指导，通过历史和现实的线索，重点研究和论述我国社会主义立法活动中的那些具有规律性、原则性和指导性的重大理论问题。同时，我们还将特别注意结合我国社会主义立法的实际，根据宪法和有关法律特别是《立法法》的规定，全面、系统地介绍我国立法活动的一些重要制度，并且说明这些制度形成的原因和理论依据。

第二编研究的是立法过程与程序，即研究立法活动在有关制度的具体运行的过程中涉及的实体性和程序性问题，包括立法准备、立法程序、立法修正、立法解释、立法协商、立法监督等活动。在第二编中，我们同样将特别注意结合我国社会主义立法的实际，根据宪法和有关法律，特别是《立法法》的规定，对较为宏观的立法问题，进行介绍和讲解。

第三编研究的是立法技术，即研究立法活动中实际具体运用的有关技术，具体包括法条的设计和表达技术、法律文本的设计与表达技术、立法语言等。在第三编中，我们将特别关注依据现代科学提供的方法，按照规范性文件本身的特点和要求，对起草和修正规范性文件过程中较为微观的立法问题，进行介绍和讲解。

需要说明的是，上述三编的划分是相对的，是为了学习的方便。这是因为，有些立法程序是规定在立法制度中的，而立法技术也会体现在立法过程中，程序和技术都涉及有关理论，不可能截然分开。

还需要指出的是，还有些著述和教材将立法学分为立法学总论和立法学分论。一般来说，总论部分包括立法的基本原理、基本制度、基本技术等；而分论部分则按照两个不同的系统来进行研究，或是以法律体系和法律部门为主线，研究刑事立法、民事立法、经济立法等，或是以立法体系和法律渊源为主线，研究宪法的制定、法律的制定、行政法规的制定、地方性法规的制定等。

我们可以说，随着法学研究整体化和专门化趋势不断发展，立法学的研究领域也将不断扩展和深化。一方面，作为通论性质的立法学将继续吸收其他法学学科、相关社会科学甚至自然科学学科中规律性、共同性的理论、方法和技术，从而逐渐丰富和完善自己的学科体系。另一方面，立法学体系内部也将不断产生和形成分支学科和新的研究方向。例如，按照历史和理论来划分，立法学可以分为立法史学和立法理论学。立法史学又可分为中华民国立法史、中华人民共和国立法史、刑事立法史、民事立法史、经济立法史和立法思想史等研究方向。立法理论学又可分为刑事立法学、民事立法学、经济立法学等。又如，按照研究的方法和内容来划分，立法学可分为比较立法学、立法哲学、立法社会学、立法程序学、立法技术学、立法语言学等。

第二节　立法学的产生发展概况

一、立法学产生和形成的条件

在人类历史上，法学是在法律这种社会现象出现之后，随着立法的广泛发展才产生的。恩格斯指出："随着立法进一步发展为复杂和广泛的整体，出现了新的社会分工的必要性：一个职业法学家阶层形成起来了，同时也就产生了法学。"[①] 可见，法学的产生与立法活动是分不开的，有立法现象才会产生关于立法问题的思想和理论，法学对法律问题的研究首先就是从对立法的研究开始的，所以，关于立法问题的理论和学说不仅历史悠久，而且资料丰富。但是，在奴隶制社会和封建制社会里，法学并没有形成一门独立的学科，而是同哲学、政治学、伦理学、神学等结合在一起的，因此，自然也就不会有作为法学的一个分支学科的独立的立法学。

一般认为，法学作为一门独立学科是在近代以来逐步形成和不断发展完善的，立法学也随之作为一门独立的学科逐渐形成和发展起来。作为法学的独立分支学科，立法学的产生和形成至少需要三方面的条件。

（一）政治制度条件

现代意义的立法，是建立在民主的政治制度基础之上的，即必须按照少数服从多数的原则来进行立法活动。在奴隶制国家和封建制国家，立法权集中于君主或少数掌权的贵族、官吏手中，他们一言可以立法，一言也可以废法，所以，立法只是君主个人权力活动的产物，无所谓民主和法治。这种不讲民主和法治的立法活动，当然也就难以上升为一门科学。从这一意义上讲，立法学只能产生和存在于近现代民主法治国家之中。在社会主义国家的民主制度环境中，不仅有可能产生系统的立法理论和学说，而且在客观上需要形成适应社会主义民主政治制度的科学的立法学。

（二）立法制度条件

科学的立法活动，还需要遵循严格有序的立法制度。在奴隶制国家和封建制国家，由于没有民主的政治制度，所以，除了一些起草、编纂和解释法典的立法技术，并无以少数服从多数为原则的民主立法制度，因而也就难以产生和形成独立的立法学。近代以来的国家实行的民主制度，都要求在立法体制、立法主体、立法程序、立法监督等方面也建立相应的一系列制度，以保证立法权能够按照各自的政治体制来行使和运行。这些立法制度的规定，使立法活动纳入了严格的制度和程序范围，也使人们有可能专门以立法活动及其规律作为研究的对象。

---

① 《马克思恩格斯选集》，2版，第3卷，211页，北京，人民出版社，1995。

（三）研究资料条件

政治制度和立法制度的确立和完善，是立法学产生和发展的客观条件。作为一门比较系统的法学分支学科的产生和形成，立法学还需要有一定的立法资料的积累。这是立法学产生和形成的主观条件。也就是说，当人们认识到应当从立法制度、立法过程、立法技术等方面去进行专门的研究，积累了较为丰富的立法问题的材料，逐渐从中抽象出一定的立法理论和原则，并且得出一些规律性的认识时，才能够真正产生和形成立法学。从这一意义说，立法学的产生和形成是一个渐进的发展过程。它不仅要求人们将立法活动及其规律的研究从相关的法学分支学科中分离出来，使其研究对象和范围具有相对的独立性和固定性，而且要求人们对立法活动及其规律的研究达到一定的系统化、理论化和学说化的程度。

可以说，只有同时具备以上三方面的条件，立法学才能产生和形成，并且得到发展。我们可以根据这三方面的条件，回顾和考察立法学产生和形成的历史沿革。

二、西方国家的立法学发展概况

西方国家对立法活动的研究起步较早，逐渐形成了至今仍有广泛和重要影响的立法思想和学说。

（一）西方国家立法学的形成和发展阶段

我们可以将西方国家立法学的形成和发展分为三个时期。

第一个时期是从 17 世纪初至 18 世纪末立法学开始产生的时期。在这个时期，资产阶级的思想家和法学家在启蒙运动进程中，以自然法思想为指导，依据分权学说，形成了自己的立法思想和学说。例如，他们对立法与政体的关系，立法、行政、司法三权的分立与制衡，立法权的性质与行使以及实行法治等问题，都提出了一系列有进步意义的见解，为立法学的产生奠定了思想和理论的基础。但是，由于此时资本主义的政治制度还未在世界范围内建立，况且法学还没有与哲学、政治学和神学等学科分离开来，所以人们对立法活动及其规律的研究还只是涉及，还只是理论的探索，缺少制度的实践，还没有形成独立的立法学。

第二个时期是从 18 世纪末到 19 世纪末立法学开始形成的时期。在这个时期，随着资产阶级革命的胜利，西方国家逐渐建立了资产阶级的代议制民主，将分权思想具体形成立法、行政、司法三权互相独立、互相制约和平衡的政治体制。在这样的政治环境中，立法活动必须遵循“三权分立”的原则，就使人们可以从政治制度的角度对立法活动进行比较系统的研究。与此同时，法学和政治学也都从哲学和神学中分离出来，分别成为独立的学科。立法学在此基础上有机会得以形成。但是，此时各国的立法制度本身还不够完善，人们对立法活动及其规律的研究，还是在法学和政治学中分别进行的，而且在法学中也是在法理学和宪法学中分别进行的，立法问题的资料积累尚不充分。这使立法学还不能称为独立的法学学科。

第三个时期是从19世纪末到20世纪80年代立法学逐渐得以形成的时期。在这个时期，各资本主义国家不仅进一步完善了“三权分立”的政治体制，而且由于需要将资本主义的经济和政治制度用立法的形式巩固下来，西方国家在大量的立法活动中，也不断完善了立法制度和立法技术本身。特别是西方各国大都严格遵守宪法，为立法权的行使和立法运行机制的形成等奠定了法治的基础。在这样的立法环境中，立法学能够得到长足的发展。同时，人们也开始从政治学、法理学和宪法学以及其他有关学科中吸取有益的研究成果，尝试专门对立法活动及其规律进行研究，以满足实际立法工作的需要。

从国外关于立法问题的研究情况看，到20世纪80年代，立法学作为法学的独立学科已经形成，因为从此时开始，不仅涉及立法权、立法主体、立法程序、立法参与、立法技术、立法语言、立法信息、立法教育等问题的立法学著作大量问世，而且许多法律院校还普遍开设了与立法问题有关的课程，一些国家还成立了专门研究立法问题的机构，立法学已经从政治学、法理学和宪法学中相对独立出来，具有了自己的研究对象并且形成了自己的研究范围。

（二）西方国家立法学的研究重心

从西方立法学产生和发展的情况看，立法学研究主要集中在以下一些方面：

第一，分权制衡问题是西方立法学对立法活动进行研究的一个重点。西方法学家通常认为，国家权力分为立法、行政、司法三权，根据“主权在民”的思想，立法权必须由立法机关行使，并且要对行政权和司法权进行制约，所以，国外立法学对立法机关的功能、立法机关的产生、立法机关的组成、立法机关的成员、立法机关的职权和立法机关与行政机关、司法机关的关系，以及立法与利益集团的关系等，都进行了比较详细的研究。

第二，程序问题是西方立法学对立法活动进行研究的又一重点。西方法学家通常比较重视程序法对实体法的保障作用，而立法制度中的相当一部分规定属于程序法的范畴，所以，国外立法学的著述，从立法机关的议事规则和行为规范方面，对立法过程中立法案的提出、立法案的辩论和审议、立法案的表决①以及法律的公布等程序，进行了比较深入的探讨。

第三，技术问题也是西方立法学对立法活动进行研究的重点。法学家特别是大陆法系国家的法学家，一般比较重视规范性文件起草中的微观立法技术问题，对于包括规范性文件的内部结构、外部形式、文体、语言等技术问题，都予以了比较全面的说明。

应当指出的是，西方国家的立法学尽管有许多值得我们吸取和借鉴的科学成分与合

---

① 所谓立法案，即我国《立法法》规定的法律案，例如第17条第1款规定的“全国人民代表大会主席团可以向全国人民代表大会提出法律案，由全国人民代表大会会议审议”。所谓法案，我国的法律规定没有这种提法，但是在各种著述特别是翻译的著述中多有法案的称谓，实际上这是对法律案、法规案、规章案等的统称。所谓议案，有多种，除法律案外，还有预算案、决算案、质询案、罢免案等，例如，我国《全国人民代表大会议事规则》第12条规定：“代表团审议议案和有关报告，由代表团全体会议、代表小组会议审议。以代表团名义提出的议案、质询案、罢免案，由代表团全体代表的过半数通过。”本教材在之后有关章节中将根据引用和行文的具体情况，分别使用立法案、法律案、法案和议案等概念，特此说明。

理因素，但是由于其是建立在非马克思主义的理论基础上的，所以总体上仍然是有缺陷的。

三、我国立法学的发展概况

中国是世界文明古国，是历史上出现法律现象并且进行成文立法活动最早的国家之一，因而，我国历史上关于立法问题的资料浩瀚，思想丰富。但是，由于在古代和近代社会中，立法的独立程度不高，所以也就难以产生现代意义上的立法学。新中国的建立，为产生和形成真正科学的立法学提供了可能。

（一）我国立法学的形成过程

新中国成立后，在人民民主专政的社会主义国家的基础上，实行的是人民代表大会制度。这种政治制度是指人民按照民主集中制的原则，选举代表组成全国人民代表大会和地方各级人民代表大会，统一行使国家权力，再以人民代表大会为基础，组成国家机构体系，实现人民当家作主和对敌专政的制度。我国人民代表大会的民主集中制，是在社会主义民主国家的制度下，经过民主的程序决定由少数人代表多数人统一行使国家权力，并且对国家权力的行使实行监督的集中制，即民主基础上的集中。这种在充分发扬民主的基础上，对国家进行集中和统一领导与管理的政治制度，既可以调动广大人民群众的主动性、积极性、创造性，提高工作效率，同时又可以防止个人的专断和独裁，以保证集中的权力为大多数人服务，所以，我国的人民代表大会制度为我们科学、系统地研究我国的立法活动及其规律提供了政治制度方面的条件。同时，人民代表大会通过立法活动，不仅可以建立其他许多法律制度，还可以建立立法制度本身，也为研究我国的立法活动及其规律提供了立法制度方面的条件。

在我国在从20世纪50年代中期到党的十一届三中全会前的很长时间内，忽视甚至削弱了社会主义民主和法制的建设，也较少进行立法活动，缺少立法方面的资料的积累，法学学科的发展也长期陷于停滞，因此，在20世纪80年代以前，在我国的法学中，并没有立法学这一独立的分支学科。

以1978年12月召开的党的十一届三中全会为起点，中国共产党人领导全国人民开始走上依法治国、建设社会主义民主和法治国家之路。从此，我国的立法工作进入了一个新的阶段，立法学的研究也呈现空前活跃的局面。1982年《中华人民共和国宪法》的制定和颁布，奠定了符合我国国情的立法制度的基础。《全国人民代表大会组织法》、《地方各级人民代表大会和地方各级人民政府组织法》（以下简称《地方组织法》）、《全国人民代表大会议事规则》和《全国人民代表大会常务委员会议事规则》（以下简称《全国人大常委会议事规则》）等法律和有关法规，也对我国的立法体制、立法程序、立法过程、立法监督和立法技术等问题作了规定。到2010年年底，涵盖社会关系各个方面的法律部门已经齐全，各法律部门中基本的、主要的法律已经制定，相应的行政法规和地方性法规比较完备，法律体系内部总体做到科学统一。一个立足中国国情和实际、适应改革开放和社会主义现代化建设需要、集中体现党和人民意志的，以宪法为统帅，以宪法相关法、民法商法、行政法、经济法、社会法、刑法、诉讼与非诉讼程序法等多个法律部门的法律为主干，包括行政法规、地方性法规等多个层次的法律规范构成的中国特色社会主义法律体系已经形成。[①] 这些立法不仅使我国在社会主义经济建设、政治建设、文化建设、社会建设、生态文明建设等各个方面实现了有法可依，而且也为中国特色社会主义立法学的形成和大发展奠定了坚实的基础。

立法实践的长足发展，必然要求和促进对立法活动及其规律进行深入、专门的研究。从20世纪80年代起，我国研究、探讨和讲授立法问题的专著、译著、论文、译文和教材等开始陆续出现，而且数量越来越多，涉及的问题的深度和广度也不断发展。与此同时，在许多高等法律院校中，也开设了立法学的课程；全国和一些省、自治区、直辖市还成立了立法学研究会。可见，我国的立法学从20世纪80年代初开始产生，到80年代末90年代初处于初创阶段；到90年代中期，可以说已经基本形成为一门独立的法学分支学科，具有了自己的研究对象和研究范围。特别是2000年3月15日九届全国人大三次会议通过并于同年7月1日生效的《立法法》，不仅是我国关于立法的重要的、基本的宪法性法律，也使我国的立法学研究进入一个新的发展阶段。2015年3月召开的十二届全国人大三次会议对《立法法》作了第一次修正。这次《立法法》修正的一个亮点是扩展了立法主体的范围，设区的市和自治州得以逐步获得相应的立法权。2023年3月召开的十四届全国人大一次会议对《立法法》作了第二次修正。[②] 这将大大推动我国立法工作的新发展，进而也将直接推动我国的立法学研究迈上一个新台阶。

自2010年中国法学会立法学研究会成立到如今，全国开设此课的法律院校已发展到为数众多的程度，仅近年召开的中国立法学年会和有关会议的参会者已经达到数百人之多，有些属于“双一流”的院校甚至已经在论证申请将立法学设为法学的二级学科，就可以证明我国立法学的趋于成熟和繁荣。

（二）我国立法学研究的特点

与西方的立法学相比，我国在立法学的研究方面具有这样一些特点：

第一，我国的立法学同法学的其他学科一样，是以马克思主义为指导的，特别是我国的立法学从产生开始，就是以当代中国的马克思主义即中国特色社会主义理论体系作为根本的指导思想，建立在我国立法实践和中国国情的基础上，具有真正的科学品格。也正因为如此，我们研究立法活动及其规律，应当自觉地以马克思列宁主义、毛泽东思想、邓小平理论、“三个代表”重要思想、科学发展观、习近平新时代中国特色社会主义思想和习近平法治思想为指导。

第二，我国立法学的产生、形成和发展伴随着我国社会主义现代化建设和改革开放的进程。我国立法学的研究积极解放思想，根据当代中国的具体国情，大胆地吸取和借鉴国外立法学的研究成果，在近四十多年获得了较大发展，缩短了与国外研究的

---

① 参见第十一届全国人大常委会委员长吴邦国向十二届全国人大一次会议作的全国人大常委会工作报告（2011年3月10日）。

② 需要说明的是，本教材在引用《立法法》的规定时，如果没有特别说明2000年的《立法法》或2015年修改后的《立法法》，均引用的是2023年修改后的《立法法》的规定。

差距。

第三，我国的一些专家和学者认为，当代立法学研究的态势主要有两种趋势：一是以西方国家为主，比较重视立法技术的研究；二是东方国家包括我国在内，侧重立法理论的研究。[①] 近些年来，我国立法学出现了结合中国立法实践，对立法理论和制度、立法程序、立法技术等问题的研究并重的趋势。

当然，对于中国而言，立法学还是一门新兴的法学学科，目前的研究还不能完全适应我国立法实践的发展，需要我们继续努力，加强和完善对立法学的研究。

第三节 立法学的学科地位及立法学研究的意义

一、立法学在法学体系中的地位

研究立法学在法学体系中的地位问题，目的在于正确认识立法学的性质。对于目前我国法学体系中应当包括哪些分支学科，法学界虽然众说不一，但是都认为可以从多种角度、按照不同标准，对法学进行分类，所以，对于立法学在法学体系中的地位，也需要从多方位加以认识。

（1）立法学属于应用法学。从认识论的角度，法学可以分为理论法学和应用法学。理论法学主要是研究现实和历史中的各种法律现象产生、发展和活动的一般规律和基本原理。应用法学主要是研究现实中的法律的创制和实施的各种实用性、操作性的具体的制度、方法和手段。鉴于立法学主要是研究在现实中创制法律所涉及的具体的制度、程序和技术等问题，我们认为立法学属于应用法学。立法学的这种性质，决定了我们研究的问题应当是直接为立法实践服务的。当然，与其他应用法学一样，立法学也有自己的专门理论，也需要从理论的角度加以研究。

（2）立法学主要属于国内法学。从研究问题的重点的角度，法学可以分为国内法学和国际法学。国内法学主要研究一个国家如何创制和实施自己的有关法律制度和规范，国际法学主要研究国家间如何创制和实施有关的法律制度和规范。由于立法学主要是研究国内法中关于立法的制度、程序和技术等方面的规定，所以我们认为立法学属于国内法学。立法学的这种性质，决定了我们研究的问题主要是我国国内的立法。当然，立法学也要对国际组织的立法问题进行专门的探讨，也需要采用比较的方法，对各国的立法制度、立法程序和立法技术进行介绍和对比，以取优补劣，博采众长。

（3）立法学属于综合法学。从研究问题的范围的角度，法学可以分为专类法学和综合法学。专类法学即各部门法学，这是根据法的部门对法学进行的分类。综合法学即跨部门法学，主要是研究各部门法学中的一些共同性问题。由于现在立法学，特别是总论性质的立法学，主要是研究各部门法在立法中出现的共同性问题的，所以我们认为立法

---

① 参见张善恭主编：《立法学原理》，11页，上海，上海社会科学院出版社，1991；谷安梁主编：《立法学》，2页，北京，法律出版社，1993。

学属于跨部门法学。立法学的这种性质，决定了我们应当对各部门法立法中的问题加以综合、概括和总结。当然，如前所说，随着分论性质的立法学的发展，立法学体系内部也会进一步对刑事立法、民事立法、经济立法等问题，予以专门的研究。

二、立法学与其他相关学科的关系

立法学作为一门独立的法学分支学科，有自己专门的研究对象和相对确定的研究范围。但是，立法学又不是孤立存在的，它与某些法学学科和非法学学科也有密切的关系，所以，研究立法学在法学体系中的地位问题，还必须对立法学与这些学科的关系作出一些说明，这样才能更好地认识立法学的性质。

（一）立法学与相关法学学科的关系

一般来说，立法学与法学各学科都有联系。例如，立法学所研究的立法活动及其规律，实际上必然涉及各部门法的具体立法问题，这同样是各部门法学也要涉及的问题。但是，由于立法学的产生，与法理学和宪法学等法学学科有更为密切的关系，它的研究对象和范围，与法理学和宪法学又有重合和交叉，所以，我们这里着重要说明立法学与法理学和宪法学的关系问题。

法理学是法学的基础理论学科，它把法律上层建筑作为整体，研究其产生、本质、发展的规律，研究其在社会生活中的作用以及法的创制和实施中的一般性理论问题。法理学所揭示的关于法的一般规律、基本理论、基本范畴和基础知识，对于立法学的研究具有指导意义。例如，法理学所揭示的法的本质的原理，对于理解立法的本质就具有指导作用。立法学作为应用法学，更直接地与立法实践相联系，它所研究的立法理论、立法制度、立法过程、立法技术等，既是对法理学的某些研究领域，特别是法的创制问题的具体化和深入化，又是法理学的理论、知识和经验的来源之一。例如，立法学研究的立法体制问题，对于法理学关于法律体系的协调问题的探讨就有积极的促进作用。因此，从一定意义上说，立法学是随着科学研究的专门化的趋势，从法理学中逐渐分化和独立出来的。因此，立法学与法理学是互相联系、互相渗透的，二者在有关法的创制问题方面有一些重合和交叉。当然，这种重合和交叉并不是简单的重复，而是根据不同目的、从不同角度、用不同方法，对同一问题进行的深度和广度都不同的研究。

宪法学是法学的重要的分支学科之一，它的研究对象是作为一个法的部门的宪法；除宪法典外，还包括国家机关的组织法、代表机关的选举法以及其他宪法性法律在内。宪法同样要对包括立法体制、立法机关的组成和职权、立法程序等在内的立法制度问题作出规定，而立法活动也必须以宪法的规定为根本依据，因此，宪法学所探讨的宪治理论、国家制度、国家机构以及宪法规范的特点等问题，都对立法学的研究具有重要的影响和借鉴作用。例如，宪法学关于资本主义国家“三权分立”政治制度的评析，对于我们理解资本主义国家立法机关的职权和活动，就很有帮助。同时，立法学也要根据宪法对立法体制、立法机关的组成和职权、立法程序的规定，进行更为深入、具体的研究。例如，立法学关于立法机关的功能的研究，就是将宪法学对代表机关的研究从立法角度给予的说明。同样，从一定意义上也可以说，立法学也是从宪法学中产生和发展而来的，二者在研究范围方面也有一些重合和交叉。但是，立法学与宪法学毕竟是两门不同的学科，不仅研究对象和范围有很多不同，而且研究的任务和目的也不一样。说到底，立法学还是为搞好立法工作本身服务的。

（二）立法学与相关非法学学科的关系

作为社会科学的组成部分，立法学与政治学、经济学、社会学等社会科学中的非法学学科也有密切的关系。例如，立法是统治阶级通过国家将本阶级的有关利益和意志上升为社会全体成员必须普遍遵守的法律规范的活动，为的是调整国家在政治、经济、文化和社会生活等各个领域中的社会关系，所以，立法学的研究也必然涉及政治、经济、文化和社会生活的有关问题，也需要用其他学科的方法来研究立法问题。我们这里将着重说明立法学与政治学、语言学的关系问题。

政治学是社会科学的重要学科之一，它以国家、阶级、政府、政党以及政治制度等政治现象为研究对象。如前所说，政治学作为一门古老的学科，在早期是同哲学、法学、伦理学、神学等结合在一起的，后来才逐渐分化独立出来。法学与政治学的这种历史渊源，反映了立法学与政治学之间必然存在密切的联系。一方面，没有完全脱离政治的立法，例如，立法过程实际上也是政治过程，是各种政治力量将自己的主张转化为法律的过程，所以，立法学的研究不可能脱离政治学。另一方面，也没有完全脱离立法的政治，例如，一些政治活动需要通过法律来规则化、制度化和程序化，所以，政治学的研究也应当关注立法问题。正因为如此，立法学与政治学在研究范围方面同样也有重合和交叉。例如，政治学在研究国家问题时，必然会涉及国家的立法权问题。但是，政治学是侧重从政治理论和实践方面来研究立法权问题的，对立法只是一般的涉及，立法学则是侧重从实际应用的角度来研究立法问题的，而且研究本身也更为广泛、深入和具体。

语言学是研究语言的社会科学学科，它以揭示语言系统的性质、结构及发展规律为主要任务。语言是人类独有的一种机能，是一种以语音为物质外壳、以词汇为建筑材料、以语法为结构规律而构成的符号体系和信息载体。立法学与语言学的关系主要表现在立法表达技术方面。语言是人类最重要的交际工具和独一无二的思维工具，人们通过长期的立法实践，也形成了一些专门的法律语言。为了使立法更加科学，使法律为公众所知和理解，立法活动就必须尊重语言的一般规律，必须遵循语法、修辞的一般规则。特别是立法的结果要为全社会确定统一的行为标准，这就要求立法所使用的语言、概念、术语要更为严格、准确、简明和一致。从这一意义上说，研究立法问题时还要注意研究立法语言的问题。

最后，需要简单地提及立法学与自然科学的关系问题。随着科学技术日新月异的飞速发展，立法学与自然科学的关系也日益密切。一方面，科学技术的发展扩大了法律调整的范围，不断给立法工作提出新的问题，提供新的观念、方法、手段和术语；另一方面，法律要调整、规范科学技术活动，首先必须加强和搞好科技立法工作；所以，研究立法问题时还应当关注科学技术的发展，要学习和掌握一些自然科学知识。

三、学习和研究立法学的意义

我国《宪法》确立了“依法治国，建设社会主义法治国家”的基本治国方略和奋斗目标。党的十八届四中全会对“全面推进依法治国”作出了全面的部署。无论是全面推进依法治国，还是建设社会主义法治国家，前提都是有法可依，所以首先要搞好立法工作。党的十五大报告提出了“加强立法工作，提高立法质量，到二〇一〇年形成有中国特色社会主义法律体系”的法制建设任务。党的十七大报告进一步提出：“要坚持科学立法、民主立法，完善中国特色社会主义法律体系。”到 2010 年年底，我国已制定的现行有效法律 236 件、行政法规 690 多件、地方性法规 8 600 多件，对现行法律和行政法规、地方性法规的集中清理工作也已全面完成，所以，在 2011 年 3 月召开的十一届全国人大四次会议上，时任全国人大常委会委员长吴邦国宣布中国特色社会主义法律体系已经形成，党的十五大提出到 2010 年形成中国特色社会主义法律体系的立法工作目标如期完成。党的十八大以来，国家从全面深化改革、全面推进依法治国，实现国家治理现代化的角度，高度重视立法工作，并将“科学立法”作为中国特色社会主义法治体系的一项基本要求。党的十九大报告进一步提出：“推进科学立法、民主立法、依法立法，以良法促进发展、保障善治。”这对立法学的研究提出了更高的要求，也使得立法学的研究在国家建设、依法治国和国家治理能力现代化的过程中具有更为重要的意义。党的二十大报告继续提出：“推进科学立法、民主立法、依法立法，统筹立改废释纂，增强立法系统性、整体性、协同性、时效性。完善和加强备案审查制度。”

资料链接

法律是治国之重器，良法是善治之前提。建设中国特色社会主义法治体系，必须坚持立法先行，发挥立法的引领和推动作用，抓住提高立法质量这个关键。要恪守以民为本、立法为民理念，贯彻社会主义核心价值观，使每一项立法都符合宪法精神、反映人民意志、得到人民拥护。要把公正、公平、公开原则贯穿立法全过程，完善立法体制机制，坚持立改废释并举，增强法律法规的及时性、系统性、针对性、有效性。

——《中共中央关于全面推进依法治国若干重大问题的决定》

根据中国人大网发布的信息，截至 2021 年 12 月 24 日十三届人大常委会第二十九次会议闭幕，我国现行有效的法律共计 291 件，包括宪法 1 件、宪法相关法 49 件、刑法 2 件、民商法 23 件、行政法 97 件、经济法 81 件、社会法 27 件、诉讼与非诉讼程序法 11 件。

大致而言，对于学习和研究立法学的意义，具体可从以下几方面来认识。

（1）学习和研究立法学，有助于提高我国立法工作的质量。立法工作是一门科学，有自己的规律和理论。通过学习和研究立法学，立法者可以把立法工作的经验系统化，全面考虑法律自身的体系和逻辑，从中得出规律性的认识，对立法工作进行系统的理论指导。同时，立法工作又是一种专门化、制度化的活动。通过学习和研究立法学，立法者可以熟悉、掌握有关的制度、程序和技术，为立法实践服务。

（2）学习和研究立法学，有助于广大人民群众参与立法工作。我国的立法工作，应当贯彻民主立法的原则，走群众路线，尽可能广泛地动员和吸引公众通过各种途径参与到各种立法活动中去。通过学习和研究立法学，使人民群众了解、掌握必要的立法理论和知识，提高他们参与立法活动的积极性，使立法能够面向人民、服务人民，在高度民主基础上，尽可能把所有的正确意见集中起来，从而提高立法的质量。

（3）学习和研究立法学，有助于加强我国法律实施的工作。科学的立法，是正确实施法律的前提。通过学习和研究立法学，提高了立法质量，既可以为国家机关工作人员正确进行执法、司法和法律监督提供保证，也可以为有关法律工作者提高法律服务水平创造条件，还可以为广大人民群众自觉遵守法律奠定基础，从而逐步实现建设社会主义法治国家的目标。

（4）学习和研究立法学，有助于我国法学研究的繁荣。法学研究与其他科学研究一样，一直存在着专门化和综合化这两种趋势。立法学作为一门独立的法学学科出现，促进了对法学在新的广度和深度方面的研究。通过学习和研究立法学，一方面可以在微观或中观层次上，对立法过程和立法技术进行更为深入的探索；另一方面也可以在宏观或中观层次上，对立法理论、立法制度进行更为全面的总结概括。这对我国的法学研究无疑是有益的。

总而言之，学习和研究立法学，对于我国进一步扩大社会主义民主，健全社会主义法制，全面推进依法治国，建设社会主义法治国家，都是有其积极意义和作用的。

资料链接

关于制定“社会组织法”的建议[①]

我国迄今还没有一部社会组织基本法，仅仅依靠有关行政法规和部门规章来规范，而这些法规主要是规范登记程序的，既缺乏对社会组织权益保障的法律规范，也缺乏对社会组织与其他组织及个人之间的权利义务关系进行规定的法律规范。

在全面深化改革、全面推进依法治国的时代背景下，政府简政放权与职能转换的相关公共职责需要社会组织来承接，公民有序参与国家社会、政治、文化事务离不开社会组织这一载体，城乡居民日益增长的基本公共服务需求需要依靠大量的社会组织来提供，因此，大力发展各种社会组织，已经是我国快速走向现代化的一项十分紧迫的任务。

一方面，党的十八大后逐步取消社会组织双重管理的体制，社会组织如雨后春笋般涌现，与社会组织快速发展相比，相关立法却非常滞后。迄今还没有一部社会组织基本法，仅仅依靠有关行政法规和部门规章来规范，而这些法规主要是规范登记程序的，既缺乏对社会组织权益保障的法律规范，也缺乏对社会组织与其他组织及个人之间的权利义务关系进行规定的法律规范。法律规范的缺乏，已经构成了社会组织发展的瓶颈。

另一方面，社会组织在实践中亦存在着许多迫切需要通过法律规范才能解决的现

① 参见郑功成：《制定社会组织法的时机已经成熟》，载《新京报》，2015-03-13。

实问题。实践中已经被媒体披露的一些失范行为，同样因缺乏相应的法律依据而无法有效监管。这已经导致了公众对社会组织的信任度不高，既影响了社会组织自身的发展，也影响了社会各界参与社会治理的积极性。因此，制定“社会组织法”具有紧迫性。

党的十八大明确提出“加快形成政社分开、权责明确、依法自治的现代社会组织体制”，“引导社会组织健康有序发展”的要求。党的十八届二中全会提出要“改革社会组织管理体制”，党的十八届三中全会提出要“激发社会组织的活力”，党的十八届四中全会更是明确而直接地提出要“加强社会组织立法，规范和引导各类社会组织健康发展”。这些重要且明确的要求，为加快社会组织立法提供了权威的指引。

在国家层面，现行法律中的《公益事业捐赠法》《律师法》《注册会计师法》《慈善法》等相关法律，均与社会组织立法相关。在地方，迄今有二十多个省、市颁布了有关行业协会等方面的地方性法规或政府规章等。这些政策性文件规范了某类社会组织或社会组织的某类业务活动，它们中成熟的内容完全可以上升到法律规范的层面。

发达国家丰富的社会组织立法可资借鉴。国外类似立法，特别是大陆法系国家对社会组织（非营利组织）立法更是明确而具体，可为我国社会组织立法提供借鉴。例如，德国在宪法、民法典总则中有关规定的基础上，专门制定了《社团法》《公共协会权利法》《工商会法》等规范社会组织的专门法律。

我国的社会组织在近十多年来一直在平稳较快发展，五十多万家社会组织几乎涵盖了各个社会领域，在发展实践中，这些社会组织均有自己的政策需求，它们同样构成了“社会组织法”立法的实践源泉。

问题与思考

1. 立法学的研究对象和研究范围是什么？
2. 试根据立法学产生和形成的条件论述西方立法学的历史沿革。
3. 我国立法学的发展概况。
4. 立法学在法学体系中居于什么地位？
5. 谈谈立法学与法理学和宪法学的关系。
6. 谈谈立法学与政治学、语言学的关系。
7. 从1872年6月至1873年2月，恩格斯在德国莱比锡的《人民国家报》连续发表三篇文章。这些文章后来收集成册，就是《论住宅问题》一书。在该书中有一段话经常被国内的法学研究者引用。这段话是这样的：“在社会发展某个很早的阶段，产生了这样一种需要：把每天重复着的产品生产、分配和交换用一个共同规则约束起来，借以使个人服从生产和交换的共同条件。这个规则首先表现为习惯，不久便成了法律。随着法律的产生，就必然产生出以维护法律为职责的机关——公共权力，即国家。随着社会的进一步的发展，法律进一步发展为或多或少广泛的立法……随着立法进一步发展为复杂和广泛的整体，出现了新的社会分工的必要性：一个职业法学家阶层形成起来了，同时也就产生了法学。法学在其进一步发展中把各民族和各时代的法的体系互相加以比较，不是把它们视为各该相应经济关系的反映，而是把它们视为自身包含自我根据的体系。”①

请结合对“绪论”的学习，谈谈恩格斯在这段话中揭示的法律与立法、法学与立法学之间是什么关系。

延伸阅读

1.《立法法》

2. 周旺生．立法学：第一、二、三章．2版．北京：法律出版社，2009

3. 谢振民编著．中华民国立法史：上册 第一编第四、五、六章．张知本，校订．北京：中国政法大学出版社，2010

4.［比］卢卡·温特根斯．作为一种新的立法理论的立法法理学．王保民，译．比较法研究，2008（4）

5. Luc J. Wintgens. Legislation in context：essays in legisprudence. Ashgate，2007

6. 叶会成．立法法理学的类型与意义：立法学学科性质的反省．法制与社会发展，2021（6）

① 《马克思恩格斯选集》，2版，第3卷，211页，北京，人民出版社，1995。

第一编

立法基本原理与制度

第一章

立法的概念、本质和作用

本章导读

立法是国家机关依照法定职权和程序进行的制定、修改、补充和废止规范性文件以及认可法律规范的专有活动。立法的本质实际上是法的本质在立法活动中的体现，对法的形成问题可以结合立法的本质一起来理解。立法活动是法的形成的关键的结尾阶段，立法过程分为准备和确立两个阶段。从实行社会主义法治的角度看，立法具有重要的规范职能，发挥着重要的社会作用。

关键术语

立法　法的形成　立法过程　立法的准备阶段　立法的确立阶段　立法的指引职能　立法的评价职能　立法的预测职能　立法的强制职能　立法的教育职能　立法的社会作用

第一节　立法的概念、特点和分类

一、立法的概念

在法学研究和法律实践中，对于“立法”一词主要在两个不同的层次上使用。一是指创制法律规范的活动或过程，二是指法律本身。① 本教材主要是在前一个层次上来研究和论述立法问题的。从立法的活动或过程讲，对于立法的概念通常有广义和狭义两种理解。广义的立法，与法理学中所讲的法的创制同义，即指有关国家机关在其法定的职权范围内，依照法定的程序，制定、修改、补充和废止规范性文件以及认可法律规范的活动。但是，从现代立法的意义讲，广义的立法主要是指法的制定，即指有关国家机关在其法定的职权范围内，依照法定程序，制订、修改、补充和废止规范性文件的活动。

规范性文件，就是规范人们行为的可以反复适用的各种文件或文本。在我国实践中，

① 例如，《牛津法律大辞典》解释说：“立法（legislation）指通过具有特别法律制度赋予的有效地公布法律的权力和权威的人或机构的意志制定或修改法律的过程。这一词亦指在立法过程中所产生的结果，即所制定的法律本身。在这一意义上，相当于制定法。”

规范性文件有两类：一是政策类的规范性文件，二是法律类的规范性文件。例如，党的十八届四中全会通过的《中共中央关于全面推进依法治国若干重大问题的决定》中提出的"加强备案审查制度和能力建设，把所有规范性文件纳入备案审查范围，依法撤销和纠正违宪违法的规范性文件，禁止地方制发带有立法性质的文件"。其中的所有规范性文件就包括政策类和法律类的；其中带有立法性质的文件，则属于法律类的规范性文件。对后一类规范性文件，《立法法》第 116 条也进行了规定："对法律、行政法规、地方性法规、自治条例和单行条例、规章和其他规范性文件，制定机关根据维护法制统一的原则和改革发展的需要进行清理。"因此，本教材所称的规范性文件，主要是在该条规定的范围之内。

狭义的立法，专指国家最高权力机关（或称国会、国家立法机关等）制订、修改、补充、废止基本法律（或称法典）和基本法律以外的法律（或称普通法律）的活动；所以，"立法"一词有多种含义，在使用时应明确其含义。如前所述，为行文的简洁、方便和统一，如无特别说明，本教材所说的立法均指法的制定，即广义上的立法，这与我国《立法法》中所规定的"立法"也是一致的、同义的。

关于法律本身的立法的概念，是指立法活动所产生的规范性文件这一结果。例如，我们有时使用的"民事立法""经济立法"等词汇，就是指关于民事的法律、关于经济的法律。①

二、立法的特点

无论是广义的立法，还是狭义的立法，都具有以下一些特点。

（1）立法是国家的专有活动，是国家机关依照法定职权进行活动的法律形式之一。这是立法活动的主体特征。首先，立法主要是由国家机关进行的，其他任何社会组织、团体和个人，非经国家机关授权或法律规定，不能进行这项活动。其次，立法不是任何国家机关都可以进行的，而是享有相应立法权的国家机关的专有活动，这种权力通常是由一国的宪法和其他有关法律所规定的，不同国家对此有不同的规定。最后，立法不是国家机关进行活动的唯一方式，国家机关还有许多其他活动，如行政活动、司法活动和法律监督活动等，但是这些活动在我国通常都不能直接产生法律规范，不能直接形成法律渊源。

（2）立法是国家机关依照法定程序进行的活动。这是立法活动的运行特征。首先，从近现代以来，任何国家的立法活动都不是随意的，必须遵循一定的程序。其次，不同国家的立法程序虽然有所不同，但通常都是根据宪法和有关专门的法律来确定的，即立法活动本身也必须法律化、程序化、制度化。最后，立法程序包括对立法活动本身的规定，这些规定往往包括人们从事这一工作的经验积累，即包括对某些立法技术的规定。

（3）立法是制订、修改、补充和废止规范性文件的活动。这是立法活动的技术特征。首先，立法的直接目的是产生具有普遍约束力的法律规范，它实际上是对社会实行国家领导的一种方式。其次，立法是一种综合性的活动，它不仅包括产生新的法律规范的活

---

① 本教材也会在这一层次上研究和论述立法问题。例如在第十章"立法完善"中，将从静态意义上，即立法的结果论述有关的立法问题。

动，而且包括对已有的法律规范进行的修改、补充和废止活动。最后，以上四种活动，在立法过程中有可能是单独出现的，如只有制订的情况，也有可能是同时出现的，如既有修改，也有废止的情况。

资料链接

哈耶克论立法与法①

立法，即审慎地制定法律，已被恰如其分地描述为人类所有发明中隐含着最严峻后果的发明之一，其影响甚至比火的发现和弹药的发明还要深远。然而，法律本身却从来不是像立法那样被“发明”出来的，因此与这种法律不同，立法的发明在人类历史上要相对晚出现一些。立法这种发明赋予了人类以一种威力无比的工具——它是人类为了实现某种善所需要的工具，但是人类还没有学会控制它，并确使它不产生大恶。立法向人类开放出了诸多全新的可能性，并赋予了人类以一种支配自己命运的新的力量观或权力观。然而，那些关于谁应当拥有这种权力的讨论，却在很大程度上遮蔽了这样一个更为基本的问题，即这种权力应当扩展至多大范围。

直至今天，我们仍然运用同一个术语即“law”（法律或规律）来指称下述两种规则：一是那些支配自然界的恒定不变的规则，二是那些支配人之行为的规则。当然，这种做法绝对不是偶然的。无论是自然界的规律还是人类社会的法律，最初都被认为是某种独立于人之意志而存在的东西。虽然原始思维的拟人化取向往往会使当时的人们把这两种law都归之于某种超自然力量的造物，但是他们却仍然被奉为永恒的真理：人只能努力发现它们，而不能改变它们。

但是对于现代人来说，有关支配人之行动的所有法律都是立法的产物的观点，其正确性似乎是不言而喻的，因此，那种关于法律先于法律制定（law-making）或立法的论辩便在很大程度上有了一种吊诡的性质。然而，毋庸置疑的是，早在人类想到自己能够制定或改变法律之前，法律已然存在很长一段时间了。那种认为人类能够制定或改变法律的观点出现，不太可能早于古希腊时代，甚至就在那个时代，这种观点也因其他思想的发展而被淹没了；直到中世纪晚期，这一观点才重新凸显出来，并且逐渐赢得了较为广泛的赞同。这种信念在当下所盛行的形式乃是所有的法律都是、能够是，也应当是立法者随心所欲发明的产物；但是，这种观点在事实上是一种谬误，亦即我们在前文所讨论的建构论唯理主义的一个谬种。

三、立法的分类

对于各种立法活动，可以从不同的角度进行分类。

（1）根据立法本身的性质的不同，立法可以分为民主的立法和专制的立法。前者是

① 参见［英］哈耶克：《法律、立法与自由》，第1卷，113～115页，邓正来等译，北京，中国大百科全书出版社，2000。

指按照少数服从多数的原则和程序进行的制定法律规范的活动，例如，我国全国人大及其常委会制定法律的活动就属于民主的立法。后者是指由君主一人或少数人独揽立法权所进行的制定法律规范的活动，奴隶制、封建制国家的立法，都属于专制的立法。

（2）根据国家机关的性质的不同，立法可以分为国家权力机关（或议会）的立法和国家行政机关的立法。例如，在我国，前者是指全国人大及其常委会，省、自治区、直辖市、设区的市和自治州的人大及其常委会制定法律规范的活动。此外，根据宪法，在我国，民族自治地方的人民代表大会有权依照当地民族的政治、经济和文化的特点，制定自治条例和单行条例。后者是指国务院及其下属各部、委以及省、自治区、直辖市、设区的市和自治州的人民政府制定法律规范的活动。此外，在英美法系国家，由于法院可以通过审判活动形成新的法律规范，即判例法，所以还有国家司法机关的立法。

（3）根据国家机关的地位的不同，立法可以分为中央的立法和地方的立法。例如，在我国，前者是指全国人大及其常委会和国务院制定法律规范的活动；后者是指省、自治区、直辖市、设区的市和自治州的人大及其常委会和人民政府制定法律规范的活动，包括民族自治地方的人大制定自治条例和单行条例的活动。

（4）根据法律所调整的社会关系的性质的不同，立法可以分为各法律部门的立法。例如，民事立法活动、经济立法活动、商事立法活动、行政立法活动、刑事立法活动，等等。

（5）根据制定和修改的程序的不同，立法可以分为宪法性法律的立法和普通法律的立法。前者是指制定具有最高法律效力的根本法的立法活动；后者是指制定除宪法性法律外的其他法律的立法活动。大多数国家的宪法性法律的立法，在制定和修改的程序方面，通常比普通法律的立法更为严格。

（6）根据立法产生的依据的不同，立法可以分为依法进行的立法和依授权进行的立法。前者是指有关国家机关依据宪法和法律规定的职权进行的制定法律规范的活动；后者是指有关国家机关依据其他有权的国家机关授予的权力进行的制定法律规范的活动。

第二节　立法的本质及其活动与法的形成

一、立法的本质及其活动

立法的本质实际上就是法的本质在立法活动中的体现，所以，我国法理学中以马克思主义法学为指导所揭示的关于法的本质的原理，完全适用于我们对立法的本质的认识。当然，由于立法活动在整个法律上层建筑中所处的地位和阶段不同，所以其本质又有一些特殊的表现。根据马克思主义法学的观点，我们认为可以从以下几方面来认识立法的本质问题。

（一）立法是统治阶级通过国家机关将其共同意志转化为国家意志的活动

马克思主义法学认为，法是由一定社会的物质生活条件决定的，是统治阶级的共同意志的体现。根据这一原理，立法在本质上，就是统治阶级通过国家机关将自己的共同意志转化为国家意志、上升为法律的过程，所以，从现象和形式方面看，立法是按照法定的职权和程序制定法律规范的国家专有的活动，但是从本质和内容方面分析，立法是借助国家机关的形式，实现统治阶级的共同意志的活动，是分配、取舍和协调各种利益的过程。立法的阶级本质表明了立法并不单纯是程序性的、技术性的国家活动，而是具有很明确的目的性和倾向性的阶级活动，因为，在立法中必然要涉及阶级矛盾、阶级斗争、阶级统治等重大问题。虽然立法的直接动因是将一定的社会关系纳入法律调整的范围，但是更为根本的动因是要将统治阶级的共同意志和整体利益上升为法律的要求和规定，因此，正确认识立法的这种阶级本质，是一个根本的方向性问题。如果在这个问题上认识模糊，我们就不可能认清资本主义国家立法的资产阶级本质，也不可能在社会主义立法活动中自觉地反映工人阶级领导的广大人民群众的共同意志和整体利益。

在立法活动中，我们可以看到的一个简单事实就是：实行君主专制或寡头政治的国家的法律在形式和程序上，是由君主一人或少数寡头制定的，或是以他们的名义制定的，法律似乎是君主或少数寡头个人意志的产物。但是在实质上，他们所制定或批准的法律，必须体现以他们为代表的统治阶级的共同意志和整体利益，否则，这些法律将难以实施。在资本主义国家，法律是由通过选举产生的所谓代表多数人的代议制机关制定的。在形式和程序上，法律的生效要经过这些机关的通过或批准，要反映组成这些机关的人员的意志，但是在实质上，组成这些机关的人员的意志，并不单纯是他们个人的意志，而是他们所属的阶级、阶层和集团的共同意志。如果不是这样，他们也就丧失了资产阶级代表人的资格。

社会主义国家的立法也是同理。在我国，人民群众通过民主选举产生各级国家权力机关，组成权力机关的代表或委员必须按照广大人民群众的共同意愿和根本利益，通过或批准有关法律。从立法是统治阶级通过国家机关将自己的共同意志转化为国家意志的过程的观点出发，我们就可以理解为什么我国的立法应当体现人民的意志，发扬社会主义民主，保障人民通过多种途径参与立法活动，即必须坚持民主立法的原则。

（二）社会物质生活条件是立法活动的最终决定因素

法是一种国家意志，是上升为法律的统治阶级共同意志的体现。然而，这种意志最终又是由什么决定的呢？是什么力量最终推动这种意志形成的呢？马克思主义法学认为，法最终是以社会而不是以意志为基础的，社会物质生活条件是人们进行立法活动的最终决定因素。

社会物质生活条件的含义比较广泛，主要包括三方面的内容：（1）地理环境；（2）人口状况；（3）生产方式。其中，生产方式是社会发展的决定力量。马克思和恩格斯在创立唯物史观时所讲的社会物质生活条件，主要是指生产方式，即生产力与生产关系的统一，同时也包括生产和运输的全部技术、经济关系赖以发展的地理基础、由过去沿袭下来的先前各经济发展阶段的残余，以及围绕这一社会形式的外部环境等。① 恩格斯还认为

① 参见《马克思恩格斯选集》，2版，第4卷，731页，北京，人民出版社，1995。

人类自身的生产也属于生产的范畴。[①] 生产方式作为最终决定立法活动的因素表现为：生产力对包括立法在内的各种法律现象具有最终的决定作用，但是这种作用必须以经济基础为中介；经济基础直接决定立法的产生、性质和发展变化。从这一意义讲，立法应当是对客观存在的现实生产关系的反映，任何人都不可能脱离一定生产方式的制约而随心所欲地立法。不仅那些在现实生活中直接调整生产、交换、分配、消费等各种经济关系的法律，要由当时社会的经济状况和经济关系的实际内容决定，就是那些政治性很强的距离具体经济生活较远的法律，如规定国家性质、政治制度、国家机关的组织和职权的法律，也必须符合经济状况和经济关系的要求。在我国进行各种立法活动，应当综合考虑生产力和生产关系的统一、生产的物质技术装备和水平、科学技术、地理环境和人口状况等社会物质生活条件的根本制约问题。这就要求我们的立法工作，不仅要以经济建设为中心，还要坚持实事求是、一切从实际出发，从我国的具体国情出发，从社会主义现代化建设和改革开放的实际出发，即坚持科学立法原则。

资料链接

立法者应该把自己看做一个自然科学家。他不是在制造法律，不是在发明法律，而仅仅是在表述法律。[②]

——马克思

君主们在任何时候都不得不服从经济条件，并且从来不能向经济条件发号施令。无论是政治的立法或市民的立法，都只是表明和记载经济关系的要求而已。[③]

——马克思

在社会发展某个很早的阶段，产生了这样一种需要：把每天重复着的产品生产、分配和交换用一个共同规则约束起来，借以使个人服从生产和交换的共同条件。这个规则首先表现为习惯，不久便成了法律。随着法律的产生，就必然产生出以维护法律为职责的机关———公共权力，即国家。随着社会的进一步的发展，法律进一步发展为或多或少广泛的立法。这种立法越复杂，它的表现方式也就越远离社会日常经济生活条件所借以表现的方式。立法就显得好像是一个独立的因素，这个因素似乎不是从经济关系中，而是从自身的内在根据中，可以说，从“意志概念”中，获得它存在的理由和继续发展的根据。人们忘记他们的法起源于他们的经济生活条件，正如他们忘记他们自己起源于动物界一样。随着立法进一步发展为复杂和广泛的整体，出现了新的社会分工的必要性：一个职业法学家阶层形成起来了，同时也就产生了法学。法学在其进一步发展中把各民族和各时代的法的体系互相加以比较，不是把它们视为各该相应经济关系的反映，而是把它们视为自身包含自我根据的体系。比较是以共同点为前提的：法学家把所有这些法的体系中的多少相同的东西统称为自然法，这样便有了共同点。而衡量什么算自然法和什么不算自然法的尺度，则是法本身的最抽象的表现，即公平。于是，从此以后，在法

① 参见《马克思恩格斯选集》，2版，第4卷，2页，北京，人民出版社，1995。
② 《马克思恩格斯全集》，第1卷，183页，北京，人民出版社，1956。
③ 《马克思恩格斯全集》，第4卷，121～122页，北京，人民出版社，1958。

学家和盲目相信他们的人们眼中，法的发展就只不过是使获得法的表现的人类生活状态一再接近于公平理想，即接近于永恒公平。而这个公平则始终只是现存经济关系的或者反映其保守方面、或者反映其革命方面的观念化的神圣化的表现。[①]

——恩格斯

对资产者说来，法律当然是神圣的，因为法律本来就是资产者创造的，是经过他的同意并且是为了保护他和他的利益而颁布的。资产者懂得，即使个别的法律条文对他不方便，但是整个立法毕竟是用来保护他的利益的，而主要的是：法律的神圣性，由社会上一部分人积极地按自己的意志规定下来并由另一部分人消极地接受下来的秩序的不可侵犯性，是他的社会地位的最可靠的支柱。英国资产者认为自己就是法律，正如他认为自己就是上帝一样，所以法律对他是神圣的，所以警察手中的棍子（其实就是他自己手中的棍子）在他的心目中具有极大的安抚力。但是在工人看来当然就不是这样。工人有足够的体验知道得十分清楚，法律对他说来是资产阶级给他准备的鞭子，因此，只有在万不得已时工人才诉诸法律。[②]

——恩格斯

（三）经济以外的其他因素对立法活动的影响

经济以外的其他因素的范围很广泛，主要包括政治、思想、道德、文化、历史传统、民族、宗教、艺术，等等。马克思主义法学肯定经济条件对立法的最终决定作用，但是否定经济是法律产生和发展的唯一决定因素的观点。恩格斯说："政治、法、哲学、宗教、文学、艺术等等的发展是以经济发展为基础的。但是，它们又都互相作用并对经济基础发生作用。并非只有经济状况才是原因，才是积极的，其余一切都不过是消极的结果。这是在归根到底总是得到实现的经济必然性的基础上的互相作用。"[③] 因此，我们对于立法的本质还应当从以下几方面来进行认识。

首先，要考虑到包括法律本身在内的经济以外的其他因素的互相影响以及这些因素对经济的反作用。这是在经济因素起决定作用的条件下，其他各种因素的互相作用和反作用。社会历史的发展是一种合力，人们在进行立法时需要综合研究构成合力的各种因素。其次，不同的国家，虽然就经济发展水平和经济制度而言可能大体是相同的，但是它们的法律却是千差万别的。例如，分别属于大陆法系和英美法系的发达资本主义国家的法律制度就有很大差别，这是经济以外的其他因素特别是历史传统影响的结果。最后，在承认经济第一性、法律第二性的前提下，要看到法律对经济的反作用。科学、合理、正确的立法，可以建立、巩固和完善我国的社会主义市场经济和民主政治的体制和秩序。

因此，在我国的立法工作中，要真正做到从具体国情出发，还应当综合考虑经济以外的其他因素对立法活动的影响。

---

① 《马克思恩格斯选集》，2版，第3卷，211～212页，北京，人民出版社，1995。

② 《马克思恩格斯全集》，第2卷，515～516页，北京，人民出版社，1957。

③ 《马克思恩格斯选集》，2版，第4卷，732页，北京，人民出版社，1995。

（四）立法活动本身有自己的规律、体系和理论

恩格斯说："……'法的发展'的进程大部分只在于首先设法消除那些由于将经济关系直接翻译成法律原则而产生的矛盾，建立和谐的法的体系，然后是经济进一步发展的影响和强制力又一再突破这个体系，并使它陷入新的矛盾（这里我暂时只谈民法）。"[①] 所以，立法与经济发展的关系是一个前者既反映又不能完全反映后者的过程，是矛盾与和谐交替发展的过程。因此，立法时要注意保持法律体系的统一和协调，而且任何立法都不可能是一劳永逸的，必须根据实际的发展及时进行修改、补充和废止。

按照马克思主义法学的观点，任何国家的各种现行法律规范虽然可能涉及社会生活的各个层面，在内容上各不相同，在形式上多种多样，但是在整体上应当是相互联系、彼此协调、内在统一的，所以，我们在立法中应当十分注意保持我国法律体系的整体统一性和协调性，既要注意保持法律内容的统一和协调，又要注意保持法律形式的统一和协调。

总之，我国的法律体系是建立在不以立法者的主观意志为转移的社会主义生产方式基础上的，要体现工人阶级领导的广大人民群众的共同意志和根本利益，要担负社会主义现代化建设和改革开放事业的共同任务，所以，立法必须符合我国社会发展的客观要求和法律本身的固有规律。这就从根本上决定了我国法律体系必须是统一和协调的。当然，法律体系是社会上层建筑的组成部分，是立法者自觉地有目的活动的结果。在法律体系的形成过程中，必然渗透着立法者的世界观，经济、政治、文化、社会的目的以及法律意识、立法技术等主观因素，所以，立法者只有在充分认识和尊重客观规律的基础上，使主观符合客观，达到二者的统一，才可能形成统一和协调的法律体系。

二、法的形成

在研究立法理论时，要深入理解立法的概念，还需要进一步探讨法的形成的有关问题。对这些问题可以结合立法的本质一起来理解。

（一）法的形成的概念

法的形成是指法律规范逐步产生、发展，直至最后被纳入一个国家的法律体系的过程。按照马克思主义法学的观点，既然法是统治阶级共同意志的体现，那么，从本质上看，法的形成就是统治阶级在其物质生活条件的决定作用下，在经济、政治、文化和社会等各种活动中，将本阶级的共同利益和意志转化为法律意识和法律上的要求，并且通过国家的立法活动，上升为法律规范和形成国家意志的过程。

我国社会主义法的形成，就是在社会主义社会的物质生活条件的决定作用下，在社会主义现代化建设和改革开放的各种活动中，将反映工人阶级和广大人民群众根本利益的共同意志，转化为社会主义的法律意识和要求，并且通过有关国家机关的立法活动，

---

① 《马克思恩格斯选集》，2版，第4卷，702页，北京，人民出版社，1995。

最终上升为社会主义法律规范和形成社会主义国家意志的过程。

（二）法的形成的环节

法的形成不是自发、直接的过程，而是长期、复杂的发展过程。在这个过程中要经历一系列的中间环节，各种客观因素和主观因素都在相互作用和制约。我们可以将这些环节大致归纳如下：

首先，法的形成最终是由经济基础以及整个社会发展的客观需要引起和决定的。也就是说，法的形成开始于这种客观需要的出现，决定于这种客观需要的要求，所以，法的形成有其客观的历史必然性，社会发展的客观需要是法的形成的最深层次的原因。

其次，社会发展的客观需要可以通过在经济上居于支配地位的阶级的利益表现出来。这种利益和需要被经济上居于支配地位的阶级认识到以后，还需要转化为一定的法律意识和法律上的要求。也就是说，他们要有将自己的需要和利益用法律形式加以确认、巩固和保护的愿望、意见、思想观念和理论，要有这种共识。

再次，在经济上居于支配地位的阶级，为实现自己的经济、政治等利益，还要通过各种政治活动和斗争，争取自己的政治权力，掌握国家政权，上升为统治阶级和执政者，因为只有这样，才可能将体现自己利益和意志的法律意识和要求，上升为国家的意志和法律。

最后，统治阶级还要通过立法活动，将抽象的法律动机转化、定型为具体的法律规范，使统治阶级的共同意志获得社会全体成员都必须遵守的法律效力。在当代，世界上绝大多数国家的立法活动都是遵循宪法和有关法律所规定的立法制度和程序进行的。

在法的形成的上述各环节的转换中，各种经济、政治、文化、道德、宗教、习惯等社会因素也发生着重要的影响和作用，所以，从马克思主义法学的观点看，法的形成，就是以一定社会的经济基础为中介，最终由该社会的生产力状况所决定的，在各种社会因素的相互交错、制约、影响和作用中，人们有目的、自觉地使法律规范逐步产生、发展，直至最后被纳入一个国家的法律体系的过程和结果。这是从法的形成的宏观过程中总结出来的一般规律。当然，每一具体法律的形成，虽然大体也会经历上述环节的转换，但是其在经历每一环节时，又会有自己的特点。

以我国有关股份制的立法为例。我国经过不断的改革实践，认识到公有制实现形式可以而且应当多样化，一切反映社会化生产规律的经营方式和组织形式都可以大胆利用。股份制是现代企业的一种资本组织形式，有利于所有权和经营权的分离，有利于提高企业和资本的运作效率，资本主义可以用，社会主义也可以用，并且在全国人民中形成共识时，才可能通过法定程序加快进行股份制的立法。如果没有改革国有企业的客观需要，没有对股份制的正确认识，没有市场经济是法治经济的法律意识，是不可能完善这方面的立法的。

（三）法的形成与立法

从上面关于法的形成的概念和环节的叙述中可以看到，法的形成和立法既有联系又有区别。总的说来，在法的形成过程中，包含立法的各环节；而立法活动则是法的形成的结尾阶段，所以，法的形成是比立法的外延更为广泛的概念，是比立法延续时间更长的过程。从一定意义说，立法学主要研究的是法的形成的结尾阶段的活动及其规律。

从立法学的研究看，立法的本质问题和法的形成问题都属于立法理论的范畴，立法的本质是法的本质在立法活动中的体现，通过对法的形成各环节的转换的认识，可以更正确地把握立法的本质。从立法实践看，法的形成的前几个环节是进行立法活动的经济、政治和思想的基础，立法是法的形成的结尾阶段，但是同时，立法又是法的形成中非常重要和关键的一个阶段。如果不经历这个阶段，或者在这个阶段的工作没有做好，社会发展的客观需要再迫切，人们的法律意识再正确，也还是不能有效地将法律动机转化为人们普遍遵守的法律规范，也就不能在社会生活中充分发挥法律的调整作用，所以，在立法阶段，必须将社会发展的客观需要和国家机关自觉、正确的法的创制活动互相结合起来，才能最终使法得以形成。

在我国，当经济、政治、文化和社会发展的客观需要已经明确而且工人阶级和广大人民群众的共同意志已经形成时，说明将法律动机转变为法律规范的条件已经成熟，有关国家机关就应当及时地进行有关法律、法规的创制工作。

三、立法过程

立法过程是指在法的形成的结尾阶段中，各种立法活动所经历的发展阶段。各国的立法活动虽然不尽相同，但是从理论上基本可以分为两个相互独立而又有联系的阶段，即立法的准备阶段和立法的确立阶段。

（一）立法的准备阶段

立法的准备阶段，又可以称为立法的起草阶段。这一阶段从提出的立法建议被列入起草工作开始，主要包括围绕起草规范性文件草案所进行的各项工作，如进行有关的调查研究，草拟具体的法律条文，按照立法技术的要求对其进行相应的修改、补充，同有关机关、组织和人员协商、征求意见等，直到把草案提交有权创制法律规范的机关进行审议、讨论，准备阶段即告结束。

根据我国多年的立法实践，可以将立法准备阶段活动的内容概括为四个方面：(1) 进行立法预测，作出立法决策，编制立法规划等。(2) 确定立法的目标、指导思想和原则，通过调查研究弄清立法的各种主客观条件是否已经具备，组织起草规范性文件的班子，收集和研究各种相关材料等。(3) 起草规范性文件，逐步形成草案。(4) 就规范性文件草案中的有关问题进行协调论证，征求意见。对于一些有重要意义或影响的法律草案，还应当尽可能广泛地组织和吸收社会各方面人士参加讨论。一般而言，各国的立法活动在准备阶段通常都没有像在确立阶段那样法律化、制度化和程序化。

立法准备活动在立法过程中具有实质的意义和作用。因为立法准备活动是否科学、民主、全面、充分，直接关系到规范性文件草案能否被提交给有权制定的机关审议和讨论、能否被通过或决定，所以有些学者认为，“许多国家的众多立法的命运，实质是在立法准备阶段就决定了的"[①]。在有些国家，法律草案提交有关立法机关审议和表决，往往只是或主要是履行法定的程序，并不能真正决定该法律草案是否会成为正式的法律。正因为如此，许多国家包括中国在内，都有这样的发展趋势，即逐步用法律、法规将这一阶段的立法活动纳入制度化、程序化的轨道。这是民主和法治发展的客观要求。[②]

（二）立法的确立阶段

立法的确立阶段，又可以称为立法的通过阶段，在这一阶段中，各种立法活动主要是围绕着有关的四个程序进行的，即：法律、法规、规章案的提出，法律、法规、规章案的审议和讨论，法律、法规、规章案的通过或决定，法律、法规、规章的公布。

立法确立活动在立法过程中具有法律形式的意义和作用，因为与立法的准备阶段相比，立法在确立阶段具有这样一些特点：（1）立法活动的主体是特定的、法定的。也就是说，在这一阶段，并不是任何主体都能参与立法活动，只有那些依法享有相应立法权（包括立法的提案权、审议权、表决权和公布权等）的特定个人和机关，才能部分或全部地参与这一阶段的立法活动。我们说立法是国家的专有活动，也正是就这一阶段的立法活动而言的。（2）立法活动的内容和程序是确定的、法定的。也就是说，在这一阶段，各种立法活动都是围绕确定的立法议题，按照法定的程序进行的。这是民主和法治的原则以及效率原则要求的必然结果。（3）立法活动的结果是具有法律效力的。也就是说，在这一阶段，如果规范性文件草案能够被通过或决定，它就会成为正式的、具有普遍约束力的法律、法规、规章。如果规范性文件草案没有获得通过或决定，它就只能通过修改，在有关国家机关以后的会议中再次被提出和审议，或者成为废案。

正是因为立法活动在确立阶段有上述特点，所以立法的确立阶段较之立法的准备阶段，在形式上更要法律化、制度化和程序化。各国的宪法和有关法律对有关国家机关特别是对立法机关在这一阶段的活动，通常都有专门的规定。例如，在我国，除《宪法》以外，《全国人民代表大会组织法》和《地方组织法》、《全国人民代表大会议事规则》、《全国人大常委会议事规则》，特别是《立法法》等法律以及国务院的《行政法规制定程序条例》《规章制定程序条例》等法规，对于制定各种规范性文件的权限和程序均有严格和具体的规定。[③]

还需要指出的是，我国有些著述认为，立法过程还有第三个阶段，即立法的完善阶段或立法的后续阶段。[④] 在这一阶段，立法活动的主要内容通常包括：（1）立法解释；（2）法的修改和补充；（3）法的实施细则的制定；（4）法的废止；（5）法的整理；（6）法

---

① 周旺生主编：《立法学教程》，110页，北京，法律出版社，1995。

② 对于这一阶段的上述各种立法准备活动，我们将在本书第二编"立法过程与程序"和第三编"立法技术"的有关章节中予以详细的介绍和说明。

③ 对于这一阶段的上述各种立法活动，我们将在本书第二编"立法过程与程序"的第九章"立法程序"中予以详细的介绍和说明。

④ 参见周旺生主编：《立法学教程》，123页，北京，法律出版社，1995；李步云、汪永清主编：《中国立法的基本理论和制度》，23页，北京，中国法制出版社，1998。

的汇编；（7）法典编纂。我们认为将上述立法活动概括为独立的阶段有一定的道理，也有助于人们把握各种内容不同的立法活动。[①] 但是，在立法实践中，上述立法活动又是分别在立法的准备阶段和立法的确立阶段进行的，例如，在立法的准备阶段，通常也要对已有的规范性文件进行整理，在立法的确立阶段通常也要进行立法解释。又如，对法的修改、补充和废止，既可以是享有立法权的主体在立法的确立阶段进行的活动，也可以是享有立法权的主体委托的机构、组织和人员在立法的准备阶段进行的活动。所以，不将上述立法活动抽象概括为一个独立的阶段也是可以的。无论怎么样划分具体的立法阶段，我们都应当认识到，立法是一个循环往复的过程，为适应实际社会生活发展和法律实施的需要，总是要与时俱进地对各种规范性文件进行修改、补充或废止的。

第三节 立法的职能与作用

一、立法的职能与作用概述

正如法的职能和法的作用是意思表述十分相近而且往往被通用的两个术语一样，立法的作用和立法的职能指的都是立法活动对外界的意义和影响，这两个概念也可以通用。但是，立法的职能与立法的作用又略有差别。立法的职能侧重表明的是立法活动本身所具有的对人的行为和社会的影响，以及这种影响的活动方向。立法的作用侧重表明的是立法活动在实际上对人的行为和社会的影响以及这种影响所产生的结果。从这一意义讲，立法的职能和立法的作用有“内在”与“外在”、“应然”与“实然”等区别，所以，我们分别从立法的规范职能和立法的社会作用的角度进行一些说明。

二、立法的规范职能

法理学在分析法的职能时，通常都从规范的角度指出，法具有指引、评价、预测、强制和教育等职能，从而将社会生活纳入法定的发展方向、范围和秩序中。立法作为法的形成的结尾阶段，由于要将立法者的抽象法律动机转化为具体的法律规范，要将人们共同的法律意识定型为有确定形式的法律制度，也具有法的上述职能，所以我们可以联系法的规范职能来理解立法的规范职能。不过，由于立法只是进行法律调整的前提和规范性依据，不包括法的实施活动，所以立法的职能又不完全等同于法的职能。立法的职能是法的职能在立法过程中的体现，是法的职能的组成部分，它还具有自己的特点。

（一）立法的指引职能

立法的指引职能是指通过立法活动，国家可以为法律关系主体的行为提供法定的模

---

① 正因为如此，我们将立法解释，法律的修改、补充和废止，法规清理，法律汇编和法典编纂等问题，列入第二编“立法过程与程序”中。

式。与法的指引方式一样，立法是通过授权性规范、义务性规范和禁止性规范，为法律关系主体提供可以做什么、应当做什么和不应当做什么的行为模式。

与法的指引职能不同的是，立法只能提供规范意义的指引，即通过一般或普遍的法律规定为一般或普遍的法律关系主体的行为提供概括的、反复适用的指引，而从更广泛的意义讲，法不仅可以提供规范意义的指引，还可以提供个别意义的指引，即通过法律适用活动对特定的法律关系主体的行为进行具体的、一次适用的指引。

（二）立法的评价职能

立法的评价职能是指通过立法活动，国家可以为判断、衡量法律关系主体行为的合法或违法与否，提供法律上的尺度或标准。与法的评价职能一样，通过立法进行评价的可以是任何法律关系主体。立法评价的客体是一般或普遍的法律关系主体的一定行为或事件，这就意味着它只对行为或事件而不对思想进行评价。同样，立法评价的尺度或标准也是合法与不合法、违法与不违法。这两种尺度或标准并不是完全等同的。对于国家机关及其公职人员来说，其职务活动必须要有法律上的根据，即必须“依法立法”“依法行政”“依法司法”，所以判断、衡量其公职行为的尺度或标准是合法与不合法，不合法就要承担相应的法律责任。对于公民、法人和其他社会组织来说，其各种活动不能违反法律的规定，所以判断、衡量其行为的标准或尺度是违法与不违法。

与法的评价职能不同的是，立法提供的评价还不一定就是发生法律效力的评价，因为具体到特定的行为是否合法或违法，有时还需要由有关国家机关通过法律适用活动作出具有法律效力的评价，而立法却无法作出这样的评价。

（三）立法的预测职能

立法的预测职能是指通过立法活动，国家可以使法律关系主体预先估计到自己或他人的行为所导致的法律后果。与法的预测职能一样，通过立法进行的预测对于法律的遵守和适用具有重要的意义，因为法律关系主体无论是预测到肯定性的法律后果，还是预测到否定性的法律后果，都会对自己或他人的行为产生一定的积极影响。

与法的预测职能不同的是，通过立法进行的预测往往还是不太确定的，特别是当一个新法律刚刚颁布和生效时，人们的行为在法律调整中具体会产生什么法律后果，还有待法律关系主体从行政机关或司法机关的法律适用活动中进一步加以预测。

（四）立法的强制职能

立法的强制职能是指通过立法活动，国家可以运用国家强制力迫使法律关系主体遵守上升为法律的各种规则，制裁违法犯罪行为。与法的强制职能一样，立法是以军队、警察、法庭、监狱等有组织的国家暴力为后盾的，如果没有这种强制力，立法就变得毫无意义。

与法的强制职能不同的是，立法的强制力具有更明显的潜在性和间接性。也就是说，立法只是保持着强制的可能性，而不是实际的强制；只有在发生违法犯罪时，立法的强制职能才会通过法律适用活动表现出来。

（五）立法的教育职能

立法的教育职能是指通过立法活动，国家可以引导法律关系主体依法行为，增强法律意识。与法的教育职能一样，法律一旦制定出来以后，对法律关系主体而言，它就是一种客观存在，人们可以通过对它的了解、知悉和研究，从中受到教育，从而影响自己的行为。

与法的教育职能不同的是，立法的教育职能还不一定就是实际的。法可以通过实际上对各种违法犯罪的制裁，对各种合法行为的允许、保护甚至是奖励，使违法犯罪者和一般社会成员从中受到教育，而立法则不担负这样的任务。

三、立法的社会作用

法理学在分析法的作用时，通常都从经济、政治、文化和社会等角度指出法的指引、评价、预测、教育和强制等职能是如何发生影响，从而使社会生活实际形成法定的发展方向、范围和秩序的。立法作为法的运行的重要组成部分和过程，同样也会产生相同的社会作用。例如：立法在经济方面，可以确立一定的经济制度，调整一定的经济关系，从而促进经济的发展，立法在政治方面，可以确立一定的国家制度，组织相应的国家机构，从而保障民主的发展，立法在文化方面，可以保障和促进教育科学文化事业和思想道德建设的发展。又如，在上述三方面，法可以引导、确认改革和对外开放的进行。所以，我们完全可以从法的社会作用的各方面来说明和理解立法的社会作用，这里不再赘述。

但是，正如我们在前面所说，立法的规范职能有不同于法的规范职能的特点，所以，当立法在社会生活中发挥作用时，也有与法的社会作用不同之处。简单说，这种不同就在于：法的社会作用体现在法律调整的全过程中，即在法的创制、法的实施和法的实现中，人们都可以感觉到法的作用。这种影响既包括“应然”的，即法应当有什么作用，也包括“实然”的，即法实际起到了什么作用。而立法的社会作用只是法在创制过程中对社会发生的影响，因此这种作用主要是“应然”的。

同时，立法与法的实施和实现又是紧密联系的。在法律调整过程中，立法是法的实施和实现的前提和依据，法的实施和实现则是立法的直接目的和结果。立法的实质就在于要在法律规范中规定抽象的权利和义务，为其在法的实施和实现中转化为人们现实生活中的具体权利和义务关系并且再转化为享受权利和承担义务的行为创造条件。从这一意义讲，立法在社会生活中与法的实施和实现具有同样重要的作用。下面我们就从立法对一个国家的法治状况的影响方面来对其社会作用进行一些分析。

首先，判断一个国家是否是法治国家，不仅要看它是否有完备的法律体系，更要看它的法律体系是否科学、合理、符合本国的国情。这是法治对立法活动的形式要求和实质要求，也是立法的社会作用的规范性和公正性的体现。一个国家要实现“有法必依，执法必严，违法必究”，前提是要“有法可依”，基础是要有“良法”，要“科学立法”，然后才能进行“善治”。目前，我国以宪法为核心的中国特色社会主义法律体系已经基本形成，这一法律体系还要在实践中不断完善和发展。所以，我国立法的社会作用之一就是应当从国家整体利益出发，体现人民的意志；从我国的实际出发，不断为推进依法治国、建设社会主义法治国家基本方略的实施提供前提和基础。

其次，要科学、合理、民主地进行立法活动，还必须依法规范立法活动，依照宪法、法律展开立法活动。这是法治对立法活动的规范要求，也是立法的社会作用的制度性的体现。也就是说，我国在形成、完善中国特色社会主义法律体系的过程中，还要依照法定的权限和程序，维护社会主义法制的统一和尊严。立法的社会作用之一就是要为推进依法治国、建设社会主义法治国家基本方略的实施创造制度环境。

最后，立法本身也是一种文化现象，是法律文化的重要组成部分，所以，要提高立法工作的效率和质量，还必须重视立法技术问题。这是法治对立法活动的文化要求。在形成、完善中国特色社会主义法律体系的过程中，要以马克思列宁主义、毛泽东思想、邓小平理论、“三个代表”重要思想、科学发展观和习近平新时代中国特色社会主义思想为指导，贯彻习近平法治思想，尤其是习近平有关立法工作的重要论述，要立足于中国现实，要批判地吸收、融合、借鉴和移植中华民族传统法律文化和外国法律文化中一切有益的立法技术、制度和价值观念。这也是我国立法作为法律文化的社会作用在社会主义文化领域的体现。

问题与思考

1. 立法有哪些特点？
2. 试从不同角度对立法进行分类。
3. 如何理解立法的本质？
4. 举一立法例来说明法的形成的各环节的转换。
5. 试述在立法过程中准备阶段和确立阶段的各种立法活动。
6. 立法的各种规范职能与法的规范职能有哪些共同点与不同点？
7. 举一立法例来说明立法的社会作用。
8. 2020 年 5 月 28 日，十三届全国人大三次会议表决通过了《民法典》。在民法典编纂过程中，充分贯彻了科学立法、民主立法、依法立法的精神。全国人大常委会先后十次进行审议，多次向社会公开征求意见，三次组织全国人大代表研读讨论，采取多种方式征求各方面意见。经过全国人大常委会广泛调研、深入研究、反复修改，草案较好地吸收了各方面的意见，积极回应了社会各界的关切，对我国现行民事法律制度规范进行了系统整合，在坚持民事法律制度连续性、稳定性的基础上，保持了适度的前瞻性、开放性，体例科学、结构严谨、规范合理、内容协调一致。宪法和法律委员会于 2020 年 5 月 25 日上午召开会议，对草案进行了认真审议，对代表提出的修改意见，并结合近期收到的部分代表在第二次研读讨论民法典草案中所提出的修改意见进行了逐条研究。同时，就提出的修改意见听取了最高人民法院、最高人民检察院、司法部、中国社会科学院、中国法学会有关负责同志的意见。根据各代表团的审议意见和有关方面的意见，对草案共作了一百余处修改，其中实质性修改四十余处。这部法典，系统总结了新中国成立以来尤其是改革开放以来我国民事立法、民事司法的成功经验，吸收了中国法学界最新的理论研究成果，还借鉴参考了世界各国民事立法优秀文明的法治成果。

请从法的形成与立法、立法过程的阶段的角度来回答《民法典》是如何制定和通过的。

延伸阅读

1. [英] 哈耶克．立法、法律与自由：第1卷　第四章．邓正来，等译．北京：中国大百科全书出版社，2000

2. 徐向华主编．立法学教程：第1章．2版．上海：上海交通大学出版社，2017

3. [英] 尼古拉斯·巴伯．在当前英国，我们反对制定成文宪法．朱铮，译．山西高等学校社会科学学报，2015 (2)

4. 王爱声．立法过程：制度选择的进路．北京：中国人民大学出版社，2009

5. 邓世豹主编．立法学：原理与技术．广州：中山大学出版社，2016

第二章

立法的历史发展

本章导读

应当以马克思主义法学的观点来认识立法的历史发展。奴隶制、封建制、资本主义和社会主义等历史类型国家的立法在本质特征、指导思想、立法制度和立法技术等方面都有重大差别。应当从古代立法到近现代立法的发展中认识和总结出一些规律。

关键术语

立法的产生　成文法　不成文法　习惯法　制定法　奴隶制国家的立法　封建制国家的立法　资本主义国家的立法　社会主义国家的立法

第一节　立法的产生

一、对立法产生的不同理解和解释

在我国法学界对立法的产生主要有两种不同的理解。第一种理解认为：有法就有立法，立法的产生就是指法的产生，亦即法的起源；其中既包括人类社会最初认可习惯法的活动，也包括后来才有的制定成文法的活动。第二种理解认为，立法产生于制定成文法的活动。但是其中又有不同的认识：一种认为立法始于古代成文法的产生，具体说就是从立法者自觉地将最初的习惯法以文字的形式记载下来的时候。另一种认为立法产生于近代，即始于资产阶级的代议制机关的建立。

我们同意第二种理解中的前一种认识，即立法始于对成文法的制定，因为，奴隶制国家早期将氏族习惯认可为法律的行为，还不完全是立法者自觉的主动行为，而在一定程度上带有自发的被动行为的性质，尚不能称为严格意义的立法。所以，我们在本章中，将从奴隶制国家制定成文法开始，顺次叙述奴隶制、封建制、资本主义、社会主义等类型国家立法的产生、本质及特点和发展的规律。当然，我们也认为，认可习惯法与制定成文法也是密切相联系的，二者的产生既有共同的经济、政治原因，也有从前者向后者发展的文化条件，因此，如果不对认可习惯法的产生原因和条件加以说明，也难于正确和全面地分析制定成文法的产生原因和条件。同时，正如我们在绪论中所说，现代意义的立法，是建立在民主的政治制度基础之上的，而且形成了法定的、严格的立法制度，只有在资本主义国家和社会主义国家中存在这样的现代立法，所以，我们在本书中所论述的立法，主要是资本主义国家和社会主义国家的立法，重点是我国当代的立法。

二、立法产生的原因和条件

世界各国立法活动产生的具体方式有所不同，但是都有其经济、政治、文化的原因和条件。根据马克思主义法学，我们可以将立法产生的原因和条件概括如下：

（1）立法产生的经济原因。立法的产生归根到底取决于生产力发展的水平，立法首先是对生产关系的确认。也就是说，在社会的生产中，人们的个别行为经过多次和长期的重复，逐渐形成了某些共同的行为规则。这些共同的行为规则是自发形成的，表现为习惯，为社会的生产领域提供了规范的指引、评价的尺度和预测的标准，即生产和交换的一般条件。当人类社会的生产力水平发展到可以有剩余产品为人们占有，从而使原始公有制的生产关系逐渐转变为私有制的生产关系时，表现为习惯的生产和交换的一般条件也逐渐发生了质的变化，从而也就从根本上决定了习惯法的必然产生。

（2）立法产生的政治原因。随着私有制的出现，社会开始分裂为不同的阶级，习惯中也渗入了阶级的内容。阶级的对立和冲突需要有一个社会的权威机关来加以调和与控制，需要将一些具有阶级性的习惯认可为社会成员普遍遵守的一般规则。这个权威机关就是国家，掌握国家政权的统治阶级是在经济上占支配地位的阶级，即奴隶主阶级；国家所认可的一般规则就是习惯法。将习惯认可为法律，实际上是奴隶主阶级将那些能够反映本阶级共同意志和有利于维护本阶级统治秩序的习惯上升为习惯法的过程。习惯与国家这种公共权力的结合是逐渐的、长期的过程，是同一历史进程的两个方面，是经济状况所决定的政治统治的表现形式和必然结果。

（3）立法产生的文化条件。从各国法的发展历程看，普遍都经历了从习惯到习惯法，再从习惯法到成文法的过程。习惯发展为习惯法时，开始是不成文的。随着文字的出现，习惯法又逐渐发展为成文法，最早的成文法大都是对习惯和判例的记载和改编。后来，国家的统治者又开始在习惯和判例的基础上总结实践经验，有预见地制定新的法律规范来弥补习惯法的不足。这样，严格意义上的立法就开始逐步广泛发展起来。可见，立法和文化的发展是相辅相成、相互促进的，而法律文化则是社会文化的重要组成部分。

从上述经济和政治方面看，立法和法的产生的原因是相同的、一致的。从文化的条件看，如果没有文字的出现和发展，没有人类对社会调整的认识深化和经验总结，法是不可能从习惯发展为习惯法的，更不可能从习惯法发展为广泛的主动立法，所以我们有必要从文化发展的角度对认可习惯法和制定成文法的有关问题作进一步的研究。

三、认可习惯法和制定成文法

首先，认可习惯法是制定成文法的起点。在人类进入奴隶制社会的初期，各国统治者是采用认可的方式来创制法律的，即赋予在社会生活中已经存在并且为人们所普遍遵守的某些习惯以法律的效力。可见，习惯法是“不成文法”的一种，指的是国家认可并赋予法律效力的习惯。习惯又可以分为不成文习惯即无文字记载的习惯和成文习惯即有文字记载的习惯。习惯法在某一时期作为法的唯一渊源，这是人类立法必然要经历的阶段，也是人类法律文化发展渐进性的表现。这种现象反映了人类在对社会进行调整时，虽然已经从个别性调整发展到规范性调整，并且开始将二者相结合来处理问题，但是还仅仅是对习惯形成的规则在事后的一种确认，说明人类的法律调整尚未达到主动的程度，所以，即使是在文字产生以后，当时文字表述意义上的成文法也多是对习惯的记载。归根到底，这是立法者受认识客观世界和规律的限制，在立法方面还不“自由”的体现。

其次，从认可习惯法到制定成文法是法律文化发展的必然。随着人类社会的进步，成文法除对习惯的记载外，又发展到对习惯和习惯法的改编，即各国统治者开始有目的、有意识地从习惯和习惯法中抽象出一些共同的规则，用文字另行加以表述，从而形成新的法律规范。当然，以认可的方式来创制法律的现象也仍然存在，而且有所发展，如对判例的认可。与此同时，各国统治者还向全社会公布由制定法和习惯法构成的成文法，如中国奴隶制瓦解时期郑国子产的“铸刑书于鼎”，使法律晓谕全国，得到一体遵循。可见，成文法是指由国家明文制定并公布施行的条文形式的法，亦称为“制定法”。不成文法是指未经国家立法程序制定，由国家认可并赋予法律效力的习惯、判例、法理等，亦称为“非制定法”。可以说，到这时成文法和不成文法的各自含义已不再仅仅是有无文字表述，而主要是指制定和认可这两种法的创制方式所形成的两种不同法律渊源。这种现象反映了人类通过对法律调整经验的总结和发展，已经能够事先制定一些规则，立法达到了比较主动和自觉的程度，开始从“必然”逐渐向“自由”发展。

再次，法学家阶层的形成和他们对立法理论和立法技术的研究探索，也促进了认可习惯法和制定成文法的发展。我们在绪论中引用过的恩格斯的论述指出，随着立法发展为复杂和广泛的整体，出现了新的社会分工的必要性：一个职业法学者阶层形成起来了，同时也就产生了法学。在职业法学家阶层形成后，他们对法律制定的参与和对有关问题的思考和著述，从立法理论和技术的层面反过来对立法实践又产生了重要的影响，促进了认可习惯法特别是制定成文法的发展。例如，中国古代先秦时期诸子百家中主张“以法治国”的法家，提出了一整套推行法治的理论和方法，不仅为建立统一的封建专制主义的中央集权国家提供了理论依据，也为中国向注重制定成文法的方向发展奠定了技术基础。又如，古罗马时期法学家在法律方面的编撰、办案、答复、著述等活动，不仅对当时的立法起了很大的作用，而且对后来大陆法系国家形成和构造成文法典体系也具有显著的影响。当然，应当指出，中国奴隶制和封建制时期的法学家，并未像西方特别是古罗马法学家那样，形成在国家中有重要地位和影响的、人数众多的一个独立阶层，而且他们对立法的阐述也主要是思想理论方面的，较少涉及制度和技术问题。

最后，从认可习惯法发展到制定成文法后，各国大体上是分别沿着制定成文法和认可判例法两个方向继续发展的。例如，属于中华法系和大陆法系的国家注重成文法典的制定，通过发达的立法实践完成了自己国家法制的统一，形成了立法性规范体系的特征。

属于英美法系的国家采用“遵循先例”的原则，注重对判例的认可，通过发达的司法实践完成了自己国家法制的统一，形成了司法性规范体系的特征。这两种立法类型的发展途径，代表了不同的法律文化。同时，任何民族和国家的法律文化都是世界法律文化的一部分，其发展的基本规律与其他民族和国家的法律文化发展的基本规律是一样的，并或多或少与其他民族和国家的法律文化相互影响和渗透，越是接近现代和当代越是如此，所以，任何民族和国家的法律文化都不可能脱离世界法律文化而独自发展，都必须吸收和借鉴世界各国优秀的法律文化成果。特别需要指出的是，一切法律文化的继承、吸取和借鉴，都是一个再创造和重构的过程。历史的经验证明，立足于本国实际，对本国立法和外来立法中的不同要素、结构重新加以扬弃、创新和组合，会创造出更先进的立法理论和技术。

第二节　立法的发展进程

一、奴隶制国家的立法

世界上许多民族都经历了奴隶制社会的发展阶段，奴隶制国家的立法是人类历史上出现最早的立法。这种历史类型的立法是在原始社会解体、奴隶制生产方式形成以后，伴随着奴隶制国家的产生而出现的。许多奴隶制国家也都经历了认可习惯法到制定成文法的发展过程。

（一）奴隶制国家立法的本质特征和指导思想

最早的立法出现于古东方国家。古东方奴隶制国家中在经济和政治方面的共同特点是：商品经济不发达，长期保留土地国有制（实际上土地属于君主），君主是国家的最高统治者。据史籍记载，早在公元前3100年，美尼斯国王在统一了上下埃及后就进行过立法。从公元前3000年左右开始，在西亚的两河流域也出现了楔形文字的成文法，如《乌尔纳姆法典》《苏美尔法典》等，其中公元前18世纪颁布的《汉穆拉比法典》是楔形文字法中最有代表性，也是世界上迄今完整保存下来的最早的一部法典。在我国，古代典籍中就有关于“夏有乱政，而作禹刑”和“夏刑三千条”的记载，说明早在公元前21世纪，我国就有了立法活动。一般认为，我国成文法的出现始于周朝或更早一些，如公元前11世纪西周初期时的穆王就曾令吕侯制作刑书，史称《吕刑》。

西方奴隶制国家立法的出现比东方要晚得多。西方奴隶制国家相对于古东方奴隶制国家，商品经济更发达一些。古希腊实行的是奴隶制的贵族或民主的政体；古罗马除实行君主专制的政体外，在一段时期内也曾实行过奴隶制的共和政体。古希腊于公元前7世纪在从氏族制度转变为国家的过程中，各城邦普遍进行了立法活动，成文法开始出现。如：约公元前621年的《德拉古法典》，代表的是严刑峻法；公元前594年的“梭伦立法”则刻在16块白色的旋转的木板上，公布于市场。在古代希腊法之后出现的罗马法，是奴隶制国家立法中最为发达的。以《十二铜表法》和《查士丁尼民法大全》为代表的罗马私法，是“商品生产者社会的第一个世界性法律”①，也是“简单商品生产即资本主义前的商品生产的完善的法，但是它也包含着资本主义时期的大多数法权关系”②，对后世资本主义国家的立法产生了重大的影响。

经济上确认奴隶制的生产方式和政治上维护奴隶主阶级统治，是所有奴隶制国家立法的本质特征。奴隶制立法在经济上不仅确认奴隶主的土地和财产的私有制，而且还确认奴隶主对奴隶人身的占有、使用和买卖，有生杀予夺的权利。也就是说，在法律上，奴隶不是法律关系的主体，而是法律关系的客体。由于奴隶制国家普遍实行君主或贵族的专制制度，所以奴隶制立法在政治上严格维护君主的无上权力，维护贵族即奴隶主的特权，规定不同等级和身份的人享有不同的权利和履行不同的义务，采用严酷的刑罚来惩罚奴隶的反抗和其他危害统治秩序的行为。同时，在奴隶制国家的立法中，还较长时期地保留了符合奴隶主阶级利益的原始社会的某些行为规范遗迹。

各奴隶制国家立法的指导思想与其经济制度和政治制度是一致的。古东方奴隶制国家立法指导思想的特点是：利用神权为以君主为代表的奴隶主阶级的经济统治、政治统治和文化统治服务。例如，我国夏、商、周时期的关于君主是“受命于天”和立法是“代天行罚”等思想，赋予了奴隶主阶级的统治以神圣不可侵犯的绝对权威。西方奴隶制国家立法指导思想的特点是：以自然法理论为奴隶制度进行辩护。例如，继亚里士多德之后进一步提出自然法思想的斯多葛学派认为，自然法代表神的理性和意志，是普遍适用的，高于一切城邦法律之上。这种思想依附于神学，强调人的义务，后来传入罗马，对罗马法的蓬勃发展起了很大作用。

（二）奴隶制国家的立法制度

在不同时期，奴隶制国家的立法制度各有不同，但是其共同点就是立法权通常都集中于君主一人之身，立法过程无法定的程序可言，所以其立法活动不可能达到法治化的程度。这是由奴隶制国家的专制性质决定的。但是，古东方奴隶制国家和西方奴隶制国家的立法制度也有一些差别。

在古东方奴隶制国家中，一直实行由君主独揽立法权的专制政体，对君主行使立法权无任何限制，立法完全依君主的意志而定，而且往往假借天命作为立法的形式。而在西方奴隶制国家，如古希腊的雅典，由于实行奴隶制的民主政体，所以在立法制度方面，设置有最高权力机关——民众大会，它有权制定、修改法律和订立条约，还设置有500人会议和陪审法院。成年的雅典男性公民（自由人，不包括奴隶）都能参加民众大会并提交立法议案，议案通常先由500人会议作出结论，再由民众大会进行讨论、辩论和表决。经表决通过的立法议案还需陪审法院最后审查认可才能正式成为法律。这种立法制度为后来西方资本主义国家的立法制度提供了启示和样本。

（三）奴隶制国家的立法技术

在法典编纂方面，有些奴隶制国家的立法技术达到了较高的水平。例如，古巴比伦

---

① 《马克思恩格斯选集》，2版，第4卷，252页，北京，人民出版社，1995。
② 《马克思恩格斯全集》，第36卷，169页，北京，人民出版社，1974。

国家制定的《汉穆拉比法典》，保持了两河流域成文法典的传统和风格，在内容和编纂技术上都比过去有所提高。该法典由序言、正文和结语三部分组成，文字表述细密而简洁。法典的序言语言丰富、辞藻华丽，称颂了汉穆拉比的丰功伟绩并宣称他是按照神的旨意颁布这一法典的。法典的正文涉及古巴比伦社会生活的许多方面，较全面地调整了当时的一些重大社会关系。法典的结语告诫后继的国王必须遵守这部法典，否则一切灾祸将降临其身。但是，《汉穆拉比法典》主要还不是抽象的规范，而只是具体案件的解决办法，实际上是司法判例的汇编。《汉穆拉比法典》在立法技术上对后来西亚的立法产生了很大影响，由此形成了所谓的楔形文字法系。

又如，古罗马的《查士丁尼民法大全》在立法技术发展史上占有更重要的地位。古罗马皇帝查士丁尼在位期间命令系统搜集古罗马的全部法律和历代法学家的著述，在整理、审订、修改、补充、删除的基础上，编纂了 12 卷的《查士丁尼法典》、4 卷的《查士丁尼法学总论》、50 卷的《查士丁尼学说汇编》和《查士丁尼新律》。这四部法典到中世纪被合称为《查士丁尼民法大全》（或《国法大全》）。《查士丁尼民法大全》的编纂表明古罗马的立法技术水平是很高的，其优点是：能够适应商品经济发展的客观要求，并不断对法律进行修改和补充，将立法与法学研究紧密结合，从而抽象出法律的原则、规范和概念；法律用语也比较严格。特别是罗马法采取的公法和私法的分类，后来为欧洲大陆法系国家对法律体系进行基本分类和划分法律部门奠定了理论基础。

需要指出的是，奴隶制国家制定的成文法典，均属于民刑不分、实体与程序不分的综合性法典。这种情况反映了当时法律调整的社会关系相对还不太复杂，法律调整的方法也比较简单。当然，在不同国家，这种综合性法典的性质也不一样。例如，在古罗马国家，由于简单商品经济相当发达，所以在法典中民商事法律规范即私法也相对发达和完善。中国奴隶制时期的商品经济相对不发达，所以在法典中主要是刑事法律规范。

在奴隶制国家的法律渊源中，除综合的法典外，君主的命令一般也是法律。在西方奴隶制国家中，法律渊源更是多样。如在古罗马时期，成文法的形式包括：民众大会制定的法、皇帝颁布的敕令、最高裁判官发布的告示、元老院通过的决议、著名法学家撰写的著述，以及某些习惯等。法律渊源的多样化，从某些侧面也说明了法律对社会生活调整的日益重要和立法技术的不断发展。

二、封建制国家的立法

世界上许多民族都经历过封建制社会的发展阶段。封建制国家的立法是在奴隶社会灭亡、封建制生产方式形成以后，伴随着封建制国家的产生而出现的。这种历史类型的立法在许多国家历时比较长久，在历史上也有重要影响。

（一）封建制国家立法的本质特征和指导思想

在世界封建制立法史上，中国封建制的立法不仅开始最早，而且历时最长，形成了独具特色的中华法系，占有极为重要的地位。从战国之际李悝编纂《法经》，直至封建社会末期的《大清律例》的制定，在长达两千多年的时间里，中国的历朝历代不仅有自己的立法，而且从秦朝开始都编纂有统一的、系统的“律”，较好地调整了以自然经济为基础的各种社会关系。特别是唐朝永徽年间制定的《唐律》，堪称中华法系的代表和楷模。《唐律》不仅对中国后世产生了很大影响，而且还传到国外，当时日本、朝鲜、越南等国家的法律，多是对《唐律》的模仿。

在亚洲的其他国家，伊斯兰教的创始人穆罕默德于6世纪～7世纪在传教过程中以真主启示的名义而发布的经文《古兰经》，对形成阿拉伯法系具有重要影响。在8世纪～9世纪阿拉伯帝国全盛时期，东起印度河流域，西临大西洋，从喜马拉雅山麓到地中海沿岸，这一广大地区都实行伊斯兰法。

欧洲封建社会从5世纪西罗马帝国灭亡开始，经过封建割据、专制君主制和等级君主制等时期，到17世纪英国资产阶级革命，有一千二百多年的时间。欧洲封建社会的立法与中国封建社会立法的统一不同，呈现出极为分散的状态。在欧洲，除罗马法外，产生过各种各样的法，如日耳曼法、教会法、习惯法、普通法、衡平法、地方法、城市法和海商法等。

资料链接

欧洲中世纪比较有影响和代表性的法典有：5世纪～6世纪法兰克王国的《萨利克法典》，6世纪初西哥特王国的《西哥特罗马法典》，7世纪伦巴第王国的《伦巴第法令集》，9世纪～13世纪基辅罗斯时期逐渐形成汇编的俄罗斯的《罗斯真理》，12世纪罗马天主教会的《格拉提安努斯教令》，12世纪在大西洋沿岸使用的《奥莱龙法集》和在北海、波罗的海沿岸使用的《维斯比法集》等海商法，13世纪法国的《诺曼底大习惯法》和德国的《萨克森法典》，16世纪罗马教廷的《教会法大全》，等等。

封建制国家的立法，虽然因国家和发展阶段的不同，各具不同特点，但是它们又具有一些共同的本质特点：在经济上确认封建制的生产方式和在政治上维护封建地主阶级的统治。封建制立法在经济上不仅保护地主阶级的土地私有制，而且还不同程度地保留了农奴对封建主的人身依附关系的规定；在国家和社会生活中确认封建等级制度，维护封建地主阶级的特权。君主在国家中是最大的地主，高踞于封建等级的顶端，在经济、政治和法律上具有至高无上的权威。其他封建主则按照占有土地、财产的多少和掌握权力的大小来确定特权，形成了自上而下的金字塔形的等级系统。封建制国家的立法还规定了较为严酷的刑罚来惩罚对封建社会关系和社会秩序的反抗行为。此外，在一些国家的立法中，宗教教义和某些伦理规范还成为法的重要组成部分。所以封建制国家的立法活动也不可能达到法治化的程度。

各封建制国家立法的指导思想在共同维护封建的经济、政治和社会制度的基础上，也有明显的差异。例如，在中国，除封建社会前期的法家学说产生过重要影响外，在长期的封建社会中，儒家学说一直居于统治地位，成为正统的法律思想。这种法律思想将儒家经典和宗教神学相结合，将地上君权与天上神权相结合，通过政权的力量，使其成为政治、社会甚至家庭生活的最高准则，也成为立法的思想理论基础。封建儒家正统法律思想的基本内容和特点是：天人合一，法自君出，即人间的君主是上天的代表，所以君主一言可以为天下法，一言也可以废天下法，还可以在法外施恩或法外加刑；礼律结合，法有差等，即把封建礼仪规定在法律中，使“君为臣纲、父为子纲、夫为妻纲”和“贵贱、亲疏、尊卑、上下、长幼”等纲常礼教成为法律的基本组成部分；德主刑辅，先教后刑，即强调道德教化在治理国家中的主导地位，将法律只作为辅助的手段；等等。

欧洲封建制立法的指导思想与中国有所不同：首先，对于维护君权和宗法制度，不如中国封建制立法那样突出和重要。其次，基督教的神学思想居于垄断地位，在许多情况下以基督教的教义来指导法律的制定，甚至代替法律。最后，从中世纪后期开始，随着资本主义因素在欧洲封建社会内部的出现和成长，在立法中也出现了一些反映资本主义生产关系的规定，使能够较好调整商品经济关系的罗马法在欧洲大陆得到了广泛的传播。而在中国两千多年的封建社会中，自然经济一直占统治地位，不仅难以产生反映商品经济关系的立法，而且也不会出现此类的立法思想。

（二）封建制国家的立法制度

封建制国家的立法制度较之奴隶制国家更为复杂，相互间的差异也更大。这是因为，各国不仅在经济、政治、文化等方面的发展越来越各具特点，从而影响到立法制度，而且立法制度本身也开始沿着完全不同的方向发展。一般来说，在君主专制的中央集权国家，立法权仍然集中于君主手中；在封建割据的国家，立法权则由割据的诸侯所掌握。在这两种情况下，君主或诸侯都拥有绝对的立法权，因而一般不设立专门的立法机关，也不会规定严格的立法程序。在宗教势力比较强大的国家，宗教权力和世俗权力对立法权的争夺，对立法制度产生了极大的影响。特别是在政教合一的国家，立法制度完全取决于宗教经典的规定，也就无所谓立法的程序。在有些实行等级君主制的国家中，立法权发展为分别由君主与贵族、教士或骑士和市民代表组成的机关行使。由此形成了某些立法的程序，但是并没有得到严格遵守。

中国在秦统一全国前，各诸侯国都实行君主专制下的立法制度。秦统一全国后，除间或出现过几次短期的分裂或割据外，一直是中央集权的君主专制，全国的立法制度也一直是统一的。这种建立在君主专制基础上的立法制度，将最高的国家立法权赋予皇帝，在法律上没有任何限制。一切法的制定、认可、修改或废止，都由皇帝决定，都以皇帝的名义发布。从历朝历代编纂“律”的过程和情况看，也未形成可供参与立法者遵循的程序，而全凭皇帝的旨意。应该说，在中国和其他采用君主专制的国家中，立法制度与奴隶制时期相比，在形式上并没有质的发展变化。

在西欧中世纪一些实行等级君主制的国家中，君主和等级代表机关分别行使立法权，从而使立法制度发生了很大的变化。从立法制度方面讲，欧洲等级代表会议既是对奴隶制时期古希腊雅典的民众大会和古罗马的元老院等制度的继承和发展，又是资本主义国家的议会或国会的雏形，为近现代西方资本主义国家的立法制度的产生和形成提供了理论和实践活动的舞台。

资料链接

英国13世纪时手工业和商业迅速发展，城市市民阶层日益壮大，加上国王与贵族的权力斗争，使贵族于1265年召开了由主教和封建贵族、骑士和市民代表等参加的英国首届国会。到1297年，国会获得了批准赋税的权力；1322年国会获得立法权；到15世纪时国会又获得了完整的立法权，国王已不能再改动国会呈交的法律案，只有同意或否决的权力。

法国新兴城市的诞生，使新出现的市民阶层形成强大的社会力量。法国国王借此与市民阶层接近，以便与封建领主进行斗争，反对割据，加强王权。1302年，为解决征收新税问题，法国国王菲利浦四世召开了高级教士、世俗贵族和市民三个等级参加的会议，形成了等级君主制。但是三级会议不是常设机构，无固定的会期，只是根据国王的需要和意志召开，而且，三级会议不从事立法活动，只为专制君主筹集款项，所以，直至17世纪以前，法国虽然多次召开过三级会议，但是对封建王权起不到限制作用。直到18世纪下半叶，中断了175年的三级会议在法国封建社会制度出现深刻危机的形势下，重新召开，并且于1789年单独开会通过决议，将三级会议改为国民会议，宣布立法权不可分，国王无权否决国民会议已通过或将通过的一切决议，不得干预国民会议的权力。而此时已是法国资产阶级革命爆发的前夕了。

（三）封建制国家的立法技术

由于封建制国家的情况复杂，立法制度也有很大差异，所以立法技术也分别是循着不同途径发展的。

以中国为代表的中央集权的封建专制国家，在法典编纂方面，基本上还是沿袭奴隶制时期的民刑不分、实体与程序不分的综合法典形式，以律作为最重要的法律渊源。到隋唐以后，其他法律渊源进一步发展和完善，除律之外，还有令、格、式、例、比等。对于它们之间的区别，古籍中的解释不尽相同。大体来说，律主要是刑事法律规范，同时涉及民事、婚姻、诉讼等方面的法律规范；令是关于国家体制和基本制度的法律规范；格是国家机关和官员日常据以办事的行政法律规范；式是国家机关公文程序的行政法律规范；例是作为判案依据的判例、事例、成案；比是律令无正式条文规定时援引类似条文及过去判例进行判案的法律规定。当然，上述各种法律渊源在各朝代的地位是不完全一样的，也不是一直都存在的。例如，明清两代均将格定于会典中，不另行定格。在清朝"例"的实际作用和效力甚至高于"律"，因为从雍正五年（1727年）颁行《大清律集解》起，律文便被确认为子孙世守的成法，不再修改，而只是因时制宜，随时纂"例"，来补充和修改律的不足。此外，在中国封建社会，皇帝的敕令一直是最重要的法律渊源之一。例如在宋朝，皇帝颁发的敕令成了最常用的法律形式，编敕也成了最经常、最重要的立法活动。

应当说，中国封建制国家的立法在人类立法史上占有重要地位，是封建制国家立法最高成就的体现，为后世提供了宝贵的立法经验。中国封建社会历朝历代对各种法律的制定、修改、编纂和汇编，其立法不仅法典体系庞大、体例严谨、文字精当，而且具有统一性、多样性和完整性等特点。从既重视成文法的制定，又注意用判例作为一种法律渊源来弥补成文法的不足看，中华法系兼具大陆法系和英美法系的优点，是法律文化发展中的一种独特的立法技术。当然，由于中国封建制国家立法一直没有按照法律调整的对象，即社会关系和法律调整的方法来构造法律体系，尽管法律渊源多样，但并无近现代意义的法律部门划分，所以没有能够发展为近现代的立法。这是与中国封建社会商品经济不发达，自然经济长期占主导地位相适应的，因为在自给自足的自然经济条件下，社会的生产、交换、分配和消费等关系都比较简单，以刑法为主的综合法典和以刑罚为主的手段，基本上能够适应法律调整社会关系的需要。

如前所述，欧洲封建制国家的立法并不统一，立法制度也更为复杂多样，所以立法技术也不尽相同。欧洲封建制国家立法技术的最重要成果之一，就是为大陆法系和英美法系的产生和形成，分别从编纂法典和认可判例方面奠定了法律文化的基础。

自 12 世纪至 16 世纪，随着资本主义经济在封建社会内部的萌芽和发展，罗马法在欧洲大陆开始得到复兴。先是在意大利，然后是在法、德等国，都开展了对罗马法的广泛研究，法院也援引罗马法以弥补法律的不足。对罗马法的研究和适用，不仅有利于以王权为代表的中央集权制的建立和加强，而且为调整商品生产的各种法律关系提供了较详尽的资料和规定。在罗马法的广泛传播过程中，根据研究问题的重点或方法不同，可以分为 13 世纪的前期注释法学派、13 世纪后半叶至 15 世纪后半叶的后期注释法学派和 15 世纪至 16 世纪的人文主义法学派。前期注释法学派注重恢复各罗马法文献的本来面目，主要工作是对这些文献进行文字注释，包括列举注释者之间的分歧意见、各方论据以及作者本人的结论，供适用法律规则参考的有关案例，为便于记忆而归纳的简要准则和定义，以及对某一领域的论述，等等。后期注释法学派主要致力于使罗马法和实际生活相结合，对罗马法的研究从注释转变为提出法律的原则和根据，建立法律的分析结构，促进判例法的发展。人文主义法学派反对注释法学派对罗马法的机械注释，要求将罗马法作为历史现象而不是作为现行法规加以研究，用根据罗马法当时的历史条件或对罗马法原文的比较方法来研究罗马法。注释法学派和人文主义法学派对罗马法的研究和传播，不仅使罗马法在西欧大陆和中欧大为普及，同时也从立法技术方面，如罗马法关于公法和私法的分类，对法律的原则、规范、概念术语的理论概括，其法典体系的严谨性和逻辑性，语言的精确和简练等，为大陆法系的产生和形成进行了充分的准备。

从 11 世纪开始，英国的立法技术就走上了与欧洲大陆各国不同的发展道路。1066 年诺曼底公爵征服英国后，通过王室法院的法官巡回各地，参照盎格鲁-撒克逊人保留的习惯法审理案件，逐渐形成了统一的法律规则，即普通法。到 14 世纪末时，由于普通法在某些方面不能适应司法实践的需要，在英国又通过大法官和衡平法院逐渐形成了衡平法。当罗马法在欧洲大陆各国复兴时，英国法虽然也受到罗马法的影响，但程度不深，仍然保持了自己固有的传统。英国的普通法和衡平法都属于判例法，从立法技术方面讲，仍然有重要的价值。因为，判例法的一个基本原则就是“遵循先例”，即某一判决中的法律规则，不仅适用于该案，而且往往会作为一种先例而适用于以后该法院或下级法院所管辖的基本事实相同或类似的案件，所以，当一个先例形成时，就意味着法官的判决理由建立了一种规则，而且某些有威望的法官在审判时进行推理所表示的意见，即附署意见，虽然无拘束力，但也会受到重视。这实际上是通过法官来进行的立法，也有一定的规则和技术。也就是说，英国封建制的立法主要是通过司法审判实践来进行的，从另外的发展途径为人类社会的立法技术提供了宝贵的经验。

三、资本主义国家的立法

资本主义国家的立法是社会生产方式发展到资本主义阶段，伴随着资本主义国家的产生而出现的。这种历史类型的立法目前仍然存在于许多国家，无论是在历史上，还是在现在，都具有重要的影响。

（一）资本主义国家立法的本质特征和指导思想

在西欧封建社会的中后期，开始出现了一些资本主义经济因素。这些因素反映到法律领域，就是在封建制法中出现了一些带有资本主义因素的立法，我们在前面提到的城市法、海商法以及罗马法的复兴，都是不断发展的资本主义经济要求的体现。但是，严格或完全意义上的资本主义立法，是在资产阶级通过革命取得政权、建立了资本主义国家后才开始的。当然，由于各国资产阶级革命的过程和特点不同，各资本主义国家的立法也具有不同的特点。我们仅以英国、法国、美国和德国的资本主义立法为例来简单加以说明。

英国是资产阶级革命爆发最早的国家，其特点是以资产阶级和封建贵族的妥协而告结束。经过长达几十年的政治斗争，英国国会于1689年宣布威廉为国王，英国政权掌握在资产阶级和新贵族手中，从此资产阶级的君主立宪制逐渐确立。当然，英国资产阶级的君主立宪制度的真正确立还经过了较长时期，直到18世纪上半叶至19世纪初，才完全形成了国王“统而不治”的“虚位国家元首制”、议会内阁制的政府权力结构及其运行机制和政党政治的模式。这一过程和特点反映在法律领域，就是英国资本主义的立法是“把旧的封建的法的形式大部分保存下来，并且赋予这种形式以资产阶级的内容，甚至直接给封建的名称加上资产阶级的含义”[①]。正因为如此，在17世纪、18世纪，英国秉承自己的判例法传统，没有对法律形式和司法体系作重大改革，而主要是对封建的普通法和衡平法进行逐步调整，作出新的解释，以适应资本主义经济、政治制度和社会生活的需要。从19世纪上半叶开始，随着资本主义代议制民主政治的逐步发展和完善，以“议会至上”为原则的立法体制得以确立，制定法在英国的地位也开始高于判例法。

法国大革命是最为彻底的资产阶级革命。1789年法国大革命的风暴不仅将国王路易十六送上了断头台，完全摧毁了封建专制的政治制度，而且也彻底否定了封建制的法律体系和法律原则。在19世纪70年代以前，虽然封建王朝有过几次短期的复辟，但是资产阶级基本上是掌握政权的。特别是在法律领域，拿破仑在19世纪初及时恰当地将法国大革命的胜利成果以法律形式固定下来，对于资本主义经济制度的巩固和发展，防止封

① 《马克思恩格斯选集》，2版，第4卷，252页，北京，人民出版社，1995。

建制度的复辟，起到了重大的作用。拿破仑亲自主持制定或审订的民法、刑法、商法、刑事诉讼法、民事诉讼法等，统称为《拿破仑法典》，对于法国的法律体系是根本的改革，影响遍及欧洲大陆和其他几大洲。

美国的资产阶级革命是1776年通过摆脱英国殖民统治的独立战争进行的，也是比较彻底的。在独立战争时期，有些州禁止适用英国判例法，联邦和各州还分别制定成文宪法，表示与英国法传统的决裂。但是，独立战争胜利后，特别是进入19世纪以后，美国又开始接受英国法传统，宣布可以以英国法为依据。当然，各州明文规定或实际上采用的只是适合美国条件的英国法。

从19世纪起，德国开始工业革命，推动了资本主义的发展。但是，由于资产阶级的软弱和妥协，1848～1849年德国的资产阶级革命没有完成其“自由和统一”的历史使命。革命失败后，资产阶级开始将注意力从政治转向经济，谋求建立统一的国内市场。从1862年起，普鲁士宰相俾斯麦实行“铁血政策”，运用各种政治策略和外交手腕，统一了德国的中部和北部；1871年又利用普法战争的胜利，统一了全德国。德国统一后，开始在普鲁士原有法律的基础上制定全德统一的法律。如1871年颁布了《刑法典》、1877年颁布了《法院组织法》、《民事诉讼法》、《刑事诉讼法》和《破产法》等。资产阶级经过二十多年的准备和与普鲁士贵族的斗争，于1896年颁布《民法典》，于1897年颁布《商法典》，使公法和私法的统一得以完成。

资本主义国家立法的产生过程和特点虽然各不相同，但是又都具有某些共同的本质特征，即在经济上确认资本主义的生产方式和在政治上维护资产阶级的统治。应当说，资本主义国家的立法较之封建制国家的立法，是具有历史性的巨大进步意义的，同时又不可避免地存在阶级的局限性。具体地说，资本主义国家立法的本质特征和指导思想主要体现在下述基本原则中。

第一，私有财产神圣不可侵犯的原则。根据这一原则，人们对属于自己的财产拥有占有、使用、收益和处分的绝对权利。非经所有权人许可，任何人不得干涉其财产权的行使；非经合法认定的公共需要和公平的赔偿，任何人的财产不受剥夺。当然，在资本主义国家，由于主要的社会财富掌握在少数人手中，所以这一原则的真正受益者是富人。在自由资本主义时期，财产所有权表现为绝对的和不受限制的权利，而到了垄断资本主义时期，为防止对财产所有权的滥用，国家立法开始以维护“社会利益”的名义，对财产所有权的行使作出某些限制。在当代更是如此。

第二，契约自由的原则。根据这一原则，人人都具有独立的法律人格，人与人之间的关系是建立在依据自由意志订立的契约的基础上的，人们不仅可以在法律的范围内自主地处分自己的利益和权利，而且交往各方在合意的条件下可以建立或改变彼此间的权利和义务关系，即使国家也不能任意干涉。不过，对于不占有生产资料的普通劳动者而言，这一原则实际上仅仅意味着有出卖劳动力的自由。同样，在自由资本主义时期，契约自由也曾被认为是绝对的和不受限制的，而到了垄断资本主义时期，为减少其造成的社会矛盾，国家不再对契约自由采取放任的态度，从立法上开始予以一定的限制。到当代也更是如此。

第三，实行“三权分立”的代议制民主政治的原则。根据这一原则，要在普选基础上产生代议制的政权，所以立法要确认每个公民有参政的权利，要以民主的方式、按照民主的原则产生议会和其他国家机关；要实行立法、行政和司法三权相互分立、相互平衡、相互制约的政治制度，立法要保证以权力制约权力，防止国家权力被滥用。尽管如此，在资本主义国家，实际上仍然是资产阶级专政，真正掌握政权的还是少数人。

第四，维护资产阶级的自由、平等和人权的原则。根据这一原则，人人生来是而且始终是自由平等的，在法律上都处于平等的地位，在形式上都享有平等的自由；这种平等和自由，加上民主，又可以被归结为人权，即作为人应当享有的生命权、健康权、财产权、思想言论自由权、追求幸福权和反抗暴政权等。当然，在资本主义制度下，自由、平等和人权是有局限性的，只是法律上和形式上的，不可能获得彻底的和真正的实现。

第五，法治的原则。根据这一原则，国家权力的行使必须有法律的根据，不得侵犯法律规定的公民的权利；法治是治理国家的基本方略，要实行“法的统治”；要依据法律至上的原则，严格依法办事。然而，由于社会制度本质的限制，资本主义国家的法治只具有形式公正的意义。

（二）资本主义国家的立法制度

应当说，真正形成可供人们了解和遵循的立法制度，是从资本主义国家建立后开始的。因为，在奴隶制和封建制国家，立法权集中于君主或贵族寡头等少数人之手，他们言出法随，所以在这些国家，立法活动在实际上并不需要什么法定制度的制约，也不需要按照什么法定的程序进行。当然，资本主义国家的立法制度也是从奴隶制和封建制国家发展而来的。如前所说，奴隶制时期古希腊雅典的民众大会、古罗马的元老院和欧洲中世纪的等级代表会议等，都可以被视为是近现代西方资本主义国家的立法制度的萌芽或雏形。

资本主义国家的立法制度直接决定于它们所实行的“三权分立”的代议制民主政治制度。在这种政治制度下，作为国家权力之一的立法权主要掌握在由普选产生的议会手中。所谓代表民意的机关——议会，也主要是通过行使立法权来对行政机关和司法机关进行制衡。在这种政治制度下，包括立法活动在内的许多重大决策都必须通过专门的立法机关——议会，按照少数服从多数的原则来作出决定。在这种政治制度下，立法机关还必须按照严格的、法定的程序来进行立法，而且立法程序也是在民主基础上产生的。可见，在资本主义国家，立法活动涉及立法机关的产生、组成、职权，立法权限和立法事项的划分，立法机关的立法程序和立法解释，立法的效力和监督等一系列问题。由于法治的要求，资本主义国家对这些问题都是以立法制度来加以规范的，所以，要理解资本主义国家的立法制度，就必须深入研究其政治制度。

当然，资本主义国家的立法制度也是各有差异的。这是因为，它们所实行的“三权分立”的代议制民主政治制度，虽然在基本制度和原则方面都是共同的，但是在一些具体制度和运行方面不尽相同。例如，以英国为代表的议会制、美国为代表的总统制、法国为代表的半总统制等就各有特点。就是在议会制政体中，也有英国的君主立宪的议会制和意大利的共和国议会制的区别。这些不同的政体形式都会影响到各国的立法制度及其运行。例如在美国的总统制下，行政机关对立法机关立法活动的制约就大于英国的议会制。同时，资本主义制度在世界范围内的建立，也就是近现代国家形成的开始。近现代意义上的国家，都需要解决中央和地方的关系问题并用法律形式加以确认。这方面的问题同样也会影响到立法制度。例如，单一制国家和联邦制国家在立法权限的划分上，所采用的原则和实际的结果都是不一样的。前者通常实行的是中央向地方授予立法权的体制，后者通常实行的是中央和地方分享立法权的体制。所以，要理解资本主义国家的立法制度，还必须深入研究其国家结构形式方面的有关问题。

（三）资本主义国家的立法技术

资本主义国家的立法技术与其立法制度是紧密相连的。立法制度的发展和完善，会引起立法技术的进步；反过来，立法技术的进步也会促进立法制度的进一步发展。与奴隶制和封建制国家相比，资本主义国家的立法技术的进步主要体现在以下几方面。

（1）关于法律体系的构建和法律部门的划分。如前所说，封建制国家与奴隶制国家一样，采取的是诸法合体的综合法典形式。从立法技术的层面说，这是没有法律部门划分的原因所致。即使是实行公法和私法划分的罗马法，也没有能够在公法和私法的基础上对各种法律作进一步的分类。到资本主义时期，社会的飞速进步，使得原有的社会关系日趋复杂，新的社会关系不断产生，综合法典的形式已不再能够满足社会发展的需要。正是在这样的情况下，欧洲大陆的一些国家，首先是法国，后来是德国，都秉承了罗马法的传统，依据公法和私法划分的理论，进一步划分了自己国家的法律部门，例如公法方面的行政法、刑法、诉讼法等部门，私法方面的民法、商法等部门，并相应地制定了有关法典。大陆法系也由此逐渐形成。需要指出的是，即使是不以公法和私法为基本分类的英美法系，也能够理解基本部门法的分类，同时也有一些具体部门法的分类。如英国虽然没有作为独立法律部门的民法和商法，但是仍有合同法、财产法、家庭法、侵权行为法等具体部门法。这些都反映了人类立法技术的进步。

（2）关于法律渊源的确定。到资本主义时期，各国的法律渊源开始逐渐固定，而且人们在理论上和实践中也赋予这些法律渊源以不同的效力。例如在大陆法系国家中不仅有法典、单行法律、行政法规和地方法规等各种法律渊源，而且这些法律渊源也形成了由高到低的效力等级。又如英美法系国家中除制定法外，还有判例法，在判例法中还有普通法和衡平法等。而且，发展到20世纪中叶以后，两大法系还出现了日渐接近、互相渗透、彼此融合的趋势，即大陆法系国家越来越重视判例的作用，而英美法系国家也越来越提高制定法的地位。

（3）关于法典的结构。在大陆法系国家的立法中，比较注意运用系统化、整体化、条理化、层次化的方法来构造和表现各种规范性文件。特别是在对重要法典的编纂中，其结构的严谨、用语的精当、概念的明晰，都成为普遍的现象。其中，1804年的《法国民法典》和1896年的《德国民法典》在立法技术上堪称楷模。《法国民法典》是以罗马法为主线，以启蒙思想家的基本观点为指导，以法国大革命中的重要法律文献为蓝本而制定出来的。在审议制定过程中，拿破仑亲自主持了35次会议，对争论问题提出了深刻的、有条理的和明确的见解，归纳出清晰的结论，所以《法国民法典》以明晰的概念、简洁的文字、严谨的体系而著称。《德国民法典》则以精细的结构、思辨的文风、复杂的文字而见长，它注重法的确定性和完备，使抽象的原则能预先用到一些例外和限定的情形中，从而把法官的裁量范围缩小到最低限度。

(4) 关于宪法的影响。宪法是资产阶级革命的产物，资产阶级国家宪治出现的同时也为立法技术的发展确定了框架。无论是在成文宪法的国家，如美国和法国等，还是在不成文宪法的国家，如英国，宪法都在各种法律部门中居于基础的地位，其他法律部门都必须依据宪法来进行构造；宪法在所有法律渊源中，具有最高效力，其他法律渊源都不得与宪法相抵触。从这一意义讲，宪法及其理论的发展，对立法技术有直接和重要的影响。

总之，到资本主义时期，立法与在奴隶制和封建制时期相比，无论在形式上，还是在内容上都有了质的发展和变化。同时，资本主义国家的立法也是逐步发展的，处在日臻完善的过程中。对此，我们将在以下有关各章中，根据资本主义国家立法具体涉及的问题，分别加以说明。

还需要指出的是，1840 年的鸦片战争之后，中国开始沦为半殖民地半封建社会。在立法制度、理论和技术等方面，经过近代以来的“西学东渐”，逐渐渗入了一些资本主义的因素。例如，通过清末修律活动，对原有的法律制度进行了不同程度上的修改与变革，引进和传播了西方近现代的法律学说和法律制度。在法典编纂形式上，清末修律改变了中国传统的“诸法合体”的形式，明确了实体法之间、实体法与程序法之间的差别，分别制定、颁行或起草了有关宪法、刑法、民法、商法、诉讼法、法院组织法等方面的法典或法规，形成了我国近代法律体系的形式雏形。当然，清末修律活动是迫于内外压力之下的、被动的立法活动，本身存在根本的缺陷和局限性，但在客观上也产生了显著的影响，在中国近代立法史上占有重要地位。

四、社会主义国家的立法

社会主义国家是人类最新历史类型的国家。20 世纪的一个重要特征，就是社会主义的兴起。从列宁领导十月革命取得胜利，到第二次世界大战后中国等一批国家建立起社会主义制度，社会主义显示了蓬勃的生命力。虽然到 20 世纪末，发生了东欧剧变、苏联解体，社会主义的发展遇到了严重曲折，但是在中国，由于在中国共产党和邓小平的领导下，开辟了建设中国特色社会主义的光辉道路，社会主义事业依然焕发出了新的生机。同样，社会主义国家的立法，是对前人立法的继承和发展，其间尽管走过一些弯路，但是同样在人类立法史上写下了光辉的篇章，特别是中国社会主义的立法经验，更是值得我们总结、继承和发扬。我们在这里将简单介绍社会主义国家立法中的一些共同问题，对于有关中国社会主义立法的发展历史和一些具体问题，将在以后的有关章节中加以论述。

（一）社会主义国家立法的本质特征和指导思想

社会主义国家立法的特点虽然各不相同，但是又都具有某些共同的本质特征，即在经济上确认社会主义的生产方式和在政治上维护无产阶级的专政。在生产方式方面，社会主义国家立法的根本使命是为解放和发展社会生产力服务，是人类历史上第一个也是唯一的巩固和发展以社会主义公有制为基础的经济制度的立法，是以保障广大人民群众共同富裕为己任的立法。在阶级属性方面，社会主义国家的立法是以维护无产阶级领导的广大人民群众当家作主地位为根本的立法，是无产阶级（通过共产党）领导的广大人民群众的共同利益和共同意志的体现。在产生和存在方式方面，社会主义国家的立法是在社会主义民主制度下，通过社会主义民主的程序而形成的国家意志。在社会作用方面，社会主义国家的立法是引导和保障社会主义建设各项事业顺利发展的权威性行为准则，是对广大人民群众的人权的法律确认。所以，社会主义立法可以具有阶级性和人民性、规范性和社会性、科学性和公正性、权利和义务、国家强制力和人民自觉遵守等相统一等特点。

社会主义国家的立法都是以马克思主义为指导思想的。各社会主义国家由于国情和发展道路有不同特点，所以强调的指导思想也有所侧重。例如：在苏联，更注重列宁主义的指导。在中国，除了提出要以马列主义为指导，还特别强调要以毛泽东思想、邓小平理论、“三个代表”重要思想、科学发展观和习近平新时代中国特色社会主义思想为指导。在新时代的中国，更应突出强调以习近平法治思想作为立法工作的根本指引。

（二）社会主义国家的立法制度

社会主义国家的立法制度直接决定于它们所实行的人民代表制及其根据民主集中制和“议行合一”的原则进行活动的基本制度。在社会主义国家，一切权力属于人民，人民行使国家权力的机关是各级人民代表机关。这种政治制度是指人民按照民主集中制的原则，选举代表组成全国和地方人民代表机关，再以其为基础，组成国家机构体系。人民代表机关在国家机关体系中居于领导和监督的地位，将决定和执行国家重大事务的权力统一行使，不受行政机关和司法机关的牵制，其他机关都要服从它的领导和监督。在这种政治制度下，包括立法活动在内的许多重大决策不仅必须通过专门的人民代表机关，按照少数服从多数的原则来作出决定，而且作为立法机关的人民代表机关还对它的执行机关即行政机关和司法机关的活动有领导和监督之权。在社会主义国家，立法活动虽然同样要涉及立法机关的产生、组成、职权，立法权限和立法事项的划分，立法机关的立法程序和立法解释，立法的效力和监督等一系列问题，但是由于其政治制度与资本主义国家有本质的和运作的不同，所以在立法制度上也有很大不同。例如，在议行合一和“三权分立”的制度和原则下，行政机关和司法机关对立法机关的立法权的制约程度就是完全不同的。

社会主义国家民主制度的本质和原则都是一致的。但是，由于各国实际情况不同，实现民主的形式又是多种多样的。例如：就全体人民行使权力的最高国家权力机关而言，在苏联，根据1936年宪法的规定，最高国家权力机关是最高苏维埃；最高苏维埃由联盟院和民族院组成，其闭会期间的常设机关是最高苏维埃主席团。在朝鲜，最高代表机关称为最高人民会议，由一院组成，其常设机关是最高人民会议常设会议。在我国，全国人民代表大会是最高国家权力机关，其常设机关是全国人大常委会。

同时，作为近现代意义上的国家，社会主义国家与资本主义国家一样，也需要解决中央和地方的关系问题，而各社会主义国家的国家结构形式又是各不相同的。例如，苏联等国家属于联邦制国家，而中国和越南等则属于单一制国家。就是在联邦制国家之间，如苏联和南斯拉夫联邦，或者在单一制国家之间，如中国和越南，也都存在着差异。这些不同和特点，同样也会影响到该国的立法制度，特别是中央和地方的立法权限的划分。

可见，要理解社会主义国家的立法制度，不仅必须深入研究其政治制度，了解各国政治制度的特点和运行过程，还应当深入研究其国家结构形式等问题。

（三）社会主义国家的立法技术

从法律文化传统讲，社会主义国家的立法技术更接近大陆法系国家。这是因为，苏联和东欧、亚洲的一些社会主义国家在历史上曾经属于大陆法系，或者是曾经受到大陆法系传统的很大影响。它们成为社会主义国家后，在立法技术上都是通过制定成文法典的方式来构造自己的法律体系的，没有将判例作为法律渊源。所以，在明确社会主义国家与大陆法系的资本主义国家的立法在本质特征、指导思想和立法制度方面有着根本区别的前提下，可以说，二者在立法技术方面有许多共同之处。我们前面所说的大陆法系国家在法律体系、法律部门、法律渊源、法典的结构等立法技术方面的特点，社会主义国家也基本上都具有。对此，我们同样也要在以后的有关各章中分别加以说明。

不过，需要指出的是，正因为在本质特征、指导思想和立法制度方面有着根本区别，而这些区别又必然影响到立法技术，所以，社会主义国家和大陆法系的资本主义国家在立法技术上也有不少差异。例如：社会主义国家由于是在无产阶级政党的领导下进行立法活动的，比较容易集中各方面的意见和要求，所以在立法预测、立法决策、立法规划、立法协调等方面就能够有比较统一的认识和安排，也能够形成一些独特的技术。而资本主义国家实行多党制，立法问题往往成为党派斗争的焦点和手段，因此，它们不仅在立法决策和立法协调方面的技术有自己的特点，而且也不可能形成统一的长期立法规划。又如：由于在社会主义国家中各国家机关是最主要的享有立法提案权的主体，所以许多国家都制定有关于起草法律草案的法律和法规。而在资本主义国家中，议员个人在提出立法案时具有更大的自由和影响，所以对如何起草法律案也鲜有立法方面的规定。对于这些区别，我们也将会作出适当的说明。

第三节　从古代立法到近现代立法发展的若干特点

从立法状况、立法制度和立法技术等方面看，我们可以将奴隶制、封建制国家的立法归结为古代的立法，将资本主义、社会主义国家的立法归结为近现代的立法。我们这里所研究和学习的立法理论、立法制度、立法过程、立法程序和立法技术等，实际上都始于资本主义国家，而且在社会主义国家得到了继承和重要的发展。对于古代立法到近现代立法的发展，人们可以从不同方面总结出许多规律。例如，从社会形态方面，人们可以发现立法经历了从奴隶制、封建制、资本主义到社会主义等历史类型的立法的更替过程，这一过程是与社会的经济、政治和文化的发展过程相一致的，是法律上层建筑对经济基础的适应过程，也是作为法律现象组成部分的立法对人类法律文化的贡献，等等。根据上一节的叙述，我们在这里仅想从古代立法与近现代立法的区别方面，集中概括立法发展本身的一些规律和特点。

（1）立法经历了从专制向民主的逐渐转变。也就是说，这是专制立法与民主立法的区别。古代的立法，即使是在奴隶制的民主政体或封建制的等级君主政体下，也还是专制的立法。因为古代的立法权，在法律上是集中在君主或少数贵族寡头手中的，即使设立有立法机关，其也不是通过民主选举产生的，立法也不是按照少数服从多数的原则和制度运作的。近现代的立法将立法权赋予通过民主选举产生的立法机关行使，立法也是严格按照少数服从多数的原则和制度运作的，而且民主立法还有逐渐扩大的趋势，如有些国家对某些法律案的全民公决。当然，在近现代的民主立法中，还有资本主义国家立法和社会主义国家立法的区别。前者，从实质而言，尽管仍然反映的是少数富人的利益和意志；但是在形式上，毕竟还是体现了民主要求的。

（2）立法经历了从某些立法者个人享有特别的立法权向所有立法者个人都只拥有平等的立法权的逐渐转变。也就是说，这是享有特权的立法与权利平等的立法的区别。在古代的立法过程中，君主或少数贵族寡头在某一具体立法事项上的决定权是不受限制的，而在近现代的立法过程中，享有立法权的个人在某一具体立法事项上都实行一人一票的原则，任何人都没有特权。

（3）立法经历了从较少制约专制立法向有更多民主制约的立法的逐渐转变。也就是说，这是较少制约的立法与有制约的立法的区别。古代立法是专制的，所以对于享有垄断立法权的君主或少数贵族寡头的立法行为，在制度和程序上不可能有根本性的制约，也就无法控制滥用立法权的现象。近现代的立法是民主的，从根本上说，任何立法主体的立法行为，都要受到按照民主原则建立起来的法律制度的制约。例如，在实行两院制的国家中，参议院（上院）和众议院（下院）之间在立法活动方面有制约。又如，在我国，按照《立法法》的规定，全国人民代表大会有权改变或者撤销它的常务委员会制定的不适当的法律，这是最高国家权力机关对它的常设机关的立法权的制约。当然，在近现代的民主立法中，资本主义国家和社会主义国家的制约性质和程度都是不同的。前者制约的法理基础是“三权分立”，行政机关和司法机关对立法机关的立法活动有一定的制约，以便保持三权之间的平衡。例如，美国总统对国会立法的否决。后者制约的法理基础是民主集中制和议行合一，人民行使国家权力的机关是各级人民代表机关，所以行政机关和司法机关对于同级权力机关的立法活动是没有制约权力的，这种制约只能够在权力机关内部进行。

（4）立法经历了从没有法定程序向有法定程序的逐渐转变。也就是说，这是无序立法和有序立法的区别。古代的立法或者是由少数几个人编纂完成法典，经君主首肯后，便成为法律；或者是君主言出法随，无须按照少数服从多数的原则进行，也无须受到制约，因此也就没有必要建立可供立法者遵循的由法律加以保证的程序。近现代立法由经民主选举产生的立法机关进行，立法如何体现民意，对立法活动如何制约，须按照一定的程序进行，而且这些程序都是由宪法和有关法律甚至是专门法律加以规定的，必须遵守。

(5) 立法经历了从制定诸法合体的综合法典向划分不同法律部门和确定不同法律渊源来构建法律体系和立法体系的逐渐转变。也就是说，这是简单立法与复杂立法的区别。古代由于当时的社会关系相对简单，所以以诸法合体、民刑不分、实体与程序不分的综合法典为主来进行立法调整是完全可行的。社会发展到近现代，不仅原有的社会关系日趋复杂，如因商品交换的发达而产生的信用问题，而且新的社会关系也不断出现，如商品生产带来的环境污染问题，都需要用专门的法律加以调整，所以，不同法律部门的划分和多种法律渊源的确定就成为立法发展的必然。

从以上古代立法向近现代立法发展的规律看，分别涉及立法制度和立法技术等各方面的问题，而其中最主要和最根本的是专制与民主的区别。正因为这一本质的区别，近现代立法与古代立法在立法理论、立法制度、立法过程、立法程序和立法技术等方面有了重大的差异。人类的立法活动发展到近现代以后，必须体现和遵循民主所要求的有关原则。民主所包含的原则至少包括多数原则、程序原则和法治原则。近现代的立法必然要体现和遵循民主的这些原则。而在专制的立法中，是不需要也不可能有上述原则的，所以也就不会有相应的立法理论、立法制度、立法过程、立法程序和立法技术。

当然，正如我们经常提到的，在民主立法中还有资本主义国家立法与社会主义国家立法的区别。即便这两种类型国家的立法都必然体现和遵循民主的上述三个原则，但是在民主的性质上仍有根本的差异。

例如，我国《宪法》序言指出："一九一一年孙中山先生领导的辛亥革命，废除了封建帝制，创立了中华民国。但是，中国人民反对帝国主义和封建主义的历史任务还没有完成。""一九四九年，以毛泽东主席为领袖的中国共产党领导中国各族人民，在经历了长期的艰难曲折的武装斗争和其他形式的斗争以后，终于推翻了帝国主义、封建主义和官僚资本主义的统治，取得了新民主主义革命的伟大胜利，建立了中华人民共和国。从此，中国人民掌握了国家的权力，成为国家的主人。"由于人民当家作主，所以，我国社会主义立法在目的、宗旨和原则等方面，与资本主义立法的性质都是不同的，也应该是比以往历史类型国家更好的立法。当然，我国社会主义立法要证明其较之资本主义立法，在立法理论上更科学，在立法制度上更健全，在立法过程和程序上更严格，在立法技术上更完善，还需要在民主立法、科学立法、依法立法的实践中不断探索和逐渐实现。

第四节　《立法法》的制定和修改

一、《立法法》制定的时代背景

从党的十一届三中全会开始，党和国家为适应社会主义现代化建设的需要，在改革开放的新历史条件下，坚定不移地发展社会主义民主，健全社会主义法制。在20年民主和法制建设的实践中，经过艰苦努力的探索和总结，我国于1982年12月制定和实施了现行《宪法》。1997年10月党的十五大报告正式提出了"依法治国，建设社会主义法治国家”的治国基本方略和奋斗目标，并且于1998年3月由第九届全国人民代表大会第一次会议通过宪法修正案的形式，将这一治国基本方略和奋斗目标规定在我国宪法中。

法治国家有形式和实质上的要求。法治国家在形式上的要求简单说就是“有法可依，有法必依，执法必严，违法必究”。这是一般法治国家都应当达到的标准。具体说就是：有法可依要求建立统一、完备的法律体系和制度，即：立法能够适应不断发展的经济、政治、文化和社会生活的需要，及时对各种社会关系进行规范和调整。法律体系应当力求完整、科学、严谨、系统；各部门法应当合理划分、彼此协调、共同发挥作用；法律规范应当明确、肯定、具体，具有可操作性。应当避免和消除法律、法规之间的矛盾和冲突。根据立法学理论，立法活动或立法过程还必须有严格的标准和程序。只有如此，才能保证立法的质量。从法治建设的各环节看，立法从逻辑上说都是前提和基础，因此，立法法是国家极其重要的政治活动，是规范我国立法制度及其活动的重要法律，是宪法性法律或宪法相关法，是维护社会主义法治统一的基本法律。所以，有个不甚准确然而很形象的说法：《立法法》是“管法的法”。

就是在上述时代背景下，根据我国立法工作的实际需要和存在的一些问题，制定《立法法》的工作逐渐提上了党和国家的法治工作日程。

二、关于2000年《立法法》的制定

2000年3月9日在第九届全国人民代表大会第三次会议上，时任全国人大常委会法制工作委员会主任的顾昂然在关于《中华人民共和国立法法（草案）》的说明中指出，立法法是关于国家立法制度的重要法律。1982年《宪法》对我国立法体制进行了改革。《宪法》《全国人民代表大会组织法》《地方组织法》对立法权限的划分、立法程序、法律解释等问题作了基本规定，实践表明，这些规定是正确的、可行的。1979年以来，我国的立法工作取得了显著成就，积累了不少经验。但在实际工作中也存在着一些问题，主要是：有些法规、规章规定的内容超越了权限；有些法规、规章的规定同法律相抵触或者法规之间、规章之间、法规与规章之间存在着相互矛盾、冲突的现象，有的质量不高；在起草、制定过程中，有的部门、地方存在着不从国家整体利益考虑而为部门、地方争局部利益的倾向。这些问题在一定程度上损害了国家法制的统一和尊严，也给执法造成困难。因此，需要根据《宪法》制定立法法，对法律、法规以及规章的制定作出统一规定，使之更加规范化、制度化，以维护国家法制的统一，建立和完善有中国特色社会主义法律体系。这对推进依法治国，建设社会主义法治国家，有着十分重要的意义。[①]

2000年3月15日全国人大制定和通过了《立法法》。2000年制定的《立法法》以《宪法》为依据，总结改革开放二十多年来的立法经验，对立法工作应当遵循的基本原则，法律、行政法规、地方性法规、自治条例和单行条例、规章各自的权限范围，制定程序和适用规则等问题，作了比较具体的规定。

《立法法》自2000年颁布、实施以来，对规范立法活动，推动形成和完善中国特色

---

① 参见顾昂然：关于《中华人民共和国立法法（草案）》的说明。

社会主义法律体系，推进社会主义法治建设和人权保障，发挥了重要作用。到2010年年底，涵盖社会关系各个方面的法律部门已经齐全，各法律部门中基本的、主要的法律已经制定，相应的行政法规和地方性法规比较完备，法律体系内部总体做到科学和谐统一。一个立足中国国情和实际、适应改革开放和社会主义现代化建设需要、集中体现党和人民意志的，以宪法为统帅，以宪法相关法、民法、商法等多个法律部门的法律为主干，由法律、行政法规、地方性法规等多个层次的法律规范构成的有中国特色社会主义法律体系已经形成，国家经济建设、政治建设、文化建设、社会建设以及生态文明建设的各个方面实现有法可依。

三、关于2015年《立法法》的修改

2015年3月8日，在第十二届全国人民代表大会第三次会议上，时任全国人大常委会副委员长李建国在关于《中华人民共和国立法法修正案（草案）》的说明中指出："实践证明，立法法确立的立法制度总体是符合国情、行之有效的。但是，随着我国经济社会的发展和改革的不断深化，人民群众对加强和改进立法工作有许多新期盼，以习近平同志为核心的党中央提出了新要求，立法工作面临不少需要研究解决的新情况、新问题。立法工作关系党和国家事业发展全局，在全面建成小康社会、全面深化改革、全面依法治国、全面从严治党的战略布局中，将发挥越来越重要的作用。为了适应立法工作新形势新任务的需要，贯彻落实党的十八大和十八届三中、四中全会精神，总结立法法施行以来推进科学立法、民主立法的实践经验，适时修改立法法，是十分必要的。这对于完善立法体制，提高立法质量和立法效率，维护国家法制统一，形成完备的法律规范体系，推进国家治理体系和治理能力现代化，建设社会主义法治国家，具有重要的现实意义和长远意义。"①

按照十二届全国人大常委会的立法规划和工作部署，全国人大常委会法制工作委员会及时开展了《立法法》修改的起草工作。通过认真研究人大代表议案和建议、赴地方调研、召开专题座谈会、邀请地方人大和政府法制机构有关负责同志共同研究等方式，广泛听取了各方面意见。在充分沟通协商、深入研究论证的基础上形成了《中华人民共和国立法法（草案）》修正案，由全国人大常委会委员长会议提请2014年8月第十二届全国人大常委会第十次会议初次审议。会后，全国人大法律委员会、全国人大常委会法制工作委员会广泛征求中央有关部门、各地和有关方面的意见，并在中国人大网全文公布该修正案草案，征求社会公众意见。根据全国人大常委会组成人员的审议意见和各方面的意见，对该修正案草案进行了修改完善。2014年12月第十二届全国人大常委会第十二次会议再次审议《立法法修正案（草案）》。审议中，全国人大常委会组成人员和列席人员普遍认为，该修正案草案贯彻党的十八大和十八届三中、四中全会精神，吸收了全国人大常委会组成人员的审议意见和各方面的意见，已趋成熟。会议决定将该草案提请十二届全国人大三次会议审议。这次会议之后，中国人大网全文公布了该修正案草案，

① 李建国：关于《中华人民共和国立法法修正案（草案）》的说明。

第二次征求社会公众意见。

2015 年 1 月全国人大常委会办公厅将《立法法修正案(草案)》发送全国人大代表。代表们认真研读讨论该修正案草案，总体上表示赞成，同时提出一些修改意见。全国人大法律委员会召开会议，根据全国人大常委会组成人员的审议意见和代表们提出的意见，对该修正案草案进行审议修改，并将修改情况向全国人大常委会委员长会议作了汇报。

党中央高度重视《立法法》的修改，将《立法法》修改列为需要党中央 2015 年研究的重大立法事项。2015 年 2 月 12 日，习近平总书记主持召开中央政治局常委会会议，听取全国人大常委会党组关于《立法法修正案（草案）》几个主要问题的请示汇报，原则同意全国人大常委会党组的请示，并就进一步修改完善《立法法修正案（草案）》作出重要指示。会后，根据党中央的重要指示精神，有关部门对修正案草案又进一步作了修改完善。在此基础上，形成了提请十二届全国人大三次会议审议的《立法法修正案（草案）》。[①]

2015 年 3 月 8 日，李建国副委员长在大会上作关于《立法法修正案（草案）》的说明；3 月 10 日，各代表团全体会议、小组会议对草案进行审议。3 月 11 日上午，全国人大法律委员会召开会议，审议修正案草案，经对代表们提出的修改意见逐条认真研究，对草案作了 63 处修改，其中 27 处属于实质性的修改，提出关于修改《立法法》的决定草案。3 月 12 日下午，各代表团对该决定草案进行了审议。3 月 13 日，全国人大法律委员会召开会议，审议该决定草案，再次对代表提出的修改意见逐条认真研究，形成了修改决定草案建议表决稿。

这次修改《立法法》，是一次汇集民智、反映民愿、体现民情、表达民意的重要实践，不仅听取了代表和各方面的意见，而且将修正案草案提请全国人民代表大会审议通过。这本身就是重视发挥代表在立法工作中的作用。代表们普遍认为，这次《立法法》的修改，是科学立法和民主立法的一个最新典范。特别是民主立法，本身就是保障广大人民群众人权的重要体现和途径。

还需要提到的是，这次修改《立法法》是部分修改，不是全面修改，对可改可不改的暂不改；对认识比较一致、条件成熟的，予以补充完善；对认识尚不统一的，继续深入研究；对属于工作机制和法律实施层面的问题，通过加强和改进相关工作予以解决。

四、关于 2023 年《立法法》的修改

2023 年 3 月 5 日，在第十四届全国人民代表大会第一次会议上，时任全国人大常委会副委员长王晨在《关于〈中华人民共和国立法法（修正草案）〉的说明》中指出：“我国现行立法法是 2000 年 3 月九届全国人大三次会议通过的，2015 年 3 月十二届全国人大三次会议作了部分修改。立法法的颁布施行，对完善立法体制机制，健全立法制度，规范立法活动，推动形成和完善以宪法为核心的中国特色社会主义法律体系，推进全面依

---

① 以上所述《立法法》的第一次修改过程，参见李建国：关于《中华人民共和国立法法修正案（草案）》的说明。

法治国，发挥了重要作用。”[①]

党的二十大报告对完善以宪法为核心的中国特色社会主义法律体系提出新的要求。修改《立法法》，总结宪法实施和监督工作的实践经验，明确合宪性审查的环节和要求，用科学有效、系统完备的制度体系保证宪法实施，有利于维护宪法权威，维护社会主义法制的统一、尊严、权威，不断提高依宪治国、依宪执政的能力和水平。

以习近平同志为核心的党中央高度重视《立法法》修改工作。2021 年，党中央首次召开中央人大工作会议，对新时代坚持和完善人民代表大会制度、加强和改进人大工作作出全面部署，明确提出要加快完善中国特色社会主义法律体系、以良法促进发展保障善治等任务要求。2022 年 9 月，习近平总书记主持召开中央政治局常委会会议，听取审议并原则同意全国人大常委会党组关于立法法修正草案有关问题的请示和汇报，为《立法法》修改工作提供了重要指导和遵循。

根据立法工作安排，全国人大常委会法制工作委员会于 2022 年年初启动《立法法》修改工作，经广泛征求各方面意见和认真研究，提出了立法法修正草案。2022 年 10 月，第十三届全国人大常委会第三十七次会议对立法法修正草案进行了初次审议。常委会组成人员普遍认为，修正草案深入贯彻落实习近平法治思想、习近平总书记关于坚持和完善人民代表大会制度的重要思想，全面贯彻党的二十大精神、中央人大工作会议精神和党中央重大决策部署，总结吸收新时代立法实践的新经验新成果，深入推进科学立法、民主立法、依法立法，完善立法的指导思想和原则，健全宪法的实施和监督制度，完善立法权限、程序和备案审查制度，有利于提高立法质量和效率，使法律体系更加科学完备、统一权威，为全面建设社会主义现代化国家提供更加坚实的法治保障。2022 年 12 月，十三届全国人大常委会第三十八次会议对立法法修正草案进行了再次审议，认为修正草案二次审议稿贯彻落实党中央重大决策部署，较好地吸收了全国人大常委会组成人员的审议意见和各方面的意见，已经趋于成熟，决定将立法法修正草案提请十四届全国人大一次会议审议。

立法法修正草案经十三届全国人大常委会两次会议审议后，先后两次在中国人大网全文公布草案征求社会公众意见。全国人大常委会办公厅将修正草案印发十四届全国人大代表，组织部署全国人大代表研读讨论并征求意见。2023 年 2 月 16 日，十三届全国人大宪法和法律委员会召开会议，根据全国人大常委会组成人员的审议意见、代表研读讨论中提出的意见和各方面的意见，对立法法修正草案作了进一步修改完善。全国人大宪法和法律委员会认为，经过全国人大常委会两次会议审议、广泛征求意见和多次修改完善，立法法修正草案充分吸收各方面的意见建议，已经比较成熟。据此，形成了提请第十四届全国人大第一次会议审议的《立法法（修正草案）》。[②]

《立法法（修正草案）》共 37 条，主要修改内容是：完善立法的指导思想和原则，明确合宪性审查相关要求，完善立法决策与改革决策相衔接、相统一的制度机制，完善全国人大及其常委会的立法权限、立法程序和工作机制，适应监察体制改革需要补充相关

---

① 王晨：《关于〈中华人民共和国立法法（修正草案）〉的说明》。

② 以上所述《立法法》的第二次修改过程，参见王晨：《关于〈中华人民共和国立法法（修正草案）〉的说明》。

内容，完善地方性法规、规章的权限和程序，完善备案审查制度。同时，此次修改《立法法》是部分修改，对确有必要修改的予以修改完善；属于可改可不改的，一般不作修改。此外，还作了一些文字表述和法律衔接方面的修改完善，并对个别条文顺序作了调整。

关于《立法法》第二次修改的重大意义、指导思想、遵循的原则、一些条文的增加和修订等，本教材将在以下各章节中分别具体引述。总而言之，《立法法》的制定和修改，是我国社会主义民主法制建设史上和依法治国道路上的里程碑之一，具有重大的现实意义和深远的历史意义。

问题与思考

1. 如何理解立法产生的经济、政治原因和文化条件？

2. 试从立法的发展分析认可习惯法和制定成文法的关系。

3. 试比较古东方奴隶制国家和西方奴隶制国家在立法的指导思想和立法制度等方面的异同。

4. 试比较中国封建制国家和欧洲封建制国家在立法的指导思想、立法制度和立法技术等方面的异同。

5. 资本主义国家立法的本质特征和指导思想主要体现在哪些基本原则中？

6. 资本主义国家的立法制度和立法技术较之过去有哪些发展和变化？

7. 社会主义国家立法的本质特征和指导思想是什么？

8. 请根据社会主义国家的政体形式和国家结构形式来分析其立法制度的特点。

9. 从古代立法到近现代立法发展的主要规律和特点有哪些？

10. 除本书所谈到的规律和特点外，你认为从古代立法到近现代立法的发展中还有什么特点？

11. 美籍华人、著名历史学家黄仁宇在其《资本主义与二十一世纪》一书中，在依次叙述了威尼斯、荷兰、英国、美国、日本、德国、法国、俄国、中国等的资本主义发展史后总结说："资本主义虽说是一种经济体系，但它亦与政治不可划分。因为统治大众的方法，基本上不出三途：一、是精神上和道德上的激励，以宗教或党义主持之；二、是警察权逼迫就范，以军事力量和法庭为后盾；三、是在法制上依循个人私利观，使公私利害凝合为一，个人在争取本身名利时，即在无形中增强了国家社会的组织与结构。固然这些条件全待客观环境而展开，同时任何政体也希望折中混合，并用三者之长。可是资本主义无可否认的是将最后一种方案作最高度和最有效的发挥。"

请阅读该书，并从立法的历史发展的角度对黄仁宇先生的总结予以评析。

12. 请对《立法法》的制定和修改历史进行一个梳理。

延伸阅读

1. ［爱］凯利．西方法律思想史．王笑红，译．北京：法律出版社，2010

2. 梁启超．论中国成文法编制之沿革得失//范忠信选编．梁启超法学文集．北京：中国政法大学出版社，2004

3. 蔡定剑．历史与变革：新中国法制建设的历程．北京：中国政法大学出版社，1999

4.［英］梅特兰，等．欧陆法律史概览：事件，渊源，人物及运动．修订本．曲文生，等译．上海：上海人民出版社，2015

5. 黄源盛．中国法史导论．简体版．桂林：广西师范大学出版社，2014

6. 张生主编．中华人民共和国立法史．北京：法律出版社，2020

7. 沈春耀，许安标，臧铁伟，等．大智立法：新中国成立70年立法历程．北京：法律出版社，2019

第三章

立法原则

本章导读

立法原则集中地体现了一国立法的基本性质、内容和价值取向，是人们从长期的立法实践中概括出来的。立法的指导思想是立法的总原则，对立法工作起着根本的、全局性的、方向性的指引作用。我国在多年的立法工作中，创造、总结了许多经验，形成了具有中国特色的社会主义立法原则和立法的指导思想。我国的立法工作应当贯彻习近平法治思想，尤其要注重以其中关于立法工作的论述为引领。我国《立法法》规定的立法原则集中体现了立法的国家法制统一、民主立法和科学立法等原则。党的十九大以来，我国立法工作进一步强调了依法立法原则。党的二十大之后，我国对《立法法》关于立法指导思想和原则等的条文，进行重要的修改、增加和补充。

关键术语

立法原则　立法指导思想　习近平法治思想　以人民为中心　社会主义核心价值观　立法质量　党领导立法原则　民主立法原则　科学立法原则　依法立法原则

第一节　立法原则概述

一、立法原则的定义

法律上所讲的原则，通常是指在一国法律体系中对各种法律制度起指导作用的思想，以及具有基础或本源意义的稳定的法律原理和准则。法律原则集中地体现了一国法律体系的基本性质、内容和价值取向。对法律原则可以从不同的角度进行分类。比如，可以将所有法律原则分为立法原则与法律实施原则。我们认为，立法原则是指在一国立法活动中起指导作用的思想和具有基础或本源意义的稳定的法律原理和准则。它集中地体现了一国立法的基本性质、内容和价值取向。它是人们从长期的立法实践中概括出来的，是一国法律原则的重要组成部分。

我国在多年的立法工作中，创造、总结了许多经验，形成了具有中国特色的社会主义立法原则。对于这些原则，许多法理学和立法学的著述在基本看法一致的前提下，各有不同的表述。例如，孙国华、朱景文主编的《法理学》（第四版）就将我国的立法原则概括为：科学立法的原则；民主立法的原则；原则性与灵活性相结合的原则；有创建性、纲领性的原则；坚持群众路线，实行领导与群众相结合的原则；总结我国经验与借鉴外国经验相结合的原则。[①] 有关著述中所概括的立法原则可以称为理论立法原则。

我国《立法法》根据我国国情和多年立法工作的经验，也明确规定了我国的立法原则。《立法法》第3条规定："立法应当坚持中国共产党的领导，坚持以马克思列宁主义、毛泽东思想、邓小平理论、'三个代表'重要思想、科学发展观、习近平新时代中国特色社会主义思想为指导，推进中国特色社会主义法治体系建设，保障在法治轨道上全面建设社会主义现代化国家。"这是为了贯彻落实宪法规定和党的二十大精神，根据新时代党的重大理论创新成果，对立法的指导思想与时俱进地作了完善，将2015年《立法法》第3条改为两条，在现在的第3条中明确立法应当坚持中国共产党的领导，增加了坚持以"三个代表"重要思想、科学发展观、习近平新时代中国特色社会主义思想为指导。这是我国立法工作总的指导思想。《立法法》第4条规定："立法应当坚持以经济建设为中心，坚持改革开放，贯彻新发展理念，保障以中国式现代化全面推进中华民族伟大复兴。"这是我国立法工作的中心和目标。

《立法法》第5条规定："立法应当符合宪法的规定、原则和精神，依照法定的权限和程序，从国家整体利益出发，维护社会主义法制的统一、尊严、权威。"这是我国立法的国家法制统一原则。《立法法》第6条规定："立法应当坚持和发展全过程人民民主，尊重和保障人权，保障和促进社会公平正义。立法应当体现人民的意志，发扬社会主义民主，坚持立法公开，保障人民通过多种途径参与立法活动。"这是我国立法的民主原则。《立法法》第7条规定："立法应当从实际出发，适应经济社会发展和全面深化改革的要求，科学合理地规定公民、法人和其他组织的权利与义务、国家机关的权力与责任。法律规范应当明确、具体，具有针对性和可执行性。"这是我国立法的科学原则。《立法法》第8条规定："立法应当倡导和弘扬社会主义核心价值观，坚持依法治国和以德治国相结合，铸牢中华民族共同体意识，推动社会主义精神文明建设。"这是我国立法的价值原则。《立法法》第9条规定："立法应当适应改革需要，坚持在法治下推进改革和在改革中完善法治相统一，引导、推动、规范、保障相关改革，发挥法治在国家治理体系和治理能力现代化中的重要作用。"这是我国立法的改革与法治相统一原则。《立法法》规定的上述原则可以称为法定立法原则。

理论立法原则与法定立法原则有密切的关系。应当说，理论立法原则是形成法定立法原则的思想渊源，法定立法原则是对理论立法原则的法律化。这两类原则有许多共同或相通之处，如，都是从我国立法工作的实际中总结出来的，都对我国立法实践具有指导作用。同时，这两类原则因为性质不同，在立法实践中的具体作用又有所不同。鉴于其他著述和教材对理论立法原则多有涉及，本教材将主要对我国《立法法》规定的有关指导思想和原则即法定立法原则进行论述，而对理论立法原则不再赘述。

---

① 参见孙国华、朱景文主编：《法理学》，4版，214～217页，北京，中国人民大学出版社，2015。

二、立法原则和立法的指导思想

立法原则和立法的指导思想既有共同性，也有区别。立法的指导思想是立法的总的政治原则、工作原则和思想原则，它对立法工作起着根本的、全局性的、方向性的指导作用。《立法法》第 3 条的规定集中体现了我国立法的指导思想，是立法工作的理论基础。

立法原则是在立法指导思想的指引下，在总结我国立法工作的实践经验基础上形成的，是在立法工作中所遵循的、更具有可操作性的基本准则和方法。《立法法》第 4 条、第 5 条、第 6 条的规定集中体现了我国立法的原则。

从立法的指导思想和立法原则都可以对立法工作起指导作用的意义上讲，它们又是可以互相通用的，都可以称为立法的原则，所以，我们在本节还将对我国立法的指导思想进行专门的论述。新时代中国的立法工作，应当贯彻习近平新时代中国特色社会主义思想，尤其是贯彻习近平法治思想。这是我国立法指导思想的重中之重。所以，本章的第二节将集中对习近平法治思想中关于立法工作的论述进行阐释。

三、立法原则的作用

法律调整是运用一系列法律手段，根据某一时期社会生活的需要，对该社会的社会关系施加影响，使法作用于社会生活的过程；而立法则是进行法律调整的前提和基础。在立法过程中，立法原则起着体现立法性质、指引立法方向、保证国家立法统一和进行立法价值评判等作用，是各种立法活动必须遵循的准则。具体说，立法原则在立法中的作用主要表现在以下几方面。

（一）立法原则体现国家立法的性质和特点

不同历史类型的国家由于国家性质不同，决定了它们的立法的本质特征、指导思想以及各种原则也有所不同。同时，不同性质的国家也通过立法原则，宣示其立法的性质和特点。在历史上，奴隶制国家和封建制国家通常不在法律中明文规定其立法原则，人们是通过渗透在这些国家法律制度中的精神而对其立法原则进行归纳和概括的。而资本主义国家和社会主义国家都制定有宪法，在宪法和其他法律中都明文规定或暗含有对立法原则的规定。

社会主义国家立法的特点虽然各不相同，但是又都具有某些共同的本质特征，即在经济上确认社会主义的生产方式，在政治上维护无产阶级专政的国家制度，在思想上以马克思主义为指导。同时，各社会主义国家由于国情和发展的模式不同，实行的立法原则也有所不同。我们在这里主要研究的是我国的立法原则。例如，《立法法》第 3 条的规定集中体现了我国立法的人民民主专政的国体、社会主义制度和中国共产党领导等的性质和特点。又如，《立法法》第 6 条的规定集中体现了我国立法的社会主义民主性质和全过程人民民主的特点。

（二）立法原则保证国家法制的权威和统一

一个国家的立法主体、立法的具体目的、立法的实际结果、立法的具体效力是多种多样、纷繁复杂、各不相同的。可以说，任何一个现代法治国家的法律制度，其法律规范的数量之巨、种类之多，都是古代国家无法比拟的，所以，如何保证由各级不同国家机关出于不同法律调整需要而制定的法律规范是一致的、没有矛盾的，就成为一个重要问题。近现代的立法经验表明，立法原则对于保证国家法律体系的权威性、整体统一性和内部协调性，具有重要作用。例如，《立法法》第5条的规定表明，如果我国所有的立法活动都能够严格依照《宪法》和有关法律，特别是《立法法》所规定的法定的权限和程序进行，从国家的整体利益出发，依法立法，而不是仅从地方的局部利益出发，就可以最大限度地防止法出多门、越权立法、立法冲突、政令不统一等问题的发生。

（三）立法原则指引国家立法的经济、政治、文化和方向

不同历史类型的国家之所以要确定和概括自己的立法原则，资本主义国家和社会主义国家还将自己的立法原则明文规定在宪法和有关法律中，就是要对立法活动起导向作用，以保证立法符合自己国家的经济、政治、文化和社会的发展方向。例如，我国《立法法》第1条明确规定要“发挥立法的引领和推动作用”，第4条明确指出了我国立法必须以经济建设为中心，保障以中国式现代化全面推进中华民族伟大复兴。这不仅是立法工作的中心和目标，也是政治方向。又如，《立法法》第7条的规定指出了我国立法必须实事求是，一切从我国的实际出发，适应经济社会发展和全面深化改革的要求，必须符合我国的国情和各地的具体情况。这是进行立法的科学合理方向。

第二节 习近平关于立法工作的论述

习近平关于立法工作的论述，是习近平法治思想的重要组成部分，也是习近平新时代中国特色社会主义思想的重要内容。习近平法治思想是中国特色社会主义法治理论的最新成果。这一思想与马克思主义、毛泽东思想、邓小平理论、“三个代表”重要思想、科学发展观关于法律、立法的思想一脉相承，又结合新时代中国特色社会主义事业发展的需要，有重大的理论和实践创新。自党的十八大以来，习近平总书记从全面推进依法治国的高度，就立法问题发表了一系列重要讲话，作出了一系列重要指示，提出了一系列新理念新思想新战略。这些重要论述构成了完整的思想体系，是指引新时代立法工作、推动立法实践发展的根本遵循和理论支撑。这些论述立意高远、内涵丰富、博大精深，我们将其概括为以下几方面。

一、立法工作要坚持党的领导

坚持党的领导，是社会主义法治的根本要求，是推进全面依法治国的根本保证，也

是做好新时代立法工作的根本保证。习近平总书记指出："党和法的关系是一个根本问题，处理得好，则法治兴、党兴、国家兴；处理得不好，则法治衰、党衰、国家衰。"①

在法治工作中坚持党的领导，不是一句空的口号。一是要坚持党总揽全局、协调各方的领导核心作用，统筹依法治国各领域工作，把党的领导贯彻到依法治国的全过程和各方面，因而，"必须具体体现在党领导立法、保证执法、支持司法、带头守法上"②。立法承担着将党的基本理论、基本路线、基本方略和党中央决策部署、政策主张通过法定程序转化为国家意志的重要使命，是党的执政权的重要体现，必须始终不渝坚持和加强党的领导。二是将党的领导入法入规。2019 年 1 月，《中共中央关于加强党的政治建设的意见》提出："贯彻落实宪法规定，制定和修改有关法律法规要明确规定党领导相关工作的法律地位。将坚持党的全面领导的要求载入人大、政府、法院、检察院的组织法。"最新的宪法修正案和新修改的《选举法》《全国人民代表大会组织法》《立法法》等都贯彻落实了这一要求。

坚持党对立法工作的指导，应健全党领导立法工作的制度机制。党的十八届四中全会提出，要"完善党对立法工作中重大问题决策的程序。凡立法涉及重大体制和重大政策调整的，必须报党中央讨论决定。党中央向全国人大提出宪法修改建议，依照宪法规定的程序进行宪法修改。法律制定和修改的重大问题由全国人大常委会党组向党中央报告"③。2016 年党中央出台了加强党领导立法工作的指导性文件。2018 年党中央决定组建中央全面依法治国委员会，目的就是加强党对全面依法治国的集中统一领导，统筹推进全面依法治国工作，强化党中央在科学立法等方面的领导。习近平总书记亲自部署重点立法项目，听取重大立法事项的汇报，并作出重要指示批示。如，2018 年 1 月，党的十九届二中全会在党的历史上首次以一次全会专门讨论宪法修改问题，在准确把握我国宪法发展特点和规律的基础上，为宪法修改指明了方向、提供了根本遵循。又如，习近平总书记于 2016 年 6 月、2018 年 8 月、2019 年 12 月先后三次主持召开中央政治局常委会会议，听取并原则同意全国人大常委会党组关于《民法典》编纂工作的请示汇报，作出重要指示，为《民法典》编纂工作提供了重要指导和基本遵循。

二、立法工作要坚持以人民为中心

全面推进依法治国，必须坚持以人民为中心、坚持人民主体地位，必须坚持法治为了人民、依靠人民、造福人民、保护人民。习近平总书记强调，全面加强党的领导同坚持以人民为中心是高度统一的。坚持以人民为中心，应当充分体现在立法工作中。

立法以人民为中心，要求立法以满足人民日益增长的美好生活需要为根本目的。在

---

① 习近平：《在省部级主要领导干部学习贯彻党的十八届四中全会精神全面推进依法治国专题研讨班上的讲话》，2015－02－02。

② 习近平：《加快建设社会主义法治国家》，载习近平：《论坚持全面依法治国》，107 页，北京，中央文献出版社，2020。

③ 《中共中央关于全面推进依法治国若干重大问题的决定》，载中共中央文献研究室编：《十八大以来重要文献选编》（中），161 页，北京，中央文献出版社，2016。

新时代，人们的美好生活需要日益广泛，必须“着力解决好发展不平衡不充分问题，大力提升发展质量和效益，更好满足人民在经济、政治、文化、社会、生态等方面日益增长的需要，更好推动人的全面发展、社会全面进步”[①]。立法工作在此过程中大有可为，应当不断健全满足人民日益增长的美好生活需要所必需的各项法律制度，尤其要加强重点领域、新兴领域、涉外法治领域的立法。

立法以人民为中心，要求立法工作坚持人民至上、生命至上，把人民群众生命安全和身体健康摆在第一位。习近平总书记强调，“确保人民群众生命安全和身体健康，是我们党治国理政的一项重大任务”[②]，为了保护人民生命安全和身体健康可以不惜一切代价。

立法以人民为中心，要求立法工作保证人民当家作主。我国社会主义民主是维护人民根本利益的最广泛、最真实、最管用的民主[③]，因而应当坚定不移走中国特色社会主义政治发展道路。坚持党的领导、人民当家作主、依法治国有机统一，是我国社会主义政治发展的必然要求。要注重用法治保障人民当家作主，“使法律及其实施有效体现人民意志、保障人民权益、激发人民创造力”[④]。习近平总书记强调：“宪法是人民的宪法，宪法修改要广察民情、广纳民意、广聚民智，充分体现人民的意志。”[⑤] 保证人民当家作主，需要构建完整、有效的制度体系，立法对于构建人民当家作主的制度体系，可以发挥基础性的支撑作用。

立法以人民为中心，还要求以立法确认和保障人民享有广泛的自由和权利，要加强人权立法保障，“加快完善体现权利公平、机会公平、规则公平的法律制度”[⑥]。党的十九大进一步提出，保障人民知情权、参与权、表达权、监督权，“保护人民人身权、财产权、人格权”。在《民法典》中单列人格权编就是贯彻落实这一决策部署的重大举措。党的二十大继续提出：“我们要健全人民当家作主制度体系，扩大人民有序政治参与，保证人民依法实行民主选举、民主协商、民主决策、民主管理、民主监督，发挥人民群众积极性、主动性、创造性，巩固和发展生动活泼、安定团结的政治局面。”2023 年对《立法法》的修改，就是要从立法上进一步保障全过程人民民主。

---

① 习近平：《决胜全面建成小康社会，夺取新时代中国特色社会主义伟大胜利》，载中共中央党史和文献研究院：《十九大以来重要文献选编》（上），8～9 页，北京，中央文献出版社，2019。

② 习近平：《全面提高依法防控依法治理能力，健全国家公共卫生应急管理体系》，载《求是》，6 页，2020（5）。习近平总书记强调，在抗击新冠肺炎疫情斗争中，“做好疫情防控工作，直接关系人民生命安全和身体健康，直接关系经济社会大局稳定，也事关我国对外开放”。参见习近平：《在中央政治局常委会会议研究应对新型冠状病毒肺炎疫情工作时的讲话》，载《求是》，5 页，2020（4）。

③ 参见习近平：《决胜全面建成小康社会，夺取新时代中国特色社会主义伟大胜利》，载中共中央党史和文献研究院：《十九大以来重要文献选编》（上），25 页，北京，中央文献出版社，2019。

④ 习近平：《推进全面依法治国，发挥法治在国家治理体系和治理能力现代化中的积极作用》，载习近平：《论坚持全面依法治国》，273 页，北京，中央文献出版社，2020。

⑤ 习近平：《深刻认识宪法修改的重大意义》，载习近平：《论坚持全面依法治国》，188 页，北京，中央文献出版社，2020。

⑥ 《中共中央关于全面推进依法治国若干重大问题的决定》，载中共中央文献研究室编：《十八大以来重要文献选编》（中），162 页，北京，中央文献出版社，2016。

三、立法工作要坚持立法与改革相衔接

习近平总书记提出：坚持改革和法治相统一。坚持立法先行，凡属重大改革都要于法有据，确保改革在法治轨道上有序进行。

立宪和修宪是最为重要的立法活动。宪法集中体现了党和人民的统一意志和共同愿望，是国家意志的最高表现形式。习近平总书记指出："立宪和修宪在任何一个国家都是最为重要的政治活动和立法活动，必须以极其严肃认真的科学态度来对待。"我国的1982年《宪法》是"根据党的十一届三中全会确立的路线方针政策，总结我国社会主义建设正反两方面经验，深刻吸取十年'文化大革命'的沉痛教训，借鉴世界社会主义成败得失，适应我国改革开放和社会主义现代化建设、加强社会主义民主法制建设的新要求"而制定的。[①] 1982年《宪法》是一部好宪法。习近平总书记引用了毛泽东同志关于"搞宪法是搞科学"[②] 的著名论断，强调"这一次宪法修改（指2018年修改宪法——引者注）也同样如此。党中央决定对宪法进行适当修改是经过反复考虑、综合方方面面情况作出的"[③]。宪法修改是我国政治生活中的一件大事，也是立法与改革相适应的一个极好范例。

要注重发挥立法的引领和推动改革作用。习近平总书记指出："要同步考虑改革涉及的立法问题，需要制定或修改法律的要通过法定程序进行，做到在法治下推进改革，在改革中完善法治。"[④] "在整个改革过程中，都要高度重视运用法治思维和法治方式，发挥法治的引领和推动作用，加强对相关立法工作的协调，确保在法治轨道上推进改革。"[⑤] 针对改革就是要冲破法律的禁区和法律很难引领改革的两种观点，习近平总书记明确提出改革和法治是"两个轮子"这一形象说法和重大论断，强调"在法治下推进改革，在改革中完善法治，这就是我们说的改革和法治是两个轮子的含义"。为此，立法要主动适应改革需要，积极发挥引导、推动、规范、保障改革的作用，做到改革和法治同步推进，增强改革的穿透力。[⑥]

凡属重大改革都要于法有据。针对许多改革举措涉及现行法律规定的情形，习近平总书记明确提出：需要修改法律的可以先修改法律，先立后破，有序进行；有的重要改

① 参见习近平：《在首都各界纪念现行宪法公布施行三十周年大会上的讲话》，载习近平：《论坚持全面依法治国》，8页，北京，中央文献出版社，2020。

② 毛泽东：《关于中华人民共和国宪法草案》，载《毛泽东文集》第六卷，330页，北京，人民出版社，1999。

③ 习近平：《为新时代坚持和发展中国特色社会主义提供宪法保障》，载《习近平谈治国理政》第三卷，281页，北京，外文出版社，2020。

④ 习近平：《关于深化党和国家机构改革决定稿和方案稿的说明》，载《十九大以来重要文献选编》（上），243页，北京，中央文献出版社，2019。

⑤ 习近平：《在法治下推进改革，在改革中完善法治》，载习近平：《论坚持全面依法治国》，35页，北京，中央文献出版社，2020。

⑥ 参见习近平：《在省部级主要领导干部学习贯彻党的十八届四中全会精神全面推进依法治国专题研讨班上的讲话》，载《习近平关于全面依法治国论述摘编》，52～53页，北京，中央文献出版社，2015。

革举措，需要得到法律授权的，要按法律程序进行。[①] 同时，习近平还强调：改革要于法有据，“但也不能因为现行法律规定就不敢越雷池一步，那是无法推进改革的，正所谓‘苟利于民不必法古，苟周于事不必循旧’。需要推进的改革，将来可以先修改法律规定再推进。”[②] 要实现立法和改革决策相衔接。“科学立法是处理改革和法治关系的重要环节。要实现立法和改革决策相衔接，做到重大改革于法有据、立法主动适应改革发展需要。”[③] 因此，在研究改革方案和改革措施时，就要同步考虑改革所涉及的立法方面问题，及时提出立法需求和立法建议。

坚持立改废释纂并举。在新时代，“我国国家治理面临许多新任务新要求，必然要求中国特色社会主义制度和国家治理体系更加完善、不断发展”[④]。因而，要更积极地综合运用多种立法方式，要“坚持立改废释并举，加快完善法律、行政法规、地方性法规体系，完善包括市民公约、乡规民约、行业规章、团体章程在内的社会规范体系，为全面推进依法治国提供基本遵循”[⑤]。2020 年十三届人大三次会议通过的《民法典》，正是立法顺应改革、改革于法有据的生动实践。2023 年《立法法》的修改，就是要坚持立法与改革相衔接。

四、立法工作要坚持依法治国与以德治国相结合

中国特色社会主义法治具有一个鲜明特点，就是“坚持依法治国和以德治国相结合，强调法治和德治两手抓、两手都要硬。这既是历史经验的总结，也是对治国理政规律的深刻把握”[⑥]。习近平强调：“法律是成文的道德，道德是内心的法律，法律和道德都具有规范社会行为、维护社会秩序的作用。治理国家、治理社会必须一手抓法治、一手抓德治……实现法律和道德相辅相成、法治和德治相得益彰。”[⑦] 法治和德治不可分离、不可偏废，国家治理需要法律和道德协同发力、相互补充、相互促进，推进国家治理体系和治理能力现代化。

将以德治国的要求贯穿于依法治国的全过程，其核心之一便是，将社会主义核心价值观融入立法工作之中。“以法治承载道德理念，道德才有可靠制度支撑。法律法规要树

---

① 参见习近平：《在中共十八届三中全会第二次全体会议上的讲话》，载中共中央文献研究室编：《习近平关于全面依法治国论述摘编》，45～46 页，北京，中央文献出版社，2015。

② 习近平：《加快建设社会主义法治国家》，载中共中央文献研究室编：《十八大以来重要文献选编》（中），192 页，北京，中央文献出版社，2016。

③ 习近平：《在法治下推进改革，在改革中完善法治》，载习近平：《论坚持全面依法治国》，37 页，北京，中央文献出版社，2020。

④ 习近平：《坚持和完善中国特色社会主义制度　推进国家治理体系和治理能力现代化》，载《求是》，12 页，2020（1）。

⑤ 习近平：《加快建设社会主义法治国家》，载习近平：《论坚持全面依法治国》，112 页，北京，中央文献出版社，2020。

⑥ 习近平：《坚持依法治国和以德治国相结合》，载习近平：《论坚持全面依法治国》，166 页，北京，中央文献出版社，2020。

⑦ 习近平：《加快建设社会主义法治国家》，载习近平：《论坚持全面依法治国》，109 页，北京，中央文献出版社，2020。

立鲜明道德导向，弘扬美德义行，立法、执法、司法都要体现社会主义道德要求，都要把社会主义核心价值观贯穿其中，使社会主义法治成为良法善治。”① 这要求要善于运用法治手段解决道德领域突出问题，把实践中广泛认同、较为成熟、操作性强的道德要求及时上升为法律规范，引导全社会崇德向善。

现实中，有的法规和政策价值导向不鲜明，针对性、可操作性不强，保障不够有力，因此，必须“推动社会主义核心价值观入法入规”。具体来说，就是“要坚持以社会主义核心价值观为引领，恪守以民为本、立法为民理念，把社会主义核心价值观的要求体现到宪法法律、法规规章和公共政策之中，转化为具有刚性约束力的法律规定……使法律法规更好体现国家的价值目标、社会的价值取向、公民的价值准则”②。党的二十大也强调提出：“坚持依法治国和以德治国相结合，把社会主义核心价值观融入法治建设、融入社会发展、融入日常生活。”2023 年《立法法》修改时增加的第 8 条，体现了坚持依法治国和以德治国相结合。

五、立法工作要抓住提高立法质量这个关键

法律是治国之重器，良法是善治之前提。立法质量直接关系到法治质量。提高立法质量，要求立法工作要有大局观、大局意识，要尊重和体现客观规律。针对立法工作中比较突出存在的立法部门化倾向、争权诿责现象，习近平总书记指出：“各有关方面都要从党和国家工作大局出发看待立法工作，不要囿于自己那些所谓利益，更不要因此对立法工作形成干扰。要想明白，国家和人民整体利益再小也是大，部门、行业等局部利益再大也是小。”③ 习近平总书记引用北宋王安石的“立善法于天下，则天下治；立善法于一国，则一国治”这一著名论断，进一步强调立法质量。“人民群众对立法的期盼，已经不是有没有，而是好不好、管用不管用、能不能解决实际问题；不是什么法都能治国，不是什么法都能治好国；越是强调法治，越是要提高立法质量。”④

提高立法质量，需要完善立法体制。完善立法体制，应当优化立法职权配置，比如“明确立法权力边界，从体制机制和工作程序上有效防止部门利益和地方保护主义法律化”⑤。这就是要从源头上、体制上防止和解决问题。完善立法体制，还应当健全立法的制度机制，比如：赋予国家监察委员会制定监察法规的权力；完善授权立法规定，授权国务院在一定期限内在部分地区暂时调整或者停止适用法律的部分规定；对落实税收法

① 习近平：《坚持依法治国和以德治国相结合》，载习近平：《论坚持全面依法治国》，166 页，北京，中央文献出版社，2020。

② 《关于进一步把社会主义核心价值融入法治建设的指导意见》，载《中国共产党党内法规选编》，303～304 页，北京，法律出版社，2020。

③ 习近平：《全面推进科学立法、严格执法、公正司法、全民守法》，载习近平：《论坚持全面依法治国》，20 页，北京，中央文献出版社，2020。

④ 习近平：《全面推进科学立法、严格执法、公正司法、全民守法》，载习近平：《论坚持全面依法治国》，20 页，北京，中央文献出版社，2020。

⑤ 习近平：《加快建设社会主义法治国家》，载习近平：《论坚持全面依法治国》，114 页，北京，中央文献出版社，2020。

定原则明确时间表、路线图，积极推进税收立法工作；赋予所有设区的市、自治州都享有地方立法权；规范部门规章和地方政府规章权限。

提高立法质量，需要发挥人大在立法中的主导地位。习近平总书记明确提出："发挥人大及其常委会在立法工作中的主导作用，健全立法起草、论证、协调、审议机制，完善法律草案表决程序。"这就要求完善立法工作格局，即要健全党委领导、人大主导、政府依托、各方参与的统筹协调、各司其职、各尽其力、分工合作的立法工作格局，更好地发挥人大在立法规划、立法起草和审议中的主导作用，努力形成立法合力，共同推进立法工作。

提高立法质量，还要求不断完善科学立法、民主立法、依法立法的工作机制和程序。只有不断完善这些工作机制和程序，才能促进立法符合客观规律，符合法律体系的内在规律；使立法符合人民意愿，得到人民拥护；也使立法在法定权限和程序下展开。为贯彻党中央关于推进科学立法、民主立法、依法立法，丰富立法形式，统筹立改废释纂等要求，总结实践经验，2023 年《立法法》修改时增加规定，即第 55 条："全国人民代表大会及其常务委员会坚持科学立法、民主立法、依法立法，通过制定、修改、废止、解释法律和编纂法典等多种形式，增强立法的系统性、整体性、协同性、时效性。"这也是保证提高立法质量的规定。

资料链接

立法与改革的关系[①]

在改革开放初期一段时间里，国家只制定了有限的法律，很多领域基本上是无法可依的，这个时期改革触及的法律问题并不多，立法与改革的关系，往往是改革实践走在前面，立法的任务是把实践中成熟的东西肯定下来，巩固改革成果。现在的情况大不同了。经过改革开放三十多年各方面坚持不懈的共同努力，中国特色社会主义法律体系已经形成。我国的立法在总结实践经验的基础上，不断精细化，增加可操作性，内容越来越具体、越来越全面。以刑法、刑事诉讼法为例，1979 年刑法只有 192 条，而 1997 年修订的刑法，则有 452 条，并且随着实践的发展，到 2014 年先后通过了 8 个修正案，进行了 10 次解释，目前还正在搞第九个刑法修正案；刑事诉讼法也是，1979 年是 163 条，1996 年修改增加到 225 条，2012 年修改增加到 290 条。其他方面的法律也大体如此，只要是修改的，内容都是大幅增加。如果我们把现在的法律汇编与 20 世纪 80、90 年代的法律汇编相比较，其分量大不一样，不可同日而语。法律数量增加了，条文规定更具体了，带来的问题就是几乎每一项重大改革，都涉及与现行法律规定的关系。比如，十八届三中全会决定推出的一系列改革举措，经全国人大常委会法工委认真研究梳理，改革领域涉及现行法律 139 件，需要制定、修改和废止的立法项目 76 件。正因为如此，习近平总书记在十八届三中全会上的讲话中指出："这次全会提出的许多改革措施涉及现行法律规定。凡属重大改革要于法有据，需要修改法律的可以先修改法律，先立后破，有序

① 摘自乔晓阳：《关于立法与改革关系的一点认识》，载《法制日报》，2014－09－29。

进行。有的重要改革举措，需要得到法律授权的，要按法律程序进行。”这段话反映了习近平总书记强烈的法律意识，强调了依法办事、依法律程序办事。这段话虽然是针对实施改革措施讲的，但也可以说同时是对立法工作讲的，对于我们处理好立法与改革的关系同样具有重要指导意义。

立法与改革的关系这个老生常谈的话题又有了新的时代特点，就是立法要发挥引领和推动作用，而要发挥好这个作用，关键是实现立法与改革决策相衔接，立法决策要与改革决策一致，立法要适应改革的需要，服务于改革。为什么？因为立法决策与改革决策相一致这句话体现了党的领导，从国家层面讲，重大改革决策都是党中央作出，立法决策对改革决策实际上处于适应、服务的地位。从立法决策要和改革决策一致的角度，总书记这段话的含义是，党中央作出的改革决策与现行法律规定不一致的，赶紧修改法律适应改革的需要，有些改革决策需要法律授权的，法律要赶快予以授权，这才是“先立后破、有序进行”的“立法原意”。但立法决策与改革决策一致，绝不意味着立法仅仅是简单地、单纯地“符合”改革要求就行了，而是要通过整个立法程序，使改革决策更加完善、更加周到。因为立法的过程，要广泛征求各方面的意见，特别是人民群众的意见，要经过全国人大常委会一审二审三审才能通过，法律法规通过后，各方面依法办事。在这个过程中，实现了坚持在法治框架内推进改革，从而实现了立法的引领和推动作用。实际上立法决策与改革决策相一致，恰恰体现了党的领导、人民当家作主和依法治国的有机统一。

第三节　关于新时代中国若干立法原则的理论阐释

如前所述，《立法法》除在第 3 条中规定了我国立法的总的指导思想外，还在第 5～9 条中分别规定了我国立法的国家法制统一原则、立法的民主原则、立法的科学原则、立法的价值原则、立法的改革与法治相统一原则。根据党的十九大提出的加强党对立法工作的领导，推进科学立法、民主立法、依法立法的要求，我们以下从党领导立法、科学立法、民主立法和依法立法四个方面来阐释我国的立法原则。鉴于法制统一与依法立法在内涵方面有相近之处，后者是对前者的进一步聚焦，应将两者放在一起，以依法立法原则加以阐释。为避免重复，对立法的价值性原则本部分不再阐释，将立法的改革与法治相统一原则置于科学立法原则下进一步加以阐释。

资料链接

深入推进科学立法、民主立法。加强人大对立法工作的组织协调，健全立法起草、论证、协调、审议机制，健全向下级人大征询立法意见机制，建立基层立法联系点制度，推进立法精细化。健全法律法规规章起草征求人大代表意见制度，增加人大代表列席人大常委会会议人数，更多发挥人大代表参与起草和修改法律作用。完善立法项目征集和论证制度。健全立法机关主导、社会各方有序参与立法的途径和方式。探索委托第三方起草法律法规草案。

健全立法机关和社会公众沟通机制，开展立法协商，充分发挥政协委员、民主党派、工商联、无党派人士、人民团体、社会组织在立法协商中的作用，探索建立有关国家机关、社会团体、专家学者等对立法中涉及的重大利益调整论证咨询机制。拓宽公民有序参与立法途径，健全法律法规规章草案公开征求意见和公众意见采纳情况反馈机制，广泛凝聚社会共识。

——《中共中央关于全面推进依法治国若干重大问题的决定》

一、党领导立法原则

中国共产党的领导是中国特色社会主义最本质的特征，是全面推进依法治国、加快建设社会主义法治国家最根本的保证。立法是国家重要的政治活动，是把党的主张和人民的意志通过法定程序转化为国家意志的过程，应当坚持党对立法工作的领导，在党中央集中统一领导下推进立法，发挥人大在立法中的主导作用。

坚持和贯彻党中央的集中统一领导，根本的要求包括：在立法工作中自觉贯彻党的基本理论、基本路线、基本方略，坚持以习近平新时代中国特色社会主义思想为指导，坚持走中国特色社会主义道路，坚持在立法过程中发挥党的总揽全局、协调各方的重要作用，确保党中央重大决策部署在立法工作中得到有效贯彻落实。2016 年 2 月中共中央印发的《关于加强党领导立法工作的意见》指出，党通过确定立法工作方针、提出立法建议、明确立法工作中的重大问题、加强立法队伍建设等，确保立法工作充分体现党的主张、反映人民意志，来实现“坚持主要实行政治领导”。

加强党中央对立法工作的领导体现在具体的各项制度上，比如：在宪法修改方面，中共中央直接领导修宪工作，多次提出关于修改宪法的建议；在法律制定方面，全国人大常委会拟订的常委会立法规划由常委会党组报党中央，经审定后以中央文件形式转发；对政治方面的重要法律中需要提请党中央决定的重大方针政策问题，全国人大常委会党组要报告党中央审定；法律草案基本成熟后，在提请全国人大或其常委会审议前，由全国人大常委会党组报经党中央同意后，按照法定程序提请审议；有关经济建设、文化建设、社会建设、生态文明建设等方面的重大体制和重大政策调整的重要法律草案基本成熟后，在提请审议前，也要先报经党中央同意，再按照法定程序提请审议。例如，十二届全国人大常委会党组就重要法律草案和立法工作重要事项向党中央请示 40 多次。在地方立法层面，制定地方性法规和政府规章，地方各级人大常委会党组及政府党组应及时主动向同级党委请示报告。

党领导立法工作，必须坚持依宪执政、依法执政、民主执政、科学执政，在宪法和法律范围内进行领导立法的活动；坚持依法治国与依规治党的统一，自觉以法治方式和法治思维促进党对立法工作的领导的规范化、制度化和程序化；坚持加强党对立法工作的领导与尊重和发挥人民首创精神相结合，通过发挥党的组织协调、总揽全局作用将人民当家作主、民主集中制落到实处。

二、科学立法原则

科学立法原则是达到高质量立法所要坚持的重要原则。科学立法原则的根本要求在于，一切立法工作必须实事求是，一切从实际出发，遵循和体现客观规律，应以搞科学的精神和方法来从事立法活动，增强立法工作的科学性、协调性和系统性。科学立法原则要求，立法要反映和体现社会发展客观规律的内在要求，立法要与改革发展的实际需要相适应，立法要有运用科学的方法，反对脱离实际需要和现实可能的任性立法、盲目立法。科学立法原则体现在立法体制机制、立法理念、立法内容、立法方法等多个方面。科学立法原则的基本要求大致有以下几个方面。

（一）立法应当立足于基本国情

当代中国法是社会主义初级阶段之法，立法的所有工作都应当基于社会主义初级阶段的国情和实际来展开。从初级阶段的基本国情出发展开立法工作，才有可能制定出良善之法。在我国社会主义初级阶段，改革开放和经济社会不断发展。党的十九大揭示了中国特色社会主义新时代社会主要矛盾的新变化，明确我国长期处于社会主义初级阶段的基本国情没有变。在新时代，我国社会主要矛盾已经转化为人民日益增长的美好生活需要和不平衡不充分的发展之间的矛盾。我国人民的美好生活的需要日益广泛，不仅对物质文化生活提出了更高要求，而且在民主、法治、公平、正义、安全、环境等方面的要求日益增长。发展的不平衡不充分已经成为满足人民日益增长的美好生活需要的主要制约因素。

我国立法工作应当充分考虑社会主要矛盾的新变化，基于我国仍处于社会主义初级阶段的基本国情和社会发展需要，更加注重应对发展不平衡不充分问题，大力提升发展质量和效益，更加注重满足人民在经济、政治、文化、社会、生态等方面日益增长的法治需要、公平正义需要，更好地推动人的全面发展、社会的全面进步。

我国立法工作应当扎根于现实国情，不能脱离、超越社会主义初级阶段的实际。这并非说立法只能亦步亦趋、墨守成规而被动地确认秩序现实，立法也要基于社会发展规律，科学研判立法需求，作出富有预见性、引领性的制度安排。

（二）立法应当适应改革的实际需要

改革开放是中国大踏步赶上时代的重要法宝，是坚持和发展中国特色社会主义的必由之路，是决定当代中国命运的关键一招，深刻改变了当代中国的面貌。在新时代，随着改革进入攻坚期和深水区，遇到的阻力越来越大，发展中的问题和发展后的问题、一般矛盾和深层矛盾交织叠加、错综复杂，故我国开启了全面深化改革的进程，大力推进国家治理体系和治理能力的现代化。

改革与法治，如鸟之两翼、车之两轮，相辅相成、相伴而生。改革对我国的法治建设有深刻的影响：改革是推动法治建设的最重要动力，改革提出了法治建设的最重要课题，是否有效顺应和有力保障改革也成为判断法治建设成效的基本指标。法治建设在引导、推动、规范和保障改革方面也发挥着不可或缺的作用。因而，应当坚持全面深化改革与全面推动依法治国的统一，以改革促法治，以法治保障改革，在整个改革过程中都要高度重视运用法治思维和法治方式，在法治轨道上推进改革。所以，《立法法》在第 1 条中规定“发挥立法的引领和推动作用”，在第 4 条中规定“坚持改革开放”，在第 7 条中规定“适应经济社会发展和全面深化改革的要求”。

立法工作作为法治建设的重要环节，深刻体现着改革的精神，积极反映和表达改革的时代要求。立法工作必须与现代化建设和改革开放的进程相适应，不失时机地进行。这方面的具体要求包括：

（1）立法体制机制适应改革发展的要求而不断完善。法治改革是改革整体事业的一部分，立法体制机制的完善本身也是改革的重要内容。近年来，党和国家提出了诸如健全有立法权的人大主导立法工作的体制机制、赋予设区的市、自治州地方立法权、推进合宪性合法性审查工作、加强备案审查制度和能力建设、完善立法工作格局等改革举措。

（2）坚持立法与改革决策相衔接，保证重大改革于法有据。这是新时代立法工作的鲜明特色之一。立法工作应当自觉贯彻国家重大改革决策，围绕全面深化改革的重大课题加强重点领域立法，及时将有关的改革措施具体化、法律化。这要求：对实践证明已经比较成熟的改革经验和行之有效的改革举措，要及时上升为法律；实践条件还不成熟的、需要先行先试的，要按照法定程序授权；对不适应改革要求的法律法规，要及时修改和废止；加强法律解释工作，及时明确法律规定的含义和适用法律依据。比如，从 2013 年到 2019 年年底，全国人大常委会共作出 28 件授权决定和改革决定，审议通过 23 个统筹修改法律的决定，涉及修改法律 144 件次。

（三）立法应当运用科学方法

1. 加强调查研究

立法者要发现社会的内在法律需要、形成高质量的法律规范，必须运用恰当的科学方法。广泛的调查研究，便是进行立法工作的一种重要的科学方法。没有调查就没有发言权，没有调查就没有决策权。调查研究，是对客观实际情况的了解和分析研究，目的是把事情的真相和全貌搞清楚，把问题的本质和规律把握准确，把解决问题的思路和对策研究透彻。

立法机关要创制出良善之法，就必须使自己的主观意志符合客观要求，加强立法的调查研究，深入认识社会发展的需要，倾听人民群众和专家、相关专业人士的意见和建议。这样才能使立法符合客观发展的规律性，才能制定出符合客观需要的立法。调查研究应当贯穿于立法的起草、审议及批准或通过的全过程。

调查研究的内容是十分广泛的方法，是十分多样的。立法的调查研究的内容方面，要注重将理论指引与实践观察相结合，将实证调查与理论分析相结合，将宏观研究与微观研究相结合，将国内经验调查与国际经验调查研究相结合，将对专家的调查与对大众的调查相结合，将官方调查研究与民间调查研究相结合，等等。

2. 立法方法中的科学思维

在总结调查研究的成果、提出立法方案、进行立法审议等的立法全过程中，应坚持运用相应的科学思维方法。这些方法所体现的科学思维原则或基本遵循，大致包括：坚持“摸着石头过河”和立法顶层设计相结合①，坚持立法试点先行和全面推进相促进，坚持立法原则性与灵活性相统一②，坚持立法突出重点③与立法整体协调发展相统一，坚持立法的稳定性、连续性与变动性相统一④，坚持总结我国经验与借鉴外国经验相结合⑤，坚持中央立法权威性与地方立法积极性相统一⑥，坚持立法质量与立法效率相统一，坚持专家论证与大众参与相结合⑦，等等。总体而言，在立法过程中，立法者要努力形成战略思维、历史思维、辩证思维、创新思维、法治思维、底线思维能力，提高立法工作的科学性、预见性、主动性和创造性。

3. 法条设计中的科学方法

《立法法》特别强调了法律条文设计的科学合理性。立法活动的直接结果是在具体的法律规范中确定各类社会主体的权利、义务和责任。《立法法》要求：“科学合理地规定公民、法人和其他组织的权利与义务、国家机关的权力与责任。”法条规定的科学合理性体现在内容和形式方面：一是法条设计的内容具有科学合理性。在公民的权利和义务、国家的权力与责任的条文设计方面，要体现社会改革发展、国家治理现代化的基本理念和根本要求，其中最重要的几条如，保障基本人权、促进人的发展和人民民主、限制国家权力并保障国家权威、促进社会公平正义，等等。二是法条形式方面的科学合理性。

---

① 摸着石头过河就是摸规律，对不太有把握的立法改革可以试点探索、投石问路，从局部、地方来展开等。随着改革经验的积累，需要加强顶层设计的立法，对局部的、地方性改革进行整体性立法谋划和推动。因而，立法过程中，既要加强宏观思考和顶层设计，又要鼓励大胆的地方试验、局部试验，并在可能范围内进行立法试验，不断把改革引向深入。

② 坚持原则性，就是立法工作要坚持正确的政治方向和政治定位，确认关于个人、社会及国家的基本制度、基本利益、基本价值；注重灵活性，就是指立法要结合实际情况，设计各种具体的立法规则，立法应当为各类主体、为下级立法保持适度弹性、合理空间。如果没有坚定的原则性，立法工作就会迷失方向，达不到服务社会的目标；如果没有基于灵活性对立法体系的完善和充实，立法的原则性目标和制度最终也无法实现。因而，立法应当将原则性与灵活性结合。

③ 比如，科学分析立法需求，着力抓住人民群众普遍关心的热点难点问题，恰当确定立法项目；以此类问题为重点加强立法工作，加快推进社会、民生、文化、生态环境等领域立法。

④ 法的稳定性，通常是指立法一经制定和实施，就应当在一定时期内保持相对不变，绝不能朝令夕改。没有这种稳定性，就会损害法的严肃性、权威性。但是，法的稳定性并不是绝对的、无条件的，而是相对的、有条件的。任何立法都必然，也必须随着经济、政治、文化和社会发展的变化而变化，适时地进行立改废。法的连续性，是指制定、修改、补充法律法规时，应当保持与原有立法在内容和效力等方面的衔接；在新的法律法规未生效之前不能随意终止原有立法的效力。法的稳定性、连续性与变动性相统一，有助于保障立法的统一、权威和尊严。为实现稳定性与变动性的统一，立法工作既要积极，又要慎重。

⑤ 比如，立法工作既要认真总结、充分体现我国历史上和新中国成立以来70多年的立法经验，也要重视借鉴、合理吸收外国历史上和当代的立法经验。在建立和完善中国特色社会主义法律体系的过程中，应当特别注意立足于中国的国情和实际，大胆地借鉴和吸取外国的立法经验、教训。凡是国外立法中比较好又适合我们情况的东西，都应当加以吸收；它们走过的弯路，也值得我们引以为戒。有些适合我国情况的法律条文，还可以本土化移植，在实践中加以充实、完善。这样做，不仅可以加快我国的立法步伐，还有利于我国法律与国际相关规定的接轨。

⑥ 比如，立法要体现民主集中制原则，立法设计既要有全国和中央立法层面的统一性、集中性，又要考虑我国各地情况的巨大差异性、发展的不平衡性，因而，中央立法要具有灵活性、概括性，以让地方具有立法创新的空间和余地，有立法的积极性。

⑦ 比如，在立法项目征集论证、立法重大利益调整论证咨询、重要立法事项引入第三方评估、立法草案审议前评估和表决前评估、立法专家顾问制度等方面，都要注重发挥专家作用；在公开征集立法项目、立法草案公开征求意见等方面，可以发挥大众作用。

2015年修改《立法法》时在第6条增加了一款规定："法律规范应当明确、具体，具有针对性和可执行性。"在改革开放初期，我国立法在立法条文的设计方面，突出强调如"立法宜粗不宜细""成熟一条制定一条"等立法理念。随着我国改革开放发展到更高水平，各种制度逐步定型、成熟，立法在条文设计上应当更加精细化、更注重可操作性。这就要求，法条对人的行为模式的规定，应当清晰、明确、具体，而不是粗疏宽泛；要更有针对性，而不是泛泛而谈；要更具有可执行性，而非仅仅是宣告性、宣示性的要求；要更具有体系性、系统性、协调性。2023年修改后的《立法法》第7条重申和体现了这一要求。

资料链接

立法者应该把自己看作一个自然科学家。他不是在创造法律，不是在发明法律，而仅仅是在表述法律，他用有意识的实在法把精神关系的内在规律表现出来。如果一个立法者用自己的臆想来代替事情的本质，那么人们就应该责备他极端任性。同样，当私人想违反事物的本质恣意妄为时，立法者也有权利把这种情况看作是极端任性。①

——马克思

现在的问题是法律很不完备，很多法律还没有制定出来。往往把领导人说的话当做"法"，不赞成领导人说的话就叫做"违法"，领导人的话改变了，"法"也就跟着改变。所以，应该集中力量制定刑法、民法、诉讼法和其他各种必要的法律，例如工厂法、人民公社法、森林法、草原法、环境保护法、劳动法、外国人投资法等等，经过一定的民主程序讨论通过，并且加强检察机关和司法机关，做到有法可依，有法必依，执法必严，违法必究。国家和企业、企业和企业、企业和个人等等之间的关系，也要用法律的形式来确定；它们之间的矛盾，也有不少要通过法律来解决。现在立法的工作量很大，人力很不够，因此法律条文开始可以粗一点，逐步完善。有的法规地方可以先试搞，然后经过总结提高，制定全国通行的法律。修改补充法律，成熟一条就修改补充一条，不要等待"成套设备"。总之，有比没有好，快搞比慢搞好。②

——邓小平

我们要着力处理好改革和法治的关系。改革和法治相辅相成、相伴而生。我国历史上的历次变法，都是改革和法治紧密结合，变旧法、立新法，从战国时期商鞅变法、宋代王安石变法到明代张居正变法，莫不如此。我国改革进入了攻坚期和深水区，改革和法治的关系需要破解一些新难题，也亟待纠正一些认识上的误区。一种观点认为，改革就是要冲破法律的禁区，现在法律的条条框框妨碍和迟滞了改革，改革要上路、法律要让路。另一种观点则认为，法律就是要保持稳定性、权威性、适当的滞后性，法律很难引领改革。这两种看法都是不全面的。在法治下推进改革，在改革中完善法治，这就是我们说的改革和法治是两个轮子的含义。我们要坚持改革决策和立法决策相统一、相衔接，立法主动适应改革需要，积极发挥引导、推动、规范、保障改革的作用，做到重大

① 《马克思恩格斯全集》，第1卷，347页，北京，人民出版社，1995。

② 《邓小平文选》，2版，第2卷，146～147页，北京，人民出版社，1994。

改革于法有据，改革和法治同步推进，增强改革的穿透力。对实践证明已经比较成熟的改革经验和行之有效的改革举措，要尽快上升为法律。对部门间争议较大的重要立法事项，要加快推动和协调，不能久拖不决。对实践条件还不成熟、需要先行先试的，要按照法定程序作出授权，既不允许随意突破法律红线，也不允许简单以现行法律没有依据为由迟滞改革。对不适应改革要求的现行法律法规，要及时修改或废止，不能让一些过时的法律条款成为改革的“绊马索”①。

——习近平

三、民主立法原则

立法过程是政治过程的一部分，因而立法活动应当体现政治的根本原则。现代立法应当遵循民主原则，立法实际上实际也是民主讨论、民主决策的民主过程。民主的内涵丰富，既是一种国家制度，也是法律程序、工作方法、工作作风。

我国是人民当家作主的社会主义国家，这种国家性质决定了立法过程必须充分发扬社会主义民主，通过健全的民主程序来形成人民共同意志，贯彻以人民为中心的立法理念，因而，坚持民主立法的核心在于，保障立法为了人民、依靠人民，拓宽人大代表和人民群众参与立法的途径，立法充分反映人民意志、保障人民的合法权益。民主立法充分体现了人民在国家治理中的主体地位，体现了立法工作对群众路线的遵循。《立法法》确认了民主立法原则，《立法法》的目标是“保障和发展社会主义民主”（第 1 条）；“……体现人民的意志，发扬社会主义民主，坚持立法公开，保障人民通过多种途径参与立法活动”（第 6 条）。民主立法是提高立法质量的必不可少的重要方式，也有助于增强公民的尊法守法意识，降低执法成本，培育法律信仰。

（一）坚持以人民权益为中心的立法理念

坚持以人民为中心、充分反映人民的意愿，切实保障人民的利益，不断满足人民对幸福美好生活的期盼，是社会主义法治的本质要求，也是新时代立法工作的价值取向和工作重点。立法工作坚持以人民为中心，核心就是法律要体现人民利益、更好地满足人民群众日益增长的美好生活需要。立法应当以保障人民根本权益为出发点和落脚点。良善立法的一个基本判别标准是，立法是否最大限度地反映了最广大人民的根本利益和共同利益，人民对立法拥护不拥护、赞成不赞成、高兴不高兴。

在立法工作中，应当通过立法将人民群众对美好生活的现实需要进一步清晰化、具体化，通过法律制度的保障促进其落实，比如：要在立法上更加充分保证人民广泛的权利和自由，尊重和保障基本人权，完善体现权利公平、机会公平、规则公平的法律制度，健全保障法律面前人人平等保障机制；要把改革发展需要同保障人民共享发展成果有机

① 习近平：《在省部级主要领导干部学习贯彻党的十八届四中全会精神全面推进依法治国专题研讨班上的讲话》，载《习近平关于全面依法治国论述摘编》，51 页，北京，中央文献出版社，2018。

统一起来，统筹兼顾各方利益，更好体现发展为了人民、发展依靠人民、发展成果由人民共享，等等。

（二）发挥人大在立法工作中的主导地位

人民代表大会制度是中国特色社会主义的根本政治制度，也是民主立法的基础。在我国，国家的一切权力属于人民，民主的核心就是人民当家作主。人民行使国家权力的机关是全国人民代表大会和地方各级人民代表大会，人民代表大会制度是中国特色社会主义的根本政治制度。立法中贯彻民主原则，应当充分发挥人大在立法中的主导作用。《立法法》第 54 条规定："全国人民代表大会及其常务委员会加强对立法工作的组织协调，发挥在立法工作中的主导作用。"

党的十八届四中全会提出的"健全有立法权的人大主导立法工作的体制机制，发挥人大及其常委会在立法工作中的主导作用"，是近年来我国法治改革的重要部分。实践中的主要改革举措有，比如：全国人大常委会制定立法规划、计划，统筹安排立法任务；人大常委会加强对法律案起草的组织协调，做好牵头起草、提前介入等工作；人大常委会发挥审议把关作用，凝聚立法共识；发挥人大在表达、平衡、调整利益关系方面的作用，防止利益偏向；促进和保障人大代表提出立法建议、参与立法调研、立法咨询和审议等；在人大积极开展立法协商，发挥政协、民主党派、人民团体、社会组织等机构人士在立法过程中的作用；等等。

（三）保障公民参与立法

让公民参与立法，有助于立法更好地接地气、察民情、汇民智、聚民力；有助于减少立法的官僚化、部门主义或地方保护主义，防止立法部门滥用立法权或任性立法，加大对立法过程的监督，从而提高立法质量，提高立法的民意基础和公信力；也有助于促进人民对立法的自觉服从和尊重。

公民参与立法的形式多样，如立法项目公开征集、立法重大利益调整的听证会、法律草案公开征求意见、建立基层立法联系点等。法律草案公开征求意见，是民主立法的重要体现。比如，《民法典》各分编草案自 2018 年 9 月到 12 月底的征求意见，便有 38 万余人次提出了 79 万余条意见。建立基层立法联系点，是开门立法的创新举措。需要特别指出的是，全过程人民民主是我国社会主义民主政治的本质属性，是最广泛、最真实、最管用的民主。《立法法》第 6 条第 1 款规定的"立法应当坚持和发展全过程人民民主，尊重和保障人权，保障和促进社会公平正义"，是 2023 年《立法法》修改后新增加的一款。《中共中央关于党的百年奋斗重大成就和历史经验的决议》指出："必须坚持党的领导、人民当家作主、依法治国有机统一，积极发展全过程人民民主，健全全面、广泛、有机衔接的人民当家作主制度体系，构建多样、畅通、有序的民主渠道，丰富民主形式，从各层次各领域扩大人民有序政治参与，使各方面制度和国家治理更好体现人民意志、保障人民权益、激发人民创造。"① "必须坚持人民主体地位，保证人民依法实行民主选

① 《中共中央关于党的百年奋斗重大成就和历史经验的决议》（单行本），39 页，北京，人民出版社，2021。

举、民主协商、民主决策、民主管理、民主监督。”[①] 就立法学理论而言，“无论如何划分具体立法过程的阶段，我们都应当认识到，立法是一个循环往复的过程，因为在实行法治的国家，为适应实际社会生活发展和满足法律实施的需要，总是要与时俱进地制定新的规范性文件，对于已经生效的规范性文件，也可能还要进行修改、补充、解释或废止。所以，我们应当持续地健全和实行立法民主化。还需要指出的是，我国所实行的各种人民民主，既可以体现在立法的这一过程和阶段中，也可以体现在立法的另一过程和阶段中。例如，对于立法主体也必须进行民主监督；而立法规划，也是进行民主协商的体现和结果。应该说，民主选举、民主协商、民主决策、民主管理、民主监督这 5 个环节，环环相扣，内在统一，在我国立法中形成了全过程民主循环往复的完整链条。从这一意义讲，我国的立法可以全过程地体现我国的人民民主”[②]。

四、依法立法原则

依法立法原则是法治原则在立法过程中的贯彻，是依法治国、依宪治国理念在立法理念中的表达。依法立法是正当立法程序的基本要求。依法立法，是指立法活动应当严格依照宪法法律的规定，在法定的权限内，严格依照法定的程序来进行。改革开放以来，我国立法工作取得重大成就，但长期以来也存在一些问题，诸如越权立法、重复立法、立法工作中部门化倾向、争权诿责等现象较为突出。为此，需要更加强调在宪法法律范围内进行立法活动，以使立法更加全面反映客观规律和人民共同利益。《立法法》确认依法立法原则，即“立法应当符合宪法的规定、原则和精神，依照法定的权限和程序，从国家整体利益出发，维护社会主义法制的统一、尊严、权威”（第 5 条）。

坚持依法立法，核心在于严格依照宪法、法律规定的法定权限和法定程序行使立法权，完善立法体制机制，优化立法职权配置，维护国家法制统一。依法立法原则的基本要求主要有如下几点。

（一）立法活动以宪法为根本遵循

全面贯彻实施宪法是全面依法治国的首要任务和基础性工作。宪法是国家的根本法，国家法律体系的核心和统帅，是所有立法活动的根本依据。立法工作中，要牢固树立宪法意识，自觉在宪法和法律框架内履行职责，坚决把宪法精神贯彻到立法工作的各方面和全过程，努力使每一项立法都符合宪法精神。

制定法律法规等具体立法，是推动实施宪法的重要方式。立法过程本身就是保证宪法实施的过程。通过立法，宪法确立的国家重大制度、重大事项得以转化为具体法律制度，宪法的精神、原则和规定得以实现和具体化。通过立法和法律实施，宪法在国家事业和社会生活各方面得到全面实施。

---

① 《中共中央关于党的百年奋斗重大成就和历史经验的决议》（单行本），40 页，北京，人民出版社，2021。

② 朱力宇：《全过程人民民主在我国立法中的体现论析》，载《人权》，2022（1）。

（二）依照法定的权限和程序进行立法活动

立法正当性的基本根据是，立法必须在宪法、法律、行政法规及地方性法规等规定的权限范围内展开，必须依据宪法、法律及法规规定的程序进行立法的各个步骤。

宪法和有关法律划分了中央与地方的立法权限、人大与行政机关的立法权限、地方各层级的立法权限，确立了我国的立法体制机制，所有的立法机构都不得超越权限立法。比如，《立法法》规定了全国人大及其常委会的国家法律专属立法事项；设区的市、自治州的地方性法规或政府规章所规范的事项限于城乡建设与管理、生态文明建设、历史文化保护、基层治理等。

立法活动是一个遵循程序的过程，正当的立法程序有助于保障立法的质量和立法的权威性。对立法规划、立法起草、立法议案提出、立法议案审议、立法议案表决和公布、立法修改或废除、立法监督、立法解释等整个立法过程，《立法法》都有具体的法定程序的规定。

（三）保障法制统一

依法立法的一个重要要求是，立法要遵循法制统一原则，立法要注重消除立法之间的内在矛盾，努力保障法律体系的内在协调性、无矛盾性。《宪法》和《立法法》等明确了不同层次法律规范的效力等级关系①，并针对立法过程中的环节设计了相应的程序机制，努力消除不同立法规范之间的抵触和矛盾。

立法过程中为保障法制统一，应当努力做到如下几点。

为保障法制统一，维护宪法法律至上，我国实行立法监督制度。宪法规定了宪法实施的监督制度；《立法法》《各级人民代表大会常务委员会监督法》等法律规定了备案审查制度、撤销制度、批准制度、裁决制度、立法审查制度等。比如，其中规定，行政法规要向全国人大常委会备案，地方性法规要向全国人大常委会和国务院备案，规章要向国务院备案；全国人大常委会有权撤销同宪法、法律相抵触的行政法规和地方性法规，国务院有权改变或者撤销不适当的规章；最高人民法院、最高人民检察院作出的具体应用法律的解释，应当报全国人大常委会备案；县级以上地方各级人大常委会对下一级人大及其常委会作出的决议、决定和本级人民政府发布的决定、命令进行备案审查。地方有关地方性法规和地方政府规章的立法工作条例中也都规定了相应的地方立法的监督审查制度。

近年来，我国法治改革推出了保障法制统一、尊严和权威的改革措施，包括加强宪法法律监督，推进合宪性合法性审查制度，健全备案审查制度，落实备案审查衔接联动机制等。十九届四中全会的决定中提出："加强宪法实施和监督，落实宪法解释程序机制，推进合宪性审查工作，加强备案审查制度和能力建设，依法撤销和纠正违宪违法的

---

① 基本的效力体系就是，宪法具有最高的法律效力，一切法律、法规都不得同宪法相抵触；法律的效力高于行政法规、地方性法规和规章；行政法规的效力高于地方性法规和规章，地方性法规和规章不得同法律、行政法规相抵触；地方性法规的效力高于本级和下级地方政府规章。

规范性文件”。这为进一步从制度上加强法制统一指明了改革方向。

资料链接

湖南省人大常委会审查纠正政府有关禁止燃放烟花爆竹管理的规范性文件①

2017年10月，湖南省人大常委会法工委对××市人民政府报送备案的《××市城区禁止燃放烟花爆竹管理办法》（以下简称《办法》）进行了审查。经审查发现，《办法》第9条规定，“对未经许可举办焰火晚会或者其他大型焰火燃放活动，或者获得许可但未按照指定的时间、地点和燃放作业单位违反焰火燃放安全规程燃放的，由城管行政执法部门责令停止燃放，对责任单位处两万元以上五万元以下罚款”。该条规定的执法主体与国务院《烟花爆竹安全管理条例》第42条关于违法行为处罚主体的规定不一致。另外，《办法》第10条规定，“提供婚丧喜庆服务的酒店、宾馆等经营者未履行告知、劝阻或者报告义务，致使在其市容环境卫生责任区内发生燃放烟花爆竹或者施放电子礼炮行为的，由城管行政执法部门对提供婚丧喜庆服务的酒店、宾馆等经营者处以五百元以上一千元以下罚款”。国务院《城市市容和环境卫生管理条例》和《烟花爆竹安全管理条例》对该违法行为没有设定行政处罚，《办法》属于超越权限增设行政处罚。湖南省人大常委会向××市人大常委会发函，建议其督促××市人民政府尽快予以修改。

××市人民政府根据审查研究意见对相关条款进行了修改，修改后的《办法》由××市人民政府法制办重新报备。

问题与思考

1. 什么是立法原则？试对立法原则进行分类。
2. 立法原则在立法中有哪些作用？
3. 如何认识习近平关于立法工作之论述的要义？
4. 试述民主立法原则。
5. 谈谈对科学立法原则的认识。
6. 试述依法立法原则。
7. 如何理解立法应当科学合理地规定公民、法人和非法人组织的权利与义务、国家机关的权力与责任？
8. 请查阅资料，谈谈2023年修改《立法法》的指导思想。
9. 在世界范围内享有崇高声誉的《法国民法典》是在拿破仑的主导下制定的。拿破仑执政后，于1800年8月12日成立了民法典起草委员会，该委员会在4个月内写出草案，交司法机关征求意见后，送立法机关审议。在拿破仑的直接干预下，立法机关通过了法典草案。1804年3月21日，拿破仑签字后法典正式颁布实施，定名为《法国民法

① 选自全国人大常委会法制工作委员会于2019年12月发布的备案审查典型案例。

典》，习惯上也称之为《拿破仑法典》。这部法典具有以下特点：它是一部典型的资产阶级早期的民法典；法典贯彻了资产阶级民法原则，具有鲜明的革命性和时代性；法典保留了若干旧的残余，在一定程度上维护了传统法律制度。《法国民法典》虽然篇幅庞大、条文很多，但是其规定的基本原则主要有四个：全体公民民事权利平等的原则、资本主义私有财产权无限制和不可侵犯的原则、契约自由的原则、过失责任原则。

请根据这段历史对立法的原则与某一部门法原则之间的关系进行讨论。

延伸阅读

1. 周俐，闫鹏涛．论科学立法的几个层次．人大研究，2011（8）
2. 黄文艺．谦抑、民主、责任与法治．政法论坛，2012（2）
3. 裴洪辉．合规律性与合目的性：科学立法原则的法理基础．政治与法律，2018（10）
4. 陈俊．依法立法的理念与制度设计．政治与法律，2018（5）
5. 王怡．社会主义核心价值观如何入法：一个立法学的分析框架．法学，2019（9）
6. 宋方青．习近平法治思想中的立法原则．东方法学，2021（2）

第四章

立法与利益

本章导读

趋利避害是人类的自然本性，协调和控制相互冲突的各种利益是社会得以存在和发展的必要条件。社会通过其公共权力机构——国家来处理利益问题的一种主要方式就是立法。调节各种利益是立法的核心问题，利益关系基于法律调整才能得到健康的发展。在推进和拓展中国式现代化的今天，利益的多元化及新的利益整合，价值的多元化及新的价值评估及重组，都成为重要而急迫的课题。我国立法中处理利益关系的基本态度应当是：既要尊重和保护利益的多元化，又要分清利益发展的轻重缓急从而有所侧重；既要承认利益冲突的客观性和必然性，又要看到协调利益关系并通过立法达到一定共识的必要性；要按照促进个人和社会的协调和共同发展这一根本目标来处理利益之间的冲突；要尽量使解决冲突的方案建立在充分的协商和共识基础上。

关键术语

利益　利益选择　利益协调　利益最大化　个人利益与整体利益　利益群体

第一节　法与利益的一般关系

一、利益对法的决定性作用

利益反映着主体与其周围世界中对其生存和发展有意义的各种事物和现象之间的关系。它使人与世界的关系具有了意义和目的性，也使人的行为具有了明确的内在动力。所谓利益，可以被理解为在一定社会关系中产生并展现出来的，通过实践活动而满足主体生存和发展需要的客观因素。利益具有客观性、主体性、社会性、历史性、多样性等特点。在人类社会的历史进程中，利益与法之间发生了重要的联系。其中，利益对法具有决定性的作用，而法对利益也具有积极的反作用。我们对这二者的关系略为展开论述，首先来分析利益对法的决定性作用。利益对法的决定性作用主要表现在如下几方面。

（一）利益分化与利益对抗是产生法的重要根据

根据马克思主义，在原始社会中，没有阶级的分化，社会的利益是共同的。这时的社会规范也是为了维护纯粹意义上的社会公共利益和共同利益，没有阶级倾向性。随着生产力的发展，社会分工的出现，以及随之而来的私有制的产生和阶级的分化，原始的平等和公共性被破坏了，全社会的共同利益逐渐分化为各对立阶级的利益。与之相适应，以保障社会共同利益为目标的社会规范也瓦解了，代之而起的是以保障社会中占优势的阶级的利益和意志为基本目标的法律规范。当然，这并不是说，在进入阶级社会以后，社会中便不存在任何共同利益，而是说社会的基本利益构成已演变为对抗利益之间的冲突和协调，而不再是原来的那种共同利益的至上和价值一致的至上。

根据马克思主义，法和国家一样，是在社会发展到一定历史阶段，出现了阶级对立，出现了不可调和的利益矛盾的条件下产生的。法作为一种由国家强制力来保证的规范体系，是利益矛盾冲突的结果，是为了保障具有阶级倾向性的利益才应运而生的。法是各种利益对抗的表现，也是各种对抗的利益暂时平衡与协调的表现。

（二）社会中占统治地位阶级的共同利益决定着法的存在和本质

马克思主义法学理论的基本观点之一就是，在法所表达的国家意志的背后，是统治阶级的意志，而统治阶级的共同意志则是一定现实社会关系要求的表达。也就是说，社会关系实际上以利益关系为核心，而在利益关系体系中对法律发展起决定作用的则是统治阶级的共同利益。统治阶级的共同利益是在与被统治阶级的斗争中，在统治阶级内部各个个人、群体、阶层之间的斗争中，逐步提炼、凝聚而形成的。在利益整合的过程中，统治阶级舍弃了与自己的共同利益相对抗或不协调的个别利益，并以统治阶级为主导的利益结构统合被统治阶级的利益。承认统治阶级共同利益决定法的存在和本质，是强调这种利益在各种利益相互比较和冲突过程中的作用，而不是说法律仅仅表达统治阶级利益而不表达和反映任何被统治阶级的利益。事实上，被统治阶级或在社会中处于劣势的阶级的利益要求，也对法的面貌产生重要影响，只是其影响不是决定性的。在消灭了阶级对抗的社会主义时期，社会共同利益的基础更稳固，社会共同利益的范围也大大扩展。但在这一时期，利益的冲突和矛盾并没有消灭。所以，在社会主义社会中，如何形成反映最大多数人最广泛利益的真正的社会共同意志，仍是立法过程中所面对的核心问题。正如党的二十大报告提出的："我们要实现好、维护好、发展好最广大人民根本利益，紧紧抓住人民最关心最直接最现实的利益问题，坚持尽力而为、量力而行，深入群众、深入基层，采取更多惠民生、暖民心举措，着力解决好人民群众急难愁盼问题，健全基本公共服务体系，提高公共服务水平，增强均衡性和可及性，扎实推进共同富裕。"

（三）利益的发展决定着法的发展

社会中各种利益之间的矛盾、冲突、竞争及不断发展的利益整合，是推动社会进步的内在动力。生产力的提高、人类永无止境的欲望等推动社会变迁的诸因素，都表现在利益关系的不断重组和矛盾运动之中。利益关系的发展可以对社会的制度安排提出新的要求，其中也包括对法律制度的发展变迁提出新的要求。这是法律不断发展进步的内在动力。从一定意义上可以说，利益关系类型的根本转型决定了法的历史类型更替的规律性。脱离社会中复杂多样的利益关系而谈论法的发展问题，是不可能认识法的本质和规律的。

二、法对利益的形成和发展的能动作用

法律制度在利益体系面前，显然不是被动消极的，而是积极主动的。包括立法在内的法对利益的形成和发展的能动作用主要表现在如下几方面。

（一）法可以在一定程度上促进利益的形成和发展

法本身不能凭空创设利益，但法作为社会主体认识利益和能动反映利益的产物，在具备一定客观条件时，可以以自己特有的制度安排和调整优势，促进一定利益的更快生成和迅速、健康发展。法律通过设定权利与义务、权力与责任的行为模式来规制人们的行为，这其实是对人们追逐利益行为的控制或支持。立法在这里的关键点之一就是，立法者是否能真正认识到并且能恰当地协调社会中的各种利益。利益的发展离不开相应的制度安排，按照规则的生活和交往，可以节约社会成本，有利于达到利益的最大化。法中所蕴含的社会公共权力能够及时清理利益的形成和发展中的障碍，使立法者所期待的利益得到实现。

（二）法可能阻碍一定利益的形成和发展

这是法影响利益发展的另一面。法作为社会中占统治地位的阶级意志的表达者，不可能对所有利益都一视同仁，不加选择地一概予以保护。法在保护和促进一定利益的同时，总是对另一些利益予以抑制，其目的也是使法所保障的统治阶级的利益达到最大化。任何一个社会的立法都会有选择地阻碍一定利益的形成和发展。对利益的法律抑制有时是符合社会进步要求的，有时则可能与社会进步的潮流背道而驰。当某一社会制度变得衰朽、没落而逐步丧失其存在的合理性时，该社会的法律对进步利益的抑制便会更明显。

（三）法是协调和实现各类利益的有效手段

立法过程实际上也是在调查研究、总结经验的基础上，认识、选择、协调各种利益的过程。协调与平衡各类利益，形成比较稳定的利益结构，是实现社会秩序的基本方式。协调利益有多种方式，而法律对利益的调节则是其中最重要的方式之一。立法对利益的调节和协调，有时并不能从根本上解决某些深刻的社会对抗，因为这些对抗是由社会的基本矛盾决定的，但恰当的法律协调却可以缓和利益冲突，有效地抑制某些利益。这有利于为利益的发展创造一个相对和平、安稳的社会环境。同时，通过法律的利益调节也具有意识形态的强化作用，借助于法律作为公平、正义、公意之标准的信念，人们也会相信法律对利益的协调和安排是符合正义的，是值得尊重的。而正是这一点，也强化了

法律作为利益调节手段的有效性。

第二节　立法中的利益选择和协调

一、认识和协调利益是立法的核心问题

与其说立法是一种专门的技术工作，毋宁说它首先是一种重大的社会抉择，是关于社会基本价值选择、社会中相互冲突的诸利益协调的重要活动。立法的核心问题就是如何确切地认识和恰当地协调各种利益，以减少利益冲突，促成利益的最大化。立法工作的成败得失都与人们对各种利益的认识和协调状况相关。习近平曾说："各有关方面都要从党和国家工作大局出发看待立法工作，不要囿于自己那些所谓利益，更不要因此对立法工作形成干扰。要想明白，国家和人民整体利益再小也是大，部门、行业等局部利益再大也是小。彭真同志说立法就是在矛盾的焦点上'砍一刀'，实际上就是要统筹协调利益关系。如果有关方面都在相关立法中掣肘，都抱着自己那些所谓利益不放，或者都想避重就轻、拈易怕难，不仅实践需要的法律不能及时制定和修改，就是弄出来了，也可能不那么科学适用，还可能造成相互推诿扯皮甚至'依法打架'。这个问题要引起我们高度重视。"① 这一重要论述对于深入认识立法与利益的关系问题，具有重要的指引意义。我们大致可以从以下几方面说明"认识和协调利益是立法的核心"这一命题。

（一） 全面、 正确认识各种社会利益是立法的起点

一方面，利益是客观的，它独立于立法活动之外，但它的发展在相当程度上又要依托法律的支持，对法律的需求是利益发展的内在需要。另一方面，立法虽是人类的主观活动，但绝不是一个任意的过程，它必须正确地把握并表达社会生活的客观需要。良好立法的基本点便是如何发现社会生活的法律需要，其中最重要的则是发现各种现实利益关系中的法律需要。与此相适应，立法首先面临的便是正确认识各种利益及复杂的利益关系。在此前提下，才有可能提出恰当的法律调整措施。为了达到对利益及利益关系的全面、正确认识，立法者就要真正实事求是，深入实际调查研究，倾听各方面的呼声和要求。

（二） 选择和协调各种利益是立法活动的关键环节

立法者要优先维护统治阶级的利益，同时也必须考虑到社会中其他阶级的利益要求。如何在各种利益之间作出恰当的取舍、平衡、协调，是一个复杂的问题。这其实是对各种利益进行的价值评判，也是对各社会主体的社会地位及社会作用的衡量。立法者总是从某种程度上牺牲或抑制某些利益而换取对另一些利益的支持和促进的。这种利益协调是不同阶级之间力量对比的表现，也是一种国家管理艺术。立法者对社会中的诸利益及

---

① 习近平：《在十八届中央政治局第四次集体学习时的讲话》，载《习近平关于全面依法治国论述摘编》，44页，北京，中央文献出版社，2015。

利益关系作出恰当的判断，会使立法得到更大多数人的拥护和支持，也使立法有可能在更大程度上促进各种利益的发展。当然，由于立法者的利益协调之中已蕴含了价值的判断和阶级的倾向性，通过立法而促进利益发展也必然是有所选择的。问题的关键是，如何恰当地选择、取舍和协调各种利益，在保障占统治地位的阶级利益优先发展的前提下，还能以利益杠杆调动全社会各阶级各阶层的积极性，缓和其对现存社会秩序和利益关系安排的不满或抗拒。

资料链接

什么是重大利益及其取舍、平衡、协调
——《关于立法中涉及的重大利益调整论证咨询的工作规范》第 2、3 条的规定

改革开放 40 多年来，我国经济社会发展取得了举世瞩目的成就。但是在市场经济背景下，包括立法利益在内的各种利益冲突日益凸显。2017 年 12 月 18 日，全国人大常委会办公厅印发了经十九届中央全面深化改革领导小组第一次会议审议通过的《关于立法中涉及的重大利益调整论证咨询的工作规范》，其目的是“健全立法机关与社会公众的沟通联系机制，充分发挥社会力量在立法工作中的积极作用，深入推进科学立法、民主立法、依法立法”。

根据该规范第 2 条的规定，该规范所称重大利益调整论证咨询，是指按照规定的程序，邀请全国人大代表、有关国家机关代表、军事机关和军人军属代表、人民团体代表、专家学者、基层工作者和群众代表、行业协会代表等，对立法中涉及的重大权利义务关系、利益利害关系的设定、变动等调整问题，进行专题论证和咨询的活动。

该规范第 3 条规定：“在法律草案起草和审议修改过程中，涉及下列重大利益调整事项的，应当进行论证咨询，广泛深入听取有关方面的意见和建议：（一）涉及自然人、法人和非法人组织间权利义务关系重大调整的；（二）涉及社会公众普遍关注的热点难点问题和经济社会发展遇到的突出矛盾的；（三）涉及有不同利益诉求群体之间的重大利益调整的；（四）涉及减损公民、法人和非法人组织权利或者增加其义务，对社会公众有重要影响的；（五）需要进行专题论证咨询的其他重大利益调整事项。”

在我国以往法律、法规、规章的起草和审议过程中，各级立法机关或法制工作机构当遇到一些有较大利益争议的重大立法事项时，一般或通过征求相关部门、专家学者、利益相关方的意见，或通过委托一些相关高等院校召开相关立法专业问题的专家咨询会等进行研究。《关于立法中涉及的重大利益调整论证咨询的工作规范》第 3 条的规定界定了重大利益的范围，有利于进一步集中民智、了解民情、反映民意，在各种利益之间作出恰当的取舍、平衡、协调，使立法活动更加符合客观实际和发展规律。

二、立法过程中利益选择的特点

关于立法过程中的利益选择的具体特点，人们有不同的概括。我们将这些特点概括

为以下几个方面。

（一）利益选择的主体性

立法过程中的利益选择主体实际上是指掌握国家权力的占统治地位的阶级的代表。这些代表在利益选择过程中既具有主动性、创造性，又受到主体自身因素及社会中各因素的影响。立法者并不是消极地发现各种利益，而是按照自己的目的来对现存利益格局予以肯定和调整，尽量避免对其不利的局面。通过对利益发展的主动干预和调整，把立法者的意志渗透到利益发展进程中。利益的发展要求立法者的主动介入，而立法者的主动介入及其积极影响也正好表现了立法者的主动性、能动性和目的性。这些都是立法者在利益选择过程的主体性的展现。具体而言，立法者的主体性主要表现在：立法者有能力以自己的意志干预利益的发展，使立法成为一种为自己利益的活动；但是，立法者的干预不是任意性的，而应当是基于现实状况的有目的选择；立法者为了实现统治阶级的利益和意志，也总是乐于主动干预和调节利益的发展；立法者的主动选择要受各种社会条件的限制，但这种限制不是对主体性的否定，而是表明人的主体性的发挥总是有限度的。

（二）利益选择的受制约性

立法者的利益选择必然受制约于社会发展的客观必然性，受各种社会条件和历史现实因素的影响，特别是受经济关系的决定。这就要求立法者不能盲目地对利益关系的发展发号施令，必须尊重客观规律，立足于客观的社会生活条件；同时还必须警惕理性的狂妄，即不能以认识到社会发展的必然性为理由便无所顾忌、自信满满地设计和改造现实生活秩序，当然，也不能因为要尊重现实条件和必然性而导向宿命论，以为立法者便因此无所作为，只能匍匐在自然的必然性之下。随着人类在自然和社会面前获得更多的认识、更多的自由，立法者发挥其主动性的空间会越来越大。但立法者并没有因此摆脱客观规律和必然性的制约，他们只不过是在深入把握利益关系之后而作出适当的法律引导。在人定胜天、对人的理性能力的过度自信等思想的支配下，人们容易蔑视必然性而干出许多的荒唐事情，包括荒唐的立法。实际上，即使是认识清楚了所谓社会发展的规律性，立法者也应对现实的社会条件，对社会关系发展的自发性，对社会秩序的自组织性，保持起码的敬重，而不能盲目自信地全盘设计和规划社会发展的未来图景。不能把希望完全寄托在那些先知先觉的圣人、全心全意的代表者、万能的立法者等的身上，而要对立法过程中立法选择能力的局限性、法律制度效能的受制约性、社会发展的演化性等有清醒的认识。

（三）利益选择的相对性

立法上的利益选择总是在一定时间、空间和具体的现实条件下进行的，不存在古往今来一成不变的选择原则和选择标准，不可能一劳永逸地对立法中的利益选择和协调作所谓终结性的解决。利益选择问题是立法者必然要面对的问题，是每一项立法活动中都要面对的问题。对利益的选择总是具体的，总是要随着各种社会因素和情况的变化而不断作出调整。某一具体场合中的利益选择，总要考虑时间因素、空间因素、历史文化传统、社会发展的具体特点、法律手段的局限性、立法者的认识能力等诸多因素。正是这一点，决定了立法中的利益选择总是相对的。这是指：选择的主体是相对的，选择的原则是相对的，选择的协调状态是相对的，选择的妥当与否是相对的，等等。承认利益选择的相对性，并不是否认利益的客观性、否认利益选择的相对稳定性。承认利益选择和协调的相对性，但不能因此走向相对主义。

（四）利益选择的代价性

任何一项社会选择从总体上看都要付出一定的代价，人们总是在利益得失的比较衡量中作出选择的。立法中对各类利益的选择与平衡，同样意味着要付出代价。问题的关键是，如何使选择的代价趋于最小，如何在不同的法律主体之间恰当地分配代价。代价分配不当，会直接引起法律中利益选择代价增大、选择的成本增加，从而使选择所得的社会福利总量减少。因为，法律中利益选择代价的主要承担者，往往是社会中处于弱势的阶级或处于边缘的阶层和群体。在奴隶社会、封建社会和资本主义社会，通过牺牲或抑制社会中一部分弱势人群的利益而换得占统治地位阶级的利益的更充分发展的情况，时有发生。应该说，通过牺牲或抑制某些个体的利益而换得阶级整体利益的发展，这是社会历史进程中的一个事实。认识利益选择过程中代价的不可避免性，也是在社会主义社会利益选择与协调过程中不可忽视的一点。当然，虽然代价不可避免，但人们在立法过程中却可以寻求代价的最小化，即寻求以最小的社会代价获取最大的利益。明智的立法者所面对的核心问题也在于此。

三、立法过程中利益选择与协调的原则

不同的社会结构有不同的利益关系，各国立法也有不同的利益选择原则。我们在这里试图提出我国社会主义立法中利益选择应遵循的原则。这些原则至少可以包括以下内容。

（一）合规律性与合目的性相统一

我国立法的利益选择是一种有目的的活动，它要力图体现广大劳动人民的共同目的和共同利益。但立法目的最终能否实现，并不取决于人们的主观愿望，而是取决于它与客观规律的要求相契合的程度。不尊重客观规律，立法所追求的价值目标和利益关系便只能是水月镜花。即使借助国家强权而在一时一事上勉强达到某些立法目标，其社会效果最终也是负面的。因而在立法的利益选择中只有力求达到合目的性与合规律性的统一，才会达到理想的立法效果。这二者的统一也表明立法者必须同时运用两个尺度，即“客体的尺度”和“主体的内在尺度”，要将这两种尺度有机结合在一起。这也是立法要体现人类进步的基本法则、立法顺天应人的重要表现之一。

（二）个人利益与整体共同利益相统一

我国立法中的利益选择必须关注个人利益的保护和发展，因为个人的充分自由发展

是社会主义的最高理想，也是社会主义之所以具有吸引力和人道感召力的原因所在。但必须认识到，立法仅仅关注和聚焦于个人利益是不够的。个人的发展必须有其他许多因素的配合和支持，促进社会整体共同利益的发展，这是个人利益得以发展的必要基础。个人利益不可能独立于整体利益之外，而必然受制于整体利益的发展状况。实际上，个人利益的发展中也有一种寻求人类的共同利益的内在冲动，共同利益在一定意义上是个人利益的升华。真正的利益共同体的共同利益，其实是个人利益发展的自然延伸和扩展，是个人借以实现其利益的必然形态。而且也只有在这一意义上，以这种形态出现的整体共同利益，才具有正当性、合理性和合法性。由此可见，个人利益与各个层次的整体利益并不总是对立的，它们之间应当而且也可以统一起来。

立法者应当尽力寻求个人利益与整体共同利益之间平衡与协调的最佳结合点。强调整体利益的重要性并不能因此而导向只关注整体利益，甚至简单片面地就认定在一切情况下集体利益都绝对优先。我国在“左”的错误思想占主导地位的时期，恰恰由于片面地强化整体利益，甚至以整体利益的名义不适当地剥夺或限制个人利益，人们的社会积极性、主动性被压抑，某些所谓整体利益也在一定程度上畸形变异而成为一种虚假的共同利益。所以，应当通过立法谋求个人利益与整体利益的统一，使个人利益及各个层面的整体利益都得以尽可能充分地发展。

（三）利益最大化与法律人文性相统一

法律选择和协调利益其实也是为了达到利益的最大化，在利益最少耗费和个人利益受到充分尊重的情况下达到社会利益总量的最大化。由于当代中国社会转型中社会利益和矛盾的多重性和复杂性以及立法者素质等因素的影响，立法要达到利益的最大化是一个复杂而艰难的问题。但是，社会总体利益最大化应当成为立法者的基本追求则是无疑的。在追求利益最大化时，人们经常的一个失误就是，忽视了法律也必须关注的其他价值，尤其是在把利益最大化仅仅理解为经济、物质利益的最大化时，更可能如此。

立法在利益选择过程中必须时时关注法律的人文性问题，把更多的人文关怀注入利益的协调之中，把以人为本、人的尊严理念切实贯穿于立法的全过程中。尽管就最广泛的利益范畴而言，利益最大化中或蕴含着法律更加具有人文关怀问题，但是在现实生活中，包括在立法中，往往以某方面发展优先、利益最大化为由而冲淡了对法律人文性的关注。可能还有人认为，法律的人文温情与追逐利益的现实逻辑之间几乎是不能相容的。本教材认为，法律的人文性问题是不能回避的。走向更有人文关切、更富有人性光辉的生活，使人过上真正具有人的尊严的生活，是人类最朴素也是最崇高的理想。法律也应致力于这一理想。法律的人文性在社会主义时代更应成为立法的基本使命之一。法律人文性的要求至少可以包括：立法应当以维护和提升人的尊严为最高价值目标；立法要特别关注社会中的弱势群体，尽最大可能达到对所有人的平等关怀和尊重；为法律所肯定的利益关系要有利于达到利益最大化，同时也要有利于以人为本这一人文精神的弘扬，有利于增进人民福祉和实现人的全面发展，有利于每个人自由的发展和生存质量的提高等。总之，在社会主义立法过程中，尽管利益最大化与法律人文性二者之间时有冲突，但二者从根本上来看是可以相容的，也彼此需要。协调这二者的关系是立法者的基本任务之一。

对于立法中利益选择的原则还可以加以列举，这里提到的只是其中最重要的几条。

资料链接

行政部门主导立法与部门本位主义①

党的十八届四中全会通过的《中共中央关于全面推进依法治国若干重大问题的决定》指出："有的法律法规未能全面反映客观规律和人民意愿，针对性、可操作性不强，立法工作中部门化倾向、争权诿责现象较为突出。"该决定要求："明确立法权力边界，从体制机制和工作程序上有效防止部门利益和地方保护主义法律化。对部门间争议较大的重要立法事项，由决策机关引入第三方评估，充分听取各方意见，协调决定，不能久拖不决。"

这里提到的"防止部门利益和地方保护主义法律化"是我国现行立法中一个亟须解决的问题。这个问题产生的主要原因之一是我国现行的"政府部门主导"的立法模式。这一模式大致是指，由政府部门负责起草法律草案，由国务院协调和审议通过后，交人大常委会予以审议、修改和通过。通常是立法机关在审议阶段对草案予以个别修改、微调后通过该法律草案。行政部门主导起草的法律草案，难免会从本部门立场出发，将部门利益反映在法律法规草案之中。长期以来，这种部门立法使法律成为固化和扩张部门利益的方式，各部门"依法保护"其"一亩三分地"，法律难以有效约束和限制行政权力。部门利益对立法的渗透和介入，使得在新立法和法律修改中都可以清楚地看到部门之间争权夺利、诿责的情形。诸如在《反垄断法》《破产法》《土地管理法》《广告法》《邮政法》等法律的创制和修改过程中都有明显的部门主导立法因素。这样的法律自然难以确保其公正性，其对各种利益的分配和调整有失公平，尤其是难以对公民权利和利益予以充分保护，并使"权力寻租"合法化了，也为法律实施中的种种问题埋下了伏笔。

为了实现法律的去部门化，更有效地约束行政权力，2015 年修改后的《立法法》增加了相应的条文，从几个方面有针对性地解决问题。主要是：其一，进一步规范部门规章和地方政府规章的立法权限，如第 80 条、第 82 条的规定；2023 年修改后的《立法法》第 91 条、第 93 条的规定依然如此，仅在第 91 条第 1 款"具有行政管理职能的直属机构"中，增加了"法律规定的机构"。其二，加强人大在立法工作中的主导作用。如 2015 年修改后《立法法》第 51 条、第 52 条、第 53 条、第 54 条、第 56 条、第 57 条的规定依然如此。其三，拓宽公民有序参与立法的途径，开展立法协商，完善立法论证、听证、法律草案公开征求意见等制度。如 2015 年修改后的《立法法》第 36 条、第 37 条、第 67 条的规定，2023 年修改后的《立法法》第 39 条、第 40 条、第 74 条的规定。例如，第 39 条第 3 款规定："法律案有关问题存在重大意见分歧或者涉及利益关系重大调整，需要进行听证的，应当召开听证会，听取有关基层和群体代表、部门、人民团体、专家、全国人民代表大会代表和社会有关方面的意见。听证情况应当向常务委员会报告。"②

---

① 本则资料由叶传星整理。

② 关于立法协商的多种形式，本教材在有关章节中还将分别具体论述。

第三节 立法与利益群体

一、利益群体的概念

利益群体在现代民主社会中扮演着重要角色。在国外，利益群体往往也被称为利益集团、压力集团。它是指具有共同利益，且为争取共同利益而采取共同行动，以影响政府决策的社会组织。利益群体广泛存在于社会生活的各个领域，它旨在形成并表达社会各有关阶层、各群体的利益要求。利益表达是利益群体的主要功能。

不同的利益群体，在组织方式及组织化程度方面有很大差别。有人认为利益群体主要是共同关注某些利益的一群人，他们为了争取共同利益，常常采取共同行动，至于其是否有正式组织并非关键因素。国外对利益群体的分类大致有：以某种直接的经济利益为目的的群体，如企业联合会、商会、工会、农会等；以促进某种社会公共利益为目的的群体，如民权组织、环境保护组织、野生动物保护组织等；以某些特别职业的利益为目的的群体，如律师协会、医师协会等。在国外，这几类利益群体中最有影响力、最活跃的是第一类利益群体。此外，国外还以利益群体所关注的问题对其进行分类，如分为商业团体、劳工团体、教育团体、农业团体、环境团体、资深公民团体、公益团体、民权团体、妇女团体等。[①]

资料链接

我国有哪些利益群体——《关于立法中涉及的重大利益调整论证咨询的工作规范》第6、7条的规定

在我国，《关于立法中涉及的重大利益调整论证咨询的工作规范》，可以被认为从法律的角度，对利益群体和他们的代表进行了界定和分类。

该规范第6条规定："根据法律草案具体情况，可以邀请下列相关人员参加论证咨询活动：（一）全国人大代表；（二）有关国家机关代表；（三）军事机关和军人军属代表；（四）有关人民团体代表；（五）相关领域专家学者；（六）基层工作者和群众代表；（七）有关行业协会代表；（八）其他相关单位和人员。"

上述规范的列举是相当广泛的，而且是在不同情况下，直接或间接涉及相关利益的群体。为保障重大利益及其取舍、平衡、协调的科学性，该规范第7条还专门规定："法律草案涉及重大利益调整，且有关问题专业性、技术性较强，需要进行可行性评价、风险评估的，应当召开论证会，听取相关专业机构、专业人员的意见和建议。对于综合性强、涉及面广的立法议题，可以分解成若干专题，论证会参加人员按专业划分就相关专题进行论证。选择参加论证会的机构和人员，应当注重专业性、代表性、均衡性。论证

① 参见朱志宏：《立法论》，238页，台北，三民书局，1995。

会结束后，举办单位应当根据论证情况制作立法论证报告。”

重大利益调整论证咨询，既要注重调整法与重大利益的关系，又不可忽视立法与各种重大利益协调功能的表达；在《立法法》第二次修改后，我们还需要不断探索建立对立法中涉及的各种利益调整的论证咨询机制，这样才能保障利益及其取舍、平衡、协调的功能更好地实现。

二、利益群体的立法游说功能

一般而言，在国外，立法机关是利益群体发挥其影响力的主要游说（lobbying）的对象。立法机关是一种“公共组织”（public institution），它应具有高度的开放性（openness）和易接近性（accessibility），是利益群体需求汇集的焦点（facal points of demands）[①]，所以，它应广泛地听取、回应和协调来自各方面的利益呼声和要求。在立法过程中，立法机关应当与各种利益群体、利益相关者之间形成建设性的互动关系。各种利益群体通过把分散的个体利益组织化为集体利益，可以使个人与国家和社会的权力中心更好地进行沟通。这样不仅有利于监督公共机关，也有利于群体成员的自我约束，从而形成阶级、部门、职业或团体的共同意识，并且激发其进行共同行动。这种状况表明，利益群体在立法过程中能够发挥重要影响。当然，在这些影响中，正面的积极影响与负面的消极影响是共存的。所以，在我国，我们在认识利益群体与立法之间的联系时，还必须注意利益群体的负面作用，要通过立法消除或限制这种负面作用。

在国外，利益群体一般力图通过向立法机关进行游说来实现自己的权益或诉求。美国是这方面的典型。利益群体或利益集团在事实上成了公众参与立法的重要组成部分。在美国，利益群体的产生和发展经历了一个较为长期的过程。在 19 世纪早期的院外活动也是不大受人欢迎的，那些从事院外活动的人都被看作“是些心怀肮脏的人，他们泡在国会走廊里追逐国会议员，使用铜臭手段拉拢议员为他们效力”[②]。后来，随着社会政治经济的发展，利益集团逐渐为人们所接受，并有了很大的发展。到 19 世纪末期，托拉斯的发展规模空前，在社会中开始扮演重要的角色，为了与之抗衡，社会各种利益诉求主体逐步形成各种类型的利益群体或利益集团来对抗。在此情势下，国会成了各种利益群体公开表达自己利益诉求、影响立法的中心场所。利益群体的院外活动被认为与政党一样，都是民主制度不可或缺的组成部分。美国利益集团的院外活动对国会立法的影响，主要表现在：院外游说者沟通了国会与社会各界的联系，院外游说者给国会议员提供了立法所需了解的有关材料和知识，院外游说者帮助国会调整议程，院外集团还帮助国会监督法律的执行，等等。

当然，利益群体或利益集团在立法机关中的院外活动究竟有多大的民意代表性，它对民主的积极功能以及负面的侵蚀作用，都是人们经常关注的问题。利益群体终归直接

---

① 参见朱志宏：《立法论》，237 页，台北，三民书局，1995。

② 蒋劲松：《美国国会史》，187 页，海口，海南出版社，1992。

代表的是社会中的一小部分人群，各类利益群体的发声能力和影响力也并不相同，有大量的人群可能并无有力的利益群体来为其发声，往往越是最需要帮助的弱势群体越缺少更有力的利益群体来为其摇旗呐喊。利益群体影响国会立法，固然有其民主参与、表达更多元利益诉求的方面，但也容易使国会立法被强势的利益群体过度影响而使立法的民主性、公共性、中立性等价值受到损害。下面我们会具体说明当代西方社会中利益群体与立法之间互动的具体表现。

三、利益群体影响立法的主要方式

各国的具体国情不同，利益群体对立法机关施加影响的方式及程度也不尽相同。利益群体尽管并不是国家正式民主体制的一部分，但却几乎是当代民主政治运作中不可缺少的部分，因而，许多国家都以立法的方式确认了利益群体的法律地位及活动方式。

（一）西方国家中利益群体影响立法的方式

1. 向国会议员提供重要的资讯，帮助其作出明智的立法决定

全面的资讯是立法机关通过恰当立法决定的前提，而资讯是利益群体的最有价值的资源。各种利益群体的游说者往往成为议员最主要的资讯提供者，通过形形色色的游说方式，诸如向议员寄出信函、邮件、备忘录、论文、统计数字、宣传单、研究报告、草拟修正案、准备质询资料等，力图说服议员，帮助其作出明智的立法判断。这是一种经常使用且非常有效的影响立法的方式。有不少利益团体专门设立机构负责这项事务。这些资讯反映了该利益群体的立场、态度、要求，虽然它们有时具有褊狭性，但是立法者应对来自各方面的资讯都予以考虑，才能作出恰当的判断而不至于偏听偏信。

2. 支持议员候选人的竞选活动，为其提供经费

利益群体为了实现自己的团体利益，往往直接支持某一候选人进入议会。这是利益群体影响立法的最直接的方法。它们通过影响社区民意、帮助设计竞选纲领策略、提供竞选经费等方式，支持候选人，如美国的许多利益群体纷纷成立政治行动委员会来专门支持某些议员的竞选活动。

3. 利益群体有时通过对抗的方式来影响立法决策

如果议员没有按照某利益群体的意愿作出立法决定，可能会招致该利益群体各种形式的对抗。这种对抗有些是合法的，例如利益群体可能会离间议员与其选区民众之间的关系，支持他们所反感的议员的竞选对手。有些则是非法的，例如利益群体偶尔也会以恐吓、骚扰的方法来影响立法决定的作出。如联邦德国在讨论《高速公路舒缓法案》和《交通财务法案》时，代表公路运输利益的利益群体因对法案内容不满，就采取打午夜恐吓电话、将铁路运输中损坏的物品寄给赞成上述法案的议员等手段，恐吓国会议员。[①] 另外，以示威游行、散发传单、罢工等方式来阻挠国会立法的做法也时有所见。如在英国，

---

① 参见朱志宏：《立法论》，245 页，台北，三民书局，1995。

罢工可被视为工会影响政府决策的最具杀伤力的武器。工会诉诸罢工，常能迫使政府作出重大政策让步。

4. 通过影响社区舆论及选民意向而间接推动相应的立法

利益群体为了扩展其影响，保障其自身利益，大都会致力于影响社会舆论，向民众推销自己的主张，并争取得到民众的支持。通过影响民意，可以对政府的行为施加外部压力。不少利益群体把形成或改变某种舆论作为本团体的长期发展策略之一。利益群体有时动员其成员或选民，利用写信、打电话等方式与议员接触，进而影响其决策的制定。还有一些利益群体在报刊、广播、电视等媒体上刊登或播放广告，敦促议会议员支持或反对某一待决法案。

（二）中国的利益群体及其对立法的影响

在我国，1988 年十三届二中全会提出，在社会主义制度下，人民内部仍然存在着不同利益集团的矛盾。2006 年的十六届六中全会提出，构建和谐社会要防范特殊利益集团破坏社会和谐。2014 年十八届四中全会通过的《中共中央关于全面推进依法治国若干重大问题的决定》中指出："引导和支持人们理性表达诉求、依法维护权益，解决好群众最关心最直接最现实的利益问题。构建对维护群众利益具有重大作用的制度体系，建立健全社会矛盾预警机制、利益表达机制、协商沟通机制、救济救助机制，畅通群众利益协调、权益保障法律渠道。"近些年来，各类事实上的利益群体增长迅速。但也要看到，不少利益群体的功能并未得到充分发挥；有些利益群体具有官方或半官方的性质，其实际的代表能力不充分；还有其他一些利益群体有名无实；一些强势的利益集团则利用其各种资源过度影响甚至扭曲了公共决策，有些既得利益集团甚至被视为改革的巨大障碍。还有，利益群体对立法活动的影响往往缺乏必要的公开性，对其活动的有效法律监督和规制严重不足。这种状况不仅易于扭曲公共决策或立法，也不利于利益群体本身的健康发展。在当代中国国家治理和社会转型的大背景下，形成更多的、影响力更大的新利益群体已是大势所趋。对利益群体，显然不应是消极的压制甚或取缔，而应当是积极引导其发挥正能量。国家现代化建设和改革开放的发展，立法机关需要在承认利益的多元化和不同利益群体正当性的基础上，将利益群体的活动纳入法治的轨道，依法引导、规范利益群体的行为。

关于我国利益群体影响立法以及公共政策的情况，根据学者的研究，其影响公共政策的方式主要包括：（1）贿赂相关决策者；（2）借助个人关系等人脉资源，直接接触相关决策者，这是被经常运用的，且很有效的影响方式；（3）利益集团中有影响力的重要人物通过相关提案将利益诉求输入决策体系，如通过促进制定法律规章、政策等来使部门利益国家化和制度化；（4）通过上级主管部门及其领导来影响决策；（5）借助媒体施加影响，如一些资本实力雄厚的大公司往往通过各类媒体来影响或制造舆论而向决策部门施压；（6）说服即采用书信、电话电报、递交研究报告、召开研讨会乃至直接造访等方式对相关决策者进行劝说；（7）利用既定的规则，如听证会或者直接诉诸法律来影响决策；（8）集体行动；（9）参与或操纵选举；等等。当然，这些方式往往并用，多管齐下地发挥最大影响力。[①]

四、利益群体对立法的游说活动的弊端及规制

利益群体对立法有着积极作用，应当肯定利益群体在法律制度以至整个社会结构中的正面功能。没有这些群体，立法的质量及立法的民意代表性、公正合理性等都会受到影响。但是我们同时也要看到立法常常会受到利益群体的消极影响，所以，对于利益群体在游说立法的活动中所存在的弊端，应有清醒认识，并要力求通过相应的制度来防范。

（一）利益群体对立法的负面影响

利益群体对立法产生负面影响的原因主要在于，利益群体一般具有自利本性，即它总是以自己为中心考虑问题；而且，利益群体在其总体结构和运作方式方面也存在缺陷。具体而言，这种负面影响主要有以下几点：

（1）不同社会人群形成利益群体的能力不同。代表少数人利益的群体比较容易形成，而代表多数人利益的群体组织则不易形成，而且即使存在这样的群体也不太容易充分发挥作用。比如，一般而言，工商业者的利益共同体就比消费者保护组织更容易形成，而且与之相比也更有力量。

（2）弱势人群的诉求往往更难以通过利益群体得到关注和保护。一个经常被看到的事实是，社会中的既得利益者或群体、在利益竞争中占据比较优势的阶层和人群的利益，往往被过度代表；而处于弱势地位的人群或阶层的利益则往往代表不足。这些弱者由于没有充分资源的支持，往往不易形成紧密团结的利益共同体。社会中的利益优势者甚至还通过控制权力体制、意识形态等方式，阻止或拆散弱者之间的密切联系，因为这样才便于通过代表强势群体的立法。因此，弱者的声音不易被倾听、尊重，也往往没有人真正代表他们发出合理的声音。对弱者的代表不足，使立法中弱者的利益更容易被剥夺、被牺牲。

（3）利益群体的“名实不符”。有些利益群体从表面上看，人数相当庞大，也以代表普通民众的呼声和利益要求为宗旨，但是事实上它们仍然只是代表少数人的利益。如美国的劳工联盟即是一例。究其原因，是任何组织都有一种可能异化的自发倾向，有一种自发脱离其成员的意志而趋于寡头化、自组织化的倾向。这使组织成员与组织的权力核心之间的隔离可能自发增加，其结果也就是组织的核心所作的决策只代表少数人的意志。当然，除组织的这一特性之外，在资本主义国家，还有其社会结构和制度方面的更深层原因。

（4）利益群体有时会扭曲正常的公共决策过程，扭曲民主立法过程。利益群体的越俎代庖会使政府的某些决策权被转移到利益群体，这显然有悖于民主政治的本意。但这

① 近年来关于利益群体的一些研究，可以参见孙永怡：《强势利益集团对公共政策过程的渗透及其防范》，载《中国行政管理》，2007（9）；杨光斌、李月军：《中国政治过程中的利益集团及其治理》，载《学海》，2008（2）；邢乐勤、顾艳芳：《论中国利益集团对地方立法的影响》，载《浙江学刊》，2008（5）；侯健：《利益集团参与立法》，载《法学家》，2009（4）；孔令秋：《立法协商中的非政府组织功能及其实现》，载《学术交流》，2015（2）；等等。

或许也是利益群体的本性使然。受利益驱使，利益群体有时会从事非法游说。比如，如前所述，有些利益群体可能以非法行为来影响立法，如贿赂议员、制造假信息、非法集会游行示威、出版非法的宣传品、诽谤议员等。因而，必须通过立法规制其活动，使得利益群体依法从事立法游说活动，这样才能发挥游说等对立法等公共决策的积极功能。

（二）对利益群体立法游说活动的法律规制

各国一般都对利益群体的活动予以某种形式的规制，但具体做法有差别，如英国对于国会议员与利益群体的关系并无明确的法律规制，主要靠议员的道德自我约束，其效果也不错，因为，议员会因收取馈赠不申报而失去名誉，而失去名誉的后果可能非常严重。同时这也说明，这种道德自我约束是受到舆论监督的制约的。另外，有许多国家对于游说活动通过立法予以具体的规范。如美国制定了《联邦游说管理法》《联邦选举活动法》，德国也由《众议院成员行为规范法》《集会游行法》《政党法》《联邦各部共同处事规程》等来规范利益群体与议员的关系。利益群体游说活动所涉及的规制内容主要有：规定游说活动的登记，游说收支费用的记录及申报，捐献人的登记及捐款数额的限制，对集会、游行示威、罢工等间接游说活动的规制，对政党接受捐赠的规制，对利益团体参与立法起草活动的规范化，为扩大政府立法决策的民意基础而加强利益群体与政府的合作等。

在我国，目前对利益群体的法律规制还不够健全，对利益群体正常参与立法过程的法律保障也不完善。规制利益群体的立法是完善我国民主政治领域改革的重要方面之一。既然要实现民主立法，使立法反映人民意志、得到人民拥护，就要扩大公民参与立法的范围，创新参与立法方式，其中就包括充分重视发挥各类利益群体的积极作用。应当正视当代社会中各类利益群体现实存在的事实。要通过更完善的立法对利益群体参与立法的各个方面活动予以规范，引导、保障其活动。我国的立法机关和行政机关在立法过程中，应当依法最大限度地超然于各种利益群体的特殊利益诉求之上，从而努力成为超越于各种利益群体的、公正的、中立的利益协调者和平衡者。既然鼓励公民参与立法，也应正面看待作为公民组织的利益群体的立法参与功能，同时对其负面的作用也应进行必要的、主动的法律规制。如我国《立法法》第 39 条、第 40 条等规定了公众参与立法的多种形式，这些参与形式也隐含了利益群体的立法参与。

为了使公民及其相应的组织（包括利益群体）在立法过程中拥有更具有影响决策的能力，应当考虑更多地吸引各类利益有关方的利益群体参与立法讨论、为立法建言献策，促进立法协商。这不仅是实现更加民主地立法的重要途径，也有助于更科学、正确地处理立法和利益的关系。

为了回应人民群众的关切，《立法法》第 71 条还规定："全国人民代表大会常务委员会工作机构加强立法宣传工作，通过多种形式发布立法信息、介绍情况、回应关切。"这是 2023 年《立法法》新增加的一条。

问题与思考

1. 如何理解法与利益的一般关系？

2. 立法中利益选择的基本特点有哪些?

3. 立法中利益选择和协调的基本原则是什么?

4. 利益群体影响立法的方式主要有哪些?

5. 利益群体游说立法的弊端主要是什么?

6. 您对我国利益群体参与立法状况有何认识?

7. 在当代西方一个有影响的法学流派——经济分析法学认为，以价值得到最大化的方式分配和使用资源，或者说财富最大化，是法的宗旨。所有的法律活动（立法、执法、司法、诉讼）和全部法律制度（私法制度、公法制度、审判制度），归根结底，都是以有效利用自然资源、最大限度地增加社会财富为目的的。该学派主张运用经济学的观点，特别是微观经济学的观点，分析和评价法律制度及其功能和效果，朝着实现经济效益的目标改革法律制度。经济分析法学的代表人物波斯纳曾经把经济分析法学的主要发现归纳为四点：(1) 法律程序的参加者都是“有理性的使自我利益极大化者”。像普通的消费者一样，他们节约，当某一商品的价格上涨时，就少买，价格下跌时多买。(2) 法律制度本身——法律规则、程序和制度受到促进经济利益这种关系的强烈制约。制定财产权和确定责任的规则，解决法律纠纷的程序，对执法者的限制都可以看作是促进有效分配资源的努力。(3) 对法律进行经济分析有助于设计法律制度的改革方案。(4) 对法律制度进行定量研究是富有成效的。

从立法与利益的关系的角度，你如何看待波斯纳的上述观点?

延伸阅读

1. 侯健．利益集团参与立法．法学家，2009 (4)

2. 徐文新．专家、利益集团与公共参与．法律科学，2012 (3)

3. 邢乐勤，顾艳芳．论中国利益集团对地方立法的影响．浙江学刊，2008 (5)

4. 蔡定剑主编．国外公众参与立法. 北京：法律出版社，2005

5. 包万超．平衡立法与利益集团．学习与探索，2013 (2)

6. 王保民，袁博．美国利益集团影响立法的机制研究．国外理论动态，2020 (1)

第五章
立法主体

本章导读

立法主体是立法基本制度中的重要问题。立法主体与立法权密切联系，是立法权的载体。我国的立法主体和世界各国的立法主体有相同之处，又有不同的特点。在各种立法主体中，立法机关是最重要的一类主体。应当正确、全面地理解立法机关的功能，特别是把握我国立法机关在国家机关体系中的地位、所实行的民主集中制原则和拥有的立法权。

关键术语

立法主体　立法权　国家立法权　民主集中制　立法机关　立法机关的功能　议行合一

第一节　立法主体概述

一、立法主体的概念

立法主体是指根据宪法和有关法律规定，有权制定、修改、补充、废止各种规范性文件以及认可法律规范的国家机关、社会组织、团体和个人。我们这里对立法主体的概念作出如下一些说明。

（1）立法主体实际上主要是国家机关。立法是国家的专有活动，是由国家机关进行的具有法律意义的活动，其他任何社会组织、团体和个人，非经国家机关授权或法律规定，不能进行这种活动。我们在本书中研究的立法主体，也主要是指国家机关。当然，社会组织、团体和个人在少数或特殊的情况下，也会有条件地成为某些立法的主体。例如，瑞士宪法规定，如有5万名有选举权的公民或8个州提出要求，则联邦法律和具有普遍约束力的命令应交付全民表决。在这种情况下，每个有选举权的瑞士公民都会成为立法主体而去决定某一法律的通过与否。

（2）立法是享有相应立法权的国家机关的专有活动。立法不是任何国家机关都可以进行的，有关国家机关只有根据宪法和法律的规定，才能成为某些立法的主体。例如，在我国，全国人大是制定基本法律的主体，全国人大常委会是制定基本法律以外的法律的主体，国务院是制定行政法规的主体，其他国家机关则不能成为这些立法的主体。世界各国的权力机关或议会通常被称为立法机关，它们的立法活动，特别是最高权力机关（或称为国会）的立法活动在国家生活中具有最重要的地位和作用。因此，本书所说的立法机关是指权力机关或议会，国家立法机关是指最高国家权力机关或国会，以区别于行政机关、最高国家行政机关和司法机关、最高国家司法机关。我们对立法主体及其立法活动的研究，重点将集中于立法机关，特别是国家立法机关。当然，对于作为立法主体的行政机关及其立法活动，我们也将予以一定的关注。此外，由于在英美法系国家中判例法是法律渊源之一，所以法院及法官个人也是这些国家的立法主体之一。

（3）应当注意组成国家机关的个人和国家机关之间的联系和区别。国家机关是由被选举或任命的个人组成的，国家机关的立法活动也是通过组成该机关的个人进行的，所以，我们应当看到国家机关组成人员具体的立法活动和国家机关的立法活动之间的联系，以及前者对后者的影响。例如，立法机关中代表或议员的多数，将决定某一法律的通过与否。但是，国家机关的组成人员进行的立法活动是代表行为或职务行为，而非个人行为，因此他们不是独立的立法主体，只有有相应立法权的国家机关才是立法主体，所以，我们还应当将立法机关组成人员和立法机关相区别。需要指出的是，立法机关组成人员和行政机关组成人员在各自的立法过程中，其地位和作用也是不同的。立法机关中的代表、委员或议员是由选民选举、代表选民行使立法权的，他们在少数服从多数的民主原则和制度下，有权决定法律案的通过与否。行政机关的立法权是由权力机关（或议会）授权或从法律规定的职权中产生的，具有从属的意义，所以其组成人员的具体立法活动是职务行为，尽管也需要符合民主的要求，但是主要遵循的是首长负责制的原则和制度。

（4）应当注意参与立法者和立法主体之间的联系和区别。按照人民主权原则的要求，立法是人民行使国家权力的最重要的方式和活动之一，每个公民都有权参与立法活动，所以，无论是实行人民代表制的国家，还是实行议会制的国家，都要求有关国家机关尽可能广泛地使人民群众参与立法。唯有如此，才能最大限度地保证立法的民主与科学。但是，我们这里所说的立法主体，是指有法定立法权的国家机关、社会组织、团体和个人，而不是指立法活动的一般参与者，因此，在我国，尽管许多社会组织和团体，如各民主党派和工会、共青团、妇联等，在某些立法中不仅可以提出立法建议，甚至还参加法律法规案的草拟工作，它们的意见也为有关国家机关所重视，但是从法律的角度看，它们不是法定的立法主体，我们在这里也不对其进行专门的研究。当然，包括中国在内的当代世界各国的社会组织、团体和公民个人在立法活动中所起的作用越来越重要，影响也越来越大。又如，在各级国家机关中，有许多专职从事具体立法工作的人员，他们也不是法定的立法主体。当然，他们的立法工作，特别是他们的立法技术状况，也在很大程度上影响着规范性文件的质量。对于这些立法参与者，我们将在其他有关章节中加以详细说明。

二、立法权

立法主体与立法权密切相联系，立法主体是立法权的载体，是立法权的行使者。从广义上讲，立法权就是有关国家机关依法制定、修改、补充、废止各种规范性文件以及认可法律规范的权力。但是，不同的国家机关，依法享有的立法权是不同的，所以，应当结合有关立法主体享有的相应立法权来对其进行研究。

（一）立法权是立法机关享有的相对独立的国家权力

从狭义上讲，立法权是立法机关享有的制定、修改、补充、废止法律及其他法规的权力，在国家权力体系中具有重要的地位和作用。在资本主义国家中，立法权由议会掌握，与行政权和司法权互相平衡、制约。社会主义国家坚持国家权力统一行使的原则，但是对国家权力的行使也有分工，即将立法权交由权力机关行使，将行政权交由行政机关行使，将司法权交由司法机关行使；行政机关和司法机关在行使各自的权力时要受权力机关的领导和监督，要对权力机关负责。

需要指出的是，我们说立法权是相对独立的，是因为在国家权力具体运行过程中，立法权、行政权和司法权有时互相有所重合或渗透。例如，在现代世界上许多国家通常都在宪法和有关法律中赋予行政机关制定法规和规章的权力，有时立法机关还授权行政机关就某些原本属于自己立法权限内的事项制定法规或规章。从广义的立法讲，行政机关尽管也有立法权，但是它与狭义的、严格或原本意义上的立法权是有区别的，只具有从属的、派生的和次要的地位与作用，不能改变立法机关立法权的独立性。

（二）立法权是立法主体享有的最重要的国家权力

从国家主权方面看，立法权是国家主权的体现。主权是国家的最高权力，一个国家对内和对外的主权，必须而且首先通过该国的法律来加以确认和表达，所以立法权是国家主权的主要组成部分。从人民主权方面看，法律应当是人民意志的体现，人民要体现自己的意志，必须而且首先通过法律的形式。虽然资本主义国家的法律不可能完全彻底地具有这种性质，但是它在形式上还是需要体现民意的。所以，无论是在社会主义国家，还是在资本主义国家，立法权都是人民表达自己意愿的最主要权力。从规范作用和社会作用看，法律可以为所有的国家机关、社会组织和公民个人建立共同的行为准则，形成对全社会的普遍约束力。所以，立法权是行使国家权力的基础权力。

由上可见，世界各国在理论上和实践中，通常都将立法权视为优先于行政权和司法权的最重要的国家权力。而且，在国家权力中，国家立法权即最高国家权力机关或国会制定宪法和法律的权力是最为重要的，相对于行政权、司法权和地方立法权，它更为集中地体现了国家主权、人民表达意志权和国家权力行使的基础权，所以，我们对立法权的研究也将集中于国家立法权。当然，尽管国家立法权是最重要的国家权力，但并不意味着它是终极的权力，因为它毕竟是国家主权的一种体现，决定于人民主权。

（三）立法权是立法主体享有的整体性的国家权力

所谓立法权是整体性的国家权力，是指应当将立法权作为一个整体来对待。以我国的国家立法权为例：从静态的角度看，国家立法权包括法律的制定权、修改权、补充权、废止权、撤销权和解释权等，这些权力也可以称为立法的实体性权力。从动态的角度看，国家立法权包括立法提案权、立法审议权、立法表决权、法律公布权以及立法调查权、立法听证权等，这些权力也可以称为立法的程序性权力。全国人大及其常委会作为立法主体，享有制定基本法律和其他法律的完整立法权。也就是说，无论是静态的或实体的国家立法权，还是动态的或程序的国家立法权，全国人大及其常委会都有权行使。其他立法主体，尽管在制定法律的过程中可能也享有某些权力，例如国务院享有立法提案权，但是它没有其他的权力，因而权力是不完整的，所以国务院不被认为是制定法律的立法主体。但是，在制定行政法规的过程中，国务院的立法权却是完整的，享有提出行政法规案、审议行政法规案、决定行政法规案和公布行政法规等多项权力。

三、立法主体的范围和种类

确定立法主体的范围和种类可以有不同的标准，我们这里仅以是否享有立法权为标准，即享有宪法和法律规定的立法权的国家机关、社会组织、团体和个人，作为我们所研究的立法主体。

当代世界各国确定的立法主体主要有：(1) 具有代表性质的权力机关，即议会。(2) 具有管理性质的行政机关，即政府。(3) 具有创制判例性质的司法机关，即法院及法官。(4) 被国家机关授权或由法律规定的社会组织、团体。(5) 由宪法和法律规定的享有全民公决权或立法复决权的公民个人。

根据我国《宪法》和《立法法》的规定，我国的立法主体只包括前两类。

资料链接

卢梭论立法者①

为了发现能适合于各个民族的最好的社会规则，就需要有一种能够洞察人类的全部感情而又不受任何感情所支配的最高的智慧；它与我们人性没有任何关系，但又能认识人性的深处；它自身的幸福虽与我们无关，然而它又很愿意关怀我们的幸福；在时世的推移里，它照顾到长远的光荣，能在这个世纪里工作，而在下个世纪里享受。要为人类制定法律，简直是需要神明。

敢于为一国人民进行创制的人——可以这样说——必须自己觉得有把握能够改变人性，能够把每个自身都是一个完整而孤立的整体的个人转化为一个更大的整体的一部分，这个个人就以一定的方式从整体里获得自己的生命与存在；能够改变人的素质，使之得到加强；能够以作为全体一部分的有道德的生命来代替我们人人得之于自然界的生理上的独立的生命。总之，必须抽掉人类本身固有的力量，才能赋予他们以他们本身之外的而且非靠别人帮助便无法运用的力量。这些天然的力量消灭得越多，则所获得的力量也就越大、越持久，制度也就越巩固、越完美。从而每个公民若不靠其余所有的人，就会等于无物，就会一事无成；如果整体所获得的力量等于或者优于全体个人的天然力量的

① 摘自［法］卢梭：《社会契约论》，何兆武译，53～55页，北京，商务印书馆，1980。引用时略有删节。

总和，那么我们就可以说，立法已经达到了它可能达到的最高的完美程度了。

立法者在一切方面都是国家中的一个非凡人物。如果说由于他的天才而应该如此的话，那么由于他的职务他也同样应该如此。这一职务绝不是行政，也绝不是主权。这一职务缔造了共和国，但又决不在共和国的组织之内；它是一种独特的、超然的职能，与人间世界毫无共同之处；因为号令人的人如果不应该号令法律的话，那么号令法律的人也就更不应该号令人；否则，他的法律受到他的感情所支配，便只能经常地贯彻他自己的不公正，而他个人的意见之损害他自己的事业的神圣性，也就只能是永远不可避免。

因此，编订法律的人便没有，而且也不应该有任何的立法权利，而人民本身即使是愿意，也绝不能剥夺自己的这种不可转移的权利；因为按照根本公约，唯有公意才能约束个人，而我们又无法确定个别意志是符合公意的，除非是已经举行过了人民的自由投票。这一点我已经谈过了，但重复一遍并不是没有用的。

这样，人们就在立法工作中发现同时似乎有两种不相容的东西：它既是一桩超乎人力之上的事业，而就其执行来说，却又是一种形同无物的权威。

第二节　立法机关

一、立法机关的缘起和沿革

就立法活动而言，立法机关是各种立法主体中最重要的一类主体，也是立法学重点研究的对象。由于“立法”这一概念有广义和狭义之分，所以首先有必要对“立法机关”的概念加以界定。在法学著述中所指的立法机关，是相对于行政机关和司法机关而言的，通常是指具有代表性质的权力机关或议会。虽然权力机关和行政机关以及英美法系国家的司法机关都属于立法主体，都可以进行广义的立法活动，但是由于权力机关或议会的主要职责在于立法，行政机关的主要职责在于执法，司法机关的主要职责在于司法，所以通常也将权力机关或议会称为立法机关。本书所指的立法机关主要是指国家最高权力机关或国会，有时也包括地方国家权力机关或议会。

据考证，立法机关及其制度的雏形，可以追溯到古希腊和古罗马时期。例如，公元前5世纪至公元前4世纪的雅典城邦共和国，由年满20岁的全体男性公民组成民众大会。作为最高权力机关，民众大会选举官员、通过或否决法律。民众大会的作用十分重要，在形式上，对任何关于战争、和平、对外政策、财政、司法审判的问题，都能提出讨论。又如，公元前6世纪至公元前1世纪古罗马共和国的元老院，虽然并非立法机关，但是它有权向地方行政官提建议，对内政外交政策、财政和立法有巨大影响，还负责批准民众大会的法案。公元1世纪至公元3世纪罗马帝国的元老院，除具有以前的建议职能外，又增加了立法权，到公元200年时，元老院的决议被完全承认为法律。可见，古希腊的民众大会和古罗马的元老院已经具有了立法机关的某些特点。但是，它们还不是现代意义上的立法机关，因为它们并非属于民主政体。众所周知，古希腊民众大会的成员是不包括奴隶和妇女的，而在古罗马能否成为元老院的成员在很大程度上取决于财产和门第，到罗马帝国时则成为世袭。所以，它们不是现代意义上的立法机关。

一般认为，现代意义的立法机关及其制度的建立，起源于中世纪的欧洲，时间距今已有七百余年，至资产阶级革命胜利后逐渐形成并得到完善。

中世纪的欧洲各国是由专制君主进行统治的，在这些国家中，还有庄园主、贵族、官吏、僧侣等有权阶级。为了进行统治和推行国家的政策，当时欧洲各国的君主往往召集这些人士共商国家大计。"'凡攸关众人之事，理应取得众议佥同（What touches all should be approved by all）。'此一法则反映了中世纪欧洲一种非常实际的需要，即君王的政策若未能取得社会上领导阶层的同意，则其必然窒碍难行。"[①] 欧洲历史上的这种国是会议，就是今天国会的前身，其对于巩固国家政权，推行国家政策，有重要作用。

随着资产阶级革命的进行，欧洲各国不同称谓的国是会议开始逐渐向国会转变，由此现代立法机关开始形成。例如，英国封建时期的国会在17世纪资产阶级革命成功后，逐渐成为国家权力的中心，开创了"议会主权"的时代。其主要表现是：议会立法权在国家权力中处于最高地位，行政权与司法权从属于立法权，必须对立法权负责。又如，法国封建时期的三级会议在法国大革命前夕改名为国民会议，成为全国的最高权力机关。法国大革命后的1791年《宪法》规定立法权属于选举产生的立法议会；1793年《宪法》也规定最高立法权属于由直接选举产生的立法议会，行使最高行政权的行政委员会对立法议会负责。后来，随着资产阶级革命在世界范围内的胜利和欧洲各国的殖民扩张，现代立法机关及其制度也在世界绝大多数国家建立和形成。

由上可知，立法机关在其产生和发展的过程中，经历了这样一些变化：

首先，是参与立法者的变化。在封建社会，能够参与立法活动的人士，均以出身、身份地位和财产等作为条件，而且大都是世袭的。到了资本主义社会以后，参与立法机关活动的立法者个人，则是通过直接或间接选举等普选方式产生的，而且通常有法定的任期。

其次，是立法机关地位的变化。在封建社会，欧洲国家的国会仅仅是君主的顾问或咨询机构。发展演变到资本主义社会，立法机关不仅在行政机关、司法机关组成人员的任免方面取得了发言权甚至决定权，而且在决定国家重大决策方面也有重要影响，对行政机关也有监督权。也就是说，立法机关逐渐进入了国家权力运行的中心，它与行政机关、司法机关三者之间的互动关系，往往是国家政治活动的重要内容。

再次，是立法机关活动内容的变化。在封建社会，有些欧洲国家的国会往往只是一些有权人士发表言论的场所。到了资本主义社会以后，由于立法机关同时也是权力机关，所以它不仅仍然是国家重要的论坛，而且立法机关因为与选民有直接的联系，对立法决策拥有最后的决定权。

最后，是立法机关及其制度的法律化。在封建社会，欧洲国家对国会基本上无法律规定。从资本主义社会开始，在立法机关的地位、组成、职权和活动程序等方面，均以宪法和法律加以规定，逐渐形成了比较完善的立法制度。

---

① 朱志宏：《立法论》，2页，台北，三民书局，1995。

至于社会主义国家，它们从成立伊始就建立了由直接或间接选举等普选方式产生的国家最高权力机关和地方各级国家权力机关，赋予了这些机关以决定和执行国家和地方重大事务的权力，并由宪法和有关法律加以规定。这些机关的建立和活动，体现出了比资本主义国家更高类型的民主和法治。

二、立法机关的功能

所谓立法机关的功能，是指立法机关本身具有的对国家和社会生活所产生的功用和效能。研究立法学的学者对立法机关的功能论述不一。例如，有些学者指出："国会有制定法律、监督行政机关和司法（如议会行使调查权的行为）等三项功能。"[①] 另有学者将立法机关的功能分为：沟通（联系）的功能，培养立法及行政领袖的功能，处理社会冲突的功能。[②] 美国政治学者乔治·达维松则将美国国会的功能分为主要功能和次要功能两种，认为其主要功能包括制定法律的功能、合法的功能、建立共识的功能，而次要功能则包括监督行政机关的功能、表达民意的功能、担任选民的侍者的功能。[③]

根据有关学者的论述和我国的实际情况，我们对立法机关的功能叙述如下。

（一）代表不同利益主体、反映民意的功能

如前所述，根据马克思主义法学的观点，从一定意义讲，对利益的认识、分配和协调是立法的核心问题，因为在一定历史条件下，利益的分化导致了法的产生和变化，利益从根本上决定了法的存在和发展。法则可以促进、保护和实现一定的利益，使其具有国家的合法性；或者阻碍和抑制一定的利益，使其不具有或失去国家的合法性。正如马克思所说："法律应该是社会共同的、由一定物质生产方式所产生的利益和需要的表现，而不是单个的个人恣意横行。"[④] 所以，一切立法活动实际上都是围绕着对一定利益的认识、分配、取舍和协调展开的。归根到底，在一切立法活动中，都有更深层次的利益原因。

从本质上看，立法就是立法主体在其社会物质生活条件的决定下，在经济、政治、文化等活动中，从认识各种利益包括本阶级利益开始，进而以此为依据形成自己的共同意志并转化为法律上的要求，然后依照法定的职权和程序，将有关利益体现在法律规范中的活动。立法机关的成员是作为不同阶层、团体、地方和人员的利益的代表者参与立法活动的，在民主政体及制度下，如果立法机关的成员不能有效地代表其所属的阶级、阶层或利益群体，将有落选的危险。而且，由于立法机关作为一种政治制度的载体，从一开始就是有权人士聚居的场所，后来又发展成为有代表性的人士组成的机关，所以它在特定时空下形成的各种利益及其群体的合力，影响力不仅远胜于其个别的成员，也是行政机关和司法机关必须予以重视的。

---

① 转引自朱志宏：《立法论》，2 页，台北，三民书局，1995。

② 参见朱志宏：《立法论》，53～64 页，台北，三民书局，1995。

③ See Roger Davidson, Congress in the American Political System, 129 - 178, Duke University Press, 1970.

④ 《马克思恩格斯全集》，第 6 卷，292 页，北京，人民出版社，1961。

（二）商议讨论国家大事、进行重大决策的功能

正如上述，商讨国家大事是立法机关最早就具有的一项原始功能；到立法机关通过普选产生以后，由于立法机关与选民有直接的联系，所以在各国家机关中，它被认为是最能够代表民意的。因此，各国的立法机关通常在法律和形式上不仅要商议讨论国家大事，而且在实际上往往还可以进行重大的决策。

当然，各国立法机关的这项功能在其实际活动中是不尽相同的。例如，有些学者根据立法机关对政府法案加以修正或予以否决的能力，将立法机关分为强、中、弱三种。他们认为："具备强而有力的制定政策能力的立法机关，其不仅能修正政府法案，尚且能否决政府法案；具备中等政策制定能力的立法机关，其仅能修正政府法案，而不能否决政府法案；仅具低度政策制定能力的立法机关，则既不能修正政府法案，更不能否决政府法案，这种立法机关几无制定政策能力可言。"① 但是无论如何，各国的立法机关至少在形式上还是可以就重大决策发挥自己的影响力的。

（三）发表意见、沟通联系、达成共识的功能

作为国是问题的论坛，也是立法机关最早就具有的一项原始功能。英文的"国会"（parliament）一词，就有国会是一个讨论问题并对问题加以深思熟虑的场所的意思。从这一意义而言，立法机关具有为不同的利益群体提供表达意见的论坛、沟通联系的管道、达成共识的场所等功能。

在立法机关的实际活动中，即使有些利益群体的利益及意见未能被多数同意而上升为法律，也还是可以通过立法机关论坛表达出来，所以，有些学者认为立法机关作为论坛有缓冲的作用，它可以通过辩论、发表意见、听证、质询等来宣泄民众情绪。更为重要的是由于立法机关必须与选民接触，要代表选民、对选民负责，所以它不仅可以作为民众与政府之间的桥梁，而且还可以在不同利益群体的意见之间进行沟通、联系。通过沟通和联系，立法机关可以在民众与政府、民众与民众之间达成某些共识。

资料链接

提高公众对议会的参与信心之各项条件②

（1）议会大厦和旁听席对公众开放，并且具有吸引力。

（2）委员会听证对公众开放，并且对会议时间和日程安排进行足够的通知。

（3）公众能够看到委员会会议和全体会议记录，并且这些记录要分发到图书馆或者其他公共设施。

（4）委员会积极地寻求公众意见，比如通过在首府内外举行听证会以及利用远程会议技术等方式。

（5）议会出版关于立法进程的基本信息，并将其分发给公众、媒体和图书馆。

---

① 朱志宏：《立法论》，9～10页，台北，三民书局，1995。

② 参见蔡定剑主编：《国外公众参与立法》，22～23页，北京，法律出版社，2005。

(6) 立法会议可以通过电视、收音机或互联网不受剪裁地收看或收听。

(7) 新闻自由得到宪法保障并得到实施。

(8) 议会和社会通常鼓励媒体自愿地自我约束、开放以及独立。

(9) 新闻记者有足够多的机会联系议会，得到及时的信息和关于立法进程的培训和教育。

(10) 议会对公众的问题反应及时，并且举止高雅。

(11) 议会有一套行为准则，并且培训议员符合道德上的高标准。

(12) 存在合适的和有限的直接民主形式，使选民在重要的宪法和政策问题上作出自己的决定。

(13) 议会支持学校的公民教育，并且提供课程材料以帮助孩子们学习立法进程。

(14) 议会和非政府组织都有可接受的以及符合道德规范的关于游说的规章制度，并且切实遵守。

（四）对行政机关和司法机关施加影响的功能

当今世界各国的政体不尽相同，立法机关对行政机关和司法机关施加的影响也不一样。有些国家的立法机关可以监督行政机关和司法机关，有些国家的立法机关可以选举产生甚至领导行政机关和司法机关。例如，美国的总统虽然不是由国会选举产生的，但是国会作为立法机关，可以为行政部门拨款，可以设立或取消行政部局，可以弹劾及审判行政部门人员，可以推翻总统的否决，参议院批准总统的任命及条约；国会还可以拨款给司法部门，可以设立或取消较低级的联邦法院，可以弹劾及审判司法部门人员，决定最高法院大法官的人数，决定最高法院的受理上诉权。又如，英国的内阁是由议会下院选举产生的，其政体运行的最重要原则首推“议会至上”（supreme of parliament），即：制定或不制定任何法律的权力属于议会，法律不承认任何人或机构有权超越或废除议会制定的法律。英国有关判例和解释中还包含这样的意思：议会有创制一切法律的权力；议会有创制法律的垄断权；议会制定的法律具有最高的法律效力；议会的立法权是绝对的，议会制定的法律按照法定程序通过、公布并生效之后，议会以外的任何机构不能宣布其无效。法院有义务适用议会制定的法律，即使议会制定的法律有不适当之处，在其被修改和废除之前，也不能宣布议会制定的法律是无效的。

可见，各国立法机关对行政机关和司法机关施加的影响虽然不同，但是这种功能都是存在的。至于在实行人民代表制的中国等社会主义国家，立法机关作为权力机关，不仅要选举产生同级行政机关和司法机关，还要领导和监督后者的工作，从法律上讲，其施加的影响更大。

（五）制定法律的功能

由上可知，立法机关并不单纯是制定法律的机关，其功能有多种。但是，无论是代表不同利益主体、反映民意，还是商议讨论国家大事、进行重大决策，抑或发表意见、沟通联系、达成共识以及对行政机关和司法机关施加影响，这些功能在许多情况下，是需要立法机关通过制定法律来实现的，所以，制定法律无疑是立法机关的一项不可或缺的重要的功能，这也是其被称为立法机关的原因。

具体而言，立法机关是通过立法活动来协调不同利益甚至处理社会冲突的，是通过立法表决来决定国家重大事务的，是通过对法律案的审议、辩论、听证、质询等发表意见的方式来沟通联系、达成共识的，是通过行使立法权来对行政机关和司法机关施加影响的。

资料链接

美国国会中的委员会①

美国第79届国会于1946年通过《立法机构改革法案》，将国会的立法权、监督权、调查权下放到委员会，由委员会及其小组委员会依法行使，从而开启了当代美国国会委员会制度。第91届国会于1970年再次通过《立法机构改革法案》，进一步完善委员会制度，赋予委员会更多职权，从而使委员会走向国会政治中心舞台。

上世纪80、90年代，委员会的改革主要集中在减少小组委员会数量，限制小组委员会职责范围，配备专业助手，对举行听证会的条件等作了一些限制。共和党掌控众议院后规定，委员会主席任期不得超过三届，之后小组委员会主席任期亦适用此规定；小组委员会数量控制在5个以内，拨款委员会除外；参议院规定委员会主席任期不得超过6年；取消、合并相关委员会。“9·11”事件后，众参两院分别增设国土安全委员会，赋予两院情报委员会更多监控权力。第109届国会起，进一步强调众参两院道德委员会监督调查工作的重要性和必要性，对议员道德操守、廉洁从政加强监督，并在程序上作了一些强制性规定。

美国国会众参两院委员会根据其职责和授权，可分为委员会及其小组委员会、特设委员会、两院联合委员会、独立委员会。根据《立法机构改革法案》和众参两院议事规则，委员会享有立法权、监督权、调查权、批约权和人事确认权（参议院相关委员会），特别委员会、两院联合委员会、独立委员会没有立法权，但享有监督权和调查权。主要职责如下：

1. 审议通过法案、议案，提请众参两院辩论通过。美国主要内政外交政策的制定与执行须经国会立法或授权。国会通过决议，批准联邦政府年度财政预算，并通过拨款法案进行各项拨款；通过授权立法，行政部门才能依法行政或实施相关项目；批准其赋税、贸易、征兵、财政等重要政策，批准总统与外国政府和国际机构缔结的条约、协定，决定战争与和平。凡此种种，议员个人提出或联署的相关法案、决议案提交后都要进入委员会立法程序。委员会或小组委员会举行听证会，实地调研取证，汇总相关意见，召开全体会议，辩论、修正、表决、简单多数通过。一届国会任期两年，平均有1.5万件法案、决议案，最终由委员会全体会议审议通过的少之又少，大多数是胎死腹中。

2. 监督行政部门工作。国会依法监督联邦政府内政外交和人事等方面的工作主要由委员会及其小组委员会承担。委员会或小组委员会通过举行听证会，传唤联邦政府各部

① 摘自陈国民：《中美两国立法机构委员会的法律地位和作用》，载《人大研究》，2014（13）。

门官员出席作证，回答议员质询，提供国会所需文件、资料；就行政部门违法行政或不按法律法规处事等案件、指控进行调查，并提出惩处建议。联邦政府各部门官员如对委员会签发的传票置若罔闻，或提供不实证词、伪证、虚假材料，将以“藐视国会罪”论处，如罪名成立，则追究其刑事责任。

3. 人事确认。总统对大法官、内阁成员等政府主要官员、驻外使节的任命须经参议院批准。参议院秘书长收到总统的提名签批件后即交付参院相关委员会审议。委员会就此进行全面调查，包括提名人选的资格、经历、言行、家庭、纳税情况、有无违法违规记录等。经查无问题的，则出席听证会，接受参议员询问，然后进行唱名表决，简单多数通过后，委员会提请参议院全体会议表决。

第三节 我国的立法主体

我国《宪法》第2条规定：“中华人民共和国的一切权力属于人民。人民行使国家权力的机关是全国人民代表大会和地方各级人民代表大会。人民依照法律规定，通过各种途径和形式，管理国家事务，管理经济和文化事业，管理社会事务。”一切权力属于人民，是我国国家制度的核心内容和根本准则。我国国体的性质需要一种能够保证人民当家作主的组织形式，而我们根据中国自己的历史和国情，选择了人民代表大会制度。我国社会主义革命、建设和改革开放的历史和现实都证明：人民代表大会制度直接地、全面地反映了我国国家的本质，表明了各阶级、阶层和各族人民在国家生活中的地位。人民代表大会制的政体既决定了我国各种立法主体的构成，也可以使人民群众通过这些立法主体，在民主集中制基础上，保证自己的利益和意志能够体现在有关立法中。

一、我国的立法主体种类

根据我国《宪法》和《立法法》的规定，我国的立法主体包括国家权力机关，国家行政机关、国家监察机关和国家军事机关中的某些机关。国家审判机关和国家检察机关不属于立法主体。

国家权力机关中的立法主体是：（1）全国人民代表大会和全国人民代表大会常务委员会；（2）省、自治区、直辖市的人民代表大会及其常务委员会；（3）设区的市[①]、自治州的人民代表大会及其常务委员会；（4）其他民族自治地方的人民代表大会。

---

① 2000年的《立法法》使用“较大的市”这一术语。依据该法第63条第4款的规定，“较大的市”是指省、自治区的人民政府所在地的市，经济特区所在地的市和经国务院批准的较大的市。在2015年《立法法》修改后，用“设区的市”取代了原“较大的市”概念。“设区的市”包括省、自治区的人民政府所在地的市，经济特区所在地的市和经国务院批准的较大的市，以及其他设区的市。但应当注意的是，2015年和2023年修改后的《立法法》中还继续保留了“较大的市”这一概念。不过，此“较大的市”仅特指1982年、1988年、1992年和1993年国务院分4次批准且现存的18个较大的市。

国家行政机关中的立法主体有：(1) 国务院；(2) 国务院各部、委员会、中国人民银行、审计署和具有行政管理职能的直属机构；(3) 省、自治区、直辖市的人民政府；(4) 设区的市、自治州的人民政府。

国家监察机关中的立法主体有：国家监察委员会。

国家军事机关中的立法主体有：(1) 中央军事委员会；(2) 中国人民解放军各战区；(3) 各军兵种；(4) 中国人民武装警察部队。

需要说明的是，在我国，虽然宪法和有关法律没有规定社会组织、团体和个人享有立法权，但是并不表明我国的人民群众不能够对立法活动产生影响。正如我们在前面所述，在法律上，我国《立法法》规定了“立法应当体现人民的意志，发扬社会主义民主，坚持立法公开，保障人民通过多种途径参与立法活动”。在理论上，我们也认为：立法权包括国家立法权并不是终极的权力，而要决定于人民主权。所以，在我国，人民群众虽然不是法律规定的立法主体，但是对于所有的立法活动都应当具有决定性的作用。这是因为：中华人民共和国的一切权力属于人民。人民有权依照法律规定，通过各种途径和形式参与各种立法活动，从而对国家事务、经济和文化事业和社会事务进行管理。

二、我国的专门立法机关

在我国，各级人民代表大会是人民行使国家权力、管理国家事务的最基本的组织形式，是具有群众性、广泛的代表性的国家机关，也是我国最重要的立法主体。

(一) 立法机关在我国国家机关体系中的地位

我国《宪法》第 3 条第 3 款规定：“国家行政机关、监察机关、审判机关、检察机关都由人民代表大会产生，对它负责，受它监督。”《宪法》第 57 条和第 96 条还分别规定，全国人民代表大会是最高国家权力机关，地方各级人民代表大会是地方国家权力机关。《宪法》的上述规定表明，我国的人民代表大会实行的是民主集中制基础上的“议行合一”制。所谓“议行合一”，是指决定和执行国家重大事务的权力由国家权力机关统一行使的制度，由 1871 年巴黎公社首创。这种制度既有利于发扬民主，又有利于提高国家机关的工作效率。首先，人民代表大会既是议事机关又是工作机关。它要集中人民的意志制定为法律，同时还要组织人民政府作为自己的执行机关，组织人民法院和人民检察院作为自己的审判机关和检察机关。这些机关要对它负责，受它监督。其次，人民代表行使自己的职权，履行自己的职责，既议事，又参加自己所制定的法律的实施。

“议行合一”制表明立法机关在我国国家机关体系中处于核心的地位，主要表现在：(1) 属于人民的国家权力统一由人民代表大会集中行使。全国人大有决定全国一切重大问题的权力，地方各级人大有决定本地区重大问题的权力，所以，作为国家权力机关的各级人民代表大会，在国家机关体系中处于核心的地位。行政机关、监察机关、司法机关都是在它的基础上产生的。它与行政机关、监察机关、司法机关是决策与执行、监督与被监督的关系。(2) 在各级人民代表大会的统一领导下，各国家机关分工负责、协调一致地工作。国家权力和地方权力由人民代表大会统一行使，并不是说什么事务都要集中在立法机关。根据宪法的有关规定，国家机构的设置和职责权限的规定，要体现各国家机关之间分工负责的精神。在法律和地方性法规的制定和重大问题的决策上，必须由国家权力机关，即全国人大和地方各级人大，充分讨论，民主决定，以求真正集中和代表人民的意志和利益。而在贯彻执行上，必须实行严格的责任制，以求提高工作效率。这种责任制对于发展社会主义民主，保证人民行使国家权力，是不可缺少的。人民通过国家权力机关作出决定以后，只有这些决定得到行政机关和司法机关的迅速有效的执行，人民的意志才能得到实现。(3) 我国的人民代表大会制度在本质上完全不同于西方资本主义国家的“三权分立”的政治制度，人民代表大会与同级人民政府、监察委员会、人民法院、人民检察院不是平列的分权、制衡关系。由于社会制度不同、国情不同，我国国家机关决定和执行重大事务的具体运作方式与西方“三权分立”国家也不同。

（二）我国立法机关的立法权

关于全国人大及其常委会和地方各级人大及其常委会的任务和职权，我国《宪法》均有明确规定，第六届全国人大常委会委员长彭真曾经将这些职权简单明了地概括为：全国人大和全国人大常委会是国家权力机关，它的任务是审议、决定国家根本的、长远的、重大的问题。最大的是两件事：第一是决定国家的大政方针。第二是选举和决定任命各级国家机构领导人员。①

立法属于决定国家的大政方针，是全国人大及其常委会的重要职权之一，也是其经常性的工作之一。根据《宪法》和《立法法》的有关规定，全国人大和全国人大常委会行使国家立法权。全国人大制定和修改刑事、民事、国家机构的和其他的基本法律。全国人大常委会制定和修改除应当由全国人大制定的法律以外的其他法律；在全国人大闭会期间，对全国人大制定的法律进行部分补充和修改，但是不得同该法律的基本原则相抵触。②

由上可见，我国的立法机关不仅具有其他国家的立法机关的功能，而且由于它在我国国家机关体系中处于核心和至上的地位，其功能的发挥完全可以避免资本主义国家立法机关的弊端。正如彭真所说：“我们这里没有利害矛盾尖锐对立的阶级、政党，没有在朝党在野党之分，没有资产阶级议会中那些政党、个人进行竞选活动、争选票的闹剧。我们的人民代表大会是以全国各民族最大多数人的最大利益为标准，共同商讨、解决国家的、10 亿人的重大问题。”③

三、我国立法机关所实行的民主集中制原则

我国《宪法》第 3 条第 1 款规定：“中华人民共和国的国家机构实行民主集中制的原则。”民主集中制原则是我国各种立法主体组织和活动的基础。民主集中制最初是由马克

---

① 参见彭真：《论新时期的社会主义民主与法制建设》，329～330 页，北京，中央文献出版社，1989。

② 关于全国人大及其常委会的国家立法权的有关问题，我们还将在第六章“立法体制”中详述，故这里的叙述从简。

③ 彭真：《论新时期的社会主义民主与法制建设》，235 页，北京，中央文献出版社，1989。

思、恩格斯针对无产阶级政党组织的建设提出来的。后来，列宁对民主集中制理论作了极大的丰富和完善，在十月革命后，他又将这一原则运用于苏联的国家制度中。我国国家机构的民主集中制就是在社会主义政治制度下，按照少数服从多数的原则，经过民主的程序决定由少数人代表多数人行使国家权力和地方权力，并且对权力的行使实行监督的集中制，即民主基础上的集中。立法机关实行民主集中制原则，归根到底是由我国的国家性质决定的，同时这一原则也能够保证我们作出科学、正确的决策，包括立法决策。

我国立法机关实行的是高度民主基础上的高度集中，它与行政机关和司法机关这两类国家机关实行的民主集中制有所不同。例如，人大及其常委会是集体行使权力、集体决定问题，同政府实行的首长负责制是不同的，与审判机关实行的合议制也不同。正如彭真所说："民主集中制，首先是民主。人大及其常委会审议、决定问题时，在广泛的、高度的民主基础上进行，各种意见自然就会趋于一致，真正集中。经过广泛民主，充分讨论，绝大多数人的意见一致了，极少数不同意见还是会有的，怎么办？进行表决，少数服从多数。"① 所以，立法机关实行的民主集中制，就是在民主的基础上集中，集体作出决定，而不是个人行使权力。全国人大及其常委会和地方人大及其常委会集体行使权力，主要表现在集体制定法律和地方性法规、集体作出决定等法定职责中。

根据宪法和有关法律的规定，我国立法机关实行的民主集中制原则主要体现在以下几个方面：（1）在人民与国家权力机关的关系上，各级人民代表大会都通过民主选举产生，对人民负责，受人民监督，选民或选举单位有权罢免不称职的代表。（2）在国家权力机关与其他国家机关的关系上，各级国家行政机关、监察机关、审判机关、检察机关都由同级人民代表大会产生，对它负责，受它监督；属于人民的国家权力统一由人民代表大会集中行使。全国人民代表大会有决定全国一切重大问题的权力，地方各级人民代表大会有决定本地区重大问题的权力。在中央，国务院、中央军事委员会、监察委员会、最高人民法院和最高人民检察院的主要领导人由全国人民代表大会产生，国务院、最高人民法院和最高人民检察院要向全国人大及其常委会负责并报告工作。在地方，地方人民政府、地方各级监察委员会、地方各级人民法院和地方各级人民检察院的主要负责人由同级人民代表大会产生，这些机关都要向同级人民代表大会负责并接受监督。（3）在中央与地方的关系上，中央与地方的国家机构的职权的划分，遵循在中央统一领导下，充分发挥地方的主动性、积极性的原则。（4）在各级组织的关系上，严格遵守个人服从组织、少数服从多数、下级服从上级、地方服从中央的纪律。

问题与思考

1. 什么是立法主体？你如何理解立法主体这一概念？
2. 试述立法主体与立法权的关系。
3. 我国有哪些立法主体？它们的组成和活动应当遵循什么原则？
4. 立法机关在其产生和发展的过程中经历了哪些变化？

---

① 《彭真文选》，615 页，北京，人民出版社，1991。

5. 立法机关有哪些功能？

6. 你如何理解我国立法机关实行的“议行合一”制和民主集中制？

7. 为了使全国人大常委会闭会期间的日常工作得到及时处理，为全国人大常委会的召开做好组织筹备工作，《全国人民代表大会组织法》规定，全国人大常委会委员长、副委员长、秘书长组成委员长会议，负责处理全国人大常委会的重要日常工作，包括：决定每次会议的会期，拟定会议议程草案；对向全国人大常委会提出的议案和质询案，决定交由有关的专门委员会审议或者提请全国人大常委会全体会议审议；指导和协调各专门委员会的重要日常工作；处理全国人大常委会其他重要日常工作。除此之外，委员长会议还有一项重要工作，即向全国人大常委会提出议案。委员长会议根据工作需要，可以委托全国人大常委会的工作委员会、办公厅代拟议案草案，经委员长会议审议通过后向全国人大常委会提出。委员长会议由委员长召集和主持。委员长可以委托副委员长主持会议。近年来，全国人大常委会委员长会议提出了很多重要的法律案，如反分裂国家法、物权法、监督法、劳动争议调解仲裁法等。

请从关于全国人大常委会委员长会议的规定，进一步了解全国人大常委会的组织情况。

延伸阅读

1. [英] 洛克．政府论：下篇．叶启芳，瞿菊农，译．北京：商务印书馆，1964

2. 卢群星．隐性立法者：中国立法工作者的作用及其正当性难题．浙江大学学报(人文社会科学版)，2013 (2)

3. 赵晓力．论全国人大代表的构成．中外法学，2012 (5)

4. [美] 汉娜·费尼切尔·皮特金．代表的概念．唐海华，译．长春：吉林出版集团有限公司，2014

5. 梁启超．论立法权//范忠信选编．梁启超法学文集．北京：中国政法大学出版社，2004

6. 罗传贤．立法程序与技术．6版．台北：五南图书出版股份有限公司，2012

第六章

立法体制

本章导读

立法体制是关于立法权限划分的制度，是国家制度的重要组成部分。科学合理的立法体制，对于维护我国法制的统一，正确处理国家权力机关和其他国家机关之间的关系、中央和地方之间的关系，维护法律体系内部的协调，具有重要的意义。如果说“依法治国，建设社会主义法治国家”的基础条件之一，是要有正确完备的法律体系的话，那么，形成这种法律体系的前提条件之一，就是要有一个科学合理的立法体制。

关键术语

立法体制　立法权限的划分　国家管理形式（政体）　国家结构形式　立法体系　立法权的归属　立法事项　授权立法　法条授权立法　专门授权立法　中央专属立法权

第一节　立法体制概述

一、立法体制的含义

在我国法理学和立法学的著述中，对立法体制的概念的表述并不完全一致。[①] 产生这些不同意见的原因至少有两个：

一个原因是人们对立法的概念通常有广义和狭义两种理解，由此也会影响到对“立法体制”有不同的理解。[②] 我们在前面讲过，如无特别说明，在本书所说的“立法”均指广义上的立法，即法的制定，所以，本书所说的立法体制中的“立法”和“立法权限”，均是在法的制定意义上使用的。

① 关于立法体制的含义，学术界大致有三种不同意见：第一种意见认为立法体制是关于立法权限划分的制度；第二种意见认为立法体制除立法权限外，还包括立法机关的设置；第三种意见认为还应进一步包括立法运作制度，将立法程序也归入立法体制。

② 在20世纪80年代初，法学界关于我国立法体制的讨论之所以有许多不同意见，重要原因之一就是大家对“立法”“立法权限”等概念分别是从广义和狭义来理解的。

影响学者对立法体制有不同解释的另一个原因是“体制”一词的多义性。有学者指出：“立法体制一词不是古老的概念，也不是外国人习惯使用的概念。它是中国学者近些年来的一个创造，它是在经济体制、政治体制这些词汇大量使用的背景下产生的。”① 在各种文献中，甚至在日常生活中，对经济体制、政治体制等的解释并不完全一致的情况下，当人们将“立法”和“体制”两个概念相加，形成“立法体制”这一中国特有的概念时，理解上的差异也就是自然而然的了。

所以，我们有必要先从“体制”一词的语词含义方面来进行理解。着重对语词的历史演变过程加以全面阐述的《汉语大词典》指出，“体制”一词有“格局、规格、结构、组织制度、礼制、规矩”等含义。② 实用性的《现代汉语词典》则将“体制”解释为“国家机关、企业事业单位的组织制度”③。具有综合性辞书特点的《辞海》又将“体制”界定为“国家机关、企业和事业单位管理权限划分的制度”④。这些“体制”的语词含义告诉我们，体制涉及的是制度问题，但这种制度是关于格局、结构、规则、组织等问题的。也就是说，体制并不等于基本制度，而是对基本制度的具体的组织化、结构化。所以，“体制”主要涉及的是组织管理形式、组织管理机构的设置、组织管理权限的划分、组织管理的方式方法等问题。本书在这里所研究的立法体制是指关于立法权限划分的制度，即法的制定权限的划分制度意义上的立法体制，在我国，它既包括同级的国家权力机关和国家行政机关在横向结构上对立法权限的划分，也包括中央和地方的国家机关在纵向结构上对立法权限的划分。还需要指出的是，学者无论在揭示立法体制的概念内涵时有何差异，都一致同意对立法体制的界定不能离开对立法权限的划分，因为，这是立法体制的核心内容。

二、决定和影响立法体制的因素

立法体制是国家制度的重要组成部分。一个国家采取什么样的立法体制，受到该国的国体、政体、国家结构形式、民族状况、历史传统等一系列客观因素的决定和影响。任何一个国家的立法体制都是适应该国经济、政治、文化、社会、科技发展的需要而建立和发展起来的，与该国的历史和现实国情分不开。同时，一个国家如何构造自己的立法体制，也是该国立法者对立法体制所涉及的有关问题的主观认识的结果。一个国家的统治阶级要按照本国的实际情况，将自己的主观认识符合于客观实际，使二者相统一，从而形成自己国家的立法体制。由于立法体制是国家制度的重要组成部分，所以各国通常都由宪法对立法体制加以规定。

从法律方面说，一个国家的立法体制是直接由该国的国家形式决定的。国家本质在实质上决定了立法权属于哪个阶级，国家形式则在形式上决定了立法权属于国家机构体系中的哪些机关。国家形式包括国家管理形式和国家结构形式。

---

① 周旺生：《立法论》，130 页，北京，北京大学出版社，1994。
② 参见《汉语大词典》，第 12 卷，414 页，上海，上海辞书出版社，1986。
③ 《现代汉语词典》，1119 页，北京，商务印书馆，1978。
④ 《辞海》，200 页，上海，上海人民出版社，1977。

所谓国家管理形式，即政体，指的是国家政权的组织形式。政体由国体所决定，同时又是国体的表现形式。就立法体制而言，政体在形式上直接决定将立法权限划分给国家机构体系中的哪些机关。也就是说，政体决定横向立法权限的划分，即决定立法权限在立法、行政、司法三机关之间如何划分。政体不同，横向立法权限的划分也不同。当代世界各国的政权组织形式，基本可以分为两种有代表性的类型，即资本主义国家的议会制和社会主义国家的人民代表大会制。这两种类型的政体，在划分横向立法权限的理论基础和制度依据方面，既有形式上的某些共同性，又有本质上的区别和运行上的特点。例如，资本主义国家的议会制是以分权制衡理论为基础和指导的；社会主义国家的人民代表大会制则是以议行合一原则为基础和指导的。这种不同将直接导致横向立法权限划分的不同。

所谓国家结构形式，指的是国家的整体和其组成部分之间的相互关系以及划分行政区划的问题。就立法体制而言，国家结构形式直接决定哪些立法权限属于中央，哪些立法权限属于地方。也就是说，国家结构形式决定纵向立法权限的划分，即决定在中央政权和地方政权之间立法权限如何划分。国家结构形式不同，纵向立法权限的划分也不同。同样，当代世界各国的国家结构形式，也基本上可以分为两种类型，即单一制和联邦制。这两种类型的国家结构形式，在划分纵向立法权限的考虑和实际做法方面截然不同。例如，单一制国家和联邦制国家在中央和地方立法权限划分上的一个重要区别就是：前者的地方行政区的立法权不是其本身固有的，而是中央授予的，所以地方没有立法权或相对只有较小的立法权；而后者的地方行政区在组成联邦时，将一部分主权包括某些立法权交由联邦中央行使，但联邦行政区还保留其余主权包括某些立法权，所以地方不仅有立法权，而且立法权还相对较大。

总之，一国的立法体制，是多方面复杂因素相互作用的结果。其中，经济的因素，起着最终的决定性的作用；政治的因素，起着直接的集中的作用；而文化、民族状况和历史传统等方面的因素，则起着间接而持久的影响作用。国家形式中的国家管理形式和国家结构形式比较集中地体现了上述各种因素对立法体制模式的影响。

三、立法体制与立法体系、立法权的归属、立法事项

立法体制与立法体系①是两个有密切联系而又容易混同的概念，应当加以区别。虽然影响一国立法体制和立法体系形成的直接原因大体是相同的，但是这两者研究的具体对象和侧重点又有一定差别。立法体制要解决的核心问题是立法权限如何划分，还要就立法权及立法事项等问题作出说明。立法体系要解决的核心问题是法律规范的表现形式，侧重的是规范性文件本身及其效力等级等问题。

研究立法体制问题，要从法的形式方面来说明立法权限的划分，但是立法体制又会从法的本质方面涉及立法权的归属问题。在西方法学史上，各派法学家关于这个问题有

---

① 立法体系又可以称为法律渊源体系，即一个国家的各种法律渊源因具有内在的联系而形成的体系。本教材在第七章中对其涉及的有关问题还将论述。

许多不同的论述。我们基本上可以将其分为两类：一是君主或贵族主权论，即主张立法权属于君主或贵族；二是人民主权论，即主张立法权属于人民。在这两类论点内部，又因如何行使立法权而有不同的观点。例如，主张人民主权论的观点，又可以大致分为主张立法权不可转让，只能由人民直接行使的观点，以及主张立法权可以由人民选举的立法机关代为行使的观点。当今资本主义国家的立法体制，均采用代议制，即由议会作为立法机关代行立法权。当然有些国家同时还实行全民公决制度，对于某些重大问题（包括重大立法事项）由全体人民通过公决作出决定。虽然资本主义国家在立法体制问题上，有许多理论和实践值得我们深入研究和借鉴，但是我们也应当认识到，由于资本主义国家是建立在生产资料私有制基础上的，所以它们所说的"人民"实际上不可能真正包括全体人民，它们的立法机关实际上也不可能真正代表人民的意志行使立法权。

在我国，社会主义法是工人阶级领导的广大人民群众共同意志的反映，所以我国的立法权从根本上说，是属于工人阶级和广大人民群众的。同时，我国人民的立法权又是通过人民选举的权力机关来行使的。对此，我国《宪法》予以了确认，其于第 58 条规定："全国人民代表大会和全国人民代表大会常务委员会行使国家立法权。"因此，在理论上和法律上，我国关于立法权归属的观点，也属于人民主权论的范围。当然，我们的理论依据和法律依据与西方国家是有本质区别的。从法律的规定上看，我国人民拥有的立法权并不是由社会的每个成员直接行使，而是通过有关国家权力机关来行使，但是人民对这些国家机关有最终决定权。我国的社会主义性质，为这些理论和法律规定的实现，提供了现实的基础和真正的可能性。还需要指出的是，我国的立法体制，无论在实质上还是在形式上，都与资本主义国家的立法体制有很大差异。

从理论上讲，立法权限的划分是与立法事项的划分联系在一起的。立法事项是指有关国家机关有权进行立法的事项，是立法权限的具体体现。当规定某一国家机关享有某种立法权限时，实际上还应当明确它在哪些事项上有立法权，或者应当明确它在哪些事项上没有立法权。由政体决定的横向立法权限划分和由国家结构形式决定的纵向立法权限划分的不同，各国对立法事项的划分也不同。在横向立法权限划分方面，一般而言，由于有些国家将国家立法权集中于立法机关，所以在宪法中通常不对有关的立法事项加以详细列举，而有些国家则在国家立法权方面，对立法机关和行政机关的立法事项通过宪法分别进行列举和划分。在纵向立法权限划分方面，一般而言，在单一制国家中，由于地方的立法权是中央赋予的，实行中央优越的原则，所以通常在宪法中也不对中央和地方的立法事项进行详细列举。而在联邦制国家中，由于地方的立法权是与中央分权的结果，所以通常在宪法中对中央和地方的立法事项分别进行详细列举。

第二节　立法体制的分类

各国的立法体制多种多样，不尽相同。如前所说，各国立法体制是在其国家形式的框架内形成的，立法权限的划分，不可能突破政体和国家结构形式的制约，同时，国家立法权是集中体现国家主权、人民表达意志权和国家权力行使的基础权的，所以，我们在这里将主要从国家形式的角度，根据各国行使国家立法权（狭义上的立法权）的情况，对各国的立法体制进行分类。

一、从国家管理形式角度的分类

1. 专制的立法体制和民主的立法体制

按照国家立法权的划分是否以民主的原则和制度为基础，立法体制可以分为专制的立法体制和民主的立法体制。前者是指实行君主专制的国家的立法体制，其国家立法权集中于君主一人或少数人手中。后者是指实行共和制的国家的立法体制，其国家立法权属于按少数服从多数的民主方式产生的议会或立法机关。在当代，资本主义国家和社会主义国家的立法体制在形式上都属于民主的立法体制，但是其民主在本质上有区别。此外，各国的立法体制在民主的形式、程度和范围等方面也存在差别。

2. 单一的立法体制和复合的立法体制

按照国家立法权是否只由同一类别的国家机关行使，立法体制可以分为单一的立法体制和复合的立法体制。前者是指国家立法权只由同一类别的国家机关行使的立法体制。后者是指国家立法权可以由两个或两个以上的国家机关共同行使的立法体制。在当代，大多数国家都属于单一的立法体制，即国家立法权只由最高国家权力机关或国会来行使。也有少数国家属于复合的立法体制，其国家立法权由国会和国家元首及行政机关共同行使，如美国和法国即是如此。此外，英美法系国家的法院通过审判活动，实际上也行使某些国家立法权。

3. 独立的立法体制和制衡的立法体制

按照国家立法权的行使是否受其他国家机关的制约，立法体制可以分为独立的立法体制和制衡的立法体制。前者是指一个国家机关行使国家立法权不受其他国家机关制约的立法体制。后者是指一个国家机关行使国家立法权要受到其他国家机关制约的立法体制。在当代，一般国会或国家最高权力机关实行一院制的国家，可属于独立的立法体制；实行两院制的国家，可属于制衡的立法体制。此外，在有些国家中，国会以外的国家机关也可以对议会的立法加以制约，如美国总统对国会立法的否决权。

二、从国家结构形式角度的分类

1. 一级立法体制和二级立法体制

按照中央政权和地方政权行使国家立法权的情况，立法体制可以分为一级立法体制和二级立法体制。前者是指国家立法权只能由中央政权中的国会或最高国家权力机关行使的立法体制。后者是指国家立法权分别由中央政权中的国会或最高国家权力机关和地方政权中的议会或权力机关行使的立法体制。从这一标准看，单一制国家均属于一级立法体制，联邦制国家均属于二级或多级立法体制。

2. 中央集权的立法体制和中央与地方分权的立法体制

按照中央政权和地方政权行使国家立法权的情况，立法体制可以分为中央集权的立法体制和中央与地方分权的立法体制。这种分类与上一种分类实质上是一样的，只是更能说明集权和分权的程度。一般来说，单一制国家中央集权程度高，国家立法权集中于中央；联邦制国家分权程度高，有些国家的国家立法权根据宪法，按照立法事项的不同，由中央和地方分别或共同行使。

三、关于立法体制分类的几点说明

对于以上关于立法体制的分类，需要作出以下几点说明：

第一，除了以上的分类，也可以从其他角度对立法体制进行分类。而且，立法不仅包括狭义的国家立法，还包括行政立法、地方立法，还有国会或最高国家权力机关委托行政机关进行立法的授权立法。这些立法权限的划分，也对一个国家的立法体制的构成有着重要影响，所以我们同样也应当注意对这些立法及其权限进行研究。不过，国家立法权涵盖了一国全部重要的立法事项，是其他立法权产生的根据，因此可以用其作为标准来代表不同的立法体制。

第二，一个国家之所以采取某种立法体制，是由多方面的因素决定的。经济、政治、文化、历史传统和民族构成等因素，是间接地通过政体和国家结构形式，当然也是从更深的层次，对一国立法体制发生影响的。例如，一个国家的民族构成和状况，一个国家形成的历史，往往是其采用单一制或联邦制的主要原因。一个国家的地域大小，人口多寡，也是其立法体制划分中央和地方立法权限的重要考虑之一。又如，经济问题的错综复杂和科学技术的迅速发展，是许多国家实行授权立法的重要原因。所以，不仅要通过国家形式对立法体制的类型进行研究，还应当综合考察各种因素对立法体制的影响。

第三，对立法体制的分类是相对的。许多国家的立法体制只能有条件地大致划归于某一类型，而且即使是属于同一类型的各国立法体制，彼此之间也存在许多差异。正是这些差异，形成了立法体制的丰富多样、各有特色，所以，我们在立法体制方面，同样不能照搬照抄西方的模式，而应尊重历史和考虑现实。同时，我们对立法体制类型进行研究，也要通过综合比较，吸取、借鉴其他立法体制的长处，进一步完善我国的立法体制。

资料链接

一院制的与两院制的立法体制比较①

一院制的优点是：（1）民意统一。立法权存在于单一体，人民总体意志更易统一。若有两院，便易使民意分裂或瘫痪。（2）责任明确。一院制议会和议员的责任较为明确。如果法案迟迟不能通过，或法案品质不佳，或发生重大恶劣影响，或议会所作所为令人

① 摘编自罗传贤：《立法程序与技术》，6版，354～358页，台北，五南图书出版股份有限公司，2012。

不满，该议会便难辞其咎。（3）精英出任。一院制议员比两院制议员声望较高，为大众服务的机会更多，因而更可以吸引政治精英出任。（4）立法迅速。只经一院的立法程序，自较两院为快速。对于紧急性的法案，更可以加速通过。（5）减少掣肘。一院制议事取决于多数，问题容易解决，可以避免因两院嫉妒、摩擦、敌对，而妨碍立法的弊病。（6）合乎经济。一院制议会可以避免立法工作的重复，节省人力、物力及财力。

一院制的缺点是：（1）不易代表。在异质的社会，一院制议会不易代表各种不同的利害和意见。如果只有一院，便难同时代表特殊阶级与平民，或兼顾各邦利益与按照人口比例的利益。（2）易于草率。一院制立法虽经过集体讨论，三读通过，但仍时有疏忽、草率之处。（3）专断腐化。一院比较容易流于滥权、专断及腐化。因权力集中容易为野心政客所控制，或结党营私，形成议会专制。

两院制的优点是：（1）利益兼顾。两院制可以用两种不同的基础来选举议员，如一院直接代表人民，另一院则代表不同的阶级、地区、团体、种族等，这样更容易做到利益兼顾。（2）防止专制。两院制将立法权分开，彼此相互制衡，更有利于防止议会的专横与腐败。（3）稳健慎重。有了两院，可以缓和、调节任何一院急进或保守的弊病，法案经过另一院冷静考虑、审议和讨论，可以免于急就草率之失，而有比较慎重的立法决定。（4）政治协调。两院制可以减少行政机关与立法机关的激烈冲突，而有缓冲与调剂作用。（5）抑制游说的负作用。两院制议会更不易被特殊利害关系的游说者所控制。

两院制的缺点是：（1）影响效率。（2）易陷僵局。两院如果对于同一议案、政策等有不同甚至相反的主张、态度或发生权限冲突，便会发生相持不下、陷于僵局的困境。这不免会妨碍社会的改革和进步。（3）责任不明。两院制可能减少议员的责任心，两院也可能相互推诿责任。（4）忽略监督。两院如果对立，便会引起立法机关的内部之间冲突。这便不能发挥对行政机关的平衡和监督功能，反而容易被行政机关操纵利用。（5）增加费用。两院比起一院，在选举、议员待遇、议事开支等方面的费用都有大量增加。

第三节　授权立法

一、授权立法的含义

授权立法，又称委任立法或委托立法，从狭义上讲，它是指有权立法的国家机关通过一定形式，将属于自己立法权限范围内的立法事项授予其他有关国家机关进行立法，被授权机关在授权范围内进行立法的活动。其通常可以分为法条授权立法和专门授权立法。

所谓法条授权立法，是指享有立法权的国家机关在自己制定的规范性文件中，授权其他国家机关制定执行性的规范性文件。例如在我国，由高位阶的法律向低位阶的行政法规、地方性法规或高位阶的行政法规向低位阶的规章进行的法条授权大量存在，一般也比较规范。

所谓专门授权立法，是指享有立法权的国家机关通过专门的决定，授权其他国家机关对本属于自己的有关立法事项先行立法。在立法实践中，主要是权力机关（或议会）向行政机关或中央国家机关向地方国家机关的授权立法。

授权立法也会对一个国家的立法体制产生重要影响。因为通过授权，实际上可以使由国家形式直接决定的立法权限划分发生某些变化，即在现行的政体和国家结构形式的框架不变的基础上，使原有的立法权限，根据具体情况，产生有限度的重新划分或转移，所以，有必要对授权立法问题进行专门的研究和论述。

二、授权立法产生的原因

一般认为，授权立法产生于19世纪末和20世纪初的西方资本主义国家。按照资产阶级革命时期的主流理论，立法、行政、司法三权应当严格分立。也就是说，任何立法活动（无论是广义的还是狭义的立法）都只能由立法机关进行，行政机关是不能涉及的。但是，后来资本主义国家发展的实践，不仅使行政机关具有了制定行政法规或规章等广义的立法权，还出现了专门授权立法，使行政机关开始在一定限度下能够行使狭义的立法权。其原因如下。

（1）经济方面的原因。在自由资本主义时期，经济活动完全是私人的事情，政府并不过问，正所谓“管得最少的政府，就是管得最好的政府”。但是到垄断资本主义时期，由于垄断的出现，经济的繁荣、衰退乃至危机的周期性发生等原因，政府必须对经济活动进行干预。而政府对经济的宏观调控需要有法律的形式，这在客观上决定了立法机关应当大量运用授权立法，以便行政机关能够放手以法律手段来干预经济。

（2）社会方面的原因。从19世纪后半期开始，由于经济快速发展和科技进步等原因，社会分工越来越细，社会关系也日益复杂，金融、科技、证券、环保、交通、航海、航空等领域日趋专业化，失业、医疗、福利、救济等社会问题也不断增多。这些都需要加强国家的法律调控。但是立法机关并非由专业人士组成，对专业化或新的问题较为生疏，难以科学立法；而行政机关中有许多具有专业技术知识的人员，行政机关也要对专业技术领域进行管理。这也在客观上使立法机关不得不将某些立法权授予行政机关。

（3）思想观念方面的原因。在自由资本主义时期，自由主义思潮占主导地位，人们普遍认为政府的职责主要是保障人民的生命、健康、人身和财产的安全。为防止统治者的腐败专权，避免国家权力的过分集中，必须采用分权制衡的制度；而制约的重点是行政机关。从19世纪后半期开始，随着资本主义经济制度的巩固，“三权分立”政治制度的完善，人们改变了对政府的看法，不再十分担心政府的专权。相反，人们希望其成为为民众服务的“万能政府”，要求强化政府的职能，以防止商品经济发展带来的无政府状态和限制垄断。所以，授权立法尽管被视为是行政机关对立法权的蚕食，但是也能逐渐为人们所容忍。

（4）立法机关本身的原因。立法机关除了缺少专业技术人员，对现代立法难以胜任，还受到其他一些原因的限制。例如，各国的议会都有一定的会期，不可能全年开会，而现代立法事项特别是行政立法事项又剧增，且往往要求很急，需要通过对行政机关的授权立法来解决此矛盾。又如，由于现代立法调整的社会关系日益复杂，立法机关不得不只规定一般的法律原则和主要条款，即所谓“骨骼式的立法”，以便留有余地来适应各种情况。这样，虽然保证了法律的稳定性、适应性和包容性，但是缺乏可操作性。通过对行政机关的授权立法可以弥补这种不足。再如，立法机关制定法律，程序严格甚至烦琐，过程复杂往往耗时长久，而且在有些国家因为党派之争，可能会“无果而终”，所以，行政机关的应变能力和灵活性，使其可以通过授权立法绕过立法机关而进行立法。

总之，上述种种原因使授权立法伴随着行政立法应运而生。目前世界大多数国家都进行授权立法活动，而且有些国家还依法律使这种活动得到了制度化。当然，应当明确的是，授权立法的出现和制度化，只是使立法权的配置有了一些新的变化，并没有从根本上改变资本主义国家“三权分立”的政治制度的运行，而这些变化是适应资本主义国家经济、政治、科学和社会发展的需要的。

三、我国授权立法的发展

新中国建立以后除一直采用法条授权立法外，还曾经有过多次专门的授权立法。按照 1954 年《宪法》的规定，全国人大常委会是没有国家立法权的。为了适应当时大规模立法的需要，1955 年 7 月，一届全国人大二次会议专门“授权常务委员会依照宪法的精神、根据实际的需要，适时地制定部分性质的法律，即单行法规”。1959 年二届全国人大一次会议又进一步提出：“为了适应社会主义改造和社会主义建设事业发展的需要，大会授权常务委员会，在全国人民代表大会闭会期间，根据情况的发展和工作需要，对现行法律中一些已经不适用的条文，适时地加以修改，作出新的规定。”通过这两次授权，全国人大常委会虽然可以行使部分国家立法权，但是并没有从根本上改变立法权高度集中的状况。

1978 年以后，为适应社会主义现代化建设和改革开放的需要，我国也进行过多次专门授权立法。1984 年 9 月六届全国人大常委会七次会议授权：国务院在实施国营企业利改税和改革工商税制的过程中，拟定有关税收条例，以草案形式发布试行，再根据试行的经验加以修订，提请全国人大审议。1985 年 4 月六届全国人大三次会议授权：国务院对于有关经济体制改革和对外开放方面的问题，必要时可以根据宪法，在同有关法律和全国人大及其常委会的有关决定的基本原则不相抵触的前提下，制定暂行的规定或条例，颁布实施。经过实践检验，条件成熟时由全国人大或全国人大常委会制定法律。此外，全国人大还于 1988 年、1992 年、1994 年和 1996 年先后四次分别授权海南省、深圳市、厦门市、汕头市、珠海市的人大及其常委会根据经济特区的具体情况和实际需要，遵循宪法的规定以及法律和行政法规的基本原则，制定法规，在各自的经济特区实施。

我国在实践中大量运用授权立法，从一定意义讲，除与资本主义国家一样有类似的原因外，还有自己特殊的考虑。彭真在解释 1985 年 4 月六届全国人大三次会议为什么要进行授权立法时说，经验不成熟的不能立法，如果没有法律国务院又不好开展工作，这个问题如果不很好地解决，就会妨碍经济体制改革和对外开放的顺利进行。翻来覆去考虑了两个月，委员长会议认为需要授权国务院在经济体制改革和对外开放方面可以制定暂行规定或者暂行条例。彭真认为："这个授权决定也是回顾总结长期实践经验的结果，体现了健全社会主义法制的根本精神。"[①] 他进而从这个授权决定着手，说明了立法要有实际工作经验、经过实践检验的问题。他说："立法前后又有两段工作。法律制定前，要做准备工作，授权决定就是解决这个问题的。法律制定后，实施中还有很多问题要解决。"[②]

但是，当时进行专门授权立法在法律方面也存在一些问题，"这类授权立法，从总体来讲，积累的经验还不多，首先是先天有点不足，因为这类授权立法一无宪法明文规定，二无专门法律规定，是通过全国人大决定的形式授权的，因此在宪法和有关法律中也就找不到其立法权限的明确依据，而决定内容又很简单"[③]。从法理上讲，进行专门授权立法是可以的，因为某一机关既然有相应的立法权，对这种权力当然也可以依法进行授权或委任。但是由于无直接的宪法和法律的依据，所以立法实践中的各次授权均不够规范。

通过对历史经验的总结，《立法法》第 12、13、14、15、16、72 条对专门授权立法问题进行了专门规定，从而将我国的授权立法进一步纳入了法制化的轨道。[④]

第四节 我国现行的立法体制

一、《立法法》对我国现行立法体制的规定

我国实行统一而又分层次的立法体制。1982 年《宪法》和 2000 年的《立法法》确立了我国的现行立法体制的基本框架。2015 年对《立法法》的修改进一步完善了我国的立法体制。党的十八届四中全会对完善立法体制提出了明确要求："健全有立法权的人大主导立法工作的体制机制，发挥人大及其常委会在立法工作中的主导作用。建立由全国人大相关专门委员会、全国人大常委会法制工作委员会组织有关部门参与起草综合性、全局性、基础性等重要法律草案制度。增加有法治实践经验的专职常委比例。依法建立健全专门委员会、工作委员会立法专家顾问制度。""加强法律解释工作，及时明确法律规定含义和适用法律依据。明确地方立法权限和范围，依法赋予设区的市地方立法权。"

（一）国家最高权力机关的立法权限和立法事项

全国人民代表大会和全国人民代表大会常务委员会行使国家立法权。全国人民代表大会制定和修改刑事、民事、国家机构的和其他的基本法律。全国人民代表大会常务委员会制定和修改除应当由全国人民代表大会制定的法律以外的其他法律；在全国人民代表大会闭会期间，对全国人民代表大会制定的法律进行部分补充和修改，但是不得同该法律的基本原则相抵触。《立法法》第 11 条规定："下列事项只能制定法律：（一）国家

---

① 《彭真文选》，504 页，北京，人民出版社，1991。
② 《彭真文选》，505 页，北京，人民出版社，1991。
③ 乔晓阳：《完善我国立法体制维护国家法制统一》，载《人大工作通讯》，1998（21）。
④ 我们将在本章第四节中对有关规定进行详细列举。

主权的事项；（二）各级人民代表大会、人民政府、监察委员会、人民法院和人民检察院的产生、组织和职权；（三）民族区域自治制度、特别行政区制度、基层群众自治制度；（四）犯罪和刑罚；（五）对公民政治权利的剥夺、限制人身自由的强制措施和处罚；（六）税种的设立、税率的确定和税收征收管理等税收基本制度；（七）对非国有财产的征收、征用；（八）民事基本制度；（九）基本经济制度以及财政、海关、金融和外贸的基本制度；（十）诉讼制度和仲裁基本制度；（十一）必须由全国人民代表大会及其常务委员会制定法律的其他事项。”

资料链接

《立法法》“税收法定”修订逆转背后①

2015 年 3 月 15 日，全国人大十二届三次会议的最后一天，大会以 2 761 票赞成，81 票反对，33 票弃权的高票表决通过对《立法法》的修改。

3 月 8 日，“两会”代表委员们发现，立法法修正案三审稿中关于税收法定的条款，较之前的二审稿发生重大变化。二审稿中“税种、纳税人、征税对象、计税依据、税率和税收征收管理等税收基本制度”要制定法律，被简化为“税种的开征、停征和税收征收管理的基本制度”要制定法律。上述修改引发了人们对政府部门借此绕开人大，“随意”调整税率和税制的忧惧。3 月 8 日当天，立法法有关条文发生变故的消息迅速在两会代表和财税法学界传播，敏感的媒体迅速切入报道。

短短几天中，会场内外的人大代表、政协委员与学者、媒体联动，通过发言、联名提交建议书、向有关部门递材料、召开研讨会、接受媒体采访等方式，最终推动“税率法定”在四天后重入《立法法》，并通过大会表决。

3 月 9 日，两会代表们的言论继续在媒体上发酵。全国政协委员侯欣一在政协小组会上质问：“税收是全社会最关注的问题，如果这次《立法法》在这么短的时间内倒退回去，如果民意反弹，政府考虑好了风险没有？人大准备好了吗？”而全国政协委员、曾任财政部财科所所长的贾康在接受媒体采访时认为：“如果每次调税都要走全套立法程序，成本非常高，非常滞后于宏观调控的需要。”

3 月 9 日下午，全国人大就《立法法》修订在梅地亚中心举行记者会，其负责拟订法律草案的常设机构、人大法工委副主任郑淑娜在回答关于税率是否应法定的问题时表示：“二审稿规定的表述经过专家的论证认为不够科学。实际上税种就包括纳税人、征税对象、计税依据和税率。为了表述得更加科学，我们采取了现在草案的表述。”

3 月 10 日上午，人大山东代表团会议上，赵冬苓认为：“法律的界定应该是界限清晰的、严谨的、内涵清楚的。我认为现在的表述是笼统的、含混的，给将来任意的解释条款营造了巨大的空间。”

3 月 11 日，刘剑文的一份修改建议稿由中国法学会领导呈递给全国人大法律委员会。另外两份“关于完善税收法定的建议”则以中国财税法学研究会名义送至法工委、

① 参见冯禹丁：《“辩法”四天：立法法“税收法定”修订逆转背后》，载《南方周末》，2015－03－19。

预算工委。

当天全国人大休会一天，赵冬苓还是找到了五位人大代表在建议稿上签名，上报给了人大议案收集处。

3月11日上午，全国人大法律委员会审议《立法法》草案的专门会议，在人民大会堂云南厅召开，除一名委员因为重要公务活动请假外，其他22名委员悉数出席。22名委员都是全国人大代表，他们当天的任务是认真讨论人大代表对《立法法》的意见和建议，并形成修改建议呈报大会主席团。

3月12日，大会主席团第二次会议通过全国人大法律委员会关于《中华人民共和国立法法修正案（草案）》审议结果的报告。报告中谈到，一些代表建议将税收要素中的"税率"予以明确列举。全国人大法律委员会经研究认为，按照落实税收法定原则的要求，根据代表们的意见，建议将这一项的表述修改为："税种的设立、税率的确定和税收征收管理等税收基本制度。"3月15日通过的《立法法》修改决定采用的是这一表述。

（二）国务院的立法权限和立法事项

国务院是国家的最高行政机关，国务院根据宪法和法律，制定行政法规。《立法法》第72条第2款还规定："行政法规可以就下列事项作出规定：（一）为执行法律的规定需要制定行政法规的事项；（二）宪法第八十九条规定的国务院行政管理职权的事项。"同时，第79条还规定："国务院可以根据改革发展的需要，决定就行政管理等领域的特定事项，在规定期限和范围内暂时调整或者暂时停止适用行政法规的部分规定。"第79条是2023年《立法法》修改后增加的。

（三）国务院职能部门的立法权限和立法事项

《立法法》第91条第1款规定："国务院各部、委员会、中国人民银行、审计署和具有行政管理职能的直属机构以及法律规定的机构，可以根据法律和国务院的行政法规、决定、命令，在本部门的权限范围内，制定规章。"这些机构所制定的规章被称为部门规章。该条第2款还规定："部门规章规定的事项应当属于执行法律或者国务院的行政法规、决定、命令的事项。没有法律或者国务院的行政法规、决定、命令的依据，部门规章不得设定减损公民、法人和其他组织权利或者增加其义务的规范，不得增加本部门的权力或者减少本部门的法定职责。"其中该款规定的"法律规定的机构"，是根据有关法律规定和实践需要，在2023年《立法法》修改时增加的。同时，《立法法》第92条还规定："涉及两个以上国务院部门职权范围的事项，应当提请国务院制定行政法规或者由国务院有关部门联合制定规章。"

（四）省、自治区、直辖市和设区的市、自治州的权力机关的立法权限和立法事项

省、自治区、直辖市的人民代表大会及其常务委员会根据本行政区域的具体情况和实际需要，在不同宪法、法律、行政法规相抵触的前提下，可以制定地方性法规。设区

的市的人民代表大会及其常务委员会根据本市的具体情况和实际需要，在不同宪法、法律、行政法规和本省、自治区的地方性法规相抵触的前提下，可以对城乡建设与管理、生态文明建设、历史文化保护、基层治理等方面的事项制定地方性法规，报省、自治区的人民代表大会常务委员会批准后施行。同时，《立法法》第 82 条还规定："地方性法规可以就下列事项作出规定：（一）为执行法律、行政法规的规定，需要根据本行政区域的实际情况作具体规定的事项；（二）属于地方性事务需要制定地方性法规的事项。除本法第十一条规定的事项外，其他事项国家尚未制定法律或者行政法规的，省、自治区、直辖市和设区的市、自治州根据本地方的具体情况和实际需要，可以先制定地方性法规。在国家制定的法律或者行政法规生效后，地方性法规同法律或者行政法规相抵触的规定无效，制定机关应当及时予以修改或者废止。设区的市、自治州根据本条第一款、第二款制定地方性法规，限于本法第八十一条第一款规定的事项。制定地方性法规，对上位法已经明确规定的内容，一般不作重复性规定。"

自治州的人民代表大会及其常务委员会可以行使与设区的市一样的制定地方性法规的职权。自治州的立法事项也是"城乡建设与管理、生态文明建设、历史文化保护、基层治理等方面的事项"。

（五）省、自治区、直辖市和设区的市的行政机关的立法权限和立法事项

《立法法》第 93 条第 1、2、3 款规定："自治区、直辖市和设区的市、自治州的人民政府，可以根据法律、行政法规和本省、自治区、直辖市的地方性法规，制定规章。"其所制定的规章通常被称为地方政府规章。"地方政府规章可以就下列事项作出规定：（一）为执行法律、行政法规、地方性法规的规定需要制定规章的事项；（二）属于本行政区域的具体行政管理事项。设区的市、自治州的人民政府根据本条第一款、第二款制定地方政府规章，限于城乡建设与管理、生态文明建设、历史文化保护、基层治理等方面的事项。已经制定的地方政府规章，涉及上述事项范围以外的，继续有效。""基层治理"是新增加的立法事项。这一立法事项可以被视为"兜底"的规定，即只要明确、具体，具有针对性和可执行性，特别是与法律、行政法规等上位法不抵触、不重复，为了本行政区域内的社会治理，设区的市、自治州的人大及其常委会和地方人民政府，都可以就基层治理制定相关的地方性法规和地方政府规章，关键是要根据自己行政区的具体情况和实际需要。例如，党的二十大报告指出"在社会基层坚持和发展新时代'枫桥经验'，完善正确处理新形势下人民内部矛盾机制，加强和改进人民信访工作，畅通和规范群众诉求表达、利益协调、权益保障通道，完善网格化管理、精细化服务、信息化支撑的基层治理平台，健全城乡社区治理体系，及时把矛盾纠纷化解在基层、化解在萌芽状态"等，都可以进行立法。

（六）民族自治地方的权力机关的立法权限和立法事项

民族自治地方的人民代表大会有权依照当地民族的政治、经济和文化的特点，制定自治条例和单行条例。同时，《立法法》第 85 条第 2 款规定："自治条例和单行条例可以依照当地民族的特点，对法律和行政法规的规定作出变通规定，但不得违背法律或者行

政法规的基本原则，不得对宪法和民族区域自治法的规定以及其他有关法律、行政法规专门就民族自治地方所作的规定作出变通规定。”

（七）监察机关的立法权限和立法事项

2018年3月11日第十三届全国人民代表大会第一次会议通过的《中华人民共和国宪法修正案》规定，设立监察委员会。这是根据我国社会主义新时代的发展，对人民代表大会制度的进一步完善。按照《宪法》规定，国家监察委员会要对全国人民代表大会和全国人民代表大会常务委员会负责。2019年10月26日第十三届全国人民代表大会常务委员会第十四次会议决定，为了贯彻实施《宪法》和《监察法》，保障国家监察委员会依法履行最高监察机关职责，根据监察工作实际需要，国家监察委员会有权根据宪法和法律，制定监察法规；监察法规应当在公布后的30日内报全国人民代表大会常务委员会备案；全国人民代表大会常务委员会有权撤销同宪法和法律相抵触的监察法规。《立法法》第118条也规定：“国家监察委员会根据宪法和法律、全国人民代表大会常务委员会的有关决定，制定监察法规，报全国人民代表大会常务委员会备案。”

（八）《立法法》对军事立法的规定

《立法法》第117条规定：“中央军事委员会根据宪法和法律，制定军事法规。中央军事委员会各总部、军兵种、军区、中国人民武装警察部队，可以根据法律和中央军事委员会的军事法规、决定、命令，在其权限范围内，制定军事规章。军事法规、军事规章在武装力量内部实施。军事法规、军事规章的制定、修改和废止办法，由中央军事委员会依照本法规定的原则规定。”

资料链接

新中国立法体制的沿革①

新中国成立以后，伴随着我国政治、经济、社会和文化的曲折发展，以及立法制度的变化，立法权限的划分大致经历了三个时期，形成了三种既有历史联系又不尽相同的立法权限划分模式。

1. 第一个时期：分散立法模式

从新中国成立到1954年《宪法》的颁布是我国实行分散立法模式的时期。这一时期立法权力的行使具有多极化和分散化的特点，表现为从中央到地方的多级主体享有立法职权。在中央一级，享有立法职权的主体是中国人民政治协商会议全体会议和中央人民政府委员会和政务院，县以上各级人民政府都或多或少地享有立法职权，在其职权范围内对所辖行政区域内的部分或者全部事务依法行使立法职权来进行管理。在这种立法模式下，提高了立法效率，从中央到地方的立法速度大大加快。

---

① 摘引自李林：《关于立法权限划分的理论与实践》，载《法学研究》，1998（5）。

2. 第二个时期：中央集权的立法模式

从1954年《宪法》颁布到1979年五届全国人大二次会议前，我国实行的是中央集权的立法模式。在这个时期，立法权限比较集中，除民族自治地方外，其他地方权力机关均不享有立法职权，国家行政机关亦无立法方面的职权。1954年《宪法》规定，全国人民代表大会是行使国家立法权的唯一机关，有权修改宪法和制定法律，全国人大常委会有权解释法律和制定法令。1955年一届全国人大二次会议通过的《关于授权常务委员会制定单行法规的决议》，把享有国家立法权的范围扩大到了全国人大常委会。1959年，二届全国人大一次会议进一步授权全国人大常委会在全国人大闭会期间根据情况的发展和工作的需要，修改现行法律中已经不适用的条文。民族自治地方的自治机关有权制定自治条例和单行条例，报全国人大常委会批准。

这个时期的立法模式，是1954年《宪法》对立法权限划分规定的结果，即毛泽东同志讲的“立法权集中在中央”。立法的中央集权是这一时期我国实行高度集中的计划经济体制的政治需要和法律翻版。中央集权的立法模式强有力地保证了中央对全国各项事业的集中统一领导，但也在一定程度上影响了地方积极性的发挥，阻碍了社会主义法制的全面发展。

3. 第三个时期：集权的分权立法模式

从1979年五届全国人大二次会议至今，我国立法权限划分采取的是集权的分权立法模式，特点是在中央对立法的集中统一领导的前提下，适当地赋予地方一定的立法职权，以作为对中央立法的补充和具体化。1979年7月，五届全国人大二次会议通过的《地方各级人民代表大会和地方各级人民政府组织法》规定：省、自治区、直辖市的人民代表大会及其常委会可以制定和颁布地方性法规，并报全国人大常委会和国务院备案。1986年，第二次修改后的该法第7条规定，省、自治区的人民政府所在地的市和经国务院批准的较大市的人民代表大会，可以制定地方性法规，报省、自治区的人大常委会批准后施行。第七届全国人大常委会先后授予深圳市、厦门市、珠海市及汕头市的人大及其常委会制定法规的权力。

宪法、法律和立法授权决定的这些规定，使我国的立法权限在形式上得到了初步划分，加上从法律体系的构成上对行政法规和地方性法规等的制定权的确认，基本上构成了从中央到地方、从权力机关到行政机关行使立法权的立法体制。这种立法模式在一定程度上调动了中央立法和地方立法的两个积极性，使我国的立法工作取得了前所未有的成就。但这种立法模式当时也存在明显弊端，最突出的是它不能满足地方对立法权力资源的需求，并且也没有达到规范化、制度化的程度。

这也是促使2000年《立法法》制定的重要原因之一。

（九）《立法法》对专门授权立法的规定

2015年修改后《立法法》对有关授权立法的基本问题作出了更为明确的规定，这涉及诸如对授权主体、授权范围、被授权主体、授权事项、授权决定内容、授权期限、被授权机关实施授权决定应遵循的原则、被授权机关的报告义务、继续授权、授权的终止等问题。2023 年《立法法》修改后，第 12 条规定：“本法第十一条规定的事项尚未制定法律的，全国人民代表大会及其常务委员会有权作出决定，授权国务院可以根据实际需要，对其中的部分事项先制定行政法规，但是有关犯罪和刑罚、对公民政治权利的剥夺和限制人身自由的强制措施和处罚、司法制度等事项除外。”《立法法》第 72 条第 3 款规定：“应当由全国人民代表大会及其常务委员会制定法律的事项，国务院根据全国人民代表大会及其常务委员会的授权决定先制定的行政法规，经过实践检验，制定法律的条件成熟时，国务院应当及时提请全国人民代表大会及其常务委员会制定法律。”《立法法》第 13 条规定：“授权决定应当明确授权的目的、事项、范围、期限以及被授权机关实施授权决定应当遵循的原则等。授权的期限不得超过五年，但是授权决定另有规定的除外。被授权机关应当在授权期限届满的六个月以前，向授权机关报告授权决定实施的情况，并提出是否需要制定有关法律的意见；需要继续授权的，可以提出相关意见，由全国人民代表大会及其常务委员会决定。”《立法法》第 14 条规定：“授权立法事项，经过实践检验，制定法律的条件成熟时，由全国人民代表大会及其常务委员会及时制定法律。法律制定后，相应立法事项的授权终止。”《立法法》第 15 条规定：“被授权机关应当严格按照授权决定行使被授予的权力。被授权机关不得将被授予的权力转授给其他机关。”同时，《立法法》第 84 条第 1 款还规定：“经济特区所在地的省、市的人民代表大会及其常务委员会根据全国人民代表大会的授权决定，制定法规，在经济特区范围内实施。”

2015 年修改后的《立法法》还增加了一项特殊形式的授权，这就是关于暂时调整或暂时停止法律部分适用的授权。2023 年修改后的《立法法》第 16 条则进一步规定：“全国人民代表大会及其常务委员会可以根据改革发展的需要，决定就特定事项授权在规定期限和范围内暂时调整或者暂时停止适用法律的部分规定。暂时调整或者暂时停止适用法律的部分规定的事项，实践证明可行的，由全国人民代表大会及其常务委员会及时修改有关法律；修改法律的条件尚不成熟的，可以延长授权的期限，或者恢复施行有关法律规定。”

资料链接

全国人民代表大会常务委员会关于授权国务院在中国（海南）自由贸易试验区暂时调整适用有关法律规定的决定

为支持海南全面深化改革开放，推动中国（海南）自由贸易试验区试点政策落地，第十三届全国人民代表大会常务委员会第十七次会议决定：授权国务院在中国（海南）自由贸易试验区暂时调整适用《中华人民共和国土地管理法》《中华人民共和国种子法》《中华人民共和国海商法》的有关规定（目录附后），暂时调整适用的期限至 2024 年 12 月 31 日。暂时调整适用有关法律规定，必须建立健全事中事后监管制度，有效防控风险，国务院及其有关部门要加强指导、协调和监督，及时总结试点工作经验，并就暂时调整适用有关法律规定的情况向全国人民代表大会常务委员会作出中期报告。对实践证明可行的，修改完善有关法律；对实践证明不宜调整的，恢复施行有关法律规定。

本决定自 2020 年 5 月 1 日起施行。

授权国务院在中国（海南）自由贸易试验区暂时调整适用有关法律规定目录

序号	法律规定	调整内容
1	《中华人民共和国土地管理法》 第三十五条第一款　永久基本农田经依法划定后，任何单位和个人不得擅自占用或者改变其用途。国家能源、交通、水利、军事设施等重点建设项目选址确实难以避让永久基本农田，涉及农用地转用或者土地征收的，必须经国务院批准 第四十六条第一款　征收下列土地的，由国务院批准： （一）永久基本农田； （二）永久基本农田以外的耕地超过三十五公顷的； （三）其他土地超过七十公顷的。	暂时调整适用《中华人民共和国土地管理法》第三十五条第一款、第四十六条第一款的有关规定，对中国（海南）自由贸易试验区内由国务院批准的土地征收事项，由国务院授权海南省人民政府批准。在严格落实永久基本农田保护政策，确保中国（海南）自由贸易试验区耕地总量不减少、质量不降低，建设用地在现有基础上不增加的前提下，由海南省人民政府制定具体管理办法，完善落实事中事后监管措施，经国务院自然资源主管部门同意后实施。
2	《中华人民共和国种子法》 第三十一条第一款　从事种子进口业务的种子生产经营许可证，由省、自治区、直辖市人民政府农业、林业主管部门审核，国务院农业、林业主管部门核发。	暂时调整适用《中华人民共和国种子法》第三十一条第一款的有关规定，在中国（海南）自由贸易试验区从事种子进出口业务的，其种子生产经营许可证核发权限由国务院农业农村主管部门、林业主管部门。在严格实施引进种质资源的隔离与监管，防止生物入侵，加强风险评估和检疫监管的前提下，由海南省人民政府制定具体管理办法，完善落实事中事后监管措施，经国务院农业农村主管部门、林业主管部门同意后实施。
3	《中华人民共和国海商法》 第四条第二款　非经国务院交通主管部门批准，外国籍船舶不得经营中华人民共和国港口之间的海上运输和拖航。	暂时调整适用《中华人民共和国海商法》第四条第二款的有关规定，将中国（海南）自由贸易试验区港口开展中资方便旗邮轮海上游业务的邮轮企业（经营主体）及邮轮的市场准入许可、仅涉及中国（海南）自由贸易试验区港口的外籍邮轮多点挂靠航线许可权限由国务院交通运输主管部门。基于海南海域情况及海南国际邮轮发展状况，在五星红旗邮轮投入运营前，允许中资邮轮运输经营主体在海南三亚、海口邮轮港开展中资方便旗邮轮海上游业务。由海南省人民政府制定具体管理办法，组织相关部门及三亚、海口市人民政府依职责落实监管责任，加强对试点经营主体和邮轮运营的监管。

《立法法》第84条第2、3款根据近年来授权立法的实践，增加规定：“上海市人民代表大会及其常务委员会根据全国人民代表大会常务委员会的授权决定，制定浦东新区法规，在浦东新区实施。海南省人民代表大会及其常务委员会根据法律规定，制定海南

自由贸易港法规，在海南自由贸易港范围内实施。”

（十）《立法法》对协同制定地方性法规的规定

为了贯彻国家区域协调发展战略，根据多年来地方实践经验，《立法法》增加了一条即第83条规定：“省、自治区、直辖市和设区的市、自治州的人民代表大会及其常务委员会根据区域协调发展的需要，可以协同制定地方性法规，在本行政区域或者有关区域内实施。省、自治区、直辖市和设区的市、自治州可以建立区域协同立法工作机制。”在单一制的国家结构形式下，我国地方政权享有一定的立法权，并有不断跨区域扩大的趋势。由于我国人口众多、幅员辽阔，地区之间地理气候、文化风俗、历史传统差异很大、经济政治文化发展也很不平衡，因此，在实施宪法、法律时，还必须把宪法、法律的原则性规定加以具体化和地方化，使之适合具体的或各地的情况。例如，生态文明建设中的问题，往往是跨设区的市、自治州甚至是跨省、自治区、直辖市行政区域的，需要建立区域协同立法工作机制。仅就黄河流域生态环境保护而言，《黄河保护法》所称黄河流域，“是指黄河干流、支流和湖泊的集水区域所涉及的青海省、四川省、甘肃省、宁夏回族自治区、内蒙古自治区、山西省、陕西省、河南省、山东省的相关县级行政区域”。为此，《黄河保护法》第4条规定：“国家建立黄河流域生态保护和高质量发展统筹协调机制（以下简称黄河流域统筹协调机制），全面指导、统筹协调黄河流域生态保护和高质量发展工作，审议黄河流域重大政策、重大规划、重大项目等，协调跨地区跨部门重大事项，督促检查相关重要工作的落实情况。黄河流域省、自治区可以根据需要，建立省级协调机制，组织、协调推进本行政区域黄河流域生态保护和高质量发展工作。”而该法第6条第3款进一步规定：“黄河流域相关地方根据需要在地方性法规和地方政府规章制定、规划编制、监督执法等方面加强协作，协同推进黄河流域生态保护和高质量发展。”

二、我国现行立法体制的特点

根据《宪法》和《立法法》的规定，我国的立法体制具有以下一些特点。

（一）集权和分权、中央和地方相结合

所谓集权，是指《宪法》和《立法法》规定国家立法权集中于最高国家权力机关和它的常设机关，其他各级国家机关均无此权力。即使是全国人大及其常委会将某些属于国家立法权范围内的事项授权给国务院立法，也采取的是一事一授权的方式。这是符合民主政体和法治建设的需要的。所谓分权，是指宪法规定最高国家权力机关及其常设机关以外的其他各级国家机关享有一定的从属立法权，即它们有权在宪法、法律规定的权限范围内，对自己所管辖的事项进行立法。可以说，我国现行立法体制是将国家立法权的高度集中和其他法的创制权适度分开结合起来的，较好地解决了集中和分散的关系。

中央和地方的关系，过去多年曾经是我国下大力气解决而又没有完全解决好的问题。从法律规定看，我国现行立法体制划分的中央国家最高权力机关和最高行政机关的立法权限，涵盖了国家全部重要立法事项。同时，又赋予地方特别是各省、自治区、直辖市

一定的立法权，这样地方不仅能够将中央的立法具体化，而且还能够在法定的权限范围内，根据本地情况主动进行立法。所以同样也可以说，我国现行立法体制较好地解决了中央和地方的关系，有利于调动中央和地方两个积极性。

从法理上讲，根据1982年《宪法》和《立法法》所形成的立法体制，全国人大及其常委会的立法，通常是对应当由基本法律或法律调整的社会关系领域，或对其中的重要方面，以一部重要的规范性文件作出原则、集中、系统和概括的规定。但是，像中国这样人口众多、地域广大、发展不平衡的国家，在实施宪法、法律时，还必须把某些法律的原则规定加以具体化和地方化，使之便于掌握和适合具体的或各地的情况。这样，就要赋予其他国家机关相应的立法权限。这些国家机关制定的规范性文件，具有不同的从属性质，可以被分为四类：第一类是执行性的规范性文件，它们是以贯彻执行基本法律或法律为目的而制定的。第二类是自主性的规范性文件，它们是由有关机关根据宪法和法律赋予的职权，在其管理的事项和地区的范围内制定的。第三类是变通性的规范性文件，它们是以变通某些基本法律或法律为目的而制定的。例如，《立法法》第85条第2款规定："自治条例和单行条例可以依照当地民族的特点，对法律和行政法规的规定作出变通规定，但不得违背法律或者行政法规的基本原则，不得对宪法和民族区域自治法的规定以及其他有关法律、行政法规专门就民族自治地方所作的规定作出变通规定。"第四类是授权性的规范性文件。例如，前述《立法法》第13条和第72条的规定。按照我国的立法体制，制定这四类从属性的规范性文件，一是要有宪法和法律的根据，二是不得与宪法和法律的原则相抵触，三是不得越权或要有专门的授权。总之，全国人大及其常委会制定的基本法律和法律对其所调整的社会关系，需要从一般原则向具体的和符合各地实际情况的实施细则和地方性法规逐级深化。只有这样，法律才能适应经济和社会生活发展的客观要求，才能符合实际情况，也才能保证国家法律调整的效率。

（二）具有某些二级立法体制特点的一级立法体制

从一级立法体制和二级立法体制的本义而言，二者的区别在于对国家立法权的划分。我们认为，国家立法权完全由中央行使的立法体制，是一级立法体制；国家立法权由中央和地方共同行使的立法体制，是二级或多级立法体制。从这一意义讲，单一制国家均为一级立法体制，联邦制国家均为二级立法体制。所以，如果是在狭义上使用"立法""国家立法权"等概念的话，可以认为我国的立法体制是一级立法体制。但是，应当看到，我国的立法体制又具有某些二级立法体制的特点。[①] 其表现是，我国的立法体制不仅在中央专属的立法事项方面，赋予了最高行政机关相应的权限，而且也赋予了地方相应的权限，特别是赋予了民族自治地方和特别行政区更大更多的立法权限。应当说，我国的立法体制在国家立法权并未转让的前提下，赋予行政机关、地方特别是民族自治地方和特别行政区享有的立法权限，相对是比较大的。

---

① 关于我国从1982年《宪法》生效以来形成的是一级立法体制还是二级（或多级）立法体制的问题，法学界有不同认识，也曾进行过广泛讨论。为明确问题，我们这里用国家立法权（狭义的立法权）的概念来作为划分几级立法体制的标准。但也有些学者对"国家立法权"作广义的理解。

（三）明确列举中央专属立法权的事项

在我国，立法权是国家权力机关的最重要的职权，行政机关作为权力机关的执行机关，主要是执行权力机关的决策，包括立法决策。相对于同级行政机关而言，没有权力机关不能涉及的立法事项。因此，1982年《宪法》没有也不必要对各级国家权力机关和行政机关各自的立法事项作出一一列举。在我国，地方的立法权是中央赋予的，地方没有固有的、中央不能涉及的立法事项。因此，1982年《宪法》也没有对中央和地方各自的立法事项一一加以列举。《立法法》为解决因立法事项不清而导致越权立法并造成立法冲突的问题，遵循的是这样一种思路："一是不对中央立法权限一一列举，只对中央专属立法权的事项加以明确列举。所谓'专属'，即只能由中央立法、地方不能立法的事项。凡属于中央专属立法权范围的事项，不管中央是否已经立法，地方均不得进行立法；凡中央专属立法权范围以外的事项，在中央未立法以前，地方根据实际需要，可以先行立法，但一旦中央进行立法，地方的立法不得同中央的规定相抵触。二是在中央的专属立法事项中，再明确哪些是全国人大及其常委会的专属立法事项，国务院对这些事项也不能制定行政法规。三是对行政法规、地方性法规，在明确'根据'、'不抵触'的基本含义的基础上，对其各自的权限范围作出概括性的表述。"①

《立法法》对中央专属立法事项的列举，涉及国家主权、公民基本权利和义务、基本政治制度、经济制度和司法制度，这些问题由中央统一立法，有利于维护国家法制的统一和国内市场的统一。而主要由全国人大及其常委会制定为法律，关于有些事项国务院也不能立法，比较符合民主的原则，可以使制定的法律比较符合广大人民的意愿。②《立法法》对地方立法事项的规定比较概括，既给予了地方一定的立法空间，又实行的是"中央优越"的原则。

（四）"一国两制"框架下的立法体制

用"一国两制"的方式实现中国的和平统一，是邓小平和中国共产党人的伟大创造，是中国从当代世界和自己的实际出发提出的解决祖国和平统一问题的一项切实可行的基本国策。"一国两制"，即一个国家，两种制度，是指在祖国统一的前提下，国家的主体坚持社会主义制度，同时台湾、香港、澳门地区保持原有的资本主义制度和生活方式长期不变。

"一国两制"已在《宪法》第31条和1990年4月第七届全国人大第三次会议通过的《香港特别行政区基本法》、1993年3月第八届全国人大第一次会议通过的《澳门特别行政区基本法》中获得了法律体现。实行"一国两制"后，中国法的主体部分即大陆（内地）的法，仍然保持社会主义的性质不变，而其非主体部分，即回归祖国后香港特别行政区和澳门特别行政区的法，仍保持资本主义的性质不变。这不但在理论上给我国法的本质带来了"一国两制"的独特情况，而且给我国现行立法体制也带来了新的发展变化。

---

① 乔晓阳：《完善我国立法体制维护国家法制统一》，载《人大工作通讯》，1998（21）。

② 参见乔晓阳：《完善我国立法体制维护国家法制统一》，载《人大工作通讯》，1998（21）。

我国政府已分别于1997年7月1日和1999年12月20日对香港、澳门恢复行使主权。香港、澳门设立特别行政区后，其与《香港特别行政区基本法》《澳门特别行政区基本法》不相抵触的原有法律不变。同时，特别行政区还享有独立的立法权，可以根据其经济、政治、文化发展的需要制定法律。由此，我国立法体制呈现出更为丰富多彩和更具特色的多层次性。

总而言之，我国现行立法体制是由人民民主专政的社会主义国家的本质决定的，是由人民代表大会制度和统一的多民族的国家结构形式决定的。它是我国经济、政治、文化、历史传统、民族、人口和地理环境等因素的综合产物。按照前面关于立法体制的分类，我国的立法体制属于民主的立法体制、单一的立法体制、独立的立法体制、一级立法体制和中央集权的立法体制。

问题与思考

1. 什么是立法体制？决定和影响一国立法体制的因素有哪些？
2. 为什么说国家管理形式和国家结构形式是直接决定和影响一国立法体制的因素？
3. 试述立法体制与立法体系、立法权的归属、立法事项的关系。
4. 试对立法体制进行分类。
5. 什么是授权立法？授权立法产生的原因有哪些？
6. 试述我国现行的立法体制和效力位阶。
7. 我国现行的立法体制有哪些特点？你如何评价我国现行的立法体制？
8. 国家立法权是以国家名义制定法律的权力，具有权威性。在我国，最高国家权力机关行使国家立法权，是集中体现党的主张和全国各族人民的共同意志、维护国家法制统一的关键所在。赋予全国人大常委会以国家立法权，是我国立法体制的一次重要改革。在1982年《宪法》颁布以前，国家立法权仅为全国人大所专有，如1954年《宪法》规定："全国人民代表大会是行使国家立法权的唯一机关"，而全国人民代表大会常务委员会只有"解释法律"和"制定法令"的权力。实践证明，仅由全国人民代表大会立法，不能适应现实的需要。1955年和1959年的全国人大会议分别通过决议，授权全国人大常委会在全国人大闭会期间，可以制定单行法规和修改法律。适应改革开放和现代化建设，特别是加强社会主义民主法制建设的需要，1982年《宪法》规定，全国人大和它的常委会共同行使国家立法权。此后数十年来，全国人大常委会依法履行这一职权，制定、修改了一大批法律和有关法律问题的决定，为基本形成中国特色社会主义法律体系发挥了重要作用。

请根据1954年《宪法》和1982年《宪法》对行使国家立法权的有关规定来讨论我国立法体制发展变化的意义。

延伸阅读

1. 封丽霞．人大主导立法的可能及其限度．法学评论，2017（5）

2. 陈建平．设区的市立法权限的合理扩充．法学，2020（4）

3. 陈征．论比例原则对立法权的约束及其界限．中国法学，2020（3）

4. 章剑生．地方立法权的范围与限制．浙江社会科学，2020（6）

5. 周尚君．中国立法体制的组织生成与制度逻辑．学术月刊，2020（11）

6. 黎群．自治县民族立法发展研究：以广西12个自治县立法为分析视角．贵州民族研究，2021（3）

7. 聂辛东．国家监察委员会的监察法规制定权限：三步确界与修法方略．政治与法律，2020（1）

第七章

立法效力

本章导读

由于有关国家机关根据其立法权限制定了不同的规范性文件，我国的各种法律渊源形成了一个由上至下、处于不同位阶、具有不同效力的体系，即法律渊源体系。本章所研究的立法效力，除了各种规范性文件所具有的普遍约束力和适用范围，还包括各种规范性文件之间的效力关系问题和立法中的法的溯及力问题。

关键术语

规范性文件　法律效力　立法效力　法的位阶　上位法　下位法　同位法　立法效力的裁决　法的溯及力　法律不溯及既往

第一节　法律效力和立法效力

一、法律效力的概念和适用范围

在法理学的著述中，法律效力是指规范性文件所具有的普遍约束力和适用范围，即法律在什么地方、什么时间、对什么人有效。

（一）法律的空间效力

法律的空间效力是指法律在哪些地域和空间范围内具有约束力。在我国，法律的空间效力具体有以下四种情况：（1）全国人大及其常委会制定的宪法和法律，国务院及其各部委和直属管理机构发布的行政法规、部门规章等各种规范性文件，通常在我国全部领域范围内有效。（2）省、自治区、直辖市、设区的市、自治州的人大及其常委会和人民政府制定的地方性法规、地方政府规章，民族自治地方的人大制定的自治条例、单行条例，在其管辖范围内有效。（3）中央国家机关制定的法律、法规和规章，明确规定了特定的适用范围，在其规定的范围内有效。（4）有的法律（如刑法）、法规还具有域外效力。

（二）法律对人的效力

法律对人的效力是指法律规范对哪些人有约束力。我国法律对人的效力有如下几种情况：(1) 我国公民在我国领域内，一律适用我国法律。(2) 外国人（包括无国籍人）在我国领域内除法律有特别规定的（如享有外交特权和豁免权的外国人）以外，也都适用我国法律。(3) 我国公民在我国领域以外，原则上也应该适用我国法律，法律有特别规定的按法律规定。(4) 外国人在我国领域外，如果侵害了我国国家或公民的权益或者与我国公民、法人和其他组织发生法律交往关系，也可以适用我国法律。

（三）法律的时间效力

法律的时间效力是指法律何时开始生效、何时停止生效以及法律是否具有溯及力。

我国法律的生效时间有以下几种情况：(1) 从法律公布之日起即开始生效，我国大量法律的生效均属此种情形。(2) 有的法律规定了具体的实施或生效的日期。(3) 有的法律的生效日期该法律本身没有规定，而是在发布该法律的命令中宣布。(4) 有的法律本身规定了其生效时间取决于其他法律、法规的生效时间。(5) 有的法律制定出来以后，先试行一段时间，经过总结经验，补充、修改后再正式颁布。这种法律在试行期间同样具有法律效力。

我国法律的失效时间有以下几种情况：(1) 从新法律颁布实施之日起，相应的旧法律就自行废止。(2) 新法律代替了内容基本相同的旧法律，在新法律当中明文规定了旧法律失效日期。(3) 由于形势的发展变化，原来的某项法律因调整的社会关系不再存在或完成了历史任务而失去了存在的条件，因而自行失效。(4) 有的法律规定生效期限，期限届满终止效力。(5) 有权制定法律的国家机关颁布专门决议、命令，宣布废止其制定的某些法律而导致该法律失效。

二、立法效力的概念

上述关于法律效力的概念和适用范围，也可以适用于对立法效力的界定，因为这两个概念是属种关系。也就是说，立法效力概念的外延完全包含在法律效力外延的概念中，而且成为法律效力概念的外延的一部分；法律效力的外延宽于立法效力的外延，法律效力的概念是属概念（上位概念），立法效力的概念是种概念（下位概念）。在法律调整的过程中，法律的效力不仅体现在法律的制定中，还体现在法律的遵守和适用中。

同时，近年来我国立法学还根据我国的立法体制，对法的效力位阶和裁决等进行了进一步的研究；也就是说，由于有关国家机关根据其立法权限制定了不同的规范性文件，我国的各种法律渊源形成了一个由上至下、处于不同位阶、具有不同效力的体系，即法律渊源体系。所以，本教材所研究的立法效力，除了各种规范性文件所具有的普遍约束力和适用范围，还包括各种规范性文件之间的效力关系问题。这也是本教材对立法效力论述的重点。

第二节　法的效力位阶和立法效力的裁决

一、法的效力位阶概念

法的效力位阶，即法的位阶，是指由立法体制决定的，不同国家机关制定的规范性文件在法律渊源体系中所处的效力位置和等级。

由于各种规范性文件在法律渊源体系中所处的效力位置和等级不同，它们之间也就存在上位法、下位法和同位法的关系。上位法，是指相对于其他规范性文件，在法的位阶中处于更高效力位置和等级的那些规范性文件。下位法，是指相对于其他规范性文件，在法的位阶中处于更低效力位置和等级的那些规范性文件。同位法，是指在法的位阶中处于同一效力位置和等级的那些规范性文件。

确定法的效力位阶通常应遵循如下原理：

（1）法的效力位阶高低首先取决于其制定机关在国家机关体系中的地位，由不同机关制定的规范性文件，其效力也不相同。一般说来，制定机关的法律地位越高，其规范性文件的法律效力也越高。

（2）在同一主体制定或修改的规范性文件中，按照特定的、更为严格的程序制定和修改的规范性文件，其效力高于按照普通程序制定或修改的规范性文件。例如我国全国人民代表大会既可以修改宪法，又可以制定和修改基本法律，依特殊程序修改的宪法的效力便高于基本法律的效力。

（3）如果一国法律渊源体系中包括不成文法，如习惯法、判例法等，由立法机关制定的成文法的效力一般均高于不成文法的效力。

二、上位法、下位法和同位法

我国《立法法》根据法的效力原理规定了法的效力位阶，规定了属于不同位阶的上位法与下位法和属于同一位阶的同位法之间的效力关系，即：下位法不得与上位法的规定相抵触；同位法之间具有同等效力，在各自的权限范围内施行。《立法法》第98条规定："宪法具有最高的法律效力，一切法律、行政法规、地方性法规、自治条例和单行条例、规章都不得同宪法相抵触。"第99条规定："法律的效力高于行政法规、地方性法规、规章。行政法规的效力高于地方性法规、规章。"第100条规定："地方性法规的效力高于本级和下级地方政府规章。省、自治区的人民政府制定的规章的效力高于本行政区域内的设区的市、自治州的人民政府制定的规章。"也就是说，这些规范性文件之间属于上位法和下位法的关系。《立法法》第102条还规定："部门规章之间、部门规章与地方政府规章之间具有同等效力，在各自的权限范围内施行。"也就是说，这些规范性文件之间属于同位法的关系。

资料链接

刘某海被行政处罚案[①]

2005年1月27日，原告刘某海驾驶摩托车，被被告值勤的交警以不按规定车道行驶为由，用简易程序当场处以100元罚款。原告不服，于2005年3月18日提起行政诉讼，请求法院确认对被告的行政处罚决定违法，并予以撤销，主要理由是被告对原告的处罚违反了《行政处罚法》第33条规定的简易处罚的程序。

一审法院认为：在本案中，被告对原告作出处罚的依据是《道路交通安全法》，该法是规范道路交通秩序的特别法，按照特别法优于一般法的法律适用规则，被告适用上述的法律规定对原告作出当场处罚100元，适用法律、法规正确，程序合法。原告不服，提起上诉。

二审法院认为：《行政处罚法》是全国人民代表大会制定的关于行政处罚的基本法律，《道路交通安全法》是全国人大常委会制定的关于道路交通安全管理的法律，属于基本法律以外的法律。由于两法不存在上位法和下位法的区分，故不存在下位法的规定与上位法的规定相抵触的情形，只是出现了同一机关制定的法律一般规定与特别规定不一致的情形……根据2015年《立法法》第92条“同一机关制定的法律、行政法规、地方性法规、自治条例和单行条例、规章，特别规定与一般规定不一致的，适用特别规定……”的规定，本案应选择适用《道路交通安全法》的上述规定。

本案争论的焦点在于：《行政处罚法》与《道路交通安全法》对行政处罚简易程序的规定不一致，应当如何选择适用？围绕这一焦点，有三个事关案件判决结果、逻辑上相互关联的争点：(1)《行政处罚法》与《道路交通安全法》的位阶关系如何？是否存在“上位法”和“下位法”的关系？(2) 如果二者之间存在上下位关系，如何选择法律适用规则？“特别法优于一般法”能否成为“上位法优于下位法”的例外？(3) 如果二者属于同一位阶，全国人大和全国人大常委会是否为同一机关？其中，位阶判断是正确选择法律适用规则、解决法律冲突的首要前提。

三、一般法与特别法、新法与旧法的效力关系

《立法法》根据法的效力原理，还具体规定了一般法和特别法、新法和旧法的效力关系，即：在一般法和特别法的效力关系方面，适用“特别法优于一般法”的原则；在新法和旧法的效力关系方面，适用“新法优于旧法”的原则。《立法法》第103条规定：“同一机关制定的法律、行政法规、地方性法规、自治条例和单行条例、规章，特别规定与一般规定不一致的，适用特别规定；新的规定与旧的规定不一致的，适用新的规定。”该条规定确立了我们曾经在法理上承认，但是在法律上无依据的“特别法优于一

① 关于此案的一个评论可参见马英娟：《再论全国人大法律与全国人大常委会法律的位阶判断——从刘某海诉交警部门行政处罚案切入》，载《华东政法大学学报》，2013（4）。

般法”“新法优于旧法”的原则，在立法上是一个重要的进步，对司法实践也有重要作用。

对于由同一机关制定的各种规范性文件，优先适用特别规定而不是一般规定，是因为：一般规定是对普遍的、通常的问题进行规定，而特别规定是对具体的特定的问题进行规定，有明确的针对性，所以当它们处于同一位阶时，当然应当优先适用特别法。对于由同一机关制定的各种规范性文件，优先适用新的规定而不是旧的规定，是因为：当同一机关就同一问题进行了新的规定，也就意味着对旧的规定进行了修改或补充，当然应当适用新法。

以上是从法的实施角度而言的。从立法的角度讲，在理想的立法状态中，特别法与一般法、新法与旧法的规定不应当有不一致之处。因为对于这种不一致的现象，应当在立法过程中消除，即：在制定一般法时，应当考虑与特别法的一致，反之亦是如此；在制定新法时，应当注意与原有的法律保持一致，必要时要对旧法进行修改、补充或废止。立法者不应当将此类是否不一致的问题，交由执法、司法和守法者去判断。虽然这种不一致的现象在立法过程中是难以完全避免的，但毕竟应当在立法中尽量予以消除。所以，《立法法》的规定，绝不意味着可以降低立法质量。[①]

资料链接

新《律师法》与旧《刑事诉讼法》的关系

2008年6月1日开始实施第二次修订的《律师法》（2012年进行了第三次修订，2013年1月1日起施行），当时的《刑事诉讼法》的修改没有同步展开，导致了《刑事诉讼法》与新修订的《律师法》在律师会见、阅卷、调查取证等问题上规定不一致。如：新修订的《律师法》规定，从侦查机关第一次讯问犯罪嫌疑人时起，律师可凭证直接会见犯罪嫌疑人，但当时的《刑事诉讼法》则规定，如果律师会见犯罪嫌疑人，必须在侦查机关第一次讯问犯罪嫌疑人后方可会见犯罪嫌疑人；新修订的《律师法》规定，律师自审查起诉之日起有权查阅、摘抄和复制与案件有关的所有案卷材料，但当时的《刑事诉讼法》规定，在此阶段律师只能查阅、摘抄、复制本案的诉讼文书、技术性鉴定材料等。由此，政法界、律师界、法学界关注到全国人大常委会新修订的《律师法》与全国人大制定的《刑事诉讼法》之间的关系。这涉及基本法与非基本法律、新法与旧法、上位法与下位法等重要问题。

时任全国政协委员、致公党天津市委会副主委的何悦教授在2008年的“两会”期间提出名为《关于尽快将刑诉法与律师法内容相统一的建议》的提案。全国人大常委会法工委于2008年8月初就此提案作出了答复，在这份名为“全国人民代表大会常务委员会法制工作委员会对政协十一届全国委员会第一次会议第1524号（政治法律类137号）提案的答复”中说：“依照宪法规定，全国人大常委会对于全国人民代表大会制定的法律，在不与其基本原则相抵触的情况下，可以进行修改和补充。新修订的律师法，总结实践

① 要消除这种不一致的现象，还需要加强立法监督中的备案与审查问题，而这正是我们过去在立法中的薄弱环节。关于这方面的问题，我们将在本书第十二章“立法监督”中详细论述。

经验，对刑事诉讼法有关律师在刑事诉讼中执业权利的有些具体问题作了补充完善，实际上是以新的法律规定修改了刑事诉讼法的有关规定，对此应按修订后的《律师法》的规定执行。”

2012 年第十一届全国人民代表大会第五次会议通过《关于修改〈中华人民共和国刑事诉讼法〉的决定》，修改了有关律师权利的规定，从法律上解决了二者之间规定的不一致问题。

四、立法效力的裁决

《立法法》还规定了在各种规范性文件之间出现不一致、不能确定如何适用时，对立法效力的裁决程序。① 《立法法》第 105 条规定：“法律之间对同一事项的新的一般规定与旧的特别规定不一致，不能确定如何适用时，由全国人民代表大会常务委员会裁决。行政法规之间对同一事项的新的一般规定与旧的特别规定不一致，不能确定如何适用时，由国务院裁决。”第 106 条规定：“地方性法规、规章之间不一致时，由有关机关依照下列规定的权限作出裁决：（一）同一机关制定的新的一般规定与旧的特别规定不一致时，由制定机关裁决；（二）地方性法规与部门规章之间对同一事项的规定不一致，不能确定如何适用时，由国务院提出意见，国务院认为应当适用地方性法规的，应当决定在该地方适用地方性法规的规定；认为应当适用部门规章的，应当提请全国人民代表大会常务委员会裁决；（三）部门规章之间、部门规章与地方政府规章之间对同一事项的规定不一致时，由国务院裁决。根据授权制定的法规与法律规定不一致，不能确定如何适用时，由全国人民代表大会常务委员会裁决。”

上述规定实际上涉及两种裁决：一是法律、行政法规对同一事项的新的一般规定与旧的特别规定不一致时，或者同一机关制定的地方性法规、规章的新的一般规定与旧的特别规定不一致时，不能简单地适用“特别法优于一般法”或“新法优于旧法”的原则。因为在这些情况下，适用上述两个原则得出的结论是互相矛盾的，所以要由制定机关根据具体情况作出如何适用的裁决。二是地方性法规与部门规章对同一事项的规定不一致，不能确定如何适用时；部门规章之间、部门规章与地方政府规章之间对同一事项的规定不一致，不能确定如何适用时；根据授权制定的法规与法律规定不一致，不能确定如何适用时，也需要由有关机关进行裁决。这是因为地方性法规、部门规章、地方政府规章分别是由同一级别的不同类型的机关或经过授权的机关制定的，所以要分别由全国人大常委会和国务院来决定如何适用。同时，由于全国人大及其常委会是国家的最高立法机关，所以当国务院认为应当适用行政机关的规章时，能否适用的决定权理应在全国人大常委会。而在部门规章之间、部门规章与地方政府规章之间对同一事项的规定不一致、不能确定如何适用时，要由国务院裁决适用，这是因为

① 从立法过程讲，立法效力的裁决也是一种立法监督。因此，将“立法效力的裁决”置于“立法监督”一章中也是可以的。为了行文的逻辑和方便，先在这里予以论述，而在第十二章“立法监督”中再对“裁决”问题略谈。

这些规章是由同一级别的不同行政机关分别制定的，理应由其上级机关即国务院作出如何适用的裁决。

第三节　立法中的法的溯及力

一、法的溯及力的概念和原则

法的溯及力，亦称“法律溯及既往的效力”，是指新法生效后，是否可以适用于其生效前发生的事件和行为；如果可以适用，则该法律有溯及力，如果不能适用，则该法律没有溯及力。关于法的溯及力，现代国家一般采取的原则是：首先，法律不溯及既往。因为国家不能用现在生效的法律去规范其生效前的行为和事件，更不能对人们过去进行的某种当时合法而新法生效后违法的行为，以新法去进行追究和处罚。法律不溯及既往，是法治原则的体现。其次，作为对法律不溯及既往原则的补充，许多国家在法律上还规定新法可以有条件地适用于既往行为，即实行“有利追溯”原则。

我国在法理上是肯定法律不溯及既往原则的，但是在宪法中并没有规定。在其他基本法律中，刑法和立法法有这方面的具体规定。《刑法》第 12 条第 1 款规定：“中华人民共和国成立以后本法施行以前的行为，如果当时的法律不认为是犯罪的，适用当时的法律；如果当时的法律认为是犯罪的，依照本法总则第四章第八节的规定应当追诉的，按照当时的法律追究刑事责任，但是如果本法不认为是犯罪或者处刑较轻的，适用本法。”我国在刑法中关于法的溯及力实行的是“从旧兼从轻”原则，也就是新法原则上不溯及既往，应当适用旧法，即“从旧”；但是新法不认为是犯罪或处刑较轻的，应当适用新法，即“从轻”。但是，由于刑法要求的不溯及既往的“从旧兼从轻”原则，与其他法律的要求不尽相同，所以《立法法》第 104 条规定：“法律、行政法规、地方性法规、自治条例和单行条例、规章不溯及既往，但为了更好地保护公民、法人和其他组织的权利和利益而作的特别规定除外。”《立法法》不仅确立了除刑法以外的其他法律规范所要求的在法律溯及力问题上的“从旧兼有利”原则，而且也从更广泛的范围上涵盖了刑法的“从旧兼从轻”原则。这一原则的确立，同样对立法实践有重要意义。因为从法律发展的进程看，总是要不断地以新法来取代旧法的，所以新法可否适用于其生效前发生的行为和事件的问题是经常出现的，也是正常的。《立法法》在此问题上采取的是有利于私权利的原则，因为私权利与公权力相比，私权利处于弱势地位，所以理应保护。这也符合民主和法治国家的立法理念。①

---

① 但是，要适用“从旧兼有利”的原则，还有一个前提条件，就是新法已经取代旧法而生效了。过去我们在立法中，不重视法规清理工作，特别是对各种规章的清理工作。没有制度化、程序化的法规清理工作，仅靠制定新法，还不足以使已无实际意义的对同一事项进行规定的某些旧法失效。而当新法和旧法都具有效力时，适用的应当是前述的“新法优于旧法”的原则，而不是“从旧兼有利”的原则。

二、立法中出现法的溯及力的情形

立法中出现法的溯及力的情形有以下几种：

（1）新法取代旧法。新法取代旧法而生效，可能出现新法对于旧法失效前效力范围内的事实即事件和行为是否适用的问题。这时，会产生是用新法还是旧法来解决未决事实的问题，如果是适用新法，则产生新法的溯及适用，即新法有溯及力。

（2）新法将某一类社会关系纳入法律调整范围。一部新法或法律修正案中一个新的条文，往往将以前不属于法律调整范围的事项纳入了法律规制的范围。

（3）新旧法并存。在一个国家，并不是所有新法生效之日就是旧法失效之时，实践中存在“新旧法并存”的局面。一般而言，当新法与旧法都具有效力时，应该适用“新法优于旧法”的原则，而不是法律不溯及力原则。但是新法对未决案件的适用客观上造成了法律溯及适用的效果，因此也存在法的溯及力问题，即新法的有利追溯原则。

值得提出的是，在法的历史类型更替时，其基本精神是“废旧立新”。随着法的历史类型更替，新法全面规范社会生活，不存在旧法延续适用于某些法律事实的情况，也就是说，在法的历史类型更替的情况下，新法通常是有溯及力的。例如，中华人民共和国成立后，对于其成立前的社会生活，就具有溯及力。

问题与思考

1. 如何理解立法效力的概念？
2. 试从法的位阶方面分析上位法和下位法之间、同位法之间的关系。
3. 试从立法角度考虑一般法与特别法、新法与旧法的关系问题。
4. 试从立法角度考虑法的溯及力问题。
5. 立法中出现法的溯及力的情形有哪些？
6. 电动自行车行业在中国的发展只有十余年的时间，产业成熟并形成规模的大致时间是在2002年到2003年，也就是在这时，来自各地政府的“禁令”开始集中出现。例如，某市人大常委会第十次会议通过了名为《道路交通安全管理条例》的地方性法规，其中第7条规定，对电动自行车不予注册登记，禁止在道路上行驶，市外的电动自行车不得进入市内行使。这成为首个以地方性法规的形式禁止电动自行车上路的立法例。

请从上位法与下位法的关系和法的溯及力的角度对该立法例进行讨论。

延伸阅读

1. 胡玉鸿．试论法律位阶划分的标准：兼及行政法规与地方性法规之间的位阶问题．中国法学，2004（3）
2. 屈茂辉．我国上位法与下位法内容相关性实证分析．中国法学，2014（3）
3. 韩大元．全国人大常委会新法能够优于全国人大旧法．法学，2008（10）

4. 胡建淼．法律规范之间抵触标准研究．中国法学，2016（3）
5. 俞祺．论与上位法相抵触．法学家，2021（5）
6. 黄金荣. 法院对上下位法冲突处理规则的适用范围与限度．环球法律评论，2016（2）
7. 朱力宇．关于法的溯及力问题和法律不溯及既往原则的若干新思考．法治研究，2010（5）
8. 王旭．合宪性审查中“相抵触”标准之建构．中国法学，2021（6）

第二编

立法过程与程序

第八章

立法准备

本章导读

立法准备是展开立法程序和立法过程的必要前提和步骤。世界上许多国家为了充分适应经济、政治、文化、社会、生态文明建设等领域发展的需要，积极应对风险社会的挑战，防范和化解风险，充分发挥法律的作用，都愈益重视立法的预测、决策和规划工作，并努力使立法决策民主化、科学化、法治化。伴随着中国特色社会主义民主法治建设取得巨大成就，我国的立法预测、立法决策和立法规划等准备活动，在理论上和实践中都取得了新的进展。

关键术语

立法预测　立法规划　立法计划　立法决策　立法决策主体　立法决策内容

第一节　立法预测

现代立法机构或其他有关机构在开始正式的法律程序之前，通常要开展必要的准备工作。这些准备活动，可称为立法准备。立法正式程序之前的立法准备活动通常又包括立法预测、立法规划或计划、立法决策等。本章在立法准备的框架下主要探讨立法预测、立法规划或计划、立法决策等几个主要问题。本节讨论立法预测的几个基本问题。

一、立法预测的概念和作用

（一）立法预测的概念

立法预测，就是根据经济社会发展规律和法律发展规律，运用科学的方法和手段，对立法的发展趋势、未来状况进行考察、推测的方法、过程及相应的结果。

古今中外的立法实践表明，人类社会和法律的发展都是有规律的。认识、掌握并遵循这些规律，不仅可以预测立法的发展趋势和未来状况，而且能使立法健康发展，使法律满足社会需要，从而规范、保障和促进社会和谐健康发展。

预测是一个古老的概念。在我国，两千多年前的典籍《礼记·中庸》中就有“凡事预则立，不预则废”的论断。立法预测也是由来已久，但作为一门科学的预测学则是在20世纪40年代才真正进入萌芽时期。20年之后，预测学获得了更大的发展，开始从纯理论研究发展到应用研究。随着预测学的发展，一些分支学科，如社会预测学、经济预测学、军事预测学和法律预测学也获得了空前的发展。[①]

立法预测作为经济、政治、文化、社会和生态文明预测的重要组成部分，是进行立法决策、制定立法规划、起草法律法规草案和审议通过法律法规的重要环节、必要前提。在现代社会，世界各国普遍重视立法预测工作。这是因为，科技、经济、社会、生态和政治等领域不仅本身发生了很大变化，还给人类生活造成很大影响，使得立法工作面临越来越复杂、多样的社会关系；而且，伴随着国际交往的日益频繁，尤其是经济全球化和一体化的出现，各国所面临的共同问题有越来越多的趋势。这些都使得立法预测成为必要和必需。与此同时，信息科学和预测学特别是人工智能和云计算等的发展和逐渐成熟，又使得立法预测成为可能。我国自20世纪80年代以来，也开始注重立法预测工作。

（二）立法预测的作用

立法预测的基本目的，是获取有关立法的信息和资料，为立法决策、立法规划服务，为立法服务，为立法提供较为完善的方案。立法预测之所以受到普遍重视，并被广泛运用，是因为立法预测具有重要作用。

（1）它有利于实现立法的科学化。国内外的立法实践已经证明，减少和防止立法工作中的盲目性、随意性，增强立法的科学性，就必须充分重视并运用立法预测，在综合分析有关立法信息和资料的基础上，科学地、合理地进行立法决策、立法规划。只有如此，才会使立法决策、立法规划等更加切实可行。

（2）它有利于立法体系和法律体系和谐发展。通过对经济、政治、社会、文化和生态文明等的深刻把握，进行立法预测，可以为法律的立、改、废、释提供依据，使立法体系内部、法律体系内部以及立法体系和法律体系相互之间都能和谐发展，从而充分发挥法律法规应有的作用。

（3）它有利于法制与社会协调发展。法律是规范、调整社会生活和社会关系的，而这种规范和调整作用要能得到充分发挥，就需要对社会生活、社会关系及法律本身进行深入细致的研究和准确把握。关于这一点，马克思主义经典著作早有精辟的论述：“无论是政治的立法或市民的立法，都只是表明和记载经济关系的要求而已。”[②] 在当代社会，要快速有效地“表明和记载经济关系的要求”，就必须科学地进行立法预测。人类发展到今天，真可谓一日千里。高新技术的迅猛发展和广泛应用，信息时代、数字经济时代已经来临。要适应新时代的新形势和新需求，就应充分利用好立法预测等方法和技术，使法律和经济社会持续健康发展。

应该说，对于像中国这样的发展中国家，立法预测显得更为迫切和必要。一方面，中国的科学技术水平相对较低，我们应当迎头赶上。这就要求认真学习发达国家在发展

---

① 参见倪建民、沈志坤、公丕祥：《法律预测的理论与方法》，2～4页，北京，法律出版社，1988。

② 《马克思恩格斯全集》，第4卷，121～122页，北京，人民出版社，1958。

高新技术、发展数字经济等方面的经验和做法。通过立法预测，可以加速借鉴和“移植”西方发达国家在这方面的立法。另一方面，尽管我国自改革开放以来，法制建设取得了举世瞩目的成就，但随着新时代的伟大实践，立法的任务依然繁重而艰巨。要实现党的十九大、十九届四中全会和二十大提出的目标任务，“坚持和完善中国特色社会主义制度、推进国家治理体系和治理能力现代化”，建设中国特色社会主义法治体系、建设社会主义法治国家，不论是加强重要领域立法、加快立法步伐，还是提高立法质量，都离不开科学的立法预测。

总之，立法预测具有多种作用，其中，根本的作用就在于为立法决策、立法规划等服务，让立法及时因应社会需求，使法律与社会协调发展，从而使法律达到其调控社会的最佳效果。

二、立法预测的种类

立法预测的种类较多，可以根据不同标准作不同的划分。

（一）长期预测、中期预测和短期预测

这是根据预测时间的长短而作的划分。但究竟多长时间为长期、中期和短期，学术界并没有严格的标准、界限。不过，一般来说，长期预测是对 10 年以上甚至更长时间的立法所作的预测。中期预测是对 5 年以上 10 年以下时间内的立法所作的预测。短期预测是对 1 年以上 5 年以下时间内的立法所作的预测。

长期预测是中、短期预测的指导和依据，同时，长期预测又是以中、短期预测为基础的。

（二）宏观预测和微观预测

这是从空间上来划分的。当然，这种按空间范围进行的划分，除了宏观预测和微观预测，还可以分为全国预测和地方预测、体系性立法预测和部门性立法预测、全法性立法预测和条文性立法预测。①

宏观预测是从总体上对立法的发展前景及趋势所作的预测。它还包括对某个地方、某个部门甚至整个国家的立法原则、立法制度等的发展前景和未来状况所进行的预测。微观预测是对某个单项立法、某项法律制度或某部法律规范将产生的社会效果、发展趋势和未来状况所进行的预测。

一般地说，“立法的宏观预测比较抽象，对微观预测起着指导作用；而微观预测则比较具体，必须按宏观预测的结果进行预测，但同时又是宏观预测的补充”②。

（三）立法机关的预测和非立法机关的预测

这是从立法预测的主体不同而作的划分。立法机关的预测是享有立法权的机关自主

---

① 参见倪建民、沈志坤、公丕祥：《法律预测的理论与方法》，177 页，北京，法律出版社，1988。

② 倪建民、沈志坤、公丕祥：《法律预测的理论与方法》，178 页，北京，法律出版社，1988。

或委托组织进行的预测。如全国人大及其常委会的立法预测、国务院的立法预测。这种预测具有明显的优点：财力和人力上有保证，具有获取立法信息的有效手段，而且所预测的项目已提上立法的议事日程，其预测结果具有较大的权威性，能为立法机关实际采用。非立法机关的预测是不具有立法权的组织或个人对立法所进行的预测。这种预测由于具有专业化方面的优势，能较为全面、客观和公正地搜集、分析有关立法信息，因而，其预测结果往往有较高的科学性。但这种预测并不必然被立法机关采用，是否被采用不仅取决于该结果的科学性，还取决于相关的立法机关在权衡之后，是否采纳的决定。

立法预测还有其他分类，如定性预测和定量预测、探索性预测和确定性预测等。

三、立法预测的步骤

立法预测作为专业性和科学性都很强的一种活动，要产生较好的效果，就应当遵循一定的步骤。立法预测的步骤包括哪些呢？有的人认为，它分为准备和实行两个阶段。[①]有的人认为它分为七个步骤：明确立法预测目标、确定立法预测时间、搜集立法预测信息、选择立法预测方法、进行立法预测、分析立法预测误差、输入法制决策系统。[②] 还有人认为，立法预测的步骤分为：确定立法预测的目标、确定立法预测的组织、搜集立法信息、分析立法信息、提出立法预测报告等五个阶段。[③]

我们认为，明确立法预测的步骤，一方面，可以根据一般的立法预测项目来确定；另一方面，也可以根据特殊的或专门的立法预测项目来加以确定。就一般的立法预测项目来说，它分成以下四个步骤。

（1）确定立法预测的目标。

就是要明确预测什么（或哪些）立法项目，该立法项目在什么范围和时间内的发展趋势及未来状况，在预测的质和量方面要达到什么要求。立法预测的目标要明确、具体，只有如此，立法预测才可能真正搞起来，也才可能相应地确定所需人才、物力、时间等。

（2）搜集立法信息。

这主要是搜集政治、经济、文化和生态等发展给立法所规范的社会关系带来的各种变化信息，包括党和国家在这方面的方针政策，相关法律、法规的现状及实施情况，国内外政治、经济、文化和法制的理论与实践的相关情况。

（3）分析立法信息。

立法预测机构及其人员对搜集来的立法信息进行审查、分类、汇总，并加以认真、科学的分析，以便作出取舍。

关于我国立法信息的最大来源，是目前全国人大常委会法制工作委员会在全国 31 个省、自治区、直辖市设立了 31 个基层立法联系点和 1 个立法联系点，辐射带动全国各地设立5 500多个基层立法联系点，形成了国家级、省级、市级联系点三级联动的工作格

---

① 参见谷安梁主编：《立法学》，122 页，北京，法律出版社，1993。
② 参见倪健民、沈志坤、公丕祥：《法律预测的理论与方法》，171～174 页，北京，法律出版社，1988。
③ 参见周旺生主编：《立法学教程》，222～223 页，北京，法律出版社，1995。

局。这些联系点已经成为让基层声音原汁原味抵达国家立法机关的“直通车”，也是对党的二十大明确提出建设好基层立法联系点的贯彻落实。[①]

（4）提出立法预测报告。

立法预测机构及其人员通过对立法预测信息进行认真分析后，就可以得出初步的立法预测结论。为了提高立法预测结论的科学性，还可以进行必要的验证。在此基础上，再提出正式的立法预测报告。

第二节　立法规划和计划

一、立法规划和计划的概念

立法规划或者立法计划，是指享有立法权的机关根据国家的方针政策、国民经济和社会发展计划，在科学的立法预测基础上，作出的立法目标、措施、步骤等的设想和安排。在实践中，通常把期限为 5 年的叫作立法规划，把期限为 1 年的叫作立法（工作）计划。[②]

曾有一种观点认为，制定法律不是生产过程，很难制定规划。[③] 但从各国的立法实践来看，制定立法规划并执行规划，不仅是可能的，也是可行的。在我国，从 20 世纪 80 年代初开始逐步重视并制定立法规划。1981 年，经国务院批准，制定了 1982 年至 1986 年经济立法规划。1986 年，国务院又批准了“七五”期间立法规划，并按年度制定了每一年的立法规划。

1988 年，七届全国人大常委会第二次会议印发了《七届全国人民代表大会法律委员会关于五年立法规划的初步设想》。1988 年，全国人大常委会制定的常委会工作要点中就 5 年的立法工作作了规划，并据此对立法工作进行具体安排。[④] 1991 年 11 月，七届全国人大常委会制定了 1991 年 10 月至 1993 年 3 月的立法规划。八届、九届、十届、十一届、十二届、十三届全国人大常委会都制定了立法规划。这一工作已经制度化、规范化、常态化。

立法规划的内容一般由三类项目组成：第一类是本届内审议的法律草案；第二类是研究起草、成熟时安排审议的法律草案；第三类是立法条件尚不完全具备、需要继续研究论证的立法项目。立法规划有时根据经济社会发展的需要有所调整。比如，十二届全国人大常委会的立法规划在 2013 年制定，2015 年 8 月公布的新规划对原规划有所调整，立法任务由 68 件增至 102 件。从 1993 年开始，全国人大常委会开始制定年度立法计划，此后一直坚持了这一制度。年度立法计划主要是贯彻五年立法规划的原则要求，落实立

---

① 参见十四届全国人大一次会议新闻发布会，http：//www.china.com.cn/app/template/amucsite/web/webLire./html＃2951picBiq，2023－03－04。

② 按《立法法》的规定，有“年度立法计划”，但实践中常常使用“年度立法工作计划”。

③ 转引自吴大英、任允正：《比较立法学》，259 页，北京，法律出版社，1985。

④ 参见彭冲：《全国人民代表大会常务委员会工作报告》，载《中华人民共和国第七届全国人民代表大会第二次会议文件汇编》，56、152 页，北京，人民出版社，1989。

法规划确定的立法项目审议安排，同时也对立法规划进行必要的补充和调整。目前，除全国人大常委会以外，国务院及其部门，各省、自治区、直辖市等人大常委会也都制定本行政区的年度立法计划，有的地方还制定立法规划。

经过多年实践，立法规划和年度立法计划已经成为我国一项独具特色的立法制度，是立法科学化、系统化的重要方式。从其实施情况来看，立法规划有助于建立法律供给与社会需要的良性平衡，减少立法的盲目性，实现科学、民主、有序、高效立法。2015年修改的《立法法》肯定了立法规划和年度立法计划的经验，并正式确立了这一制度。2023年修改后的《立法法》第56条进一步规定："全国人民代表大会常务委员会通过立法规划和年度立法计划、专项立法计划等形式，加强对立法工作的统筹安排。编制立法规划和立法计划，应当认真研究代表议案和建议，广泛征集意见，科学论证评估，根据经济社会发展和民主法治建设的需要，按照加强重点领域、新兴领域、涉外领域立法的要求，确定立法项目。立法规划和立法计划由委员长会议通过并向社会公布。全国人民代表大会常务委员会工作机构负责编制立法规划、拟订立法计划，并按照全国人民代表大会常务委员会的要求，督促立法规划和立法计划的落实。"第73条规定："国务院法制机构应当根据国家总体工作部署拟订国务院年度立法计划，报国务院审批。国务院年度立法计划中的法律项目应当与全国人民代表大会常务委员会的立法规划和立法计划相衔接。国务院法制机构应当及时跟踪了解国务院各部门落实立法计划的情况，加强组织协调和督促指导。国务院有关部门认为需要制定行政法规的，应当向国务院报请立项。"

二、立法规划和计划的作用

立法规划或计划有什么作用呢？制定立法规划的目的，就是要使立法工作有组织、有计划、有步骤地进行，增强立法工作的主动性、计划性和科学性。具体地说，立法规划或计划有以下作用。

1. 有利于分清轻重缓急，突出重点

我国的立法工作任务繁重，但是立法资源有限，制定立法规划，可以使急需的法律先制定，增强立法工作的计划性、主动性，从而使立法工作更好地为改革开放和社会主义现代化建设服务。

2. 有利于法制的统一和法律体系的和谐

立法规划的制定本身，就是要注意协调，这样，就能使立法规划和谐，使法律体系和谐，减少和避免立法工作中的重复、交叉等现象。

3. 有利于立法科学化

由于立法规划是在立法预测基础上，经过多方论证后形成的，因此，它可以避免立法工作的随意性，使立法达到最佳的社会调整效果。

4. 有利于调动和组织各有关方面参与立法工作的积极性

立法规划有利于确保立法的速度和进程。当然，立法规划的上述作用要能得到充分发挥，还有赖于立法规划的科学、合理，也有赖于立法规划的有效实施。

资料链接

对立法规划定位的不同看法①

立法规划在性质、制定主体和效力等基本范畴方面确实存在诸多需要研究的问题，目前对立法规划的作用不宜高估，要克服其存在的一些体制性障碍。所以，尽管并不能否认立法规划在我国法律体系形成中所起的积极作用，但应当逐步淡化、转变由立法机关来编制立法规划并要求严格落实立法规划的思想和做法。比较科学的认识是，将立法规划定性为一种立法建议，使之具有一定的指导性和参考作用，而不宜将它定性为一种“准法”性质的东西，甚至当作一项指令性任务要求相关提案主体和审议主体去完成。对现在由立法机关编制立法规划的做法似可作必要的改革。第一种办法是，将立法规划的编制权完全交给立法提案主体，保证提案主体依法独立行使提案权，特别是要设法保证立法机关组成人员提案权的实现。同时，通过立法机关工作机构与提案主体的沟通协调，来保证提案与审议之间的有效衔接。第二种办法是，由立法机关的工作机构通过广泛调研协调后，提出一个一揽子立法建议，送给立法的提案主体，供他们作为是否提案以及何时提案的参考，而不宜将这一建议变为一个交给提案主体去完成的任务。

三、制定立法规划（计划）的指导思想和原则

制定立法规划的指导思想，就是制定立法规划的基本依据和立法规划的总体目标。一般来说，制定立法规划的指导思想，首要的就是要以党和国家的根本指导思想作为根据，因此，这既是比较稳定，也会随着实践的发展而在提法上发生相应的变化。例如，八届全国人大常委会制定立法规划的指导思想是：“以邓小平同志建设有中国特色社会主义的理论和党的基本路线为指导，以宪法为依据，全国贯彻党的十四大和十四届三中全会精神，加快立法步伐，争取在八届全国人大任期内，大体形成社会主义市场经济法律体系的框架，同时基本健全其他方面的法律，保障和促进社会主义市场经济体制的建立，推动改革开放和现代化建设的顺利进行。”② 九届全国人大常委会制定立法规划的指导思想是：“以邓小平理论和党的基本路线为指导，以宪法为依据，全面贯彻党的十五大精神，进一步加强立法工作，提高立法质量，在本届任期内，初步形成有中国特色社会主义法律体系，推进依法治国、建设社会主义法治国家的进程，保障改革开放和现代化建设的顺利进行。”③ 十届全国人大常委会制定立法规划的指导思想是，以邓小平理论和“三个代表”重要思想为指导，以宪法为依据，贯彻党的十六大和十六届三中全会精神，进一步加强立法工作，提高立法质量，努力形成中国特色社会主义法律体系，为依法治国、建设社会主义法治国家，为从法律上、制度上保证社会主义物质文明、政治文明和

---

① 参见刘松山：《立法规划之淡化与反思》，载《政治与法律》，2014（12）。

② 曹志：《关于〈八届全国人大常委会立法规划（草稿）〉的说明》，载《人大工作通讯》，1994（5）。

③ 全国人大常委会办公厅：《关于制定〈九届全国人大常委会立法规划〉的说明》，载《九届全国人大常委会第六次会议文件（五十五）》。

精神文明的协调发展和全面建设小康社会作出贡献。[①] 十一届全国人大常委会的立法规划提出，实现全面建设小康社会目标的新要求，对立法工作提出了新任务；改革发展面临的新形势，对立法工作提出了新课题；人民群众民主法治意识和政治参与积极性日益提高，对立法工作提出了新要求；深入贯彻落实科学发展观，对立法工作提出了新的更高标准。[②] 十二届全国人大常委会召开立法工作会议提出：深入贯彻党的十八大精神和习近平总书记一系列重要讲话精神，分析我国立法工作面临的新形势，全面部署十二届全国人大常委会的立法工作。要加强和改进立法工作，提高立法质量，确保立法规划顺利实施，不断完善中国特色社会主义法律体系，为全面建成小康社会、坚持和发展中国特色社会主义、实现中华民族伟大复兴的中国梦提供更加有力的法制保障。[③] 十三届全国人大常委会新时代立法工作提出，要以习近平新时代中国特色社会主义思想特别是习近平总书记关于全面依法治国的新理念新思想新战略为引领，将其贯彻于立法活动、立法工作的全过程和各方面。本届立法规划围绕建设法治体系、法治国家的目标，紧紧扣住贯彻落实党中央重大决策部署，紧紧扣住回应人民群众重大关切，紧紧扣住厉行法治、推进全面依法治国，发挥人大及其常委会在立法工作中的主导作用，加快立法工作步伐，不断完善以宪法为核心的中国特色社会主义法律体系，不断增加人民群众的法治获得感和幸福感，不断促进国家治理体系和治理能力现代化。[④]

制定立法规划的原则，是在制定立法规划指导思想的指引下，在立法规划工作中所遵循的、具有可操作性的基本准则和方法。八届全国人大常委会在制定立法规划时，注意掌握了以下三个原则：一是既根据改革开放和现代化建设的客观要求，又考虑实际可能。二是既突出重点，又兼顾其他。三是既发挥全国人大专门委员会在立法工作中的作用，又充分发挥各部门起草法律的积极性。九届全国人大常委会在制定立法规划时，则遵循了以下四项原则：一是从我国处于社会主义初级阶段的实际出发，根据依法治国、改革开放和社会主义现代化建设的需要，突出重点，同时兼顾其他。二是在我国已初步形成以宪法为核心的有中国特色社会主义法律体系框架的基础上，注意各法律部门、各立法项目之间相互衔接与协调，逐步完善有中国特色社会主义法律体系。三是综合性法律一时制定不出来的，先分别制定各单行法律。四是重视对已有法律的修改工作。十届全国人大常委会在制定立法规划的过程中，注意把握了以下三点：一是突出重点，二是着眼于基本形成中国特色社会主义法律体系，三是制定法律与修改法律并重。十三届全国人大常委会编制立法规划的特点：一是提前谋划，夯实基础。二是依法依规，稳步推进。三是拓宽渠道，征集项目。四是代表意见，融入规划。五是加强论证，专项评估。

归纳起来，制定立法规划的原则主要有：一是从实际出发，注重可行性的原则；二是突出重点，兼顾其他的原则；三是科学合理，注重法律体系协调的原则。总之，从七

---

① 参见吴邦国：《加强立法工作提高立法质量为形成中国特色社会主义法律体系而奋斗》，载《求是》，2004（3）。

② 参见《人民日报》，第一版，2008-10-30。

③ 参见《人民日报》，第一版，2013-10-31。

④ 参见《人民日报》，第一版，2017-10-30。

届全国人大常委会开始编制立法规划以来，每一个立法规划都推动了初步形成中国特色社会主义法律体系框架到基本形成中国特色社会主义法律体系的历史进程。

资料链接

十四届全国人大常委会立法规划编制工作启动①

党的二十大对“完善以宪法为核心的中国特色社会主义法律体系”作出全面部署。全面贯彻落实党的二十大对立法工作的部署，一项重要工作是要编制好全国人大常委会立法规划计划。记者近日从全国人大常委会法工委获悉，全国人大常委会有关工作机构正在深入开展调查研究，向各方面广泛征集立法项目，启动十四届全国人大常委会立法规划编制工作。

据全国人大常委会法工委立法规划室主任杨合庆介绍，规划编制将按照党的二十大全面建设社会主义现代化国家的战略部署，紧贴人民群众美好生活对法治建设的呼声期盼，紧扣全面推进国家各方面工作法治化提出的法律需求实际，以增强立法系统性、整体性、协同性、时效性为导向，突出重点领域、新兴领域、涉外领域立法，对未来五年工作作出总体安排，完善以宪法为核心的中国特色社会主义法律体系，为全面建设社会主义现代化国家、全面推进中华民族伟大复兴提供高质量法治保障。

2022 年 12 月 9 日，十三届全国人大常委会第一百三十次委员长会议原则通过全国人大常委会 2023 年度立法工作计划预安排，围绕坚持和完善人民代表大会制度、构建高水平社会主义市场经济体制、实施科教兴国战略、推进建设社会主义文化强国、保障和改善民生、推动绿色发展、完善社会治理体系、完善国家安全法治体系等八个方面对 2023 年立法工作作出部署，提出了 35 件继续审议和初次审议的法律案。

“上述安排将根据十四届全国人大一次会议和有关精神作进一步修改完善，经十四届全国人大常委会委员长会议审议通过后予以公布”，杨合庆说。

四、立法规划的分类

根据不同的标准，可以对立法规划作不同的划分。

（一）权力机关与行政机关的立法规划

这是根据立法规划的编制主体不同而作的划分。权力机关的立法规划是由国家权力机关编制的立法规划，包括全国人大及其常委会的立法规划，省、自治区、直辖市的人大及其常委会的立法规划，设区的市、自治州的人大及其常委会的立法规划。行政机关的立法规划是由行政机关编制的立法规划，包括国务院及其有关部门的立法规划，省、自治区、直辖市的人民政府和设区的市、自治州的人民政府的立法规划。

① 参见《法治日报》，第一版，2023－02－17。

（二）短期、中期及长期立法规划

这是根据立法规划的时间来划分的。当然，这个时限并无明确、统一的界限。不过，一般来说，短期立法规划就是指 5 年规划，或指 3 年以上 5 年以下的立法规划；中期立法规划是 5 年以上 10 年以下的立法规划；长期立法规划就是 10 年以上的立法规划。就我国目前情况来看，常见的是短期和中期的立法规划。九届全国人大常委会曾提出，年度有计划，5 年有规划，10 年有纲要。迄今为止，立法纲要还未制定。

（三）综合立法规划和专门立法规划

这是根据立法规划的内容（主要是立法项目）的不同来划分的。综合立法规划是立法项目涉及多方面的立法规划。它往往是根据党和国家的大政方针所涉及的内容来制定的。全国人大常委会、国务院编制的立法规划，一般都是综合立法规划。专门立法规划是立法项目较少、较单一的立法规划。这种立法规划是旨在解决某一方面的社会问题，如经济、科技、教育、卫生、环保等。制定专门立法规划的主体，相对来说不那么确定。

这次疫情也暴露出现行法律还存在不健全、不完善、不协调、不适应的地方。针对公共卫生领域法律制度存在的短板和不足，全国人大常委会研究制定强化公共卫生法治保障立法修法计划。这是公共卫生领域的专项立法修法计划，不是“零敲碎打”，而是作“系统考虑、统筹安排”，立足于体系建设。按照这一计划，拟在两年时间内制定修改法律 17 件，综合统筹、适时制定修改相关法律 13 件，其中包括党中央确定的制定生物安全法和修改传染病防治法、野生动物保护法等重大立法任务。同时，创新立法工作机制，由全国人大常委会副委员长牵头，成立工作专班，明确相关专门委员会、工作委员会职责分工，建立立法修法协调机制，增强工作合力，抓好工作落实。

五、编制立法规划的步骤

我国编制立法规划的步骤可分成以下四个阶段。

（一）提出立项项目

立法项目是立法规划的重要内容，而提出立法项目是编制立法规划的第一步。在国务院，主要是由有关部门提出立法项目。在全国人大常委会，则是由全国人大各专门委员会、国务院有关部门、国家监察委员会、最高人民法院、最高人民检察院、中央军委有关部门、全国人大常委会工作机构以及人民团体等，提出立法项目。就目前情况来说，在立法实践中还可以扩大提出立法项目主体的范围。

立法项目，除了其名称，还应当包括：一是，该立法项目要解决的主要问题是什么？为什么要通过立法来解决这些问题？对此，现行法律、法规等有无规定，等等。二是，该项立法调整哪些社会关系？它与相关法律、法规是什么关系？三是，该项立法的主要内容是什么？它制定后的实施效果会怎样？四是，该项立法的出台时间、时机以及目前的准备情况（包括调研、相关资料的搜集等）。

（二）汇总立法项目

有关部门按规定提出立法项目后，就由相应的单位接受并汇总这些立法项目。在国务院，曾经是由国务院法制办公室（以前称国务院法制局）负责接受并汇总立法项目。为贯彻落实全面依法治国基本方略，统筹行政立法、行政执法、法律事务管理和普法宣传，推动政府工作纳入法治轨道，根据党的十九届三中全会审议通过的《中共中央关于深化党和国家机构改革的决定》《深化党和国家机构改革方案》和第十三届全国人民代表大会第一次会议于2018年3月17日批准的《国务院机构改革方案》，司法部和国务院法制办公室的职责整合，重新组建司法部，作为国务院组成部门。其主要职责是，负责有关法律和行政法规草案起草，负责立法协调和备案审查、解释，综合协调行政执法，指导行政复议应诉，负责普法宣传，负责监狱、戒毒、社区矫正管理，负责律师公证和司法鉴定仲裁管理，承担国家司法协助等。

（三）审查立法项目并编制立法规划

有关部门提出的立法项目，经汇总后，要由接受单位进行认真、全面的审查。在此基础上，再编制立法规划。这是制定立法规划的一个重要步骤。

2007年以前，在全国人大常委会，由全国人大常委会秘书处负责审查和具体编制立法规划。例如，1993年6月，全国人大常委会着手研究拟定五年立法规划。各有关方面都很重视。“有50个部门提出了199件立法项目。除去其中重复报送的22件，实际提出177件。”“常委会秘书处对这些立法项目逐件进行研究和筛选。”① 在审查立法项目时，往往还组织调研，召开专家学者座谈会，征求有关单位和部门的意见。2007年年初，全国人大常委会决定对全国人大机关立法工作体制作出调整。根据新的调整方案，全国人大常委会法制工作委员会负责统筹立法工作全过程，履行规划、组织、协调、指导和服务等职能。作这样的调整，有利于立法工作更加符合客观规律，更好地适应立法工作的实际需要。十一届全国人大常委会的立法规划首次由全国人大常委会法制工作委员会负责具体编制拟定工作。

在审查基础上，有关单位即着手编制立法规划，形成立法规划草案（或草稿）。立法规划的内容大体上包括：该规划的指导思想和原则，规划的目标、任务，规划的主要内容（立法项目的设置、归类等），落实规划的组织和措施。

（四）审议、批准立法规划

立法规划草稿（或草案）编制完成后，还可以继续征求意见。然后正式提请有权的机关进行审议、批准。

在全国人大常委会，立法规划草稿（或草案）是先在委员长会议上予以讨论，然后再提请常委会会议审议通过。就目前情况看，立法规划通过后，不用国家主席令的形式予以公布。在国务院，法制机构根据国家总体工作部署对部门报送的行政法规立项申请

---

① 曹志：《关于〈八届全国人大常委会立法规划（草稿）〉的说明》，载《人大工作通讯》，1994（5）。

汇总研究，突出重点，统筹兼顾，拟订国务院年度立法工作计划，报国务院审批。

立法规划审议通过后，一方面要组织实施，要做到任务、班子、时间三落实；另一方面要在实践中加以补充、修改，以适应实际需要。

资料链接

第十三届全国人大常委会2022年立法工作计划（摘录）①

服务党和国家工作大局，统筹做好法律案审议工作

结合落实十三届全国人大常委会立法规划和专项立法修法工作计划，与中央有关方面的工作要点、计划相衔接，将地方各级人民代表大会和地方各级人民政府组织法修正草案提请全国人民代表大会会议审议，对2022年法律案审议工作作如下安排：

（一）继续审议的法律案（15件）

1. 地方各级人民代表大会和地方各级人民政府组织法（修改）
2. 期货和衍生品法
3. 职业教育法（修改）
4. 体育法（修改）
5. 黑土地保护法
6. 妇女权益保障法（修改）
7. 反电信网络诈骗法
8. 反垄断法（修改）
9. 全国人民代表大会常务委员会议事规则（修改）
10. 黄河保护法
11. 突发事件应对法（修改）
12. 畜牧法（修改）
13. 农产品质量安全法（修改）
14. 公司法（修改）
15. 野生动物保护法（修改）

（二）初次审议的法律案（24件）

1. 立法法（修改）
2. 各级人民代表大会常务委员会监督法（修改）
3. 国务院组织法（修改）
4. 企业破产法（修改）
5. 行政复议法（修改）
6. 治安管理处罚法（修改）

① 《全国人大常委会2022年度立法工作计划》，http：//www.npc.gov.cn/npc/c30834/202205/40310d18f30042d98e004c7a1916c16f.shtml。

7. 学位条例（修改）

8. 文物保护法（修改）

9. 传染病防治法（修改）

10. 国境卫生检疫法（修改）

11. 矿产资源法（修改）

12. 铁路法（修改）

13. 民事诉讼法（修改）

14. 科学技术普及法（修改）

15. 农村集体经济组织法

16. 突发公共卫生事件应对法

17. 青藏高原生态保护法

18. 学前教育法

19. 关税法等税收法律

20. 金融稳定法

21. 能源法

22. 粮食安全保障法

23. 社会救助法

24. 民事强制执行法

贯彻落实党中央决策部署，以及强化公共卫生法治保障、完善涉外法律体系、贯彻依法治军战略等，要求制定、修改、废止、解释相关法律，或者需要由全国人大常委会作出相关决定的，适时安排审议、继续审议。研究启动条件成熟的相关领域法典编纂工作。

（三）预备审议项目

修改城市居民委员会组织法、商业银行法、保险法、中国人民银行法、反洗钱法、反不正当竞争法、会计法、国防教育法、反间谍法、人民警察法、教师法、海洋环境保护法、进出境动植物检疫法、慈善法、仲裁法，制定耕地保护法、不动产登记法、药师法、电信法、医疗保障法、机关运行保障法、国家综合性消防救援队伍和人员法、危险化学品安全法、无障碍环境建设法、网络犯罪防治法，以及优化营商环境促进公平竞争、社会保障等方面的立法，由有关方面抓紧开展调研和起草工作，视情安排审议。

（四）做好授权决定和改革决定相关工作

按照党中央决策部署，对立法条件还不成熟、需要先行先试的，依法及时作出授权决定或者改革决定。对正在实施的授权决定和改革决定，实践证明可行的，由有关方面及时依法提出修改或者制定有关法律的议案，适时安排审议，或者结合相关立法工作统筹考虑。

需要考虑的授权决定1件：2019年10月十三届全国人大常委会第十四次会议通过的关于授权国务院在自由贸易试验区暂时调整适用有关法律规定的决定，2022年12月实施期限届满。

第三节 立法决策

决策，按照《现代汉语词典》的解释，是指决定策略或办法，也指决定的策略或办法。立法决策，就是决定立法策略或办法，或者是决定的立法策略或办法。我国学术界对立法决策问题重视不够，缺乏较深入的研究。实际上，立法决策十分重要，它直接关系到立法采取什么策略或办法，关系到立法速度的快慢、立法质量的高低。

一、立法决策的主体

立法决策的主体是指依法决定立法的方法、方针、策略或办法的机构或个人。它可以分为主要立法决策主体和辅助立法决策主体两类。主要立法决策主体是指依法具有立法决策权的机构或个人。辅助立法决策主体是指可以参与立法决策，并对立法决策施加一定影响的机构或个人。①

在我国，主要立法决策主体究竟是谁？一种观点认为，“在中国，主要立法决策权力机关是全国人大及其常委会”②。这不够准确，也没有准确反映实践的发展情况。因为根据《宪法》《全国人民代表大会组织法》《全国人民代表大会议事规则》《全国人大常委会议事规则》《立法法》等的规定，我国的主要立法决策主体应该是委员长会议和主席团。

（一）主席团

我国《宪法》第 61 条第 2 款规定：“全国人民代表大会举行会议的时候，选举主席团主持会议。”《全国人民代表大会组织法》第 16、17 条规定，凡向全国人民代表大会提出属于全国人民代表大会职权范围内的议案，都要“由主席团决定交各代表团审议，或者并交有关的专门委员会审议、提出报告，再由主席团审议决定提交大会表决”。《全国人民代表大会议事规则》第 21、23 条作了类似规定。《立法法》第 17 条规定：“全国人民代表大会主席团可以向全国人民代表大会提出法律案，由全国人民代表大会会议审议。全国人民代表大会常务委员会、国务院、中央军事委员会、国家监察委员会、最高人民法院、最高人民检察院、全国人民代表大会各专门委员会，可以向全国人民代表大会提出法律案，由主席团决定列入会议议程。”该法第 18 条规定：“一个代表团或者三十名以上的代表联名，可以向全国人民代表大会提出法律案，由主席团决定是否列入会议议程，或者先交有关的专门委员会审议、提出是否列入会议议程的意见，再决定是否列入会议议程。专门委员会审议的时候，可以邀请提案人列席会议，发表意见。”

上述规定表明，在全国人民代表大会举行会议时，主席团是主要立法决策主体。也

① 参见郭道晖：《法的时代呼唤》，431 页，北京，中国法制出版社，1998。下面，我们以全国人大及其常委会为例加以说明。

② 郭道晖：《法的时代呼唤》，431 页，北京，中国法制出版社，1998。

可以说，全国人民代表大会主席团是我国的主要立法决策主体之一。

（二）委员长会议

在我国，委员长会议是另一个主要立法决策主体。委员长会议主要是在全国人大常委会行使立法决策权，但又不完全是这样，因为许多法律案（包括全国人大常委会提请全国人民代表大会审议的法律案）都是由委员长会议作出决策的。

《立法法》第29条规定："委员长会议可以向常务委员会提出法律案，由常务委员会会议审议。国务院、中央军事委员会、国家监察委员会、最高人民法院、最高人民检察院、全国人民代表大会各专门委员会，可以向常务委员会提出法律案，由委员长会议决定列入常务委员会会议议程，或者先交有关的专门委员会审议、提出报告，再决定列入常务委员会会议议程。如果委员长会议认为法律案有重大问题需要进一步研究，可以建议提案人修改完善后再向常务委员会提出。"该法第30条规定，常务委员会组成人员10人以上联名，可以向常务委员会提出法律案，由委员长会议决定是否列入常务委员会会议议程。

需要说明的是，事实上，我国许多重大的立法决策都是由中共全国人大常委会党组作出的，而中共全国人大常委会党组则要接受中共中央的领导。也就是说，重要的立法决策，都要由中共全国人大常委会党组上报中共中央审议，作出最后决策。如中共全国人大常委会党组将《八届全国人大常委会立法规划》上报中共中央后，1994年1月26日，中共中央发出了关于转发《中共全国人大常委会党组关于〈八届全国人大常委会立法规划〉的请示》的通知。[①] 此后每一届全国人大常委会的五年立法规划也都是由中共中央批准的。

（三）辅助立法决策主体

在我国，辅助立法决策主体较多，有全国人大各专门委员会。这一点在我国的有关法律中是有明文规定的。其中，全国人大宪法和法律委员会在立法决策中有更大的权威，发挥着更大的作用。《立法法》第23条规定："列入全国人民代表大会会议议程的法律案，由宪法和法律委员会根据各代表团和有关的专门委员会的审议意见，对法律案进行统一审议，向主席团提出审议结果报告和法律草案修改稿，对涉及的合宪性问题以及重要的不同意见应当在审议结果报告中予以说明，经主席团会议审议通过后，印发会议。"该法第36条还规定："列入常务委员会会议议程的法律案，由宪法和法律委员会根据常务委员会组成人员、有关的专门委员会的审议意见和各方面提出的意见，对法律案进行统一审议，提出修改情况的汇报或者审议结果报告和法律草案修改稿，对涉及的合宪性问题以及重要的不同意见应当在修改情况的汇报或者审议结果报告中予以说明。对有关的专门委员会的审议意见没有采纳的，应当向有关的专门委员会反馈。宪法和法律委员会审议法律案时，应当邀请有关的专门委员会的成员列席会议，发表意见。"

---

① 参见全国人大常委会秘书处：《关于贯彻〈中共中央关于转发《中共全国人大常委会党组关于八届全国人大常委会立法规划的请示》的通知〉的意见》，载《人大工作通讯》，1994（8）。

这里要指出的是，全国人大常委会法制工作委员会作为全国人大常委会的工作机构，虽不是权力机关，但在立法决策过程中常常起到很大作用，是辅助立法决策主体中的重要一员。

我国的辅助立法决策主体，还包括部门和地方，中国人民政治协商会议，工会、妇联、青联、残联等人民团体，以及公民个人和组织等。

二、立法决策与改革发展的重大决策紧密结合

可以说，立法决策与改革、发展的重大决策紧密结合，是对我国立法决策和立法工作经验的深刻总结，是立法决策的重要指导思想和原则，也是立法决策的重要步骤和程序。

1993 年 11 月，中共十四届三中全会决定首次明确提出“改革决策与立法决策相结合”，并指出：“改革决策要与立法决策紧密结合。立法要体现改革精神，用法律引导、推进和保障改革顺利进行。”① 从此开始，党和国家就十分注意把改革决策自觉地与立法决策结合起来。如我国于 1994 年年初对税制进行了重大改革，但在这之前，有关方面进行了大量卓有成效的调查研究。在此基础上，于 1993 年年底和 1994 年年初，国务院制定了 8 个相关行政法规，并且，全国人大常委会也及时制定了《关于惩治虚开、伪造和非法出售增值税专用发票犯罪的决定》。这使税制改革措施得以顺利运行，取得了良好的效果。

立法决策与改革决策相结合的提法，随着实践的发展而进一步完善。如，1996 年 3 月 17 日，八届全国人大四次会议通过的《中华人民共和国国民经济和社会发展“九五”计划和 2010 年远景目标纲要》提出：要“坚持改革、发展与法制建设紧密结合，继续制定实施与经济社会发展相适应的法律法规”。在这次代表大会上，《全国人民代表大会常务委员会工作报告》中也提出：“常委会要继续加强立法工作，特别是经济立法工作，按照立法决策与改革决策、发展决策紧密结合的要求”，继续抓紧制定和完善有关法律。② 党的十五大报告指出：“要把改革和发展的重大决策同立法结合起来。逐步形成深入了解民情、充分反映民意、广泛集中民智的决策机制，推进决策科学化、民主化，提高决策水平和工作效率。”③ 党的十六大报告也提出：“各级决策机关都要完善重大决策的规则和程序，建立社情民意反映制度，建立与群众利益密切相关的重大事项社会公示制度和社会听证制度，完善专家咨询制度，实行决策的论证制和责任制，防止决策的随意性。”④ 党的十七大报告继续提出：“推进决策科学化、民主化，完善决策信息和智力支持系统，增强决策透明度和公众参与度，制定与群众利益密切相关的法律法规和公共政策原则上

---

① 《中共中央关于建立社会主义市场经济体制若干问题的决定》，载中共中央文献研究室编：《十四大以来重要文献选编》（上），人民出版社，1996。

② 参见《中华人民共和国第八届全国人民代表大会第四次会议文件汇编》，103 页，北京，人民出版社，1996。

③ 《中国共产党第十五次全国代表大会文件汇编》，32～33 页，北京，人民出版社，1997。

④ 江泽民：《全面建设小康社会开创中国特色社会主义事业新局面》，11 页，北京，人民出版社，2002。

要公开听取意见。”[①] 中共十八届四中全会提出：“实现立法和改革决策相衔接，做到重大改革于法有据、立法主动适应改革和经济社会发展需要。实践证明行之有效的，要及时上升为法律。实践条件还不成熟、需要先行先试的，要按照法定程序作出授权。对不适应改革要求的法律法规，要及时修改和废止。”党的二十大报告进一步提出：“推进科学立法、民主立法、依法立法，统筹立改废释纂，增强立法系统性、整体性、协同性、时效性。完善和加强备案审查制度。坚持科学决策、民主决策、依法决策，全面落实重大决策程序制度。”因此2023年修改的《立法法》保留了，“坚持改革开放”，“发挥立法的引领和推动作用”，立法应当“适应经济社会发展和全面深化改革的要求”等直接反映立法与改革关系的规定。

立法决策与改革、发展决策紧密结合要求：一方面，立法决策主体在作出立法决策时，必须自觉地与党和国家关于改革、发展的重大决策结合起来，使立法、法律服务于改革和发展的大局。另一方面，党和国家在作出改革、发展的重大决策时，也要注意同立法决策结合起来。只有如此，才能充分利用法律为改革和发展服务，也才能使改革和发展在法治轨道上健康运行。这是改革、发展与法制建设相协调的必然要求，也是坚持和实行依法治国、建设社会主义法治国家的基本治国方略和目标的必然要求。

当然，在我国，立法决策者在进行立法决策时，除要注意将立法决策与改革发展决策结合起来以外，还要注意遵循宪法的基本原则，坚持从国家整体利益出发，维护社会主义法制的统一和尊严，体现人民的意志，发扬社会主义民主，从实际出发，等等。

三、立法决策的步骤

立法决策作为一种活动和过程，必须遵循相应的步骤和程序，这样，才有可能作出科学的、正确的决策。立法决策可分成以下四个步骤。

1. 明确问题

立法决策首先要明确是什么样的问题，而这种问题必须是适合而且应当用法律来解决的，只有针对这种问题，才能作出立法决策。立法决策主体可以充分利用相关的立法预测等信息和成果进行立法决策。这不仅有助于明确是什么问题，而且有利于确定主要的或急需解决的问题。

2. 明确解决问题的程度

在明确了是什么问题之后，接下来就应当进一步确定把这一问题解决到什么程度。问题通过法律要解决到什么程度，是立法决策主体必须予以明确的。这直接决定着立法决策的成败。我们知道，法律要能达到预期的效果，取决于许多社会条件。这就要求立法决策者根据现有的种种社会条件来确定把问题解决到什么程度。脱离现有社会条件，就会使立法决策不正确，没办法落实，即或落实了，也与预期的相去甚远。

---

① 胡锦涛：《高举中国特色社会主义伟大旗帜　为夺取全面建设小康社会新胜利而奋斗》，29页，北京，人民出版社，2007。

3. 设计解决方案

要使问题的解决达到预期的目标、程度，就要有相应的解决问题的方案。可以制定一个方案，也可以制定两个以上的方案，并选择其一。设计解决方案，要注意解决问题的必要性，更应注意解决问题的可行性。这样设计出来的方案，才可能是最佳方案。

4. 作出抉择

这是立法决策过程中最重要的步骤。作出抉择，就是决定采用什么策略和办法来制定法律，选定什么样的方案。方案一定，就应立即着手起草、审议、通过等。当然，在这个过程中，所选定的方案仍然可能被修改。

可以说，立法决策贯穿立法的整个过程，每一阶段都需要相应的决策。

问题与思考

1. 立法预测产生的时代背景及作用是什么？
2. 怎样进行立法预测？
3. 如何理解制定立法规划的指导思想和基本原则？
4. 怎样编制立法规划？
5. 立法决策的主要主体包括哪些？
6. 立法决策的步骤是怎样的？
7. 第十一届全国人大常委会的立法规划包括争取在第十一届全国人大常委会任期内提请审议的法律草案49件，分别是：

宪法及宪法相关法类5件，即修改村民委员会组织法、城市居民委员会组织法、全国人民代表大会和地方各级人民代表大会选举法、全国人民代表大会组织法、国家赔偿法；

民法商法类6件，即修改保险法、消费者权益保护法、专利法、商标法，制定侵权责任法、涉外民事关系法律适用法；

行政法类15件，即制定食品安全法、外交人员法、非物质文化遗产保护法、国防动员法、人民武装警察法、行政强制法，修改兵役法、职业教育法、药品管理法、大气污染防治法、森林法、城市房地产管理法、防震减灾法、突发事件应对法、行政监察法；

经济法类11件，即制定企业国有资产法、循环经济促进法、增值税等若干单行税法、电信法、粮食法，修改税收征收管理法、广告法、邮政法、土地管理法、矿产资源法、预算法；

社会法类6件，即制定社会保险法、基本医疗卫生保健法、精神卫生法、社会救助法、慈善事业法，修改老年人权益保障法；

刑法类1件，即根据情况需要，适时审议刑法修正案草案；

诉讼与非诉讼程序法类5件，即制定农村土地承包纠纷仲裁法、人民调解法，修改刑事诉讼法、民事诉讼法和行政诉讼法；

立法规划还包括研究起草、条件成熟时安排审议的法律草案15件，分别是制定行业协会商会法、行政收费管理法、国民经济动员法、国防交通法、陆地边界法、司法协助法、出境入境管理法、中（传统）医药法、图书馆法、住房保障法、期货法、资产评估法、海岛保护法、自然保护区法和违法行为矫治法。

此外，有关方面还提出修改商业银行法、证券投资基金法、环境保护法等，制定能源法、机构编制法、户籍法、志愿服务法等，研究论证建立国家公职人员财产申报、社会信用、个人信息保护等方面的法律制度。根据立法规划，这些立法项目将由有关方面继续开展研究论证，视情况作出相应安排。

请将上述立法规划与十届全国人大常委会和十二届全国人大常委会的立法规划进行比较，并予以评论。

延伸阅读

1. 刘松山．立法规划之淡化与反思．政治与法律，2014（12）

2. 黄文艺．信息不充分条件下的立法策略：从信息约束角度对全国人大常委会立法政策的解读．中国法学，2009（3）

3. 李雅琴．论立法规划的性质．河北法学，2010（9）

4. 钱大军，苏杭．人工智能视阈下我国立法决策模式之转变．湖南科技大学学报（社会科学版），2018（6）

5. 朱最新．论证抑或评估：地方立法立项的程序选择．地方立法研究，2021（2）

第九章
立法程序

本章导读

立法程序从法的创制来说，属于形式的方面。但内容和形式总是相互联系、相互依存的。正如马克思所指出的："实体法却具有本身特有的必要的诉讼形式……审判程序和法二者之间的联系如此密切，就像植物的外形和植物的联系，动物的外形和血肉的联系一样。审判程序和法律应该具有同样的精神，因为审判程序只是法律的生命形式，因而也是法律的内部生命的表现。"[①] 马克思关于实体法与程序法关系的深刻论述，同样适用于立法内容和立法程序。实际上，严格、合理、健全的立法程序，是立法内容民主、科学的必要保证。

关键术语

立法程序　立法程序的种类　立法程序的阶段　立法三审制　提出法律案　审议法律案　表决法律草案　公布法律　地方性法规制定程序　行政法规制定程序　规章制定程序

第一节　立法程序概述

一、立法程序的概念

立法程序，是在立法过程中的立法确立阶段，是立法活动所经历的先后次序和步骤，是一国立法制度的重要组成部分。[②] 立法程序有多种含义。广义的立法程序是享有法的创制权（或立法权）的国家机关行使制定法律、预算审查、质询、同意权等所有职权的程序。[③] 中义的立法程序是指享有法的创制权（或立法权）的国家机关或个人在制定、认可、修改或废止规范性文件过程中的工作方法、步骤和次序。狭义的立法程序是指国家

---

① 《马克思恩格斯全集》，第1卷，178页，北京，人民出版社，1956。

② 从动态和过程的角度，也可以将立法程序视为立法过程中立法确立阶段的法定活动。我们在本书中将"立法程序"放在"立法过程与程序"一编中，就是从静态和制度的角度来叙述立法程序。

③ 参见罗传贤：《立法程序与技术》，328页，台北，五南图书出版股份有限公司，1996。但是该书认为这种意义上的立法程序是属于立法机关的。

权力机关（或议会）制定、认可、修改或废止规范性文件过程中的工作方法、步骤和次序。

立法程序具有以下特点：

（1）立法程序是法定的。在现代社会中，立法程序所涉及的立法主体、立法内容以及立法的步骤和次序等，都是由宪法或（和）法律明确加以规定的。我国也不例外。①

（2）立法程序的主体是依法享有相应职权的国家机关或个人。这些国家机关或个人是宪法或法律明确规定并赋予其职权的，而不具有这种职权的国家机关或个人不是立法程序的主体。

（3）立法程序是立法过程中的步骤、次序。在严格意义上，立法准备阶段的程序不是立法程序。②

尽管立法程序属于立法中的形式方面，却不是可有可无的，而是依法享有立法权的国家机关或个人在立法时必须严格遵循的。事实上，立法程序往往直接影响并体现立法内容，影响立法质量。严格、合理、健全的立法程序，不仅是立法本身的要求，而且是一个国家或地区民主法治发展程度的表征。根据学者的概括，立法程序具有以下几个方面的作用：稳定性与可预测性，决策合法化，权责区分，冲突的减少，权利的保障。对于我国来说，坚持全面依法治国基本方略、建设社会主义法治国家，首先就要加强立法工作，加快立法步伐，提高立法效率和质量，而这需要完善的立法程序作保证。总之，无论从哪方面来讲，高度重视立法程序都是十分必要的、重要的。

二、立法程序的种类

无论是从立法实践，还是就立法理论来说，立法程序的种类都是多种多样的。这既与立法程序本身的繁复有关，也与立法程序划分的标准、方法不同密切相关。根据标准的不同，可对立法程序作如下划分：

（1）成文法立法程序与判例法立法程序。这是依法律是否法典化为标准而进行的划分。在我国，立法程序仅指成文法立法程序。

（2）宪法立法程序与普通法立法程序。这是依立法程序的复杂程度而作的划分。在现代国家，宪法的制定、修改等程序往往比普通法的相应程序复杂、严格。

（3）一般立法程序与特别立法程序。这是根据一般法与特别法的立法程序复杂程度不同而作的划分。一般来说，一般法的立法程序比特别法的立法程序更为严格一些。

（4）自主立法的立法程序与授权立法的立法程序。这是依立法程序启动的原因或动力不同而作的划分。自主立法的立法程序，是其主体依宪法或者法律所赋予的职权而启动立法程序、实施立法行为的。授权立法的立法程序，则是其主体必须有特别授权而启动立法程序、实施立法行为的。

---

① 对于我国的有关规定，我们将在本章中详细介绍。

② 所以，我们在本章中将不探讨全国人大及其常委会在立法准备阶段的程序问题，对这些问题将在“立法准备”“立法协商”等章中详细加以介绍。

（5）立法机关立法的立法程序与行政机关立法的立法程序。这是依立法主体不同而作的划分。在当代，行政机关进行大量立法，已成为世界潮流，即使是实行“三权分立”最为典型和严格的美国等西方国家也不例外。

（6）自主性立法的立法程序与实施性立法的立法程序。这在我国也是一种常见的划分。例如，根据《宪法》、《地方组织法》和《立法法》等的规定，省、自治区、直辖市的人民代表大会及其常务委员会可以对法律制定实施性的细则或条例。

上述划分由于采用的标准多样化，使划分结果出现交叉与重复。所以，我们在本章中不就以上所有的立法程序进行说明，只根据《宪法》《全国人民代表大会组织法》《地方组织法》《立法法》等的规定，对全国人大及其常委会、国务院及其有关部门、地方国家权力机关与行政机关等制定法律法规及其他规范性文件的立法程序加以介绍。

三、立法程序的阶段

立法的运行是由一系列环节构成的复杂过程，包括立法预测，立法规划，法律、法规和规章案起草，法律、法规和规章案的提出，法律、法规和规章案的审议，法律、法规和规章案的通过，法律、法规和规章的公布，等等。但立法程序是否都包含这些环节呢？如果不全部包括，又从哪个环节开始？对此，学术界有不同意见。

有的学者认为，立法程序从立法预测或立法规划开始。“我国中央权力机关的立法程序，大体分为制定立法规划、起草法律草案、提出法律草案、审议法律草案、通过法律草案、公布法律六个阶段。”① 有的观点则认为，立法程序从法律起草开始。② 有的学者认为，立法程序是指自法案提出到最后表决通过的过程，主要包括提案、辩论、质询、投票表决以及协调歧见等几个阶段。③ 学术界比较通行、占主流的观点则认为，立法程序从法案提出开始，具体包括四个阶段：提出法案、审议法案、表决通过法律（法规）草案和公布法律法规。

本教材认为，上述意见各有道理。本教材的意见是，在我国，全国人大及其常委会的立法过程属于狭义的立法程序。因为，立法程序阶段的划分，从逻辑上讲，应当与立法程序的法定性这一重要内涵相吻合。也就是说，在整个立法过程中，有的环节、阶段并没有相应的法律规定，有的也根本不用规定，如非法定机关或个人起草法案的程序就不用在宪法或法律中专门加以规定，所以不属于立法程序的范围。同时，在我国，由于国务院颁布施行的《行政法规制定程序条例》《规章制定程序条例》对行政法规和规章的立项、起草、审查、决定、公布等都作了规定，所以国务院的立法过程属于中义的立法程序。④

---

① 李步云、汪永清主编：《中国立法的基本理论和制度》，144页，北京，中国法制出版社，1998。

② 参见吴大英、任允正：《比较立法学》，160页，北京，法律出版社，1985。

③ 参见朱志宏：《立法论》，147页，台北，三民书局，1995。

④ 鉴于法律的制定程序最具有典型性，在本章中，我们着重介绍全国人大及其常委会的立法程序，同时对国务院及其有关部门，省、自治区、直辖市和设区的市、自治州的人大及其常委会的有关立法程序略作说明。

第二节 法律的制定程序

一、提出法律案

法律案的提出，是立法程序中的重要组成部分，标志着立法程序的正式开始。它的重要性是不言而喻的。正如我国台湾地区学者朱志宏所说：“提案厥为议员之政策主张、政党之政策理想、选区或团体之政治利益，能否实现，形成正式法律关键性的阶段。即使一项法案在立法过程中功败垂成，但法案提出以后，议员及其政党就取得了一项能向选民交代比较具体的‘政绩’。”[①] 在我国，提出法律案，就是根据有关规定，享有相应职权的国家机关（国家机构）或个人向全国人大或其常委会提出关于制定、认可、修改、废止、编纂法律的议案。这里的“法律”是狭义上的，不包括宪法。因为，《宪法》第64条第1款对此规定了特别程序，即“宪法的修改，由全国人民代表大会常务委员会或者五分之一以上的全国人民代表大会代表提议”。也就是说，修改宪法的议案是特别的法律案，其程序比起一般法律来也更严格、复杂。

（一）关于提出法律案的主体

在我国，关于法律案提出的主体的规定有一个发展和完善的过程。新中国建立初期，《中国人民政治协商会议共同纲领》《中国人民政治协商会议组织法》《中央人民政府组织法》规定，由中国人民政治协商会议全体会议、中央人民政府政务院行使立法提案权。不过，在当时的实践中，实际行使立法提案权的除上述规定的以外，还有中国人民政治协商会议全国委员会、中央人民政府委员会、中央人民政府法制委员会、最高人民检察署、选举法起草委员会等。1954年的《宪法》和《全国人民代表大会组织法》明确规定了立法提案权的主体：（1）中华人民共和国主席、副主席，全国人民代表大会主席团、全国人大常委会、全国人大代表、全国人大各专门委员会，国务院，可以向全国人大提出立法议案。（2）中华人民共和国主席、副主席，全国人大常委会委员长、副委员长、委员、民族委员会、法案委员会、国务院，可以向全国人大常委会提出立法议案。1975年《宪法》和1978年《宪法》取消了关于国家立法权的有关规定。

根据我国1982年《宪法》以及《立法法》、《全国人民代表大会组织法》等的规定，有权向全国人民代表大会提出法律案的主体包括：（1）全国人民代表大会主席团；（2）全国人大常委会；（3）全国人大各专门委员会；（4）国务院；（5）中央军事委员会；（6）国家监察委员会[②]；（7）最高人民法院；（8）最高人民检察院；（9）一个代表团或者30名以上的代表联名。有权向全国人大常委会提出法律案的主体包括：（1）委员长会议；（2）全

---

① 朱志宏：《立法论》，188页，台北，三民书局，1995。

② 2021年十三届全国人大四次会议修改后的《全国人民代表大会组织法》第16条和《全国人民代表大会议事规则》第23条规定，国家监察委员会可以向全国人大提出属于全国人大职权范围内的议案。

国人大各专门委员会；（3）国务院；（4）中央军事委员会；（5）国家监察委员会；（6）最高人民法院；（7）最高人民检察院；（8）全国人大常委会组成人员 10 人以上联名。

（二）对提出法律案的要求

1. 关于法律案的提出方式

《立法法》第 19 条规定，向全国人大提出的法律案，在全国人大闭会期间，可以先向常委会提出，经常委会会议依照该法第二章第三节规定的有关程序审议后，决定提请全国人大会议审议，由常委会向大会全体会议作说明，或者由提案人向大会全体会议作说明。《立法法》第 32 条规定，常委会会议第一次审议法律案，在全体会议上听取提案人的说明。

2. 关于法律案的形式

《立法法》对法律案提出的形式作了规定。提出法律案，应当同时提出法律草案文本及其说明，并提供必要的参阅资料。具体而言：（1）应当提出法律草案文本，提出修改法律的法律案的，还应当提交修改前后的对照文本。（2）应当提出法律草案的说明。法律草案的说明的内容，应当包括制定或者修改法律的必要性、可行性和主要内容，以及起草过程中对重大分歧意见的协调处理情况。法律草案与其他法律相关规定不一致的，提案人应当予以说明并提出处理意见，必要时应当同时提出修改或者废止其他法律相关规定的议案。（3）应提供必要的参阅资料。这些有关的资料，由提案人和有关的全国人大专门委员会、有关的全国人大常委会工作部门提供。

3. 关于提出法律案的限制

我国宪法和有关法律没有对各提案主体行使提案权，如法律案的内容、法律案提出的程序、法律案提出的时间等作出明确限制。就法律案的内容来说，不同的提案主体应有不同的权力，有的内容只能由特定的主体提出，而不能由别的主体提出。虽然《立法法》明确了只能由全国人大或其常委会制定法律的事项，却并未规定这些法律案是否只能由全国人大常委会、委员长会议、全国人大各专门委员会等提出。

通常，各国对法律案的提出是有条件限制的，即提出法律案时必须遵守一定规则。这主要包括权限上、程序上、格式上和时间上四个方面的限制。

（1）权限上的限制，即提案人不能逾越其管辖权事项范围。如爱尔兰宪法规定，财政法案只能由众议院创议。我国《立法法》第 11 条规定了只能制定法律的事项，但并未明确这方面的法律案由谁来提出。本教材认为，涉及国家机关职权划分、公民政治权利和人身自由、税收制度和预算等方面的法律案，只能由全国人大主席团、全国人大常委会、委员长会议及各专门委员会提出。

（2）程序上的限制。即法律案的提出必须符合法定程序。一方面，有的法律案须经政府议决之后再提请议会审议，另一方面，在有的国家，法律案的提出须经一定数量以上议员的连署或附议。在我国，对于已经在国务院审议通过后提交全国人大或其常委会审议的法律案，有关部委不应再提出不同意见甚至重大的分歧意见。因为，既然该法律案在国务院经过反复讨论，那么，各部委有什么不同意见都应该及时反映和解决，而不应等到法律案已提交全国人大或其常委会审议时再提出来。

（3）格式上的限制。这主要有两个方面：一是一事一动议原则，一个法律案不能超过一个议题，而且只能有一个议题；并且，一个时间只能处理一个议律案。二是需以书面形式提出法律案，并说明案由、理由及相应的条文。需要说明的是，法律草案在形式上（或格式上）的要求，正是法律议案区别于法律动议的重要标志。法律议案从格式上或形式上来说必须包括法案的名称，提出法案的理由，法案的目的或宗旨，法案的主要原则或基本框架，法案的主要条款及其主要内容，提议案人署名、附议者联署等六个方面。

（4）时间上的限制。一是对一般动议的限制，如有的国家对财政议案的提出有明确的时间限制。二是一事不再议原则，即已经议决通过或者否决确定的议案，不可在同一会期中再行提出审议。确立这一原则，是为了使每一议员能够在有限时间内表达意见，不浪费时间；也是为了防止立法活动被突然冲动干扰，不致翻案频频，损及国会权威和立法的一致性；还可促使国会议员体认到慎重立法的重要性。三是对临时动议的限制，法律案不得以临时提案提出。①

（三）关于法律案列入立法程序的问题

1. 关于法律案进入会议议程的决定权

在我国，有关机关或个人提出法律案以后，是否会被列入会议议程，分为两种情况。（1）由大会主席团决定。全国人民代表大会主席团除了可以自己向全国人民代表大会提出法律案，还有权：第一，决定将全国人大常委会、全国人大各专门委员会、国务院、中央军事委员会、最高人民法院和最高人民检察院提出的法律案列入会议议程。第二，决定将一个代表团或者 30 名以上的代表联名提出的法律案列入会议议程，或者先交有关的专门委员会审议、提出是否列入会议议程的意见，再决定是否列入会议程序。（2）由委员长会议决定。向全国人大常委会提出的法律案，是否会被列入会议议程，由委员长会议决定。《立法法》规定，如果委员长会议认为法律案有重大问题需要进一步研究，可以建议提案人修改完善后再向常委会提出。

在我国实践中，由人大代表联名或常委会组成人员联名所提出的立法议案进入立法议程十分不易，而且没有经联名提出的立法议案被列入会议议程的先例。究其原因，主要有以下两条：第一，就总体而言，人大代表或者常委会组成人员所提议案的质量不及其他提案主体所提的议案。当然，这与实践中立法机关把立法动议往往等同于立法议案是有关系的。实际上，人大代表在会议期间所提出的立法议案，仅仅有建议“应当制定×××法”或者“应当修改×××法”的内容和极为简单的理由。而在立法学上，这些“立法议案”只能称作“立法动议”。有的国家的立法程序始于立法动议的提出，接着就是将立法议案交由议会和政府的有关部门（如宪法和法律委员会）加以论证，如认为需要和可行，则委托立法专家会同相关人员共同起草法案。第二，由于《全国人民代表大

① 参见罗传贤：《立法程序与技术》，6 版，328 页，台北，五南图书出版股份有限公司；张树新编著：《立法程序与技术》，台北，高点文化事业有限公司，2000。

会组织法》、《全国人民代表大会议事规则》、《全国人大常委会议事规则》以及《立法法》等都规定，全国人大代表或者全国人大常委会组成人员所提议案列入会议议程的程序不同于其他提案主体，即：（1）全国人大主席团和委员长会议所提的议案，分别“直接进入”全国人大会议或全国人大常委会会议；（2）全国人大常委会、国务院、中央军委、国家监察委员会最高人民法院、最高人民检察院、全国人大各专门委员会等向全国人大提出的议案，由主席团进行“形式审查”，“决定列入会议议程”；（3）一个代表团或者30名以上的代表联名向全国人大提出的议案，以及常委会组成人员10人以上联名向常委会提出的议案，则分别由主席团和委员长会议进行“实质审查”，“决定是否列入会议议程”。因此，人大代表在一次会议上提出少则上百件，多则上千件的立法议案，而能进入代表大会会议议程的则还没有先例。

2. 关于完善法律案进入立法议程的程序

上述，近年来不断改革现行法律案被列入立法程序的制度与做法，建立了更为科学合理的程序。

（1）这种程序具有开放性、竞争性。这样的程序才能与法律案提出主体多元化相适应，即一旦某法律案被“淘汰出局”，其他法律案提出主体就可以依法及时提出新的法律案，以补充淘汰后留下的法律案空缺，从而有利于充分利用立法资源、提高立法效率，有利于完成立法规划、立法计划所确定的立法任务。

（2）建立并实行法律案咨询论证程序。就是说，立法机关在受理法律案后，应当在一定时期内由专家机构或者专家小组对该案进行咨询，以便立法机关决定是否接受该案，并决定是否以及何时将该案列入立法机关的议事日程。从实质上说，这是对法律案的专业预审，目的在于保证立法的质量和效率。①

（3）更加重视全国人大各专门委员会对法律案的审议。要充分利用专门委员会的专业性来审议法律案。这需要在现行规定的基础上，进一步加大各专门委员会对法律案的审议力度。专门委员会应在专家审议意见的基础上，提出进一步修改完善的意见和列入立法机关的议事日程的建议。

（4）委员长会议或者常委会根据专家和专门委员会的审议意见，仅从形式上进行审查，就像全国人大主席团和委员长会议所提的议案一样，该案“直接进入”全国人大会议或全国人大常委会会议议程。

（四）法律案的撤回

提案人有权提出法律案，也有权撤回该法律案。但提案人在行使法律案撤回权时因立法机关对该法律案的审议处于不同阶段而不同。

（1）列入会议议程前要求撤回的。《立法法》第59条规定，向全国人大及其常委会提出的法律案，在列入会议议程前，提案人有权撤回。

（2）被列入会议议程要求撤回的。分为两种情况：1）根据《立法法》第25条的规

① 参见李林：《立法程序：概念、运作条件及其完善》，载蔡定剑、王晨光主编：《人民代表大会二十年发展与改革》，130页，北京，中国检察出版社，2001。

定，列入全国人大会议议程的法律案，在交付表决前，提案人要求撤回的，应当说明理由，经主席团同意，并向大会报告，对该法律案的审议即行终止。2）根据《立法法》第43条的规定，对于被列入全国人大常委会会议议程的法律案，在交付表决前，提案人要求撤回的，应当说明理由，经委员长会议同意，并向全国人大常委会报告，对该法律案的审议即行终止。同时，《立法法》还规定了法律案的终止审议，即列入全国人大常委会会议议程的法律案，因各方面对制定该法律的必要性、可行性等重大问题存在较大意见分歧而搁置审议满2年的，或者因暂不付表决经过2年没有再次列入全国常委会会议议程审议的，由委员长会议向常委会报告，该法律案终止审议。

2021年3月修改后的《全国人民代表大会议事规则》第27条规定："列入会议议程的议案，在交付表决前，提案人要求撤回的，经主席团同意，会议对该议案的审议即行终止。"《全国人大常委会议事规则》第30条增加了"经委员长会议同意"的规定。《立法法》也并没有明确在什么情况下提案人不能撤回议案。

提案人有权撤回法律案，但该项权利的行使应受限制。因此，在《立法法》中应进一步明确规定：（1）如果提案人是一个代表团或者30名以上的全国人大代表联名，或者10名以上全国人大常委会组成人员联名，那么，要求撤回该法律案，则必须是原提案人过半数以上提出请求，才算有效。（2）对于已被列入会议议程且经过审议的法律案，要由主席团或者委员长会议同意，才可以被撤回。（3）法律案被修正后，不得撤回。

二、审议法律案

审议法律案，是立法机关（在我国是指全国人大及其常委会）就已经列入会议议程的法律案进行审查讨论。这是立法程序的第二个阶段，也是立法程序中的关键阶段。提案人提出的法律案在被列入会议议程之后，能否被通过而成为法律，取决于对该法律案的审议结果。在我国，全国人大及其常委会审议法律案的程序分别如下。

（一）全国人民代表大会审议法律案的程序

1. 听取关于法律草案的说明

对于列入全国人民代表大会会议议程的法律案，提案人须在大会全体会议上作关于该法律草案的说明。《立法法》第58条规定："提出法律案，应当同时提出法律草案文本及其说明，并提供必要的参阅资料。修改法律的，还应当提交修改前后的对照文本。法律草案的说明应当包括制定或者修改法律的必要性、可行性和主要内容，涉及合宪性问题的相关意见以及起草过程中对重大分歧意见的协调处理情况。"从立法实践看，法律草案的说明中往往还包括立法依据，法律草案的起草经过，对该法律草案重要问题的论证等。

2. 各代表团和有关专门委员会的审议

提案人在大会全体会议上对法律案进行说明以后，即由各代表团进行审议。这时，提案人应当派人听取意见，回答询问。并且，根据代表团的要求，有关机关、组织应当派人介绍情况。有关的专门委员会有权对法律案进行审议，向主席团提出审议意见，并印发会议。

3. 宪法和法律委员会对法律案进行统一审议

宪法和法律委员会根据各代表团和有关的专门委员会的审议意见，对法律案进行统一审议，向主席团提出审议结果报告和法律草案修改稿，对于重要的不同意见应当在审议结果报告中予以说明，经主席团会议审议通过后，印发会议。

4. 通过审议结果的报告和法律草案修改稿

大会主席团在宪法和法律委员会提出审议结果的报告和法律草案修改稿之后，要进行认真研究和审议，并决定是否同意这个报告和法律草案修改稿，或提出进一步修改的意见，宪法和法律委员会则据此再作修改。大会秘书处要把法律草案修改稿、宪法和法律委员会审议结果的报告和有关专门委员会的审议意见一并印发与会全国人大代表。

全国人民代表大会审议通过法律案，通常都是在一次会议上完成，由于大会的会期一般都较短（近年来一直不超过 10 天），在对有的法律草案进行审议过程中，可能出现有重大问题需要进一步研究的情况。对此，《全国人民代表大会议事规则》第 30 条作了规定，《立法法》第 26 条则进一步规定："法律案在审议中有重大问题需要进一步研究的，经主席团提出，由大会全体会议决定，可以授权常务委员会根据代表的意见进一步审议，作出决定，并将决定情况向全国人民代表大会下次会议报告；也可以授权常务委员会根据代表的意见进一步审议，提出修改方案，提请全国人民代表大会下次会议审议决定。"

（二）全国人大常委会审议法律案的程序

（1）听取提案人对该法律案的说明并进行初步审议。《立法法》第 32 条第 2 款规定，常务委员会会议第一次审议法律案，在全体会议上听取提案人的说明，由分组会议进行初步审议。法律草案的说明应当包括制定该法律的必要性和主要内容，一般还包括该法律草案起草的经过，立法过程中遇到的主要问题。

（2）听取宪法和法律委员会关于法律草案修改情况和主要内容的汇报并进一步审议。在分组会议进行初步审议的基础上，宪法和法律委员会要进行修改。常务委员会会议第二次审议法律案，在全体会议上听取宪法和法律委员会关于法律草案修改情况和主要问题的汇报，由分组会议进一步审议。

（3）听取宪法和法律委员会关于法律草案审议结果的报告，由分组会议对法律草案修改稿进行审议。这是第三次审议。

关于上述审议程序，有几点需要说明：第一，《立法法》首次明确规定了对法律案的三审制。该法第 32 条第 1 款规定："列入常务委员会会议议程的法律案，一般应当经三次常务委员会会议审议后再交付表决。"但是，对于各方面意见比较一致的法律案，可以经两次常务委员会会议审议后交付表决；而对于各方面意见比较一致的、调整事项较为单一或者部分修改的法律案，也可以经一次常务委员会会议审议即交付表决。第二，常务委员会分组会议审议法律案时，提案人应当派人听取意见，回答询问；并且，根据小组的要求，有关机关和组织应当派人介绍情况。另外，根据需要，常务委员会可以召开联组会议或者全体会议，对法律草案中的主要问题进行讨论。第三，法律案可由有关的专门委员会进行审议，提出审议意见，印发常务委员会会议。有关的专门委员会审议法律案时，可以邀请其他专门委员会的成员列席会议，发表意见。专门委员会还应当召开全体会议审议法律案，根据需要，可以要求有关机关、组织派有关负责人说明情况。第四，宪法和法律委员会对法律案进行统一审议。《立法法》第36条规定，宪法和法律委员会根据常务委员会组成人员、有关的专门委员会的审议意见和各方面提出的意见，对法律案进行统一审议，提出修改情况的汇报或审议结果报告和法律草案修改稿，对涉及的合宪性问题以及重要的不同意见应当在修改情况的汇报或者审议结果报告中予以说明。对有关的专门委员会的审议意见没有采纳的，应当向有关的专门委员会反馈。宪法和法律委员会审议法律案时，应当邀请有关的专门委员会的成员列席会议，发表意见。

《立法法》第45条还规定："列入常务委员会会议审议的法律案，因各方面对制定该法律的必要性、可行性等重大问题存在较大意见分歧搁置审议满两年的，或者因暂不付表决经过两年没有再次列入常务委员会会议议程审议的，委员长会议可以决定终止审议，并向常务委员会报告；必要时，委员长会议也可以决定延期审议。"

法律案经过常务委员会三次会议审议后，仍有重大问题需要进一步研究的，由委员长会议提出，经联组会议或者全体会议同意，可以暂不交付表决，交宪法和法律委员会和有关的专门委员会进一步审议。

（三）提高审议法律案的质量

1. 人大代表或者常委会组成人员要切实为选民代言，为民族和国家建言

从审议的形式来看，除了适当召开代表团全体会议和全国人大会议全体会议（相应增加在这两种会议上的"大会发言"），还要实行辩论。在国外，议会"指导机构的主要职能，是负责组织尽可能公正的辩论。这一职能极为重要，因为辩论是议会的生命"①。实际上，早在1956年，周恩来总理就指出："明年还准备进一步允许辩论，当然现在也允许辩论，小组会上就辩论得很热烈，将来在大会上也可以辩论。就是说，人民代表提出的意见，政府要出来回答。回答对了，人民满意；不对，就可以起来争论。资本主义国家的制度我们不能学，那是剥削阶级专政的制度，但是，西方议会的某些形式和方法还是可以学的，这能够使我们从不同方面来发现问题。换句话说，就是允许唱'对台戏'，当然这是社会主义的'戏'。我们共产党人相信真理越辩越清楚。我们共产党人要有勇气面对现实，面对错误，有错误就不怕揭露，就勇于承认和改正。"② 周恩来总理在这里不仅指出了实行辩论的必要性，也指出了辩论制度的作用。他所说的"辩论"，在我国，在很大程度上指的是"质询"，所以在全国人大的各种会议上实行符合中国国情和法律的辩论制度，不仅是必要的，也是可行的，有利于对议题的审议，有利于审议质量的

① 田慧生、陈延庆主编：《各国议会制度概况》，51页，长春，吉林人民出版社，1991。
② 周恩来：《专政要继续，民主要扩大》，载《周恩来选集》，下卷，208页，北京，人民出版社，1984。

提高。[①]

2. 做好审议意见的处置或办理工作

以往人大代表或常委会组成人员审议法律案、议案等的积极性不高，原因固然很多，其中最重要的一点恐怕就是，人大代表或常委会组成人员的审议意见并未受到有关部门的重视。为了避免这种情况，近年来，对人大代表或常委会组成人员的意见进行了改进，特别是对其进行整理后交由有关部门办理。

3. 开展法律通过前评估

2015 年修改的《立法法》新增一项“法律案的通过前评估”的制度。第 42 条规定：“拟提请常务委员会会议审议通过的法律案，在宪法和法律委员会提出审议结果报告前，常务委员会工作机构可以对法律草案中主要制度规范的可行性、法律出台时机、法律实施的社会效果和可能出现的问题等进行评估。评估情况由宪法和法律委员会在审议结果报告中予以说明。”这一通过前评估制度，是民主立法、科学立法的新举措，对于提高立法质量发挥了积极的作用。2013 年 4 月，全国人大常委会法制工作委员会曾经对旅游法开展了首次通过前评估，此后又先后对多部法律予以通过前评估。随着这一制度由《立法法》正式确认下来，它在中央和地方立法中更多地得到运用，促进了立法质量的提高。

三、表决通过法律草案

表决通过法律草案，是指立法机关（在我国是指全国人大及其常委会）通过表决来决定法律草案能否成为正式的法律的活动。这是立法程序中的重要一环，决定着一部法律草案能否最终成为正式法律。实际上，世界各国都对表决通过法律草案作了规定。而且，即使在同一国家里，对不同的法律草案往往也有不同的方式来表决通过。如，只要立法机关通过，该法律草案即成为正式的法律；立法机关通过后，还需要有职权的个人批准或决定才能成为正式法律；或经过全民公决的方式获得通过等。

在我国，全国人大及其常委会通过法律草案都是采用表决通过的方式进行的。宪法的修正案，以全国人民代表大会全体代表的 2/3 以上的多数通过。根据《立法法》第 27 条和第 44 条的规定，全国人民代表大会通过法律草案，是由主席团提请大会全体会议表决，由全体代表的过半数通过；全国人大常委会通过法律草案，由委员长会议提请常委会全体会议表决，由常委会全体组成人员的过半数通过。

2015 年修改的《立法法》对表决制度增加了新规定。一是确立单独表决制度。法律草案表决稿交付全国人大常务委员会会议表决前，委员长会议根据常务委员会会议审议的情况，可以决定将个别意见分歧较大的重要条款提请常务委员会会议单独表决。单独表决的条款经常务委员会会议表决后，委员长会议根据单独表决的情况，可以决定将法律草案表决稿交付表决，也可以决定暂不付表决，交宪法和法律委员会和有关的专门委

① 比如，在英国，议会下院大会辩论的制度。参见蒋劲松：《英国议会制度》，载蔡定剑、杜钢建主编：《国外议会及其立法程序》，39～47 页，北京，中国检察出版社，2002。

员会进一步审议。二是规定了对“打包修改”法律的表决制度。对多部法律中涉及同类事项的个别条款进行修改，一并提出法律案的，经委员长会议决定，可以合并表决，也可以分别表决。即《立法法》第44条的规定：“法律草案修改稿经常务委员会会议审议，由宪法和法律委员会根据常务委员会组成人员的审议意见进行修改，提出法律草案表决稿，由委员长会议提请常务委员会全体会议表决，由常务委员会全体组成人员的过半数通过。法律草案表决稿交付常务委员会会议表决前，委员长会议根据常务委员会会议审议的情况，可以决定将个别意见分歧较大的重要条款提请常务委员会会议单独表决。单独表决的条款经常务委员会会议表决后，委员长会议根据单独表决的情况，可以决定将法律草案表决稿交付表决，也可以决定暂不付表决，交宪法和法律委员会、有关的专门委员会进一步审议。”

至于如何表决，《立法法》没有规定。不过，根据《全国人民代表大会议事规则》第60条的规定，会议表决议案采用无记名按表决器方式。如表决系统在使用中发生故障，采用举手方式。宪法的修改，采用无记名投票方式表决。《全国人大常委会议事规则》第48条规定，常委会表决议案，采用无记名方式、举手方式或者其他方式。在以往实践中，全国人大及其常委会通过法律草案时，一般都采用举手表决方式，从1986年六届全国人大常委会第十五次会议开始，采用电子计算机进行表决的方式。

我国现行《宪法》《全国人民代表大会组织法》《全国人民代表大会议事规则》都对计票方式作了规定。根据规定，全国人大及其常委会是以全体代表或常委会全体组成人员作为计票基数或基准。具体计票方式分为两种：一是宪法的修改以全体代表的2/3以上的多数赞成为通过，二是其他议案则以全体代表或常委会全体组成人员的过半数赞成为通过。开会的法定人数都是其全体成员的2/3以上。

资料链接

如何进一步完善我国现行的表决制度

世界各国议会的表决制度不尽相同。有些国家实行绝对多数原则。所谓绝对多数表决，即以应当与会的全部成员的过半数表决通过。绝对多数表决有可能使未出席会议、出席会议但未参加投票（未按表决器）、弃权等三种情况无法体现出本来的法律意义，进而与投“反对”票混为一谈。与绝对多数表决相对应的是相对多数表决，即出席会议的成员或者参加投票的成员或者投有效票的成员过半数表决通过。

对于如何进一步完善我国现行的表决制度，有些学者的设想是：

首先，应确定表决制度的原则。一是民主原则，就是有利于全国人大代表或常委会组成人员自由、充分地表达自己的真实意愿，进而有利于体现大多数人的意愿。二是效率原则，即有利于提高全国人大及其常委会的议事效率，使议案能及时地通过。三是公开原则，即表决及其结果要公开，便于选民（公民）了解人大代表或常委会组成人员的态度、倾向、立场。这些都有助于选民对人大代表或常委会组成人员的监督，增强人大代表或常委会组成人员的责任感、使命感。

其次，要根据重要性程度，对议案加以区分。大体说来，议案可分为重要议案和普通议案。重要议案包括：宪法修正案、重大事项决定、重大人事任免和有关监督方面的议案等。法律案等则为普通议案。

最后，要进一步确定计票基准。对不同议案实行不同的表决原则。一是对于重要议案的表决，采取以全体成员为计票基准的制度。宪法的修正以全体代表的 2/3 赞成为通过，其他重要议案以全体代表或常委会全体组成人员的过半数赞成为通过。二是对普通议案的表决，可以采取以出席会议人员的人数为计票基准的制度，即全国人民代表大会全体会议表决普通议案时，以出席会议的代表过半数赞成为通过。不过，采取以出席会议人员的人数为计票基准的制度，必须提高会议的出席率，并尽量使投票者表示明确的态度，否则，这一制度也会使投票失真。

四、公布法律

公布法律，就是将立法机关通过的法律用一定方式和形式公之于众。在现代社会，法律经过立法机关通过之后，一般还不具备法律拘束力；只有在有权的机关或个人将已通过的法律加以公布之后，才能生效，具有法律效力。因此，公布法律也是立法程序中的一个重要阶段。

在我国，公布法律的权力主体，有一个演变过程。1954 年《宪法》规定，中华人民共和国主席根据全国人大或者全国人大常委会的决定，公布法律和法令。1975 年《宪法》删去了这一规定，改为由全国人大常委会委员长根据全国人大或者全国人大常委会的决定，公布法律和法令。1978 年《宪法》沿袭了 1975 年《宪法》的规定。1982 年《宪法》恢复了国家主席制度，规定由国家主席根据全国人大或者全国人大常委会的决定公布法律。《立法法》第 28 条规定，全国人大通过的法律由国家主席签署主席令予以公布；第 47 条规定，常委会通过的法律由国家主席签署主席令予以公布。该主席令载明该法律的制定机关、通过和施行日期。

对于公布法律的日期，我国法律没有具体规定。在实践中，做法也不一致。如《刑事诉讼法》是五届全国人大二次会议于 1979 年 7 月 1 日通过的，1979 年 7 月 7 日才由全国人大常委会委员长令第六号予以公布。现在，全国人大或者全国人大常委会通过的法律，一般是在通过的当天就由国家主席以主席令的形式予以公布。

关于公布法律的方式方法，在《立法法》通过之前，我国法律没有明文规定。在实践中，主要是在《全国人大常委会公报》上刊登。20 世纪 90 年代初，国家规定，法律在全国性报纸上刊登。《立法法》第 62 条规定，法律签署公布后，法律文本以及法律草案的说明、审议结果报告等，应当及时在全国人大常委会公报和中国人大网以及在全国范围内发行的报纸上刊载，还明确规定，“在常务委员会公报上刊登的法律文本为标准文本”。

关于法律的修改和废止的公布程序。《立法法》第 63 条第 2、3 款规定：“法律被修改的，应当公布新的法律文本。法律被废止的，除由其他法律规定废止该法律的以外，由国家主席签署主席令予以公布。”

第三节 行政法规和规章的制定程序

在我国，《宪法》和《国务院组织法》，特别是《立法法》第三章“行政法规”和第四章“地方性法规、自治条例和单行条例、规章”，对国务院制定行政法规的程序、国务院有关部门制定部门规章的程序，省、自治区、直辖市和设区的市、自治州的人民政府制定地方政府规章的程序作了一般规定。国务院颁布的《行政法规制定程序条例》《规章制定程序条例》对此作了具体规定。这两个条例都是于2002年开始实施的，2017年12月国务院作了修改，于2018年5月1日开始实行。不过，需要说明的是，2018年的这轮党政机构改革完成后，国务院法制办被并入司法部，因此，《立法法》和《行政法规制定程序条例》、《规章制定程序条例》中规定的国务院法制机构均指司法部。

一、制定行政法规的程序

制定行政法规的程序，是指国务院在制订、修改、废止行政法规时的先后次序和方法步骤。《行政法规制定程序条例》第3条规定：“制定行政法规，应当贯彻落实党的路线方针政策和决策部署，符合宪法和法律的规定，遵循立法法确定的立法原则。”具体来说，制定行政法规的主要程序如下。

（一）行政法规的立项

《立法法》第73条规定，国务院法制机构应当根据国家总体工作部署拟订国务院年度立法计划，报国务院审批。国务院年度立法计划中的法律项目应当与全国人民代表大会常务委员会的立法规划和立法计划相衔接。国务院法制机构应当及时跟踪了解国务院各部门落实立法计划的情况，加强组织协调和督促指导。国务院有关部门认为需要制定行政法规的，应当向国务院报请立项。

《行政法规制定程序条例》第7条规定：“国务院于每年年初编制本年度的立法工作计划。”第8条规定：“国务院有关部门认为需要制定行政法规的，应当于国务院编制年度立法工作计划前，向国务院报请立项。国务院有关部门报送的行政法规立项申请，应当说明立法项目所要解决的主要问题、依据的党的路线方针政策和决策部署，以及拟确立的主要制度。国务院法制机构应当向社会公开征集行政法规制定项目建议。”同时，该条例第9条第2款还明确规定：“列入国务院年度立法工作计划的行政法规项目应当符合下列要求：（一）贯彻落实党的路线方针政策和决策部署，适应改革、发展、稳定的需要；（二）有关的改革实践经验基本成熟；（三）所要解决的问题属于国务院职权范围并需要国务院制定行政法规的事项。”

（二）行政法规的起草

《立法法》第74条第一句规定，行政法规由国务院有关部门或者国务院法制机构具体负责起草，重要行政管理的法律、行政法规草案由国务院法制机构组织起草。

《行政法规制定程序条例》第三章对“起草”作了具体规定。其中，第 11 条规定，行政法规由国务院组织起草。国务院年度立法工作计划确定行政法规由国务院的一个部门或者几个部门具体负责起草工作，也可以确定由国务院法制机构起草或者组织起草。第 12 条进一步规定：“起草行政法规，应当符合本条例第三条、第四条的规定，并符合下列要求：（一）弘扬社会主义核心价值观；（二）体现全面深化改革精神，科学规范行政行为，促进政府职能向宏观调控、市场监管、社会管理、公共服务、环境保护等方面转变；（三）符合精简、统一、效能的原则，相同或者相近的职能规定由一个行政机关承担，简化行政管理手续；（四）切实保障公民、法人和其他组织的合法权益，在规定其应当履行的义务的同时，应当规定其相应的权利和保障权利实现的途径；（五）体现行政机关的职权与责任相统一的原则，在赋予有关行政机关必要的职权的同时，应当规定其行使职权的条件、程序和应承担的责任。”第 17 条中规定：“起草部门将行政法规送审稿报送国务院审查时，应当一并报送行政法规送审稿的说明和有关材料。”并进一步明确了：行政法规送审稿的说明应当对立法的必要性，主要思路，确立的主要制度，征求有关机关、组织和公民意见的情况，各方面对送审稿主要问题的不同意见及其协调处理情况，拟设定、取消或者调整行政许可、行政强制的情况等作出说明。有关材料主要包括所规范领域的实际情况和相关数据、实践中存在的主要问题、国内外的有关立法资料、调研报告、考察报告等。

《立法法》规定，行政法规在起草过程中，应当广泛听取有关机关、组织、人民代表大会代表和社会公众的意见。听取意见可以采取座谈会、论证会、听证会等多种形式。行政法规草案应当向社会公布，征求意见，但是经国务院决定不公布的除外。《行政法规制定程序条例》对起草行政法规中的听取意见、与有关部门的协商等问题作了具体规定。

（三）行政法规的审查

《立法法》第 75 条规定：“行政法规起草工作完成后，起草单位应当将草案及其说明、各方面对草案主要问题的不同意见和其他有关资料送国务院法制机构进行审查。国务院法制机构应当向国务院提出审查报告和草案修改稿，审查报告应当对草案主要问题作出说明。”

《行政法规制定程序条例》第 18 条规定：“报送国务院的行政法规送审稿，由国务院法制机构负责审查。国务院法制机构主要从以下方面对行政法规送审稿进行审查：（一）是否严格贯彻落实党的路线方针政策和决策部署，是否符合宪法和法律的规定，是否遵循立法法确定的立法原则；（二）是否符合本条例第十二条的要求；（三）是否与有关行政法规协调、衔接；（四）是否正确处理有关机关、组织和公民对送审稿主要问题的意见；（五）其他需要审查的内容。”第 24 条规定：“国务院法制机构应当认真研究各方面的意见，与起草部门协商后，对行政法规送审稿进行修改，形成行政法规草案和对草案的说明。”此外，《行政法规制定程序条例》还对行政法规送审稿的缓办或者退回、征求意见、协调等问题作了具体规定。

（四）行政法规的决定

《立法法》第76条规定："行政法规的决定程序依照中华人民共和国国务院组织法的有关规定办理。"

《行政法规制定程序条例》第26条规定："行政法规草案由国务院常务会议审议，或者由国务院审批。国务院常务会议审议行政法规草案时，由国务院法制机构或者起草部门作说明。"实践中，重要的行政法规案都是由国务院常务会议进行审议的，由国务院直接审批的行政法规草案只是极少数。由于国务院实行总理负责制，所以国务院通过行政法规，尽管也要遵循民主集中制的原则，但与全国人大及其常委会通过法律有重大差别，即国务院通过行政法规不实行表决制，而是采用决定制。一般的做法是，总理根据会议组成人员在会上发表的意见，决定通过、原则通过、下次会议再审议或者暂不通过等。

（五）行政法规的公布

《立法法》第77条规定："行政法规由总理签署国务院令公布。有关国防建设的行政法规，可以由国务院总理、中央军事委员会主席共同签署国务院、中央军事委员会令公布。"第78条规定："行政法规签署公布后，及时在国务院公报和中国政府法制信息网以及在全国范围内发行的报纸上刊载。在国务院公报上刊登的行政法规文本为标准文本。"

《行政法规制定程序条例》第27条规定："国务院法制机构应当根据国务院对行政法规草案的审议意见，对行政法规草案进行修改，形成草案修改稿，报请总理签署国务院令公布施行。签署公布行政法规的国务院令载明该行政法规的施行日期。"

此外，《行政法规制定程序条例》还对行政法规公布后的汇编、施行、备案等问题作了具体规定。

二、制定规章的程序

制定规章的程序是指有权制定规章的机关在制订、修改、废止部门规章时的先后次序和方法步骤，包括国务院有关部门制定部门规章的程序，省、自治区、直辖市和设区的市、自治州的人民政府制定地方政府规章的程序。这里所说的"国务院有关部门"，根据《立法法》第四章第二节"规章"中的规定，不仅包括国务院各部、委员会，还包括中国人民银行、审计署和具有行政管理职能的直属机构以及法律规定的机构。规章通常包括部门规章和地方政府规章。这里主要介绍和说明的是国务院部门规章的制定程序。

修改后的《规章制定程序条例》"总则"对制定规章的原则作出补充规定。一是第3条规定："制定规章，应当贯彻落实党的路线方针政策和决策部署，遵循立法法确定的立法原则，符合宪法、法律、行政法规和其他上位法的规定。没有法律或者国务院的行政法规、决定、命令的依据，部门规章不得设定减损公民、法人和其他组织权利或者增加其义务的规范，不得增加本部门的权力或者减少本部门的法定职责。没有法律、行政法规、地方性法规的依据，地方政府规章不得设定减损公民、法人和其他组织权利或者增加其义务的规范。"二是第4条规定："制定政治方面法律的配套规章，应当按照有关规定及时报告党中央或者同级党委（党组）。制定重大经济社会方面的规章，应当按照有关规定及时报告同级党委（党组）。”三是第 5 条规定：“制定规章，应当切实保障公民、法人和其他组织的合法权益，在规定其应当履行的义务的同时，应当规定其相应的权利和保障权利实现的途径。制定规章，应当体现行政机关的职权与责任相统一的原则，在赋予有关行政机关必要的职权的同时，应当规定其行使职权的条件、程序和应承担的责任。”四是第 6 条规定：“制定规章，应当体现全面深化改革精神，科学规范行政行为，促进政府职能向宏观调控、市场监管、社会管理、公共服务、环境保护等方面转变。制定规章，应当符合精简、统一、效能的原则，相同或者相近的职能应当规定由一个行政机关承担，简化行政管理手续。”

具体来说，制定规章的主要程序如下。

（一）规章的立项

《规章制定程序条例》第 10 条规定：“国务院部门内设机构或者其他机构认为需要制定部门规章的，应当向该部门报请立项。省、自治区、直辖市和设区的市、自治州的人民政府所属工作部门或者下级人民政府认为需要制定地方政府规章的，应当向该省、自治区、直辖市或者设区的市、自治州的人民政府报请立项。国务院部门，省、自治区、直辖市和设区的市、自治州的人民政府，可以向社会公开征集规章制定项目建议。”第 11 条规定：“报送制定规章的立项申请，应当对制定规章的必要性、所要解决的主要问题、拟确立的主要制度等作出说明。”第 12 条规定：“国务院部门法制机构，省、自治区、直辖市和设区的市、自治州的人民政府法制机构（以下简称法制机构），应当对制定规章的立项申请和公开征集的规章制定项目建议进行评估论证，拟订本部门、本级人民政府年度规章制定工作计划，报本部门、本级人民政府批准后向社会公布。年度规章制定工作计划应当明确规章的名称、起草单位、完成时间等。”

（二）规章的起草

《规章制定程序条例》第 14 条规定：“部门规章由国务院部门组织起草，地方政府规章由省、自治区、直辖市和设区的市、自治州的人民政府组织起草。国务院部门可以确定规章由其一个或者几个内设机构或者其他机构具体负责起草工作，也可以确定由其法制机构起草或者组织起草。省、自治区、直辖市和设区的市、自治州的人民政府可以确定规章由其一个部门或者几个部门具体负责起草工作，也可以确定由其法制机构起草或者组织起草。”第 18 条规定：“起草单位应当将规章送审稿及其说明、对规章送审稿主要问题的不同意见和其他有关材料按规定报送审查。报送审查的规章送审稿，应当由起草单位主要负责人签署；几个起草单位共同起草的规章送审稿，应当由该几个起草单位主要负责人共同签署。规章送审稿的说明应当对制定规章的必要性、规定的主要措施、有关方面的意见及其协调处理情况等作出说明。有关材料主要包括所规范领域的实际情况和相关数据、实践中存在的主要问题、汇总的意见、听证会笔录、调研报告、国内外有关立法资料等。”

此外，《规章制定程序条例》还对起草规章中的听取意见、征求意见、与有关部门的协商等问题作了具体规定。

（三）规章的审查

《立法法》第 91 条第 2 款规定："部门规章规定的事项应当属于执行法律或者国务院的行政法规、决定、命令的事项。没有法律或者国务院的行政法规、决定、命令的依据，部门规章不得设定减损公民、法人和其他组织权利或者增加其义务的规范，不得增加本部门的权力或者减少本部门的法定职责。"第 93 条第 6 款规定："没有法律、行政法规、地方性法规的依据，地方政府规章不得设定减损公民、法人和其他组织权利或者增加其义务的规范。"这些规定为规章的审查设立了标准。

《规章制定程序条例》第 19 条规定："规章送审稿由法制机构负责统一审查。法制机构主要从以下方面对送审稿进行审查：（一）是否符合本条例第三条、第四条、第五条、第六条的规定；（二）是否符合社会主义核心价值观的要求；（三）是否与有关规章协调、衔接；（四）是否正确处理有关机关、组织和公民对规章送审稿主要问题的意见；（五）是否符合立法技术要求；（六）需要审查的其他内容。"第 25 条规定："法制机构应当认真研究各方面的意见，与起草单位协商后，对规章送审稿进行修改，形成规章草案和对草案的说明。说明应当包括制定规章拟解决的主要问题、确立的主要措施以及与有关部门的协调情况等。规章草案和说明由法制机构主要负责人签署，提出提请本部门或者本级人民政府有关会议审议的建议。"

此外，《规章制定程序条例》还对规章送审稿的缓办或者退回、征求意见、协调等问题作了具体规定。

（四）规章的决定和公布

《规章制定程序条例》第 27 条规定："部门规章应当经部务会议或者委员会会议决定。地方政府规章应当经政府常务会议或者全体会议决定。"国务院有关部门以及省、自治区、直辖市和较大的市的人民政府与国务院一样，由于实行首长负责制，所以在决定规章时，不实行表决制。在有关会议上决定规章时，与会人员可以充分讨论、发表意见。在此基础上，由部长、主任、省长、主席、市长作出该规章草案通过与否、暂不通过、调查研究后再讨论的决定。

（五）规章的公布

《立法法》第 96 条规定："部门规章由部门首长签署命令予以公布。地方政府规章由省长、自治区主席、市长或者自治州州长签署命令予以公布。"《规章制定程序条例》第 29 条规定："法制机构应当根据有关会议审议意见对规章草案进行修改，形成草案修改稿，报请本部门首长或者省长、自治区主席、市长、自治州州长签署命令予以公布。"

《立法法》第 97 条规定："部门规章签署公布后，及时在国务院公报或者部门公报和中国政府法制信息网以及在全国范围内发行的报纸上刊载。地方政府规章签署公布后，及时在本级人民政府公报和中国政府法制信息网以及在本行政区域范围内发行的报纸上刊载。在国务院公报或者部门公报和地方人民政府公报上刊登的规章文本为标准文本。"

此外，《规章制定程序条例》还对公布规章的命令、公布规章后的施行等作了具体规定。

第四节　地方性法规、自治条例和单行条例的制定程序

根据《宪法》和有关法律的规定，地方性法规与自治条例和单行条例有很大区别，其制定程序也不尽相同。在本节中，我们分开来加以叙述。

一、制定地方性法规的程序

制定地方性法规的程序，是指省、自治区、直辖市和设区的市、自治州的国家权力机关在制定、修改或废止地方性法规时的次序和步骤。《立法法》对地方性法规制定程序的规定比较原则，只是在第 87 条中规定，地方性法规案的提出、审议和表决程序，根据《地方组织法》，参照《立法法》第二章第二节、第三节、第五节的规定，由本级人民代表大会规定。通常的程序如下。

（一）提出地方性法规案

提出地方性法规案，是指有权提出地方性法规案的机关和人员，向有地方性法规制定权的机关提出关于制订、修改或废止地方性法规的议案。其中分为两种情况：一是向本级人民代表大会提出法规案，二是向本级人民代表大会常务委员会提出法规案。

根据《地方组织法》第 22 条的规定，有权向本级有地方性法规制定权的人民代表大会提出法规案的主体是：（1）主席团；（2）常委会；（3）各专门委员会；（4）本级人民政府；（5）代表 10 人以上联名。前四种提案人所提地方性法规案，由主席团决定提交人民代表大会会议审议，或者交有关的专门委员会审议、提出报告，再由主席团审议决定提交大会表决。对于代表 10 人以上联名提出的地方性法规案，由主席团决定是否列入大会会议议程，或者先交有关的专门委员会审议，提出是否列入大会会议议程的意见，再由主席团决定是否列入大会会议议程。在实践中，向大会提出的地方性法规案，往往是先向常委会提出，经常委会审议后，再由常委会决定提请大会审议。

另外，依据有的省、市的规定，本级人民法院和人民检察院或一个代表团也可以向本级人民代表大会提出地方性法规案。

根据《地方组织法》第 52 条的规定，有权向本级人大常委会提出地方性法规案的主体有：（1）常委会主任会议；（2）本级人民政府；（3）本级人大各专门委员会；（4）常委会组成人员 5 人以上联名。除常委会主任会议所提地方性法规案直接列入常委会会议议程外，本级人民政府、人大各专门委员会向常委会提出的地方性法规案，由常委会主任会议决定提请常委会会议审议，或者先交有关的专门委员会审议、提出报告，再提请常委会会议审议。常委会组成人员 5 人以上联名向常委会提出的地方性法规案，由常委会主任会议决定是否提请常委会会议审议，或者先交有关的专门委员会审议、提出报告，

再决定是否提请常委会会议审议。

另外，有的省、市还规定，本级人民法院和人民检察院，也可以向本级人大常委会提出地方性法规案。

（二） 审议地方性法规案

审议地方性法规案，是指对已经列入本级人民代表大会或者人民代表大会常务委员会会议议程的地方性法规案进行审查和讨论。关于地方性法规案的审议程序，《立法法》作了三方面的原则规定：一是根据《地方组织法》，二是可以参照法律案的审议程序，三是应当实行统一审议。关于法律案的审议程序，我们已在上一节中作过叙述，这里不再重复。下面着重介绍《地方组织法》的规定和《立法法》关于统一审议的规定。

1. 关于地方性法规案的审议程序

人民代表大会审议地方性法规案的程序是：（1）由提案人向大会全体会议作草案的说明。内容主要是起草法规的过程，起草法规的理由和内容，并提供相关的参考资料。（2）分别由代表团会议和分组会议进行审议，对重大问题可召开联组会议审议，如有重大分歧则由主席团决定或表决。

人大常委会审议地方性法规案的程序是：第一，由提案人向常委会会议就地方性法规草案作说明。第二，由常委会分组会议进行审议，或者同时由有关的专门委员会进行审议。这时，提案人应当派人听取意见，回答询问。常委会审议地方性法规案，一般实行三审制，但也可以经两次或者一次常委会会议审议即付表决。

2. 关于地方性法规案的统一审议

过去，对地方性法规案是否统一审议在法律上没有规定。在实际中有三种做法：一是由有关委员会对所有的地方性法规案进行统一审议；二是自始至终由各委员会分别进行审议；三是先由有关委员会分别审议，但在交付表决前由负责法制的委员会进行统一审议。《立法法》第 87 条第 2 款规定："地方性法规草案由负责统一审议的机构提出审议结果的报告和草案修改稿。"这就说明，对地方性法规案进行统一审议，是审议中的必经程序。

（三） 表决通过和报批地方性法规案

1. 表决地方性法规案

地方性法规案修改稿经本级人民代表大会或者人民代表大会常务委员会审议后，如果对重大问题没有大的分歧意见，分别由大会主席团或者常委会主任会议交付全体会议表决。根据《地方组织法》的规定，人民代表大会会议表决地方性法规案，以全体代表的过半数通过；常委会会议表决地方性法规案，以常委会全体组成人员的过半数通过。

2. 报批地方性法规案

根据《立法法》第 81 条的规定，设区的市、自治州的人民代表大会及其常务委员会制定地方性法规后，要报省、自治区的人民代表大会常务委员会批准。省、自治区人大常委会对于报请批准的地方性法规，应当对其合法性进行审查，同宪法、法律、行政法规和本省、自治区的地方性法规不抵触的，应当在 4 个月内予以批准。省、自治区人大常委会在对报请批准的地方性法规进行审查时，发现其同本省、自治区的人民政府的规章相抵触的，应当作出处理决定。对于这种处理决定，《立法法》并未明确规定。本教材认为，可分以下三种情形：一是认为省、自治区的地方政府规章不适当，可批准设区的市、自治州的地方性法规；二是认为设区的市、自治州的地方性法规不适当，可以不批准，也可以在批准的同时提出修改意见，设区的市、自治州则应当根据修改意见对该地方性法规加以修正；三是认为设区的市、自治州的地方性法规与省、自治区的地方政府规章都不适当，则提出修改意见，设区的市、自治州则应当根据修改意见加以修正后再报请批准。

（四）公布地方性法规

《立法法》第 88 条就地方性法规的公布作了明确规定：省、自治区、直辖市的人大制定的地方性法规由大会主席团发布公告予以公布。省、自治区、直辖市的人大常委会制定的地方性法规由常务委员会发布公告予以公布。设区的市、自治州的人大及其常委会制定的地方性法规报经批准后，由设区的市、自治州的人大常委会发布公告予以公布。

地方性法规公布后，及时在本级人民代表大会常务委员会公报和中国人大网，本地方人民代表大会网站以及本行政区域范围内发行的报纸上刊载。在常务委员会公报上刊登的地方性法规文本为标准文本。

资料链接

浙江省关于“省人民代表大会立法程序”的部分规定①

第十五条　省人民代表大会主席团可以向省人民代表大会提出地方性法规案，由省人民代表大会会议审议。

省人民代表大会常务委员会、省人民政府、省人民代表大会各专门委员会，可以向省人民代表大会提出地方性法规案，由主席团决定列入会议议程。

第十六条　省人民代表大会代表十人以上联名，可以向省人民代表大会提出地方性法规案，由主席团决定是否列入会议议程，或者先交有关的专门委员会审议、提出是否列入会议议程的意见，再决定是否列入会议议程。主席团决定不列入会议议程的，应当向大会报告或者向提案人说明。

专门委员会审议的时候，可以邀请提案人列席会议，发表意见。

第十七条　拟向省人民代表大会提出的地方性法规案，在省人民代表大会闭会期间，可以先向常务委员会提出，经常务委员会会议审议后，决定提请省人民代表大会审议，由常务委员会向大会全体会议作说明，或者由提案人向大会全体会议作说明。

---

① 《浙江省地方立法条例》于 2001 年 2 月 16 日由浙江省第九届人民代表大会第四次会议通过；2016 年 1 月 28 日由浙江省第十二届人民代表大会第四次会议第三次修改。此处引用的是修改后的文本。

常务委员会依照前款规定审议地方性法规案，应当通过多种方式征求省人民代表大会代表的意见，并将有关情况予以反馈；专门委员会和常务委员会工作机构开展立法调研，应当邀请有关的省人民代表大会代表参加。

第十八条 常务委员会决定提请省人民代表大会会议审议的地方性法规案，应当在会议举行的三十日前将地方性法规草案发给代表。

第十九条 列入省人民代表大会会议议程的地方性法规案，大会全体会议听取关于该地方性法规案的说明后，由各代表团进行审议。

各代表团审议地方性法规案时，提案人应当派人听取意见，回答询问。

各代表团审议地方性法规案时，根据代表团的要求，有关机关、组织应当派人介绍情况。

第二十条 列入省人民代表大会会议议程的地方性法规案，主席团可以交省人民代表大会有关的专门委员会审议，提出审议意见，并印发会议。

第二十一条 列入省人民代表大会会议议程的地方性法规案经各代表团审议后，由法制委员会根据各代表团和有关的专门委员会的审议意见，进行统一审议，向主席团提出审议结果报告和地方性法规草案修改稿，对重要的不同意见应当在审议结果报告中予以说明，经主席团会议审议通过后，印发会议。

地方性法规草案修改稿经各代表团审议后，由法制委员会根据各代表团的审议意见进行修改，向主席团提出关于地方性法规草案修改稿修改情况的说明和地方性法规草案表决稿。

第二十二条 列入省人民代表大会会议议程的地方性法规案经各代表团审议后，各方面意见比较一致的，由法制委员会根据各代表团和有关的专门委员会的审议意见，向主席团提出审议结果报告和地方性法规草案表决稿。

第二十三条 列入省人民代表大会会议议程的地方性法规案，必要时，主席团常务主席可以召开各代表团团长会议，就地方性法规案中的重大问题听取各代表团的审议意见，进行讨论，并将讨论的情况和意见向主席团报告。

主席团常务主席也可以就地方性法规案中的重大的专门性问题，召集代表团推选的有关代表进行讨论，并将讨论的情况和意见向主席团报告。

第二十四条 列入省人民代表大会会议议程的地方性法规案，在交付表决前，提案人要求撤回的，应当说明理由，经主席团同意，并向大会报告，对该地方性法规案的审议即行终止。

第二十五条 地方性法规案在审议中有重大问题需要进一步研究的，经主席团提出，由大会全体会议决定，可以授权常务委员会根据代表的意见进一步审议，作出决定，并将决定情况向省人民代表大会下次会议报告；也可以授权常务委员会根据代表的意见进一步审议，提出修改方案，提请省人民代表大会下次会议审议决定。

第二十六条 地方性法规草案表决稿由主席团提请大会全体会议表决，由全体代表的过半数通过。

第二十七条 省人民代表大会通过的地方性法规由主席团发布公告予以公布。

二、制定自治条例和单行条例的程序

尽管自治条例和单行条例与地方性法规一样，都是由有关地方国家权力机关制定的，都属于地方立法，但是，它们之间又有区别，其制定程序也不完全相同。这里，我们着重介绍自治条例和单行条例的制定程序的独特之处。

与对地方性法规制定程序的规定一样，《立法法》对自治条例和单行条例的制定程序规定得较为原则。根据《立法法》第 87 条的规定，自治条例和单行条例案的提出、审议和表决程序，根据《地方组织法》，参照《立法法》第二章第二节、第三节、第五节的规定，由本级人民代表大会规定。具体来说，自治条例和单行条例的制定程序的独特之处有以下几点。

1. 有关权限

自治条例和单行条例不能由民族自治地方的人大常委会制定，只能由人民代表大会制定。但是，自治条例和单行条例案可以由人大常委会向本级人民代表大会提出，或由其他提案人向人大常委会提出，经人大常委会审议后，再提请本级人民代表大会审议和表决通过。

2. 关于批准后生效

自治区的自治条例和单行条例须报全国人大常委会批准后生效。自治州、自治县的自治条例和单行条例，须报省、自治区、直辖市的人大常委会批准后生效，同时由省、自治区、直辖市的人大常委会报全国人大常委会和国务院备案。

3. 关于公布

自治条例和单行条例报经批准后，分别由自治区、自治州、自治县的人大常委会公布。自治区的自治条例和单行条例公布后，应及时在自治区人大常委会公报和中国人大网，本地方人民代表大会网站以及在本行政区域范围内发行的报纸上刊载。在常务委员会公报上刊登的自治条例和单行条例文本为标准文本。《立法法》没有对自治州和自治县的自治条例和单行条例的刊载问题作出明确规定。

问题与思考

1. 什么是立法程序?
2. 立法程序分为哪几种?
3. 立法程序通常分为几个阶段?
4. 全国人大及其常委会制定法律的程序是怎样的?
5. 如何理解三审制?
6. 国务院制定行政法规的程序是怎样的?
7. 地方性法规的制定程序是怎样的?
8. 1999 年 4 月 29 日，九届全国人大常委会第九次会议表决公路法修正案，当时常委会组成人员 154 人，有 125 人出席会议，另有 29 人因各种原因请假缺席。表决结果是，赞成 77 票、反对 6 票、弃权 42 票。赞成票等于半数而没有超过半数，反对票、弃权票和缺席加在一起，也是 77 票，致使这一修正案以一票之差未获通过。专家和学者提出：是 6 票否决了 77 票，但是很难说明其中的理由。因而，这种不加区分的绝对多数的表决原则，在表面上看起来很民主，实质却是少数人否决了多数人的意见。投反对票、弃权票是委员的权利，是无可厚非的。但缺席人数过多，就会影响表决结果。缺席与反对、弃权性质不同，但在影响法律后果方面，作用却是一样的。

你如何看待绝对多数的表决原则和专家和学者的上述观点？

延伸阅读

1. 蔡定剑，杜钢建主编．国外议会及其立法程序．北京：中国检察出版社，2002

2. 徐向华主编．立法学教程．2 版．上海：上海交通大学出版社，2017

3. 陈多旺．通过交涉的议决：对全国人大及其常委会立法审议程序的检讨．河北法学，2016（2）

4. 马岭．我国立法法中的委员长会议的职权．学习与探索，2013（8）

5. 陈玉山．立法质量的程序控制：以信息输入为视点的考察．浙江学刊，2019（6）

6. 陈俊，等．中国的立法体制研究．北京：经济科学出版社，2021

7. 钱大军．立法权的策略配置与回归：一个组织角度的探索．现代法学，2020（2）

8. 张放．法律公布研究．南京：江苏人民出版社，2022.

第十章
立法完善

本章导读

一件规范性文件公布实施后并不是一成不变的，而要随着社会的发展、变化通过不同形式适时地加以完善。严格地说，凡是对原有立法进行任何程度、任何形式的变动，都属于“立法完善”，所以，立法修改与补充、立法废止、法律清理、法律（法规）汇编、法典编纂，都可以看作是立法完善的具体表现。只有通过不断的立法修改和补充、必要的立法废止，适时进行法律清理，有序推进规范文件系统化，一国的法律规范体系才会持续健全完善。黑格尔说过：“法律的范围一方面应该是一个完备而有系统的整体，另一方面它又继续不断地需要新的法律规定。”立法的“完整性只是永久不断地对完整性的接近而已”①。这种接近，是要通过持续有效的立法完善来实现的。从保证法律规范体系完整性、科学性的角度讲，立法完善的重要意义不亚于新法的制定。

关键术语

立法完善　立法修改和补充　立法废止　规范性文件系统化　法律清理　法律汇编（法规汇编）　法典编纂

第一节　立法修改和补充

一、立法修改和补充的概念和特征

（一）立法修改和补充的概念

通常，广义上的法律公布、实施后，都不可能一成不变，而是要随着社会的发展、变化，通过不同形式适时地加以完善。严格地说，凡是对原有立法进行任何程度、任何

① ［德］黑格尔：《法哲学原理》，范扬、张企泰译，225页，北京，商务印书馆，1982。

形式的变动，都属于“立法完善”。立法修改和补充就是对现行的规范性文件[①]进行完善的方式之一。

立法修改和补充，习惯上又称为法的修改和补充。立法修改，就是通过改变现行法的某些规定，使立法达到预期目的，适应新的社会需要。立法补充，是指在现行法规定不变的情况下，加入新的内容，使其更加完善。立法补充不改变法的原有内容，所以同立法修改有所区别。但是经过补充后，原来的法发生了变化，在这种意义上讲，立法补充也是一种立法修改。我国《宪法》只规定全国人大有制定和修改法律的权力，没有规定它有补充法律的权力，原因也就在于此。

（二）立法修改和补充的特征

立法修改和补充，是立法活动的重要组成部分，同法的制定一样，属于立法的范畴，具有立法活动所具有的共同特征。同时，立法修改和补充作为一种特定的立法活动，相对于法的制定，又有其独具的特征：它的目的在于使法趋于完善，任务是改变法的原有面貌，使法呈现新的面貌，而不像法的制定的目的首先是产生一个新的规范性文件。

二、立法修改和补充的意义

通过修改和补充，可以使法适应新的情况的要求，改变立法中某些不合时宜的规定，消除立法所存在的某些弊病，在法中增加某些必要的新内容。归纳起来，在立法过程中，立法的修改和补充的意义主要是：

（1）使立法适应新的社会需要。法是以调整社会关系和适应社会关系的需要为直接使命的。社会关系既有相对的稳定性，又有一定的变动性。所以，当现行法所调整的社会关系发生重要变化时，就应当对调整这种社会关系的法加以修改和补充，使其适应变化了的社会关系的需要。

（2）使立法不断趋于合理、科学。由于原先立法时对某些问题未能给予正确规定，或者由于认识能力的限制，使所制定的法存在先天不足，或者是立法时考虑不周，因此使有些法有不科学之处，如：不明确、不确切，容易引起歧义；或有遗漏、不协调、不切合实际等。随着立法实践的不断推进，这些问题给法的实施带来明显的甚至很大的弊端，使已经制定的法难以执行、适用、遵守。通过对现行法的修改和补充，可以弥补这些缺陷。

（3）使试行（暂行）的法走向成熟。有些法本身是暂行的或试行的，经过一定阶段的实践，有必要加以变动。通过法的修改和补充，可以使暂行或试行的法过渡到正式的法。

---

① 本教材在第六章“立法体制”对于规范性文件有所涉及。规范性文件的概念与法律渊源的概念有一定的关联。可以说，一国法律渊源和规范性文件都是法的文本表现形式。本教材在第六章“立法体制”中已经对有关法律渊源和规范性文件的问题进行了一些研究。

（4）使法律体系保持内在的协调一致。当一部重要的法制定出来了或修改了，必然会引起或可能引起对另外一些法的修改或补充。在此情况下，只有及时进行法的修改和补充，才能保证法律体系内部各项立法之间能够协调一致地发挥作用。我国《立法法》第 82 条第 2 款中规定："在国家制定的法律或者行政法规生效后，地方性法规同法律或者行政法规相抵触的规定无效，制定机关应当及时予以修改或者废止。"总之，对法进行修改和补充，既要及时，又要审慎。只有及时，才能使法律适应社会发展的需要，保证法律体系的协调一致，消除立法中的弊端或瑕疵，促进执法、司法、守法的顺利进行；唯有审慎，才能维护法的权威性，使法具有相对的稳定性和连续性。

资料链接

嫖宿幼女罪的存废之争①

随着习水、邛崃等地多起嫖宿幼女案的发生，刑法中的"嫖宿幼女罪"罪名的存废受到广泛的关注。

1986 年，全国人大常委会通过的《治安管理处罚条例》，规定嫖宿不满 14 周岁幼女的，依照《刑法》第 139 条（1979 年《刑法》）的规定，以强奸罪论处。此后 11 年，嫖宿幼女均以"强奸罪"追究刑事责任。

1997 年刑法大修订时，在 3 月 6 日印发的刑法修订草案中，嫖宿幼女的行为仍然按强奸定罪。但令人费解的是，3 月 13 日，大会主席团通过的草案将嫖宿幼女和引诱幼女卖淫行为单独定罪。次日，全国人大正式表决通过。这就是现行《刑法》中的第 360 条第 2 款："嫖宿不满十四周岁的幼女的，处五年以上有期徒刑，并处罚金。"

2010 年 6 月，全国人大法工委在回复全国人大代表建议时，对该条款的立法原意作出了正式的表述：单设罪名从法律上明确和严重追究嫖宿幼女的刑事责任；以 5 年有期徒刑作为起刑点，在刑法分则各罪中属于较高的，严厉打击这种犯罪。

2013 年 10 月，最高人民法院、最高人民检察院、公安部、司法部联合下发的《关于惩治性侵未成年人犯罪的意见》，规定"以金钱财物等方式引诱幼女与自己发生性关系的，知道或者应当知道幼女被他人强迫卖淫而仍与其发生性关系的，均以强奸罪论处"。这一规定事实上已经压缩了"嫖宿幼女罪"适用空间。

评论人萧锐认为："嫖宿幼女罪的公共争议，便不仅是不同罪名在刑法中的地位乃至具体适用等法律专业问题，更多还是基于全国各地爆出的一些官员权贵性侵幼女案件，以及司法机关在处理相关案件过程中的程序瑕疵、角色错位以及态度偏袒，给人以某种司法不公正的固有印象，这是罪名存废所无法完全释解的社会情绪。"

十一届全国政协委员、中国社科院的刘白驹在 2008 年提出提案，要求将"嫖宿幼女"按强奸罪论处。他列举了"嫖宿幼女罪"四大不合理之处：在法律上承认幼女具有"卖淫"的行为能力，承认幼女的法律身份是卖淫者，最高刑低于奸淫幼女的强奸罪，造成法条混乱。全国人大代表、中华女子学院教授孙晓梅也多次提出取消嫖宿幼女罪和加

① 这则资料由叶传星教授根据相关媒体报道等进行整理。

大对幼女的保护的建议。她认为，设立嫖宿幼女罪，会造成对幼女的污名化。

2013 年 5 月，全国人大法工委在答复对孙晓梅的建议时表示，将根据全国人大常委会立法规划和计划，纳入下一步刑法修改完善工作中认真考虑。

2013 年 7 月 30 日，最高人民法院在《对十二届全国人大一次会议第 3939 号建议的答复》中表示，完全赞成孙晓梅代表提出的废除嫖宿幼女罪的建议。最高人民法院还表示，“我们希望能够共同推动全国人大常委会法工委尽快立项废除该罪名，如果一段时间内该罪名依然未被废除，我们将加强调研，进一步研究规范该罪的适用。”

2015 年 6 月 26 日，十二届全国人大常委会第十五次会议分组审议《刑法修正案九（草案）》时，全国人大常委会副委员长沈跃跃，委员马馼、陈秀榕等再次建议，取消《刑法》第 360 条第 2 款的“嫖宿幼女罪”，将该行为一律作为强奸罪论处。此前，沈跃跃等曾提出这一修改建议，但《刑法修正案九（草案）》二审稿并未予以采纳。

2015 年 8 月 29 日，十二届全国人大常委会第十六次会议通过《刑法修正案（九）》，删除了第 360 条第 2 款。“嫖宿幼女罪”的罪名被废除。

三、立法修改和补充的权限和程序

从一部法的整个制定过程看，立法的修改和补充是在立法准备阶段和确立阶段之后的一个新的阶段，即立法完善阶段。当然，从立法修改和补充这一活动本身来说，它同样要经历准备阶段和确立阶段，所以，立法修改和补充作为立法活动的重要组成部分，也需要遵循一定的权限、程序和方式，即立法的修改和补充，必须是由有权进行立法的主体进行，其程序一般与制定新法的程序相同。只有在特殊情况下或者是对某些特别重要的法律如宪法加以修改和补充时，其程序与制定新法的程序才有所区别。对此，我们叙述如下。

（一）立法修改和补充的权限

有权对法进行修改和补充的机关，即立法修改和补充的主体，可以是被修改和补充的立法的制定者，也可以是非制定者。通常情况下，法律、行政法规、地方性法规、规章，要由它们的制定者来修改和补充。但在有些情况下，也可以由非制定者对其进行修改和补充。如修改和补充全国人民代表大会通过的法律，其主体可以是全国人民代表大会；当全国人民代表大会闭会时，也可以是它的常设机关——全国人大常委会。修改和补充有关地方人大制定的地方性法规，其主体不仅可以是这些地方的人民代表大会，在人民代表大会闭会期间或其他某些情况下，也可以是它们的常设机关，即这些地方的人大常委会。

修改和补充法律，须依照法定的权限进行。由此决定了非制定者要修改和补充法律，必须要有明确的授权。这主要包括两种情形：一是制定者依法作出的临时授权；二是由专门法律规定所作的授权，如我国《宪法》专门规定，全国人大常委会在全国人民代表大会闭会期间有权对全国人民代表大会制定的法律进行补充和修改。

法律的修改和补充，有时要受到比法律制定更为严格的法定限制。特别是由非制定者修改和补充法律，其限制更为严格，具体表现在：（1）只能对法律作出局部或部分的修改和补充；（2）不得与被修改和补充法律的基本原则相抵触；（3）所作的修改和补充应当呈报有关主体（通常为被修改和补充法律的制定机关）审查批准。根据我国《宪法》的规定，全国人大常委会修改和补充全国人民代表大会制定的法律，要受到（1）（2）两条的限制。

因不适当而产生的立法上的改变，是一种特殊的法的修改形式，主要是上级主体（或上位主体）改变下级主体（或下位主体）制定的法。这类修改的权限和程序不同于其他修改，但也需要依法进行或依其他确定程序进行。在我国，有立法权的国家机关中，上级机关可以改变有关下级机关作出的不适当的决定，有关的国家权力机关有权改变其常设机关的不适当的决定。①

（二）立法修改和补充的程序

大致来讲，立法修改和补充程序可分为对宪法的修改和对法律、法规、规章的修改和补充两大类。

宪法的修改必须经过特别的程序。《宪法》第 64 条第 1 款规定：“宪法的修改，由全国人民代表大会常务委员会或者五分之一以上的全国人民代表大会代表提议，并由全国人民代表大会以全体代表的三分之二以上的多数通过。”自 1982 年以来，我国对现行《宪法》的修改，一般都是由中共中央向全国人大常委会提出关于修改宪法的建议，由全国人大常委会提出宪法修正案，由全国人民代表大会以法定多数通过的。

对法律的修改和补充，其程序大体与制定法律的程序相同或相似。这里提出几点具体说明：第一，法律的修改要向全社会征求意见。《立法法》明确要求，法律修改的法律案及其起草、修改的说明等向社会公布，征求意见。第二，对法律的“打包”修改。《立法法》第 46 条规定：“对多部法律中涉及同类事项的个别条款进行修改，一并提出法律案的，经委员长会议决定，可以合并表决，也可以分别表决。”第三，关于法律修改的审议文件。《立法法》第 58 条中规定，修改法律的，除提出法律修改草案文本及其说明，以及必要的参阅资料外，还应当提交修改前后的对照文本；修改法律草案的说明应当包括修改法律的必要性、可行性和主要内容，涉及合宪性问题的相关意见以及起草过程中对重大分歧意见的协调处理情况。第 64 条第 1 款还规定：“法律草案与其他法律相关规定不一致的，提案人应当予以说明并提出处理意见，必要时应当同时提出修改或者废止其他法律相关规定的议案。”第四，关于法律修改后的公布。《立法法》第 63 条第 2 款规定：“法律被修改的，应当公布新的法律文本。”

---

① 关于此种意义上的法的修改，本书将在第十二章“立法监督”中详细论述。

四、立法修改和补充的方式

对立法的修改和补充，可以是全部的，也可以是局部的；可以是单独修改或补充，也可以是修、补结合。在国家的不同发展时期，立法修改和补充的方式也不尽相同。立法修改和补充的方式，可以按照不同的标准作出几种不同的分类。

1. 全面的修改和补充与部分的修改和补充

这是按立法修改和补充的内容占整部法的比重所作的一种分类。

全面的修改和补充，是指对原法作大部分甚至是全局性的变动。通常采用以新的同名法代替原来的法的方式。例如，1982年对《宪法》的修改，1997年对《刑法》的修改和补充。

部分的修改和补充，是指对原法所作的少量的或局部性的变动。全面的修改和补充之外的修改和补充，均属这种修改和补充。以全国人大常委会为例，截至目前对立法作出部分修改和补充主要采如下几种形式：（1）采用决议的形式修改和补充法律。例如，五届全国人大二次会议通过的《关于修正〈中华人民共和国宪法〉若干规定的决议》，五届全国人大五次会议通过的《关于修改〈中华人民共和国全国人民代表大会和地方各级人民代表大会选举法〉的若干规定的决议》，即属于这种形式。（2）采用修正案的形式修改法律。作出修改后，修正案单独公布；公布修正案，一般不重新公布原法律文本。在表述方式上，按照通过时间先后标明序号，表述为：《中华人民共和国××法修正案》《中华人民共和国××法修正案（二）》等。每修改原法律一条内容，在修正案中就列为一条，修正案增加或者删除法律条文，不改变原法律条文的序号。增加的条文排序在内容最相关的条文之后，表述为："第×条之一""第×条之二"等。例如，十三届全国人大一次会议通过的《中华人民共和国宪法修正案》第32条至第52条，十二届全国人大常委会第十六次会议通过的《中华人民共和国刑法修正案（九）》等。（3）采用决定的形式修改和补充法律。根据修改决定，重新公布修改后的法律文本。对修改的内容，表述为："将第×条修改为：'……'"。例如，六届全国人大二次会议通过的《关于修改〈中华人民共和国人民法院组织法〉的决定》《关于修改〈中华人民共和国人民检察院组织法〉的决定》，十二届全国人大常委会第三十次会议通过的《全国人民代表大会常务委员会关于增加〈中华人民共和国香港特别行政区基本法〉附件三所列全国性法律的决定》等。以决定的形式修改和补充法律的情形中，有一种特别的方式，就是对多部法律或一部法律的多处文字作相同修改，即通常所说的"打包"修改。如十二届全国人大常委会第十四次会议通过的《关于修改〈中华人民共和国义务教育法〉等五部法律的决定》。（4）采用规定的形式补充法律。例如，六届全国人大常委会第六次会议通过的《关于刑事案件办案期限的补充规定》，对《刑事诉讼法》中有关办案期限的问题作了补充。（5）在单项法律中作出某些或某种规定，这些规定事实上是对别的法律作出了修改或补充。如全国人大常委会通过的《专利法》《文物保护法》《食品卫生法》《水污染防治法》《药品管理法》《计量法》以及其他许多法律中关于法律责任的规定，事实上是对1979年《刑法》的某种变动，即对1979年《刑法》的某些规定的补充或扩大解释。在目前的国家立法实践中，主要采用第二、三两种形式进行法律修改和补充。

2. 明示的修改和补充与默示的修改和补充

这是按修改和补充立法的明确程度所作的一种分类。

明示的修改和补充，也称直接修改和补充，它是指以明确的方式表明对某一法或某一法的某些内容作出变动。前述以新的同名法取代原有法，以作出决议、决定或规定的方式对原有法作一定的变动，都属于明示的修改和补充。根据宪法和有关法律的规定，上级国家机关有权改变下级国家机关制定的规范性文件。这种改变实际上也是对法的明示的修改或补充。明示的修改和补充的方式，便于人们掌握哪些法或哪些法的哪些规定已发生变动，有助于法的执行、适用和遵守。这是一种常用的方式。

默示的修改和补充，又称间接修改和补充，它是指由于某一法的制定或修改，引申出或暗含着对某一法或某一法的某些规定的变动。这种修改适用“后法优于前法”的原则。例如，1982 年制定的《民事诉讼法（试行）》第 3 条第 2 款曾规定：“法律规定由人民法院审理的行政案件，适用本法规定。”1989 年《行政诉讼法》制定后，这一规定就被间接修改了，即所有行政案件一般不再适用《民事诉讼法（试行）》，而应适用《行政诉讼法》。又如，1979 年通过的《刑事诉讼法》第 53 条曾规定附带民事诉讼的赔偿范围仅限于物质损失，而 1986 年通过的《民法通则》则确认了对精神损失的赔偿。再如，1987 年通过的《全国人大常委会议事规则》和 1989 年通过的《全国人民代表大会议事规则》，都曾对《全国人民代表大会组织法》作了间接修改和补充。这种修改和补充方式的优点是不需要另作修改决定或通过修正案，而是在制定一个法的同时就修改了另一个或几个法的有关规定，有简化程序、减少成本的好处；缺点是未指明被修正的规范性文件条款，不熟悉法的人不易发现和掌握。近年来，默示的修改和补充的情况越来越少，特别是在中央国家机关的立法实践中。

3. 同位修改和补充与错位修改和补充

这是按立法的位阶顺序对立法修改和补充方式所作的一种分类。

同位修改和补充，是指同一级立法主体之间和同一级法之间的修改和补充。

错位修改和补充，是指不同级别的立法主体之间和不同级别的法之间的修改和补充。一方面，为了对立法活动实施有效的监督，上级立法主体可以修改和补充下级立法主体所制定的法，通过高层次立法可以修改和补充低层次的法。如全国人大常委会有权改变国务院的同宪法、法律相抵触的行政法规。另一方面，在上级立法主体不开展立法活动期间，或者在高层次立法一时难以产生的情况下，其他立法主体也可以有条件地进行立法的修改和补充。如全国人民代表大会闭会期间，全国人大常委会可以依照法定条件，对全国人民代表大会制定的法律进行部分补充和修改。

无论是同位修改和补充还是错位修改和补充，都应当十分慎重。立法的修改和补充，主要应当实行同一立法主体修改和补充该主体所制定的法的原则；错位修改和补充，应当是立法修改和补充的辅助方式。

资料链接

全国人大常委会的“打包”修法①

自2013年至2015年7月，国务院已经四次提请全国人大常委会对部分法律进行“打包”修改，分别是：2013年6月，十二届全国人大常委会第三次会议通过了关于《文物保护法》等12部法律的修正案。2013年12月，十二届全国人大常委会第六次会议通过了关于《海洋环境保护法》等7部法律的修正案。2014年8月，十二届全国人大常委会第十次会议通过了关于《保险法》等5部法律的修正案。2015年4月，十二届全国人大常委会第十四次会议通过了关于修改《计量法》等五部法律的决定、关于修改《港口法》等7部法律的决定、关于修改《电力法》等6部法律的决定、关于修改《义务教育法》等5部法律的决定等。

这种“打包”修法方式引起了全国人大常委会委员们的热议。十二届全国人大常委会第十四次会议在审议“关于《药品管理法》等26部法律的修正案（草案）”时，委员们纷纷发表意见。以下是几位委员的意见和建议。

龙超云委员说：“《药品管理法》等26部法律的修正案草案是一种打捆式的修法方式。2013年开始接触这种修法方式，当时还不太习惯，有些担心和疑惑，尤其担心表决的时候，委员们对条款有些同意有些不同意，怎么表决？不能全面正确地反映委员们的意愿。现在看来，这种打捆修法的方式应是一种新常态。”

彭森委员说：“长期以来，我们在改革开放过程中，都涉及对现行一些法律的修订和完善的问题。从国外来讲，一般改革都是通过修法来进行，而中国过去长期以来往往是先改革试点突破，然后再通过法律进行稳定和完善，进一步地巩固改革的成果。这次四中全会要求把各项改革纳入法治的轨道上来，立法工作应该进一步发挥对全面深化改革的引导作用和保障作用。这次审议的这26部法律修正案草案体现了依法治国的精神，这个工作本身意义就是非常重大的。”

姒健敏委员说：“这次不能这么笼统地修改，表面看是减少审批，把26部法律归归类一起修改了，但实际上是把一些性质不同的审批许可简单地按同一性质处理了。如把药品和邮政、铁路价格放开放在一处，实际上是将药品这一特殊消费品，需控制的专卖品，与一般可以不用监管的消费同类处理了，药品一定要有计划生产，严格控制消费，且不能单纯以价格来作为选药的标准，这种审批是不能放的。”

郎胜委员说：“一次这么多，委员们要在较短的时间内，对这些内容去领会，审议起来是比较困难的。如果一揽子打包表决，有时候对个别条款或者对某一个方面的内容有意见就不太好表态，可能因为对一条或者个别条款有意见，而影响整个草案的表决。是否可以考虑按照今年修改的《立法法》的要求，对多部法律中涉及同类事项个别条款进行修改一并提出法律案的，经委员长会议决定，可以分别打包，分别表决。建议由法制工作部门和国务院有关部门沟通协调后逐个梳理，进行分类、把现在一个大包能够变成一些小的包，这样审议、表决起来也更方便。”

① 这则资料由叶传星教授根据相关媒体报道等进行整理。

第二节　立法的废止

一、立法废止的概念、特征和目的、意义

（一）立法废止的概念和特征

立法的废止，也经常被称为法的废止，是指有关立法主体依据一定的职权和程序，使其所制定的规范性文件失去法律效力的专门活动。立法废止，也是完善立法的组成部分。

立法废止的特征主要有：(1) 它不是直接为法律规范体系增加新的内容，而是以纯化规范性文件的方式促进法律规范体系的发展。(2) 它与法律效力的问题密切相关，立法废止能直接导致某些规范性文件正式失去效力。(3) 它所指向的对象只能是一个完整的规范性文件。如果使一个规范性文件的部分规定或内容失效，就不是立法废止，而属于立法修改的范畴。

按照立法废止方式的不同，其一般被分为明示废止和默示废止。

(1) 明示废止，即在新的法中以明文规定对旧法加以废止。这种方法也被称为“积极的表示方法”，为当今世界各国普遍采用。我国《立法法》第 63 条就规定：法律被废止的，除由其他法律规定废止该法律的以外，由国家主席签署主席令予以公布。

(2) 默示废止，即不以明文规定废止旧法，而是在司法实践中发现并认为新法与旧法相冲突，因而实际上发生了废止旧法的效力。例如，如果新法与旧法有矛盾，立法机关又没有明示废止旧法，司法机关从法理的角度出发，运用“新法优于旧法”或“后法优于前法”的原则，以新法或后法为准，实际上等于旧法被新法默示地废止了。①

（二）立法废止的目的和意义

立法废止的目的和任务，主要是将有关规范性文件从现行法中清除出去，使法律规范体系得到纯化、完善。实践中之所以要进行立法的废止，其意义在于：(1) 使现行法更好地适应社会关系发展变化的需要。当法所调整的社会关系发展变化而不需要原先调整它的法存在时，立法废止的任务就产生了。特别是一些法所调整的社会关系本身就具有一定的时代背景和情势，一旦时过境迁，调整这种社会关系的法也就失去了存在的价值。注意适时地进行立法废止活动，有利于法律规范体系与它所调整的社会关系协调发展。(2) 使法律规范体系不断得到完善和发展。法律规范体系发展的规律要求，各种规范性文件要与时俱进、推陈出新。那些已无存在价值的法不予废止，就会成为消极因素，或者抵消其他规范性文件的价值，或者阻碍新法的产生，或者妨碍新法发挥应有的作用。适时进行立法废止活动，可以促使法律规范体系内部和谐一致。

---

① 关于该方面问题可以参见本书第七章“立法效力”。

二、立法废止的权限和程序

（一）立法废止的权限

在我国，立法废止与法的制定、修改和补充一样，也要依照法定的权限进行。一般而言，立法废止的主体是该法制定者本身。当某部法已过时或已不符合需要时，应当由制定者自己废止；没有废止权的主体，不得宣告某部法的废止。在立法废止的活动中，通常是由制定者就自己所制定的规范性文件宣告废止；在有些情况下，上级制定者也可以宣告下级制定的法的废止。

（二）立法废止的程序

立法废止的程序也是立法程序的一种，因而它同法的制定、修改和补充一样，也要经历提案、审议、表决和公布等基本程序。不同之处是：（1）在立法废止的准备阶段，不必像法的制定、修改和补充那样经过复杂的过程，不必过分强调立法预测、立法规划等活动。（2）在提案、审议、表决和公布等程序上，立法废止相较于法的制定、修改和补充要更为简单。

三、立法废止的方式

在我国的立法实践中，主要有如下几种立法废止的方式。

（一）在新法中明确规定废止旧法

这种形式是最常见的。立法实践中，一般在新法的附则中（没有附则的一般在法律的最后部分）明文规定：被新法取代的旧法被废止。例如《海关法》第102条规定："本法自1987年7月1日起施行。1951年4月18日中央人民政府公布的《中华人民共和国暂行海关法》同时废止。"

（二）已有新法颁布，旧法自然失效

与上述方式不同的是，没有在新法中明确规定旧法废止，但由于新法已经在法的内容、调整对象等方面取代了旧法，旧法已自然失效，实际上就被废止了。例如，1979年《刑法》颁布后，1951年2月、1952年4月中央人民政府委员会批准发布的《惩治反革命条例》《惩治贪污条例》，其内容有的已包括在《刑法》中，有的已经过时，因此停止实施。

（三）有的法已经完成其历史任务而被废止

这种方式主要用于因政治、经济、社会等客观情况发生变化，调整对象已经不存在了，或者已经不需要再用该法进行调整的情形。例如，2005年3月，时任国务院总理温

家宝在十届全国人大三次会议上所作的《政府工作报告》中提出：2005 年，要稳定、完善和强化对农业的扶持政策，加快减免农业税步伐，在全国大范围、大幅度减免农业税，592 个国家扶贫开发工作重点县免征农业税；2006 年，将在全国全部免征农业税，原定 5 年取消农业税的目标，3 年就可以实现。为保障和推进我国农村税费改革，2005 年 12 月，十届全国人大常委会第十九次会议通过《全国人民代表大会常务委员会关于废止〈中华人民共和国农业税条例〉的决定》，公布：第一届全国人大常委会第九十六次会议于 1958 年 6 月 3 日通过的《中华人民共和国农业税条例》自 2006 年 1 月 1 日起废止。这标志着在我国实行了长达 2 600 年的农业税从此退出历史舞台，其历史使命已经结束，已没有相应立法进行调整的必要。

（四）以专门文件的形式废止旧法

这是“一揽子”的废止，与规范性文件的清理有相似和联系之处。例如：1986 年《国务院关于废止部分财贸法规的通知》《国务院关于废止部分农林法规的通知》，1987 年《国务院关于废止部分外事外经贸、工交城建、劳动人事和教科文卫法规的通知》《国务院关于废止部分政法、军事、机关工作和其他法规的通知》；2009 年 6 月，十一届全国人大常委会第九次会议通过《全国人民代表大会常务委员会关于废止部分法律的决定》等。根据这些决定和通知，大量的规范性文件被“一揽子”废止。

第三节　规范性文件系统化

立法完善的一个重要目的，就是使一国已有的规范性文件通过系统化形成严密、有效的体系。规范性文件的系统化，是指将不同国家机关制定颁布的各种规范性文件按照一定要求进行分类、整理或加工，使之统一、完整、明确和有序。[①] 规范性文件的系统化是立法过程中必不可少的重要活动，它包括法律清理、法律汇编（法规汇编）和法典编纂。

一、法律清理

（一）规范性文件清理的概念

规范性文件清理，也称为法律（法规）清理或法律（法规）整理，是指有关国家机关在其职权范围内，按照一定的方法，对一定范围内的规范性文件进行审查，确定它们是否继续适用或是否需要变动（修改、补充或废止）的专门活动。[②]

规范性文件清理的目的，是把现存的有关规范性文件，以一定方式，加以系统的研

① 参见孙国华、朱景文主编：《法理学》，4 版，115 页，北京，中国人民大学出版社，2015。
② 参见孙国华、朱景文主编：《法理学》，4 版，117 页，北京，中国人民大学出版社，2015。

究、分析、分类和处理。规范性文件的清理，有两方面的基本任务，并由此形成两个阶段。一是搞清楚现存各种规范性文件的基本情况，确定哪些可以继续适用，哪些需要修改、补充，哪些需要废止。这是梳理规范性文件的阶段。二是对可以继续适用的，列为现行规范性文件；对于需要修改或补充的，要适时提上修改或补充的日程；有些需及时修改、补充的，应在修改、补充后列为现行的法律规范；对于需要废止的，进行废止。这是处理规范性文件的阶段。

在清理的第一阶段，不需要在原有的规范性文件中增加新的内容，也不改变它的面貌，而是对其进行分析、分类，因而不是直接制定或变动规范性的立法活动。但由于这一阶段是就现存规范性文件是否继续适用或是否需要变动作出决策，它关系到法律规范或存或废或改的问题，因而也具有创制规范性文件的性质。在第二阶段，要具体解决规范性文件的存在、废止、修改或补充的问题，因而这一阶段的清理，是直接的正式的创制规范性文件的活动。

（二）规范性文件清理的权限和程序

1. 规范性文件清理的权限

规范性文件的清理，只能由拥有一定立法权的国家机关或这些机关授权的机关进行。在立法实践中，规范性文件的清理，有的是由立法主体授权的工作机构，如全国人大常委会法制工作委员会，或立法主体授权成立的临时工作机构，如国务院法规清理小组来具体操作；同时，由立法主体对它们的清理报告或结果加以审查、批准。

立法主体或其授权的主体，应当在自己的职权范围内进行规范性文件的清理，既不能越权清理自己无权清理的规范性文件，又不能越俎代庖清理不必由自己清理的规范性文件，也不能在有必要清理自己所制定的规范性文件时不作清理。通常应当坚持谁制定谁清理的原则。如无授权，超出自己的职权范围而清理别的主体所制定的规范性文件，即为越权。上级主体或监督主体认为下级主体或受监督主体必须进行规范性文件的清理时，有权责成或要求其抓紧清理，但不必自己代替其清理，如全国人大常委会有权要求国务院清理行政法规而不必代替后者清理，国务院有权责成其下属部门清理部门规章但不必代替后者去清理。目前，全国人大常委会、国务院、国务院下属部门及地方有权制定地方性法规、规章和自治法规（包括自治条例和单行条例）的国家机关，其规范性文件清理的范围应包括：法律、行政法规、监察法规、部门规章、地方性法规、地方政府规章、自治条例和单行条例。

2. 规范性文件清理的程序

规范性文件的清理应按程序而不能随意进行，其清理的程序主要有两种：一种是，由立法主体自己作出清理规范性文件的决策，然后授权其工作机构或专门成立的临时机构具体进行清理。这些机构在清理工作完成后提出规范性文件清理案，再由立法主体对清理案加以审议，在审议过程中如有必要则由立法主体或其授权提案的机构进行修改；清理案经审议通过后，由立法主体予以批准并以一定的形式正式公布。另一种是，由立法主体授权的专门工作机构根据已有的关于清理规范性文件的规定或客观需要，直接向立法主体提出规范性文件的清理案，然后由立法主体对清理案加以审议，之后的程序与上一种的程序相同。

（三）规范性文件清理的方法

规范性文件的清理方法，通常分为集中清理、定期清理和专项清理三种。

1. 集中清理

从时间上讲，集中清理是指对较长时间内的规范性文件进行清理；从内容上讲，集中清理是指对较多或一定立法主体所制定的各方面的规范性文件进行清理。集中清理的历史跨度大，内容涉及面广，因而比其他清理需要的人员多、时间长。

集中清理通常发生在如下几种情况：第一种是发生在重要的历史转折时期。在这种时期，执政者为适应历史转折对立法的需求，或为实现治理国家、管理社会的目标，往往集中大量的人力，用较多时间，对长期积累的规范性文件进行系统的清理，并在此基础上总结经验，编纂或制定新的法律规范。古罗马查士丁尼皇帝进行的法律清理就是一例。第二种是发生在法制原本落后，而新的历史时期迫切需要执政者较好地运用立法保障和促进社会发展的情况下。第三种是发生在形势发展较快而以前的规范性文件不相适应的情况下。

2. 定期清理

定期清理是指把清理规范性文件当作一项常规性工作，每隔一定时期进行一次清理。它的好处是，有助于及时协调法与法之间、法与社会变化和社会需求之间的关系，有助于及时发现和解决问题。如国务院于 1985 年要求国务院各部门和各省、自治区、直辖市人民政府应每年清理法规一次。

3. 专项清理

专项清理是指专门对某种内容的规范性文件或某种形式的规范性文件进行的清理。专项清理的好处是针对性强，有助于集中时间和力量解决某一方面或某一领域的规范性文件混乱问题。

中华人民共和国成立以来，全国人大常委会进行过多次规范性文件的清理活动。例如，1979 年 11 月，五届全国人大常委会第十二次会议通过的《全国人民代表大会常务委员会关于中华人民共和国建国以来制定的法律、法令效力问题的决议》明确规定：从 1949 年 10 月 1 日中华人民共和国建立以来，前中央人民政府制定、批准的法律、法令；从 1954 年 9 月 20 日第一届全国人民代表大会第一次会议制定《中华人民共和国宪法》以来，全国人民代表大会和全国人民代表大会常务委员会制定、批准的法律、法令，除了同第五届全国人民代表大会制定的宪法、法律和第五届全国人民代表大会常务委员会制定、批准的法令相抵触的以外，继续有效。这实际上宣布了对同五届全国人大制定的宪法、法律和五届全国人大常委会制定、批准的法令相抵触的法律、法令，要进行清理。但当时并没有具体宣布哪些法律、法令继续有效或无效。经过一定时期的清理，到 1987 年 11 月，六届全国人大常委会第二十三次会议批准的《全国人大常委会法制工作委员会关于对 1978 年底以前颁布的法律进行清理的情况和意见的报告》明确宣布：从 1949 年

9 月至 1978 年年底，由中国人民政治协商会议第一届全体会议、中央人民政府委员会、全国人民代表大会及其常务委员会制定或者批准的 134 件法律中，已失效的有 111 件，继续有效或者继续有效正在研究修改的有 23 件；同时，1978 年年底前，全国人大常委会批准民族自治地方的人民代表大会和人民委员会组织条例 48 件，因情况变化不再适用，宣布失效。

二、规范性文件的汇编

（一）规范性文件汇编的概念

规范性文件汇编，是在清理规范性文件的基础上，按照一定顺序，将各种规范性文件集中起来，加以系统的编排，汇编成册。对规范性文件汇编，在立法实践中，人们又将其简称为“法律汇编”“法规汇编”等。[①]

规范性文件汇编与规范性文件清理有着直接的关系。规范性文件汇编通常应当以规范性文件的清理为基础。如果不进行规范性文件的清理，不清楚哪些规范性文件可以继续有效，哪些规范性文件应当予以废止，在规范性文件的汇编中就不能注明所汇编的各个规范性文件的有效性。这样的规范性文件汇编，对于规范性文件的制定者特别是规范性文件的使用者，就难以发挥有效的作用，对于普通公民甚至可能造成误导。同时，规范性文件汇编通常可以作为体现规范性文件的清理结果、实现规范性文件清理目的的一种重要形式。

规范性文件汇编的主要内容是将规范性文件集中化、系统化。规范性文件汇编一般不改变文件的文字和内容，而是对现有文件进行汇集和技术性处理，把它们编排起来。可见，规范性文件汇编是对规范的一种外部加工，是整个创制规范性文件活动的辅助性工作，它本身不是创制活动。

（二）规范性文件汇编的分工及汇编过程

由于规范性文件的汇编不是创制规范性文件的活动，一般不会产生法律效力，所以规范性文件汇编的主体，既可以是拥有和行使创制规范性文件职权的机关，也可以是经批准的其他机关、社会组织或专业人士。

为保证规范性文件汇编具有较高的权威性，以便作为执行、适用和遵守的可靠依据，规范性文件汇编一般应由创制规范性文件的主体或者其工作机构进行。在我国以往的实践中，还没有以立法主体的名义编辑的法律汇编或法规汇编，但有它们的工作机构编辑的法律汇编或法规汇编。

1990 年 7 月，国务院发布了《法规汇编编辑出版管理规定》；2019 年 3 月，依据《国务院关于修改部分行政法规的决定》修订了这个规定。根据这个规定，目前我国有资格编辑出版规范性文件的主体有：全国人大常委会法制工作委员会，司法部，中央军委法制局，国务院各部门，地方各级人大常委会和地方各级人民政府指定的机构。它们编

---

① 参见孙国华、朱景文主编：《法理学》，4 版，116 页，北京，中国人民大学出版社，2015。

辑出版的法律汇编或法规汇编（包括法规选编、类编、大全等），是国家出版的法律汇编或法规汇编的正式版本。

上述主体的具体分工如下。

1. 关于单项规范性文件汇编的分工

法律汇编由全国人大常委会法制工作委员会编辑；行政法规汇编由司法部编辑；军事法规汇编由中央军委法制局编辑；部门规章汇编由国务院各部门依照该部门职责范围编辑；地方性法规和地方政府规章汇编，由具有地方性法规和地方政府规章制定权的地方国家机关指定的机构编辑。

2. 关于综合性规范性文件和专门性规范性文件汇编的分工

全国人大常委会法制工作委员会和司法部可以编辑法律、行政法规、部门规章、地方性法规和地方政府规章的综合性规范性文件的汇编，中央军委法制局可以编辑有关军事方面的法律、法规、条令汇编，国务院各部门可以依照本部门职责范围编辑专业性的法律、行政法规和部门规章汇编。

3. 关于内部使用的规范性文件汇集的分工

根据工作、学习、教学、研究需要，有关机关、团体、企业事业组织可以自行或委托精通法律的专业人员编印供内部使用的规范性文件的汇集。这种汇集需要正式出版的，应当经出版行政管理部门核准。除此之外，个人不得编辑规范性文件的汇编。

规范性文件汇编的过程一般分为编辑和出版发行两个阶段。第一阶段是规范性文件汇编的实体性阶段。它主要解决两方面的问题：一是正确确定规范性文件汇编的主体，二是用正确方法进行具体汇编工作。对于规范性文件汇编的编辑要求，国务院《法规汇编编辑出版管理规定》第 6 条作出了具体规定。第二阶段是体现规范性文件汇编成果的阶段。它要根据国家法定的规范性文件汇编出版发行制度进行。对于规范性文件汇编的出版发行制度，国务院《法规汇编编辑出版管理规定》第 7 条至第 15 条作出了具体规定。①

（三） 规范性文件汇编的方法

进行规范性文件汇编，需要选择和确定汇编的具体形式或类型。规范性文件汇编的形式或类型，主要分单项汇编和综合性汇编两种。

1. 单项汇编

单项汇编是根据一定的标准，把某类、某方面、某领域或某几类、某几方面、某几领域的规范性文件汇集起来。这种汇编通常包括：（1）根据立法体制和规范性文件的效力等级进行的汇编，即把国家法律、行政法规、部门规章、地方性法规、地方政府规章、自治条例和单行条例等规范性文件，分别进行汇编。（2）根据规范性文件是否现行有效进行汇编。如国务院原法制局（或法制办公室）把现行有效的行政法规单独汇编为《中

---

① 近年来，随着互联网的迅速发展，许多网站用规范性文件汇编的形式建立了各种法律、法规库。对于该方面问题，值得深度关注和深入研究。

华人民共和国现行法规汇编》。(3) 根据规范性文件的性质和内容汇编，如《中国涉外经济法规汇编》《交通法规汇编》等。(4) 根据规范性文件的重要性和编者的意图汇编。这种汇编也就是通常所说的选编，如《中华人民共和国组织法选编》等。

2. 综合性汇编

综合性汇编是把各种形式的规范性文件（包括有效的和无效的规范性文件）都汇集起来的总的、全面的汇编。这种汇编有助于了解规范性文件的全貌和整体发展轨迹。我国于20世纪50年代和60年代出版的《中华人民共和国法规汇编》，就属于此类。《中华人民共和国法律全书》汇集了法律、行政法规、部门规章和最高司法机关的重要规范性文件和司法解释，其规模可视为中央一级综合性的规范性文件的汇编。

（四）规范性文件汇编的结构

规范性文件汇编的结构是指汇编应当由哪些部分组成的问题。单项规范性文件汇编的构成，只能根据它们各自的特点作出安排，不宜作出统一规定。综合性的规范性文件汇编应当由哪些部分构成，可以有统一的标准，即依照一国部门法或法律体系的结构作出划分。我国汇集法律和行政法规的《中华人民共和国法规汇编》，其结构主要由总类、国家机构、基本建设、经济体制改革、外事、司法、公安、民政、财政、税务、金融、商业、外贸、农业、林业、城乡建设、环境保护、工业、地质矿产、能源、物价、工商管理、劳动人事、文化、科学技术、教育、卫生等部分构成。

（五）规范性文件汇编的内容、编排和技术性处理

1. 关于汇编内容

首先要确定汇编的内容范围，即确定本汇编汇集哪些方面的规范性文件；其次要确定汇编的时间范围，即确定本汇编汇集什么时期内公布的规范性文件；最后要确定汇编内容的效力范围，即确定本汇编仅汇集现行规范性文件，还是现行规范性文件和失效规范性文件都汇集。同时要注意汇编内容的完整，收入汇编的规范性文件，其名称，通过和公布的机关、日期，批准或发布的机关、日期，施行日期，章节条文标题，正文等，应当全部编入，不应随意删减和改动。

2. 关于汇编的排列顺序

排列汇编中各项规范性文件时通常采取两个步骤：先把汇编所要汇集的规范性文件按其内容分成若干部分或门类，排出顺序；然后把每一部分或门类的规范性文件按公布的时间顺序排列。

3. 关于汇编的技术性处理

汇编不是创制规范性文件，因而不能对规范性文件进行增删、改动，只能进行技术性处理。技术性处理的范围，仅限于改正规范性文件的文法、语法错误，并要对改动处加注说明。

三、规范性文件的编纂

（一）规范性文件编纂的概念

规范性文件的编纂，又称法律编纂或法典编纂。它是指有权的国家机关在清理和汇编规范性文件的基础上，将现存的同类法律规范或同一部门法律规范加以研究审查，从统一的原则出发，决定它们的存废，对它们加以修改、补充，最终形成集中统一的、系统的规范性文件。[①]

规范性文件编纂的主要任务，是将同类的规范性文件统一起来，形成一个系统的整体，消除规范性文件中的矛盾、混乱。

编纂和清理有相同之处。进行规范性文件编纂也需要分析现有的规范性文件哪些可以继续适用，哪些应当修改、补充、废止，也需要进行规范性文件清理并利用清理的结果。但两者又有重要区别：编纂的着眼点是编纂出新的独立的规范性文件，清理的着眼点是整理现存的规范性文件并根据需要加以处理；编纂是对同类规范性文件的肯定、修改、补充、废止，清理的范围则不限于同类规范性文件，它既可以对同类规范文件也可对不同类的规范性文件进行处理。

编纂和汇编也有相同之处，它们的目的都是使规范性文件趋于系统化。编纂是对现存规范性文件加以改造的创制规范性文件的活动，其主体只能是有权制定规范性文件的机关；而汇编则是将现存规范性文件加以汇集而不加以改变的活动，它本身不是制定规范性文件的活动，其主体可以是也可以不是有权制定规范性文件的机关。

编纂和制定新的规范性文件，结果都是使法律规范系统增加新的内容。但制定新的规范性文件并不像编纂那样使现存的规范性文件产生诸多变化。规范性文件编纂，是一个综合集成的过程，即保留一部分规范、删除一部分规范、补充一部分规范，从而将旧的、零散的规范性文件变为新的、完整统一的规范性文件的过程。

（二）规范性文件编纂的意义

规范性文件编纂的意义，主要有如下几方面：

（1）有助于实现规范性文件的科学性、系统性。规范性文件编纂可以使人们发现现存规范性文件中不科学、不合理的地方，从而去改善它、消除它；也有利于解决现存规范性文件的零乱、混乱、不完整、留有空白等问题；还可以将重复、庞杂的同类规范性文件，综合为单一的、系统化的规范性文件。

（2）有助于促进规范性文件体系的完善。一个法律部门经过编纂，有可能形成一个或若干个重要的法，由它们作为基础，该部门法就会逐渐完善。

（3）有助于推动法制的统一。规范性文件的编纂通过对现存的同类法律规范的整理和系统化，通过改造现存同类规范性文件，并统一编纂，可以消除原有法律规范与法律

---

① 参见孙国华、朱景文主编：《法理学》，4版，116页，北京，中国人民大学出版社，2015。

规范之间、部门法与部门法之间的矛盾、重复，从而促进国家法制的统一。

(4) 有助于规范性文件的贯彻施行。规范性文件编纂可以在改造现存规范性文件，消除同类规范性文件的矛盾、重复、庞杂和不完善之处的基础上，提供统一的、较完善的、调整某一方面社会关系的规范性文件，从而减少法的执行、适用和遵守中的麻烦和不便。

（三）规范性文件编纂的权限

规范性文件编纂是一种直接产生大量而且系统的规范性文件的重要活动，因而它只能由有权制定规范性文件的主体进行。更进一步说，由于编纂产生的是重要的规范性文件，因此它也不是随便哪个有权制定规范性文件的主体都能进行，而只能由这些主体中级别或规格最高的主体进行。

编纂的主体，应当在自己的职权内进行规范性文件的编纂。现阶段，我国规范性文件编纂主体的权限划分是这样的：(1) 法典的编纂权属于全国人民代表大会。由于编纂的法典通常是基本法律的法典化，因而全国人大常委会不享有法典编纂权。(2) 法律的编纂权属于全国人大常委会。这里所说的法律是指基本法律以外的法律。(3) 行政法规的编纂权属于国务院。(4) 地方性法规的编纂权属于有地方性法规制定权的地方国家权力机关。(5) 自治法规的编纂权属于民族自治地方的国家权力机关，但不包括其常设机关。由于民族自治地方的单行条例所调整的事项比较具体，级别或效力等级不及自治条例，自治法规的编纂是指编纂重要的自治条例，不包括单行条例。(6) 国家部门规章和地方政府规章作为级别或层次较低的、具体调整有关事项的规范性文件，一般不存在编纂问题。(7) 特别行政区法律的编纂权属于特别行政区的立法机关。

（四）规范性文件编纂的过程

规范性文件编纂有准备、正式开展和加以完善三个阶段。

第一，规范性文件编纂过程的准备阶段，主要是对规范性文件的清理或汇编。编纂通常要在清理和汇编的基础上进行。编纂可以是利用已有的清理和汇编结果，也可以是为编纂而专门进行清理和汇编。后一种意义上的清理结果可以不公布，汇编结果可以不出版，因而它们有别于前述正式意义上的规范性文件的清理和汇编。

第二，规范性文件编纂的正式开展阶段，就是通常所说的立法过程中规范性文件由提案到公布的阶段。在这一阶段，除一些重大法律、法规的编纂要设立专门的机构，需要履行某些特别或临时程序外，其他法的编纂过程与一般立法程序相同。

第三，规范性文件编纂的完善阶段。这个阶段与一般法的完善过程相同。

（五）规范性文件编纂的方法

规范性文件的编纂比单纯制定新的规范性文件，有更严格的要求，需要做更多的工作。编纂规范性文件的重要条件，是要有一定数量的、同类单行规范性文件存在，是在它们的基础上进行删改、补充，形成一个新的、系统性的规范性文件。不具备这一条件，就只能制定新的规范性文件，谈不上进行编纂。由于经过编纂产生的规范性文件是在修改、补充、综合既有单行规范性文件的基础上形成的，所以它在规模、规格上要高于单行的规范性文件。

规范性文件编纂通常是在既有同类法典或在法典和单行法两者的基础上进行。如我国唐朝时的《永徽律》是在《武德律》《贞观律》两部法典的基础上编纂成的。《法国民法典》是在改造罗马法，以及把 1803 年 3 月 15 日到 1804 年 3 月 20 日陆续公布的民事单行法律加以汇总的基础上编纂而成的。2020 年 5 月诞生的《民法典》，就是对我国现行的、改革开放以来不同时期制定的民法通则、物权法、合同法、担保法、婚姻法、收养法、继承法、侵权责任法和人格权方面的民事法律规范进行全面系统的编纂修订。

规范性文件编纂，无论是法律编纂还是法规编纂，都要采取分析和综合相结合并以综合形式出现的方法进行。所谓分析，主要是分析研究既有的同类规范性文件，找出它们的可用和应废之处、重复和空白之处。所谓综合，主要是保留其可用之处，抛弃其应废之处，删减其重复之处，填补其空白之处。所谓以综合形式出现，就是在对同类规范性文件（有时也包括较多内容的法律、法规）加以改造完善后，形成一个完整统一的规范性文件。

大规模的规范性文件编纂通常发生在一国鼎盛时期，立法有相当的繁荣发展以致规范性文件颇为杂乱，不进行编纂已无法改变这种局面的情势之下。规范性文件编纂可以成为一项常态化、机制化的工作，但不可随意进行。

资料链接

《民法典》制定过程

编纂一部真正属于中国人民的民法典，是新中国几代人的夙愿。党和国家曾于 1954 年、1962 年、1979 年和 2001 年先后四次启动民法制定工作。第一次和第二次，由于多种原因而未能取得实际成果。1979 年第三次启动，由于刚刚进入改革开放新时期，制定一部完整民法典的条件尚不具备。在党的十一届三中全会背景下，当时领导全国人大法制委员会立法工作的彭真、习仲勋同志经过深入研究后，确定按照“成熟一个通过一个”的工作思路，先制定民事单行法律。之后，修改了《婚姻法》，相继出台《继承法》《民法通则》《收养法》《担保法》《合同法》等。2001 年第四次启动，九届全国人大常委会组织起草《中华人民共和国民法（草案）》，并于 2002 年 12 月进行初审。经讨论和研究，仍确定继续采取分别制定单行法的办法推进我国民事法律制度建设。2003 年十届全国人大以来，又陆续制定了《物权法》《侵权责任法》《涉外民事关系法律适用法》等。经过多年来的努力，我国民事立法富有成效，逐步形成了比较完备的民事法律规范体系，民事司法实践积累了丰富经验，民事法律服务取得显著进步，民法理论研究也达到较高水平，全社会民事法治观念普遍增强，为编纂民法典奠定了较好的制度基础、实践基础、理论基础和社会基础。随着我国社会主义现代化事业不断发展和全面依法治国深入推进，人民群众和社会各方面对编纂和出台民法典寄予很大的期盼。

民法是中国特色社会主义法律体系的重要组成部分，是民事领域的基础性、综合性法律，它规范各类民事主体的各种人身关系和财产关系，涉及社会和经济生活的方方面面，被称为“社会生活的百科全书”。以习近平同志为核心的党中央高度重视民法典编纂工作，将编纂民法典列入党中央重要工作议程，并对编纂民法典工作任务作出总体部署、提出明确要求。2016年6月、2018年8月、2019年12月，习近平三次主持中央政治局常委会会议，听取并原则同意全国人大常委会党组就民法典编纂工作所作的请示汇报，对民法典编纂工作作出重要指示，为民法典编纂工作提供了重要指导和基本遵循。十二届、十三届全国人大常委会都将编纂民法典纳入全国人大常委会立法规划和年度立法工作计划，确定为全国人大常委会的立法工作重点项目，积极持续推进。

编纂民法典采取“两步走”的工作思路进行：第一步，制定民法总则，作为民法典的总则编；第二步，编纂民法典各分编，经全国人大常委会审议和修改完善后，再与民法总则合并为一部完整的民法典草案。2015年3月，全国人大常委会法工委启动民法典编纂工作，着手第一步的民法总则制定工作，以1986年制定的《民法通则》为基础，系统梳理总结有关民事法律的实践经验，提炼民事法律制度中具有普遍适用性和引领性的规则，形成民法总则草案，2016年由十二届全国人大常委会进行了三次审议，2017年3月由十二届全国人大五次会议审议通过。之后，十二届、十三届全国人大常委会接续努力、抓紧开展作为民法典编纂第二步的各分编编纂工作。全国人大常委会法工委与最高人民法院、最高人民检察院、司法部、中国社会科学院、中国法学会等五家民法典编纂工作参加单位全力推进民法典各分编编纂工作，系统梳理、研究历年来有关方面提出的意见，开展立法调研，广泛听取意见建议，以现行《物权法》《合同法》《担保法》《婚姻法》《收养法》《继承法》《侵权责任法》等为基础，结合我国经济社会发展对民事法律提出的新需求，形成了包括物权、合同、人格权、婚姻家庭、继承、侵权责任等6个分编在内的民法典各分编草案，提请2018年8月召开的十三届全国人大常委会第五次会议审议。其后，2018年12月，2019年4月、6月、8月、10月，十三届全国人大常委会第七次、第十次、第十一次、第十二次、第十四次会议对民法典各分编草案进行了拆分审议，对全部6个分编草案进行了二审，对各方面比较关注的人格权、婚姻家庭、侵权责任3个分编草案进行了三审。在此基础上，将《民法总则》与经过常委会审议和修改完善的民法典各分编草案合并，形成《中华人民共和国民法典（草案）》，提请2019年12月召开的十三届全国人大常委会第十五次会议审议。经审议，全国人大常委会作出决定，将民法典草案提请十三届全国人大三次会议审议。①

在民法典编纂过程中，多次将草案印发地方人大、基层立法联系点、中央有关部门征求意见；先后10次通过中国人大网公开征求意见，累计收到42.5万人提出的102万条意见和建议；印发全国人大代表、部署组织全国人大代表研读讨论民法典草案工作，征求代表意见；27次赴地方开展立法调研，广鉴民情、汇聚民意、集中民智；在北京召开几十次座谈会，听取有关部门、专家的意见。此外，专门委托国家统计局社情民意调查中心对人民群众的结婚意向年龄开展调查。编纂民法典是科学立法、民主立法、依法

① 以上资料摘自第十三届全国人大常委会副委员长王晨于2020年5月22日在十三届全国人大三次会议上所作的《关于〈中华人民共和国民法典（草案）〉的说明》，载 http：//www.npc.gov.cn/npc/c30834/202005/50c0b507ad32464aba87c2ea65bea00d.shtml。

立法的生动实践。民法典是新中国条文最多、体量最大、篇章结构最复杂的立法。征求意见100多万条。这在立法工作中是从来没有过的，可以说树立了民主立法的典范。在全国人民代表大会审议期间，根据1 290名代表提出的3 049条意见，对民法典草案作了100多处修改，其中实质性修改40多处。

2020年5月28日，十三届全国人大三次会议以2 879票赞成、2票反对、5票弃权通过了《民法典》。《民法典》共7编、1 260条，各编依次为总则、物权、合同、人格权、婚姻家庭、继承、侵权责任，以及附则。这是新中国成立以来第一部以“法典”命名的立法，开创了我国法典化立法的先河，在新中国法治建设史上具有里程碑意义。①

问题与思考

1. 立法完善包括哪些形式？
2. 如何进行立法的修改与补充？
3. 什么情况下要进行立法的废止？
4. 规范性文件的系统化有哪些方式？
5. 规范性文件清理的权限、程序和方法是什么？
6. 哪些主体可以进行规范性文件汇编？汇编的过程和方法是什么？
7. 规范性文件编纂的条件是什么？如何进行编纂？
8. 简述《民法典》制定过程及其对当代法典编纂的启示。

延伸阅读

1. 林彦．再论全国人大常委会的基本法律修改权．法学家，2011（1）
2. 刘风景．包裹立法的中国实践．法学，2014（6）
3. 卢勤忠．我国刑法修正案立法的问题及对策．南京大学学报（哲学·人文科学·社会科学），2009（3）
4. 杨斐．法律修改研究：原则·模式·技术．北京：法律出版社，2008

① 以上资料摘自时任全国人大常委会法制工作委员会副主任刘俊臣在《中国人大》杂志2020年第13期发表的《一部充满时代气息的中国特色社会主义民法典》一文。另可参见朱宁宁：《以良法促进发展保障善治》，载法治日报，2020－11－13。

第十一章
立法解释

本章导读

立法解释也是立法过程中完善立法的一个重要环节。立法解释有助于增强立法的系统性、整体性、协同性、时效性。中国已逐步建立了有特色的法律解释体制，立法解释是其中的重要组成部分。全国人大常委会的法律解释在立法解释中处于核心地位。应当结合中国国情和立法体制特点，更充分发挥立法解释的作用。

关键术语

立法解释　解释程序　解释方法　全国人大常委会　法律解释　行政法规　地方性法规

第一节　立法解释概述

一、立法解释的概念

对法律规则的立改废释，是提高立法质量，增加立法的系统性、整体性、协同性、时效性的主要方式。其中的“释”就是指法律解释。广义上的法律解释，通常是指解释者对法律规则及相关内容等所作的理解和说明。立法解释是法律解释的一种方式。

可以从不同角度来认识立法解释。如果将立法解释纳入立法过程中来理解，立法解释作为广义立法过程的一个环节，是完善立法的重要方式之一。也可以将立法解释作为法律解释的一种形式，从解释学的角度来认识它。立法解释，在其字面含义上，是指解释者对规范性文件中的法律条文及相关内容等所作的理解和说明。但是，鉴于对“立法”这一概念的界定不同，人们对立法解释也有不同的理解。

在最广泛的意义上，立法解释即对所有立法的解释。这种含义的立法解释可以是有权解释，也可以是任意解释；解释主体可以是立法机关、行政机关或司法机关，也可以是其他组织或个人。因而，只要是对立法（或称成文法、制定法）的解释，都可以被视为一种立法解释（也可以称成文法解释、制定法解释）。不过，这种最广义上的立法解释概念并不常用。

较为广义的立法解释概念通常包括两种情形：其一，立法解释指有立法权的专门国家机关及其授权的机关对立法规定等所作的理解和说明。根据这个定义，立法解释主体除立法的制定机关本身之外，还包括有立法权的机关所授权的其他机关所作的解释、基于宪法法律等的规定某机关对其他国家机关制定的法律法规所作的解释（这也可以视为一种广义上的“授权”）。例如：我国全国人大常委会对全国人民代表大会制定的基本法律所作的解释，我国一些法律授权国务院对其进行解释，由地方人民代表大会制定的地方性法规授权其人大常委会予以解释，国务院授权其相关部门对行政法规予以解释（如，国务院1937年颁布的《归侨侨眷权益保护法实施办法》第30条规定：“本办法由国务院侨务办公室负责解释”），等等。其二，其含义又狭窄一点，即立法解释是指有立法权的专门国家机关对其自身所制定的规范性文件等所作的理解和说明。例如，我国全国人大常委会对其制定的法律进行的解释，国务院对其制定的行政法规进行的解释，等等。这就是人们有时所说的“谁制定谁解释”或“立法者即是解释者”意义上的立法解释。

狭义的立法解释也包括两种情形：其一，立法解释是指国家最高权力机关或其常设机构、最高代议机关等专门立法机关对法律所作的理解和说明。我国《立法法》所使用的“法律解释”这一概念，其实就是这种狭义上的立法解释。其二，它专指国家最高权力机关或国会对其自己制定的法律进行的解释。这第二种含义所指，是最为狭窄意义上的立法解释。

我们在本书中主要是在较为广义的意义上使用立法解释这一概念，即：立法解释是指有立法权的国家机关及其所授权的机关按照法定程序对规范性文件的规定等所作的专门理解和说明。这种立法解释也是有权解释、正式解释。

立法解释的主要特点包括：解释主体是特定的和法定的，通常以立法的制定机关为中心；立法解释是按照法定程序进行的，具有法定的程序性；解释的目的是进一步明确法律条文的具体含义，明确法律适用的立法根据；解释的效力是法定的和明确的。

二、立法解释的分类

按照不同的标准，可以对立法解释进行不同的分类。

（1）按照解释的不同主体所进行的分类。根据这一标准，可以将立法解释划分为：专门立法机关（最高权力机关或国会等代议机构）的立法解释、最高行政机关的立法解释、有立法权的地方代议机关的立法解释、有立法权的地方行政机关的立法解释、被授权机关的立法解释等。

（2）按照解释的不同时间所进行的分类。根据这一标准，可以将立法解释划分为事前解释和事后解释。事前解释是指有关国家机关在制定某一法律、法规和规章时进行的解释。事前解释又有两种情况：一是在规范性文件本身中直接用法律条文进行的解释。但应当注意的是，这种条文实际上是定义性法条，其解释的性质属于法的创制范畴，并非严格意义上的立法解释。二是有关国家机关在审议通过某一规范性文件时所作说明报告中进行的解释。需要注意的是，对这种解释，有些学者认为它属于严格意义上的立法解释，也有些学者认为它并非立法解释。事后解释，是指有关国家机关在规范性文件的实施过程中就立法规定所作的解释。事后解释实际上是根据具体情况对原有法律的补充或进一步明细化。通常由有关国家机关以专门发布解释决定或文件的形式来作出这种解释。

(3) 按照解释的不同对象所进行的分类。由于各国立法体制不同，立法解释的对象的具体种类也差别较大。以我国为例，按照解释对象这一标准，可以将立法解释划分为对法律的立法解释、对行政法规的立法解释、对地方性法规的立法解释、对行政规章的立法解释、对自治条例和单行条例的立法解释等。

(4) 按照解释的不同方法所进行的分类。按照这一标准，可以将立法解释划分为文义解释、体系解释、历史解释和目的解释等。文义解释又包括字面解释、扩大解释、限制解释等。

三、立法解释的作用

在法的创制和实施的过程中，立法解释可以发挥重要的功能和作用，主要表现在：

(1) 立法解释促进法律体系的完善。通常在法律法规需要进一步明确具体含义，或者法律实施过程中出现新情况而需要明确适用根据时，才进行立法解释。尽管按照法治原则，立法应当保持法律体系是完整的、统一的、协调的、相互联系的、清晰准确的，但是在不同国家机关所创制的各种法律规范之间，实际上会有这样或那样的矛盾和抵触，也会有立法界限不明或空白之处。借助于立法解释，可以修补立法者在立法过程中的某些疏忽或立法技术上的某些疏漏。对立法中那些并非一定要通过修改方能解决的模糊、争议或空白问题，可以通过立法机关启动解释程序来解决。因而，立法解释是完善立法的一种较为便捷的方式。它既是对原有立法文本的进一步明晰，也是一种细微精致的补充或矫正。在促进立法的统一性、协调性、体系性、清晰性等方面，立法解释可以发挥其重要作用。

(2) 立法解释是协调法律体系的稳定性与变动性关系的一种方式。法律规范是相对稳定、定型的规则，而社会生活却总是在发展变化的。在法的实施过程中，总会遇到立法之时没有充分考虑到的各种问题，立法总是要面对社会生活中不断涌现的新问题、新情况等。要把相对不变的法律规定适用于总是不断变化着的社会关系，除了需要及时做好立法的修改和废止，往往也需要对法律规范作出必要的解释。立法解释恰好可以促进立法的稳定性与变动性、抽象性与针对性等之间的平衡，在保持法律体系稳定性的同时，又及时地根据法律规范的基本原则、精神和规定，对新情况、新问题作出处理。

(3) 法律解释往往是创制新法律规则的起点。在一定意义上，立法解释是一种补充性立法，也是一种试验性立法，对于以后的修法具有启发和借鉴意义。这就是说，在对现有法律规范进行修改或补充，以至重新创制法律规范时，应当自觉积极地从已有的法律解释中吸取有益的思想、理论、规则和经验等。其中，有些立法解释文本直接被吸纳入法律，成了立法修改后的新条文。[①]

（4）立法解释通过明确法律适用依据而巩固法律规则的权威性。法律的权威性是通过人们对立法、判例等的尊重而逐步建立和巩固的。人们尊重立法，是因为立法是明晰的、准确的、完备的，立法能够为法律争议提供合理准确的法律依据。现实中，人们对法律条文和规定的理解总是容易出现不同看法，有些问题甚至在法律职业者那里也没有共识。法律的模糊性虽然在终极意义上来看是无法避免的，但这显然不是说立法的精确性不值得被追求。立法解释的最终目的是为法律适用找到更准确合理合法的依据。立法解释通过提供更明晰的法律规定含义和法律适用依据，可以在一定程度上统一人们对法律规则的理解和认识等，促进法律的公正实施。而良法的公正实施反过来又会提升立法的权威性和公信力。

四、我国的法律解释体制

自新中国成立以来，我国的法律解释制度经历了一个逐步完善的过程。[②] 1954 年《宪法》第 31 条明确规定全国人大常委会享有解释法律的职权。同年颁布并实施的《全国人民代表大会组织法》对此予以确认。1955 年 6 月，第一届全国人民代表大会常务委员会通过《关于解释法律问题的决议》。1981 年 6 月，五届全国人大常委会第十九次会议通过的《关于加强法律解释工作的决议》确立了当今我国法律解释体制的基本架构。1982 年《宪法》第 67 条明确规定，全国人大常委会有宪法和法律的解释权。

2000 年通过的《立法法》第 42 条规定："法律解释权属于全国人民代表大会常务委员会。法律有以下情况之一的，由全国人民代表大会常务委员会解释：（一）法律的规定需要进一步明确具体含义的；（二）法律制定后出现新的情况，需要明确适用法律依据的。"2006 年通过的《各级人民代表大会常务委员会监督法》第 33 条就全国人大常委会对最高人民法院和最高人民检察院的司法解释的审查问题予以细化规定。2015 年修正的《立法法》新增了关于具体应用法律的解释的条文。2023 年修正的《立法法》第 119 条中规定："最高人民法院、最高人民检察院作出的属于审判、检察工作中具体应用法律的解释，应当主要针对具体的法律条文，并符合立法的目的、原则和原意"；"最高人民法院、最高人民检察院以外的审判机关和检察机关，不得作出具体应用法律的解释"。最高人民法院和最高人民检察院都很重视司法解释工作，分别制定了规范司法解释工作的决定，并制发了大量的各类司法解释文件。司法解释对司法实践中的法律适用发挥着重要作用，司法机关的规定性司法解释也被一些人认为是一种"准立法"。

---

① 试举一例：1954 年《地方各级人民代表大会和地方各级人民委员会组织法》第 26 条第 2 款规定："地方各级人民委员会的组成人员因故不能担任职务的时候，由本级人民代表大会补选。"但该法对正职领导人员因故不能担任职务时，在补选前由谁行使职权问题，没有作出明确规定。1955 年 11 月，全国人大常委会通过的《关于在地方各级人民代表大会闭会期间省长、自治区主席、市长、州长、县长、区长、乡长、镇长和地方各级人民法院院长缺额补充问题的决定》对此作出补充规定：以上正职领导人员因故不能担任职务时，可以先在副职中推举一人或指定一人代理。后来在修订法律时，就吸收了这一解释，在法律中对相关问题作出了明确规定。

② 鉴于宪法解释的特殊性，我们在本章暂不涉及对宪法的解释问题。

另外，《全国人大常委会议事规则》《全国人民代表大会组织法》《香港特别行政区基本法》《澳门特别行政区基本法》等法律文件中也对法律解释问题有所涉及。

从法律的这些规定以及相应的制度实践可以看到，我国在过去几十年中逐步形成了一种具有中国特色的法律解释制度。我国法律解释制度可分为立法解释和具体应用解释。立法解释是法律解释体制的核心部分，而立法解释的核心则是全国人大常委会的法律解释。将所有法律的解释权归于全国人大常委会，既保证了作为法律解释体制核心的立法解释权仍然集中于国家最高权力机关，同时又适应了法律解释工作经常性的需要，使立法解释由国家最高权力机关的常设机关来进行。而且，将法律的制定、修改和解释统一于国家最高权力机关，也符合我国"议行合一"政治制度的要求。《立法法》专设一节规定全国人大常委会的法律解释问题。

鉴于法律解释在完善立法和促进法律公正准确实施方面的作用，党的十八届四中全会关于全面推进依法治国的部署中也重视发挥法律解释的作用。这次全会的决定中多次提到要促进法律解释方面的改革，如提出要"坚持立改废释并举"；"健全宪法解释程序机制"；"加强法律解释工作，及时明确法律规定含义和适用法律依据"；"加强和规范司法解释和案例指导，统一法律适用标准"。党的二十大报告在指出"推进科学立法、民主立法、依法立法"时，再次强调要"统筹立改废释纂，增强立法系统性、整体性、协同性、时效性"，从而为我国法律解释制度的完善，提供了方向性的指引。

资料链接

《全国人民代表大会常务委员会关于加强法律解释工作的决议》[①]（部分）

第五届全国人民代表大会第二次会议通过几个法律以来，各地、各部门不断提出一些法律问题要求解释。同时，在实际工作中，由于对某些法律条文的理解不一致，也影响了法律的正确实施。为了健全社会主义法制，必须加强立法和法律解释工作。现对法律解释问题决定如下：

一、凡关于法律、法令条文本身需要进一步明确界限或作补充规定的，由全国人民代表大会常务委员会进行解释或用法令加以规定。

二、凡属于法院审判工作中具体应用法律、法令的问题，由最高人民法院进行解释。凡属于检察院检察工作中具体应用法律、法令的问题，由最高人民检察院进行解释。最高人民法院和最高人民检察院的解释如果有原则性的分歧，报请全国人民代表大会常务委员会解释或决定。

三、不属于审判和检察工作中的其他法律、法令如何具体应用的问题，由国务院及主管部门进行解释。

四、凡属于地方性法规条文本身需要进一步明确界限或作补充规定的，由制定法规的省、自治区、直辖市人民代表大会常务委员会进行解释或作出规定。凡属于地方性法规如何具体应用的问题，由省、自治区、直辖市人民政府主管部门进行解释。

---

① 该决议于1981年6月10日由第五届全国人民代表大会常务委员会第十九次会议通过。

第二节　法律解释

一、全国人大常委会的宪法解释

本章所说的法律解释，是采最狭义的法律解释概念，指全国人大常委会对宪法和法律、全国人大及常委会所作决定决议等规范性文件的解释。这里分两个方面介绍全国人大常委会的法律解释问题：一是全国人大常委会对宪法的解释；二是全国人大常委会对全国人大及其常委会制定的法律、决定等规范性文件的解释。

各国的政治体制不同，在宪法解释的机构和权限设计上，各国也是各具特色。在中国，全国人民代表大会是最高权力机关，有权制定和修改宪法。按照《宪法》规定，全国人大常委会行使宪法解释的职权。宪法解释制度在中国的建立，经历了一个发展过程。1954 年新中国第一部《宪法》对宪法解释问题没有作出明确规定，只规定全国人大监督宪法的实施，全国人大常委会有权解释法律。从宪法原理上看，监督宪法的实施，自然可以包含对宪法的解释。当然，从广义上说，解释法律也包括解释宪法。1954 年《宪法》实施后，全国人大常委会就曾以法令的形式作过宪法解释。1975 年，对《宪法》进行了一次修改，删去了全国人大监督宪法实施的职权，只保留了全国人大常委会解释法律的权力。1978 年再次修改《宪法》，总结经验教训，把解释宪法和法律作为全国人大常委会的一项职权明确规定下来。1982 年的宪法修改，确认 1978 年《宪法》有关宪法解释的规定，还增加规定了全国人大常委会有监督宪法实施的权力。这使我国宪法解释制度有了更明确和完善的文本依据。但是，由于种种原因，全国人大常委会至今（至 2022 年 5 月）尚没有以正式宪法解释的方式解释过《宪法》。

宪法解释是国家宪法体制的重要组成部分。宪法解释具有重要的社会功能和作用。第一，宪法解释有助于在全社会建立关于宪法规范的统一的基本观念和基本的宪法共识。宪法通常是高度抽象的规范体系，通过宪法解释才可以使宪法条文的内涵更为明晰、具体。这显然有助于宪法的有力实施。第二，宪法解释有助于在多元且经常相互冲突的社会价值体系中建立平衡，宪法通常代表着社会最基本的价值共识，宪法在社会中的良好运行应当既允许多样性价值的共存、又有基本的价值共识。第三，宪法解释有助于实现宪法的与时俱进。宪法实施后，总会出现这样或那样的新情况、新问题、新形势。面对这样的局面，通常优先考虑解释宪法，在解释宪法仍无力应对时考虑修改宪法。宪法解释可以在宪法条文可能的意涵范围内充实宪法的内涵，赋予其新的机能。第四，宪法解释有助于弥补宪法中的漏洞。宪法通常都或多或少有某种法律漏洞。这可以说是法的固有缺陷之一。通过宪法解释，可以在一定程度上弥补宪法文本的漏洞，使宪法法条之间的联系更具有体系性，从而使宪法在体系上更完整。第五，宪法解释有助于树立宪法权威。通过解释进一步释明宪法条文的含义，可以使宪法的具体运用有更明晰的根据。这样，宪法的实施能够更顺畅，更能得到社会尊重。宪法的生命在于其实施，宪法解释就是对宪法实施的一种清晰指引。

2014 年 10 月，党的十八届四中全会关于全面推进依法治国建设的重要决定首次将“健全宪法解释程序机制”作为加强宪法实施的重要举措。2019 年党的十九届四中全会通过的关于坚持和完善中国特色社会主义制度、推进国家治理体系和治理能力现代化若干重大问题的决定提出“落实宪法解释程序机制，推进合宪性审查工作”。2021 年 1 月，中共中央印发的《法治中国建设规划（2020—2025 年）》也提出，要“落实宪法解释程序机制，回应涉及宪法有关问题的关切”。可以说，全国人大常委会的释宪工作已经处于“进行时”。全国人大常委会在开展合宪性审查，制定有关法律，作出有关决定、决议以及处理合宪性、涉宪性问题的过程中，进行了一系列宪法解释方面的实践。尽管这不是形式意义上的正式宪法解释，但实际上起到了明确宪法规定含义的作用。全国人大常委会、全国人大宪法和法律委员会在《人口与计划生育法》等多项法律修改过程中都进行过合宪性审查研究，阐释宪法制度的内涵和精神。这是一种功能意义上的宪法解释。当然，全国人大常委会择机就某个宪法条文作出正式的宪法解释，构建正式的宪法解释程序机制，是重要和必要的。

二、全国人大常委会对法律的解释权限

根据《立法法》第 48 条的规定和以往的实践经验，在出现如下两种情况时，需要启动全国人大常委会的法律解释程序。这两种情况也就是全国人大常委会行使法律解释权的权限范围。

（一）法律的规定需要进一步明确具体含义的

这主要包括如下几种情况。

（1）需要进一步明确法律界限的。比如，2004 年 12 月十届全国人大常委会通过的《关于〈中华人民共和国刑法〉有关信用卡规定的解释》规定：“刑法规定的‘信用卡’，是指由商业银行或者其他金融机构发行的具有消费支付、信用贷款、转账结算、存取现金等全部功能或者部分功能的电子支付卡。”

（2）需要弥补法律规定的轻微不足的。比如，最高人民法院曾向全国人大常委会请求对《民法通则》第 99 条第 1 款“公民享有姓名权，有权决定、使用和依照规定改变自己的姓名”和《婚姻法》第 22 条“子女可以随父姓，可以随母姓”的规定作法律解释，明确公民在父姓和母姓之外选取姓氏如何适用法律。2014 年 11 月，全国人大常委会作出相应的解释：“公民依法享有姓名权。公民行使姓名权，还应当尊重社会公德，不得损害社会公共利益。公民原则上应当随父姓或者母姓。有下列情形之一的，可以在父姓和母姓之外选取姓氏：（一）选取其他直系长辈血亲的姓氏；（二）因由法定扶养人以外的人扶养而选取扶养人姓氏；（三）有不违反公序良俗的其他正当理由。少数民族公民的姓氏可以从本民族的文化传统和风俗习惯。”

（3）对法律规定含义理解产生较大意见分歧的。在有些情况下，有关法律执行机关对法律规定的含义产生较大意见分歧，难以达成共识。为了保证正确执法，就需要由立法机关对法律规定的含义作出必要的解释，以统一认识。比如，2002 年 12 月九届全国

人大常委会就《刑法》第九章渎职罪主体适用问题作出解释："在依照法律、法规规定行使国家行政管理职权的组织中从事公务的人员，或者在受国家机关委托代表国家机关行使职权的组织中从事公务的人员，或者虽未列入国家机关人员编制但在国家机关中从事公务的人员，在代表国家机关行使职权时，有渎职行为，构成犯罪的，依照刑法关于渎职罪的规定追究刑事责任。"这一解释就是回应了当时有关渎职罪主体的争议，进一步明确了相关法条的含义。2002年8月全国人大常委会通过的《关于刑法第二百九十四条第一款的解释》对"黑社会性质的组织"所作出的明确界定，也是对实践中关于此概念的争议的权威回应。

（二）法律制定后出现新的情况，需要明确适用法律依据的

在法律制定后出现的新情况，如果符合原来法律规定的精神，是原来的法律规定所能包含的，则可以通过法律解释的办法，明确其法律适用依据，以减少对法律的修改，保持法律的稳定性。在法律解释实践中，面对新情况，可以采取立法解释方法的情形包括：（1）凡属于不需要改变原来的法律规定，而是作为一种特殊情况对法律进行变通执行的，可以采用立法解释的办法，不修改法律。（2）从问题的性质看，应当修改法律，但问题比较具体，修改法律一时还提不上议事日程，可以先采用立法解释的办法，待以后修改法律时再补充进法律或对法律进行修改。[①] 比如，1980年制定的《国籍法》第3条规定："中华人民共和国不承认中国公民具有双重国籍。"但香港回归后，香港居民中的某些中国公民持有外国护照。针对这种新的实际情况，1996年5月全国人大常委会作出《关于〈中华人民共和国国籍法〉在香港特别行政区实施的几个问题的解释》。其中指出："所有香港中国同胞，不论其是否持有'英国属土公民护照'或者'英国国民（海外）护照'，都是中国公民。自1997年7月1日起，上述中国公民可继续使用英国政府签发的有效旅行证件去其他国家或地区旅行，但在香港特别行政区和中华人民共和国其他地区不得因持有上述英国旅行证件而享有英国的领事保护的权利。"

三、全国人大常委会的法律解释实践

（一）《立法法》颁行前的法律解释

在1996年以前，全国人大常委会所作的法律解释并没有被明确地称为"解释"。因而，对哪些文件应属于法律解释，人们的理解不尽一致。到2000年《立法法》颁布施行前，由全国人大常委会通过的法律解释文件至少有22件。

（1）已经被明确归属于法律解释的，共有12件。一是，1955年和1956年的《全国人民代表大会常务委员会工作报告》明确指明是法律解释的"决定"，共8件：1955年3月作出的《关于省县乡改变建制后本届人民代表大会代表名额问题的决定》和《关于第一届地方各级人民代表大会任期问题的决定》，1955年11月作出的《关于在地方各级人

---

① 参见武增主编：《中华人民共和国立法法解读》，181页，北京，中国法制出版社，2015。

民代表大会闭会期间省长、自治区主席、市长、州长、县长、区长、乡长、镇长和地方各级人民法院院长缺额补充问题的决定》《关于地方各级人民委员会的组成人员是否限于本级人民代表大会代表问题的决定》《关于地方各级人民法院院长人民检察院检察长可否兼任各级人民委员会的组成人员问题的决定》，1956 年 5 月作出的《关于被剥夺政治权利的人可否充当辩护人的决定》《关于不公开进行审理的案件的决定》《关于自治州人民代表大会和人民委员会每届任期问题的决定》。二是，1996 年以后作出的被明确称为“解释”的文件，共 4 件：1996 年 5 月作出的《关于〈中华人民共和国国籍法〉在香港特别行政区实施的几个问题的解释》、1998 年 12 月作出的《关于〈中华人民共和国国籍法〉在澳门特别行政区实施的几个问题的解释》、1999 年 6 月作出的《关于〈中华人民共和国香港特别行政区基本法〉第二十二条第四款和第二十四条第二款第（三）项的解释》、2000 年 4 月作出的《关于〈中华人民共和国刑法〉第九十三条第二款的解释》。

（2）虽然没有被明确为法律解释，但从内容上看应属法律解释的“决定”，至少有 3 件，即：1983 年 3 月作出的《关于由对外经济贸易部行使原外国投资管理委员会的批准权的决定》、1983 年 9 月作出的《关于国家安全机关行使公安机关的侦查、拘留、预审和执行逮捕的职权的决定》、1993 年 12 月作出的《关于中国人民解放军保卫部门对军队内部发生的刑事案件行使公安机关的侦查、拘留、预审和执行逮捕的职权的决定》。

（3）从内容上看应属于立法解释，但全国人大常委会工作报告将其列为“法令”的文件，有 7 件。这可以看作是以“法令”的形式对法律所作出的解释。由于“法令”是当时全国人大常委会通过的除法律以外的决定、决议的统称，因而“法令”是可以包括立法解释的。

（二）《立法法》施行以来的法律解释

2000 年《立法法》颁行至 2022 年年底，全国人大常委会共作出 23 件法律解释，分别是：《关于刑法第三百八十四条第一款的解释》（2002 年 4 月 28 日）、《关于刑法第二百九十四条第一款的解释》（2002 年 4 月 28 日）、《关于刑法第三百一十三条的解释》（2002 年 8 月 29 日）、《关于〈中华人民共和国刑法〉第九章渎职罪主体适用问题的解释》（2002 年 12 月 28 日）、《关于〈中华人民共和国香港特别行政区基本法〉附件一第七条和附件二第三条的解释》（2004 年 4 月 6 日）、《关于〈中华人民共和国刑法〉有关信用卡规定的解释》（2004 年 12 月 29 日）、《关于〈中华人民共和国香港特别行政区基本法〉第五十三条第二款的解释》（2005 年 4 月 27 日）、《关于〈中华人民共和国刑法〉有关文物的规定适用于具有科学价值的古脊椎动物化石、古人类化石的解释》（2005 年 12 月 29 日）、《关于〈中华人民共和国刑法〉有关出口退税、抵扣税款的其他发票规定的解释》（2005 年 12 月 29 日）、《关于〈中华人民共和国刑法〉第九十三条第二款的解释》（2009 年 8 月 27 日）、《关于〈中华人民共和国刑法〉第二百二十八条、第三百四十二条、第四百一十条的解释》（2009 年 8 月 27 日）、《关于〈中华人民共和国香港特别行政区基本法〉第十三条第一款和第十九条的解释》（2011 年 8 月 26 日）、《关于〈中华人民共和国澳门特别行政区基本法〉附件一第七条和附件二第三条的解释》（2011 年 12 月 31 日）、《关于〈中华人民共和国刑事诉讼法〉第二百七十一条第二款的解释》（2014 年 4 月 24 日）、《关于

〈中华人民共和国刑事诉讼法〉第七十九条第三款的解释》（2014年4月24日）、《关于〈中华人民共和国刑法〉第三百四十一条、第三百一十二条的解释》（2014年4月24日）、《关于〈中华人民共和国刑法〉第二百六十六条的解释》（2014年4月24日）、《关于〈中华人民共和国刑法〉第三十条的解释》（2014年4月24日）、《关于〈中华人民共和国刑事诉讼法〉第二百五十四条第五款、第二百五十七条第二款的解释》（2014年4月24日）、《关于〈中华人民共和国刑法〉第一百五十八条、第一百五十九条的解释》（2014年4月24日）、《关于〈中华人民共和国民法通则〉第九十九条第一款、〈中华人民共和国婚姻法〉第二十二条的解释》（2014年11月1日）、《关于〈中华人民共和国香港特别行政区基本法〉第一百零四条的解释》（2016年11月7日）、《关于〈中华人民共和国香港特别行政区维护国家安全法〉第十四条和第四十七条的解释》（2022年12月30日）。

四、全国人大常委会的法律解释程序

《立法法》专门规定了全国人大常委会进行法律解释的程序。2004年，十届全国人大常委会第十二次委员长会议通过了《全国人大常委会法律解释工作程序》，进一步加强法律解释工作，规范法律解释的工作程序。

（一）法律解释要求的提出

《立法法》第49条规定："国务院、中央军事委员会、国家监察委员会、最高人民法院、最高人民检察院、全国人民代表大会各专门委员会，可以向全国人民代表大会常务委员会提出法律解释要求或者提出相关法律案。省、自治区、直辖市的人民代表大会常务委员会可以向全国人民代表大会常务委员会提出法律解释要求。"①

另外，《全国人大常委会议事规则》第18条规定，委员长会议可以向常务委员会提出属于常务委员会职权范围内的议案。这一条规定可以看作对《立法法》第49条的补充。考虑到法律实施中有些部门对法律的某些规定理解不一，需要全国人大常委会主动对某些法律条文进行解释，以正确实施法律，所以根据《全国人大常委会议事规则》的有关规定，《全国人大常委会法律解释工作程序》规定，委员长会议可以向常委会提出法律解释草案的议案，可以委托全国人大常委会法制工作委员会研究拟订法律解释草案。

还需要提及的是，不同于提出法律案时要求同时提出法律草案文本和对法律草案的说明，提出法律解释要求并不要求同时提出法律解释的具体内容，即法律解释的草案。一般来说，提请全国人大常委会审议的议案不仅要有理由、依据，还要有具体的内容，否则，全国人大常委会就无法进行审议，也无法交付表决。但法律解释要求具有特殊性，并不要求同时提出解释的具体内容。原因在于：(1) 提出解释要求本身即是因为提出者不清楚法律规定的含义，所以才要求解释，如果提出解释要求的机关能够提出具体的解释内

① 有学者曾建议将一般公民、法人和其他组织作为提出解释请求权主体，也有学者建议将国务院各部委、省级人民政府列为解释请求主体。参见王晨光：《全国人大常委会立法解释的程序思考》，载《法学》，2000 (4)；蔡定剑、刘星红：《论立法解释》，载《中国法学》，1993 (6)。

容，则说明提出者对法律的含义是清楚的，也就无须要求解释了。(2) 有利于克服立法解释的部门倾向，避免使立法解释成为一些部门扩大自己权力和谋取不正当利益的工具。①

（二）法律解释草案的研拟和列入议程

根据《立法法》第 50 条的规定，由全国人大常委会工作机构研究拟订法律解释草案，由委员长会议决定将法律解释草案列入常务委员会会议议程。

全国人大常委会工作机构即法制工作委员会。它是全国人大常委会的立法工作部门，在委员长会议领导下，负责对列入常委会会议议程的所有法律草案的具体研究、修改工作，为全国人大及其常委会、委员长会议、宪法和法律委员会等审议法律案服务。由法制工作委员会拟订法律解释草案，有利于法律解释准确体现立法原意，也有利于保持法律解释的统一，避免法出多门，维护法律的权威和尊严。②

（三）法律解释草案的审议

根据我国《立法法》第 51 条的规定，由全国人大常委会会议对法律解释草案进行审议。但是，关于审议中的一些具体问题，如法律解释草案是否要同时附带“说明”、审议的次数、是否需要审议结果报告、其他的专门委员会是否进行审议等问题，《立法法》并没有明确规定。

从实践做法来看，通常在提出法律解释的议案时，一般同时提出相应的说明。比如，2014 年 10 月，十二届全国人大常委会第十一次会议听取了法制工作委员会副主任信春鹰所作的《关于民法通则第九十九条第一款、婚姻法第二十二条的解释草案的说明》，然后进行解释草案的审议和表决。

关于审议次数问题，可以补充适用《全国人大常委会议事规则》的有关规定。从审议实践情况看，法律解释草案一般实行一审制。而如果法律解释的问题比较复杂，也可以实行二审制。

依照《立法法》第 51 条的规定，全国人大常委会会议审议法律解释草案过程中，由宪法和法律委员会根据常委会组成人员的审议意见对解释草案进行审议和修改，并提出法律解释草案表决稿。关于宪法和法律委员会是否要提出审议结果报告，《立法法》也没有明确规定。由于全国人大常委会的法律解释同法律具有同等效力。所以是否提出审议结果报告，可以根据对草案的修改情况而定：如果修改的部分比较少，可以不提出审议结果报告；如果修改比较多，则可以提出审议结果报告。

（四）法律解释的表决通过和公布

根据《立法法》第 52 条的规定，对法律解释草案的表决稿，经全国人大常委会组成

---

① 参见全国人民代表大会常务委员会编，张春生主编：《中华人民共和国立法法释义》，150 页，北京，法律出版社，2000。

② 从实践情况看，全国人大常委会法制工作委员会在法律解释工作中发挥着重要作用。有个相关条文值得注意，即《立法法》第 59 条规定：“全国人民代表大会常务委员会工作机构可以对有关具体问题的法律询问进行研究予以答复，并报常务委员会备案。”关于法制工作委员会所制作的“法律询问答复”的法律地位问题，应当明确的是，它不同于法律解释。

人员过半数的同意，该法律解释草案即获得通过。这与对法律草案的表决要求一致。在一定意义上，这一表决程序要求也体现了全国人大常委会法律解释的严肃性。

获得表决通过的法律解释由全国人大常委会以公告的形式予以公布。

资料链接

香港“吴嘉玲案”的解释问题

根据《中华人民共和国香港特别行政区基本法》（本章以下简称为“香港特区基本法”）第158条的规定，如果香港特别行政区的法院在审理相关案件时需要对香港特区基本法中关于中央和香港特别行政区关系或者中央人民政府管理的事务的条款进行解释，而且法院对于该条款的解释又会影响到案件的判决结果，那么在特别行政区法院对该案件作出不可上诉的终局判决之前，香港特别行政区终审法院应当提请全国人大常委会对有关条款作出解释。但是对于香港特别行政区终审法院违反该规定不提出法律解释请求的情形如何处理，香港特区基本法则没有规定。

吴嘉玲和吴丹丹两姊妹，是在内地出生的中国公民，在二人出生时其父亲已是香港永久性居民。她们于1997年7月1日没有通过入境管制站而偷渡进入香港。此后她们向入境处报到，声称根据香港特区基本法享有居留权。入境处以不符合入境条例的规定为由将其拘捕，其后批准领取担保书外出。吴氏姐妹于1998年向香港法院提起诉讼。1999年1月29日，香港特别行政区终审法院裁定入境条例的有关内容与香港特区基本法关于香港永久性居民的有关规定相抵触而无效。

之后，香港特别行政区政府就香港特区基本法中关于香港居民权的规定提请全国人大常委会释法。1999年6月26日，全国人大常委会释法否定了香港特区终审法院对香港特区基本法的解释，但指出解释的效力不溯及已经判决的案件。

五、全国人大常委会法律解释的效力

《立法法》第53条规定，全国人大常委会作出的法律解释同法律具有同等效力。所谓“同法律具有同等效力”，是说，在时间效力、空间效力以及对人的效力等方面，全国人大常委会所作出的法律解释的效力都与法律的效力相同。一般而言，法律解释本身没有独立的效力，它的效力取决于其所解释的法律文本的效力。而法律文本的含义应当是自法律生效之时就是如此。①

关于法律解释的时间效力问题，有一点需要说明。在实践中，由于全国人大常委会法律解释是以独立的法律文件方式作出的，因而一定意义上也应当承认其具有相对的独立性。对于已由法院作出终审判决的案件，为了维护社会关系的稳定和法院的权威，在不严重违背社会公共利益和秩序的前提下，法律解释机关可以视情况豁免其受解释的约

① 有些学者反对立法解释，其理由之一是，立法解释会损及现代法治的“法不溯及既往”原则。

束。比如，前述1999年6月26日，全国人大常委会关于香港特区基本法有关条款的解释中就规定："本解释公布之后，香港特别行政区法院在引用《中华人民共和国香港特别行政区基本法》有关条款时，应以本解释为准。本解释不影响香港特别行政区终审法院1999年1月29日对有关案件判决的有关诉讼当事人所获得的香港特别行政区居留权。此外，其他任何人是否符合《中华人民共和国香港特别行政区基本法》第二十四条第二款第（三）项规定的条件，均须以本解释为准。"这一规定，既纠正了此前香港终审法院判决对香港基本法有关条款所作的错误解释，也在不违背大原则的前提下，照顾了香港终审法院作出的终审判决所产生的实际后果。

第三节　对法规的立法解释

一、行政法规的解释

（一）行政法规的立法解释主体及其权限

《立法法》并没有对行政法规的解释问题作出具体规定。按照"谁制定谁解释"的立法解释理念，国务院作为行政法规的制定主体也是行政法规的解释主体。但在一些的情况下，经过行政法规的授权，国务院的部门也可以作为行政法规的立法解释主体。

1993年3月，为做好行政法规的解释工作，国务院办公厅发出《关于行政法规解释权限和程序问题的通知》，对行政法规的立法解释问题作了规定。1999年5月，国务院办公厅再次发布新的《关于行政法规解释权限和程序问题的通知》。该通知规定："凡属于行政法规条文本身需要进一步明确界限或者作补充规定的问题，由国务院作出解释。这些立法性的解释，由国务院法制办公室按照行政法规草案审查程序提出意见，报国务院同意后，根据不同情况，由国务院发布或者由国务院授权有关行政主管部门发布。"2001年制定、2017年修订的《行政法规制定程序条例》第31条第1款规定了行政法规的立法解释权限："行政法规有下列情形之一的，由国务院解释：（一）行政法规的规定需要进一步明确具体含义的；（二）行政法规制定后出现新的情况，需要明确适用行政法规依据的。"

（二）行政法规的立法解释程序

对行政法规的立法解释程序与对法律的立法解释程序有相似之处，也包括提出解释要求、解释草案的研拟、解释草案的审议、解释草案的通过和公布等程序。

（1）提出解释要求的主体。按照《行政法规制定程序条例》的规定，有权对行政法规提出解释要求的机构包括两大类：一是国务院各部门，二是省、自治区、直辖市人民政府。

（2）研拟解释草案的机构。国务院法制机构负责研究拟订行政法规解释草案。

（3）解释草案的审议和批准。解释草案由国务院批准，具体审议程序可参照行政法规的制定程序规定。

（4）解释的发布。对行政法规的解释文件，由国务院公布或者由国务院授权国务院有关部门公布。

（5）解释的效力。对行政法规的解释与行政法规具有同等效力。

二、地方性法规的解释

《立法法》对地方性法规的立法解释没有明文规定。在程序方面，地方性法规的立法解释的制定程序，可以参照《立法法》关于法律解释的规定。各地在关于制定地方性法规的条例中也都关注到对地方性法规的立法解释问题，并作出了相关的程序性规定，有些有立法权的地方人大常委会还制定了专门的地方性法规解释工作规程或者规定。比如：1992 年 2 月上海市第九届人民代表大会常务委员会第三十一次会议通过了《上海市人民代表大会常务委员会制定地方性法规程序的规定》，其中涉及地方性法规的解释问题；北京市第十二届人民代表大会常务委员会第二十三次主任会议于 2004 年 7 月通过了《北京市地方性法规解释工作规程》。

（一）对地方性法规的立法解释主体及其权限

1981 年全国人大常委会通过的《关于加强法律解释工作的决议》规定："凡属于地方性法规条文本身需要进一步明确界限或作补充规定的，由制定法规的省、自治区、直辖市人民代表大会常务委员会进行解释或作出规定。"这是对地方性法规的立法解释主体及其权限的最主要的法律规定。遵照这一规定，各省、直辖市、自治区在关于制定地方性法规的条例中大都确认了对地方性法规的立法解释主体及其权限范围。比如，《浙江省地方立法条例》第 79 条规定："省人民代表大会及其常务委员会制定的地方性法规的规定，需要进一步明确具体含义，或者地方性法规制定后出现新的情况，需要明确适用地方性法规依据的，由省人民代表大会常务委员会解释。"《北京市制定地方性法规条例》第 58 条规定："法规的解释权属于市人民代表大会常务委员会。法规有以下情况之一的，由市人民代表大会常务委员会解释：（一）法规的规定需要进一步明确具体含义的；（二）法规制定后出现新的情况，需要明确适用法规依据的。"

（二）地方性法规的解释程序

1. 提出解释要求的主体

比如，按照《北京市制定地方性法规条例》的规定，有权向市人大常委会提出法规解释要求的主体包括：市人民政府、市高级人民法院、市人民检察院和市人民代表大会各专门委员会以及区人民代表大会常务委员会。《北京市地方性法规解释工作规程》对提出法规解释要求的文件作出规定：法规解释要求应当以书面形式提出；明确提出要求解释的具体法规条文；列举出该法规条文在实施中遇到的主要问题及要求进行解释的理由；也可以附法规解释内容的建议。又如，《浙江省地方立法条例》规定：省人民政府、省高级人民法院、省人民检察院和省人民代表大会各专门委员会以及设区的市人民代表大会常务委员会，可以向省人民代表大会常务委员会提出地方性法规解释要求。

2. 法规解释草案的研拟

通常由有解释权的人大常委会的法制工作机构来负责起草法规解释草案。《北京市地方性法规解释工作规程》规定："经主任会议讨论决定，需要作出法规解释的，由法制办公室研究拟订法规解释草案。"同时还规定，法制办公室拟订法规解释草案，应当征求市人大有关专门委员会和常委会有关工作机构的意见，听取提出法规解释要求的机关以及其他有关机关、组织、专家和常委会法制建设顾问的意见。

3. 法规解释草案的审议和表决

法规草案经常以法规解释的议案的形式进入人大常委会会议的议程之中。解释议案通常包括法规解释草案文本及其说明，并附法规解释要求及有关材料。比如，北京市人大常委会关于法规解释草案的审议程序包括：（1）经主任会议决定列入市人大常委会会议议程的，由主任会议提出议案；（2）法制办公室受主任会议委托向常委会会议作关于法规解释草案的说明；（3）法规解释草案经市人大常委会会议审议后，由法制委员会根据常委会组成人员的审议意见和有关专门委员会、常委会有关工作机构的意见对法规解释草案进行审议、修改，提出审议结果的报告和法规解释的表决稿；（4）法规解释草案一般经一次常委会会议审议后交付表决。

4. 法规解释公布

地方性法规的解释公布程序各地大致相似。比如，《北京市地方性法规解释工作规程》的规定是，"法规解释草案经常委会表决通过后，由常委会发布公告予以公布，并在《北京市人大常委会公报》和《北京日报》上全文刊登"。《浙江省地方立法条例》规定："省的地方性法规解释草案表决稿由省人民代表大会常务委员会全体组成人员的过半数通过，由常务委员会公布，并及时在浙江省人民代表大会常务委员会公报和浙江人大网以及《浙江日报》上刊载。"

5. 地方性法规解释的效力

对地方性法规的解释同地方性法规具有同等效力。

三、监察法规的解释

2019 年 10 月，全国人大常委会作出关于监察法规的决定。按照该决定，国家监察委员会根据宪法和法律，制定监察法规；全国人大常委会有权撤销同宪法和法律相抵触的监察法规。国家监察委员会于 2021 年 9 月 20 日发布公告，公布《中华人民共和国监察法实施条例》。这是国家监察委员会制定的首部监察法规。该条例第 286 条规定，"本条例由国家监察委员会负责解释。"到 2022 年 4 月底，国家监察委员会尚没有发布关于监察法规的解释。随着我国监察工作的推进，监察法规的数量会逐步增加，对监察法规的解释需求也会增加。

问题与思考

1. 什么是立法解释？
2. 如何认识立法解释与司法解释的关系？
3. 如何认识立法解释的分类？
4. 立法解释的作用主要有哪些？
5. 您如何认识我国全国人大常委会的法律解释权？
6. 如何评价《立法法》关于全国人大常委会法律解释程序的规定？
7. 请结合全国人大常委会对香港特区基本法的某一项解释，谈谈您对涉及该解释的相关争议的看法。

延伸阅读

1. 张明楷．立法解释的疑问：以刑法立法解释为中心．清华法学，2007（1）
2. 朱国斌．香港基本法第158条与立法解释．法学研究，2008（2）
3. 强世功．文本、结构与立法原意：人大释法的法律技艺．中国社会科学，2007（5）
4. 汪海燕．“立法式”解释：我国刑事诉讼法解释的困局．政法论坛，2013（6）
5. 陈金钊．何谓法律解释：对“立法法”中设置法律解释一节的认识．法学论坛，2001（1）
6. 魏胜强．谁来解释法律：关于我国法律解释权配置的思考．法律科学．2006（3）
7. ［英］迈克尔·赞德．英国法：议会立法、法条解释、先例原则及法律改革．江辉，译．北京：中国法制出版社，2014

第十二章

立法监督

本章导读

立法监督是立法过程中的一个重要环节。它对于提高立法质量，促进政治民主，保障权利和自由，防止权力滥用，促进科学立法等具有重要意义。没有健全监督的立法过程容易导致立法的专横和立法不公。我国已经构建起立法监督的基本框架，但在多个方面还有待进一步完善。

关键术语

立法监督　立法监督模式　事前审查型立法监督　事后审查型立法监督　事前事后相结合型立法监督　立法监督方式　合法性监督　适当性监督　批准　备案　审查　裁决

第一节　立法监督概述

一、立法监督的概念和特征

学者在不同的意义上使用立法监督这一术语。本教材认为，作为一项专门的立法制度，在比较狭窄的意义上使用这一概念较为合理。因此，本教材中立法监督是指特定的监督主体在法定的权限内，依照法定程序，对立法过程及结果所进行的审查和监控，包括合宪性审查。立法监督是贯穿于整个立法过程中的一项重要活动，它具有以下几方面的特点。

（一）立法监督主体的特定性

在对立法予以监督的广泛意义上，一切国家机关、组织和公民都有权对国家事务、对法律的创制及实施发表意见、建议和批评等。这也是对立法及法的实施予以监督的一种形式，但这种一般意义上的法律监督与我们这里讲的专门的立法监督不同。立法监督作为立法体制的一个必要组成部分，首先是指专门国家机关的特定法律行为。立法监督的主体是依法设定的专门机构，即这种主体是能够直接受理和处理立法监督事项的专门机关。其他的国家机关、组织和个人可以对立法监督程序的启动起到积极作用，但不是专门的监督主体。各国由于监督体制不同，立法监督的主体也各不相同。一般而言，议会、宪法法院、宪法委员会、普通法院、行政机关、特定公民组织等，都可以是立法监督的主体。

（二）立法监督过程的程序性

立法监督的程序是对立法监督权的保障，也是对立法监督权的规范与限制。严格的程序性，可以最大可能地保障立法监督机关行使监督权力的合法性、合理性。因而，应当把立法监督的整个过程，包括监督的各种形式、各个环节、各个步骤等，都经由严格而合理的法定程序来展开。程序问题在当代受到更多重视的事实表明，没有程序保障的法律正义难以维持，没有程序保障的监督在许多时候也根本不能得到落实。

（三）立法监督对象的法定性

立法监督活动是一个系统的过程，它所涉及的监督目标需要有宪法和法律的具体设定和安排。各监督机关在立法监督对象、内容的设定上，应当形成合理的体系，而且要通过法律予以明确规定。对立法监督对象的合理的法律安排，是立法监督权设置中的核心问题之一。立法监督的对象包括立法过程和立法结果两个方面，其中以对立法结果即规范性文件的监督为主。对立法过程予以监督的好处是，可以在法的实施前就发现问题，减少不适当、不合法的立法可能带来的不良社会影响和社会利益损失。其不利之处则在于可能大大增加立法的成本，造成不必要的资源损耗和立法的低效率，且还可能不适当地干预正常的立法进程，造成监督权对立法权的僭越。因而，各国对立法过程的立法监督都是有节制的，立法监督主要针对的是立法结果。有的国家是在立法生效以前便通过一定程序予以审查，有的国家则是在立法生效以后进行抽查或结合个案进行审查。

二、立法监督的意义

立法监督是我国法律监督体系的重要组成部分，也是我国权力监督和制约体系的重要部分。任何国家机关及其工作人员的权力都要受到良好制度的监督和制约。在当代中国的权力体系中，要通过行之有效的制度建设，让人民监督权力，让权力在阳光下运行，把权力关进制度的笼子。立法监督权的行使自然也不例外。在立法监督工作中，要通过对立法过程以及立法实施的监督，解决法律体系的内部冲突，要通过监督不断提高立法的民主性、科学性以及合法性，从而提高立法质量，实现良法善治。我们可以从如下几方面来理解立法监督的意义。

（一）解决立法冲突，保证法律体系的内在和谐与统一

由于立法主体的多元化、法律渊源的多样性、立法体制的复杂性、立法主体的局限性等，处于不同层次、位阶的法律、法规、规章之间存在冲突和矛盾是难以完全避免的。立法冲突的实际存在，使立法监督制度的建立成为必然。立法监督可以有效地抑制各种规范性文件之间的矛盾，促进国家法制的统一，确立上位法的权威性，从而最大程度地

实现法律体系和法律渊源体系的内在和谐与统一。

法律体系和法律渊源体系的内在和谐与统一，是立法的尊严和权威性的基本前提之一。如果法律、法规和规章之间杂乱无章、互相矛盾，人们在法律的适用和遵守中便会无所适从，这样的法律制度显然也就无法树立起权威。在中国走向法治现代化的过程中，立法冲突更有可能会时常发生，而相应的立法监督制度如果不完善，将使我国的法律体系和法律渊源体系的科学性和立法活动的合宪性、合法性、权威性等都受到不同程度的损害。因此，立法监督制度的完善，是我国法治现代化发展中必须面对的重要课题。

（二）监督立法过程，促进政治民主

立法监督的功能不只是要达到法律体系和法律渊源体系的内在协调与统一，更为重要的是，它能够对民主政治体制的整体架构和运行产生重要影响。立法权是国家权力的重要组成部分。在民主制度下，立法权也必须受到有效约束。因为，立法者的任性和随意性会直接损害社会公正和社会秩序，使民主、人权和法治不可能得到很好的实现，所以，对立法权的有效制约和监督，无疑是民主和法治的内在要求，也是现代民主法治国家的通行做法。完备高效的立法监督制度，可以保障立法权在民主和法治的轨道上运行，使立法能够真正体现民意，有效约束国家权力，维护国民的基本权利和自由，促进社会福利的最大化。良好的民主制度必须借助于有效的监督，立法监督也是民主制度的重要组成部分。通过监督，可以使民主政治在适当的范围内发挥其重要作用，而这会进一步巩固民主政治和宪法体制的合法性，依法约束民主立法权力运行中可能存在的任意性。

（三）提高立法的科学性，促进经济社会发展

立法监督制度，除了使立法在形式上达到内在协调统一，还可以增加立法在内容上的科学性、合理性。高效、严格、合理的立法监督体制，既能够对各立法主体的立法行为进行有效监督，又有利于发挥各立法主体的自主性，使之能够制定出符合实际，符合选民的最大利益，也符合社会长远发展所要求的法律、法规和规章。就我国而言，立法监督制度的完善，既有助于更好地发挥中央和地方在立法上的积极性、主动性，又能积极促进达到国家法制的统一和尊严，保障立法更科学合理地规定公民、法人和其他组织的权利与义务，使法律更具有针对性、及时性、系统性和可执行性。

法制的内在协调、外在统一及内容上的合理性，可以有效地促进经济社会各个领域的稳定发展。在改革开放的过程中，我国各地方的立法积极性、主动性都比较高，立法主体的范围也逐步扩大，但与之伴随而来的，也出现了一些以地方性法规和政府规章等形式实行地方保护主义、部门保护主义的现象，以及一些以局部利益对抗全局利益、以眼前利益损及长远利益的问题。如果没有完善的立法监督制度，立法的这种混乱和无序的状态会直接影响我国现代化建设和改革开放的进程，影响社会发展总体目标的实现，也直接影响到立法的公信力，影响到法律的严格公正实施。当然，并不是说唯有立法监督对于国家法制的统一及社会的发展才是最重要的，而是说它是法治建设和社会发展的总体战略中不可缺少的环节和步骤。

三、立法监督的模式

在许多国家中，立法监督一般是与违宪/合宪性审查制度相联系的，对违反宪法的法律、法规的审查是立法监督的核心问题。因此，立法监督的模式往往与违宪/合宪性审查的模式有相似之处。大致而言，立法监督的模式有如下类型。

（一）事前审查型立法监督

这是指在规范性文件生效以前，由有关国家机关对其所实行的立法监督。有些国家规定，在法律、法规通过、颁布之前要经过合宪性审查。如法国的宪法委员会就有合宪性审查的功能。根据法国宪法的规定，议会制定的组织法在颁布以前，议会两院的内部规章在执行以前，均应提交宪法委员会审查，以裁决其是否符合宪法。为了同样目的，各项法律在颁布以前应由共和国总统、内阁总理或两院中任何一院的议长提交宪法委员会审查。其他国家如意大利、奥地利、葡萄牙、爱尔兰等国家的宪法，也都有类似的关于事前主动审查的规定。我国对地方性法规、自治条例和单行条例、地方政府规章的批准制度也属于事前审查型立法监督。

事前审查型立法监督利弊共存。其优点主要在于，能够在比较短的规定时间内就对有关立法予以审查，可以减少立法审查的过度而拖延时日。事前审查还可以避免某些违反宪法和上位法的法律、法规和规章的出台，有利于提高立法者的威信，维护国家法制的统一性。其缺点主要在于，有许多问题可能只有在法的实施的过程中才被逐步发现，事先的抽象审查不易完全发现立法中的合宪、合法问题。而法律在实施过程中，由于社会生活的发展变化，可能会引起合宪、合法问题。

克服事前审查型立法监督缺点的方法之一，就是将事前审查与事后审查相结合。根据一些国家的经验，事前审查的重点放在立法权限和立法程序问题上，而事后审查则集中在立法的实质性规定方面。

事前审查型的立法监督在程序和内容上所涉及的主要问题是由法律明确规定的，其中包括：应交付事前审查的法律、法规和规章的种类，事前审查的具体范围，事前立法监督所作决定的效力，事前审查程序从何时开始，提起事前审查的主体，提交审查的期限，审查并作出监督决定的期限等。

（二）事后审查型立法监督

这是指在法的实施过程中，基于有关机构或公民等就某一规范性文件的合宪性、合法性问题向法定的立法审查机关提出审查的诉求，而由该机关对立法所进行的立法监督。这种立法监督主要是由普通法院、宪法法院及其他专门行使宪法监督职能的机构等来行使。这种立法监督一般与某一具体个案相联系，它主要通过对个案的法律审查，对该个案所涉及的相关法律作出判断。

事后审查型立法监督制度也是有利有弊。事后审查型立法监督可以在一定程度上避免事前审查立法监督的缺陷，可以发挥有关当事人在与己相关的案件中发现并提出相关立法在实质性内容方面违宪/不具有合宪性、违法的积极性。实际上，也只有在具体的案件中，才可能更清晰地、多方位地发现某一法律、法规和规章与宪法及上位法在内容上有矛盾或冲突。有关当事人鉴于这些矛盾或冲突会直接影响到自己的权限、权利和自由等，他们也乐于借助相应的制度向有关机关提出申诉或指控。但是，这种立法监督毕竟是被动的，只能在事后发现违宪/不具有合宪性、违法的问题，会对有关当事人造成一定的损害或不便。

事后审查型立法监督所涉及的主要问题包括：纳入事后审查的法律、法规和规章的范围，提起审查申请的主体，审查法律的合宪性、合法性的程度（仅就所指控问题进行审查还是全面审查），事后立法监督的具体程序设计，立法监督机关所作出决定的内容和效力等。

（三）事前事后审查结合型立法监督

克服事前审查型立法监督和事后审查型立法监督缺点的方法之一，就是将事前审查与事后审查相结合。这是指在规范性文件颁布生效的前后，分别设定不同的审查机制和程序而对其合宪性、合法性予以审查的立法监督。这种立法监督力图既发挥事前审查和事后审查的优点，又弥补其缺陷。有些国家规定，有关法律、法规在通过生效前要经过审查，而且在法的实施过程中也可以对其提起审查。中国、葡萄牙、斯里兰卡等国家采取这种类型的立法监督。这种立法监督制度对于减少立法冲突、维护宪法权威等，确有益处，但仍有不足之处。这主要表现在，它容易影响到法律的稳定性，而且在事前审查通过而在事后审查中又发现违宪/不具有合宪性、违法问题的情况下，也容易影响到司法审查的权威性。

一种比较可行的办法是，对事前审查和事后审查的主要内容作出划分。如事前审查主要涉及立法权限及程序，事后审查则集中在立法的实体内容方面。但值得注意的是，在联邦制国家中，要在很短时间内就联邦与联邦组成单位的立法权限之争议作出决定，是有困难的。可见，这种两者结合的立法监督也并不是没有缺陷的，正如任何一种制度设计都不可能是完美的一样。

第二节　立法监督体制

完整的立法监督体制大致由几部分构成，即：谁有权实行监督，监督的对象，监督的内容及监督的方式等。我们也将从这几方面来说明我国的立法监督体制。应当看到基于《立法法》以及《各级人民代表大会常务委员会监督法》（以下简称《监督法》），我国立法监督体制的基本框架构建起来，并且发挥了积极的功能。但从总体上看，我国的立法监督体制还有待完善，有关国家机关还没有充分发挥其立法监督的职能，立法冲突有时也难以得到及时的解决。党的十八届四中全会提出要“健全宪法实施和监督制度”，“一切违反宪法的行为都必须予以追究和纠正”；要“完善全国人大及其常委会宪法监督制度”，“加强备案审查制度和能力建设，把所有规范性文件纳入备案审查范围，依法撤销和纠正违宪违法的规范性文件，禁止地方制发带有立法性质的文件”。基于此，可以期待的是，我国立法监督的法治化进程将不断推进。

我国已经形成了具有中国特色的立法监督体制。我国立法监督体制的基本特点大致有如下几点：(1) 立法监督机关的设置以权力机关即人大及其常委会为核心，行政机关也行使某些立法监督职能。(2) 立法监督以事后监督为主，兼有事前监督的若干特点，如批准制度。(3) 监督方式的多样化，如有立法的改变、撤销、批准，立法备案审查、立法冲突裁决以及立法清理等。(4) 对立法监督专门机制的设计尚有争议，立法监督中的程序设计及具体制度等尚有待完善。这些也说明中国的立法监督的制度建设和运作还处在起步阶段。我们从以下几个方面分别说明我国立法监督体制的主要方面。

一、我国立法监督的内容

（一）合宪性审查

党的十八届四中全会的决定提出："宪法是党和人民意志的集中体现，是通过科学民主程序形成的根本法。坚持依法治国首先要坚持依宪治国，坚持依法执政首先要坚持依宪执政。"要"完善全国人大及其常委会宪法监督制度"。党的十九届四中全会的决定提出，要"加强备案审查制度和能力建设，依法撤销和纠正违宪违法的规范性文件"。因此，明确合宪性审查相关要求，是 2023 年修改《立法法》的主要内容之一。根据宪法精神和党中央关于推进合宪性审查工作的部署要求，总结近年来的实践经验，此次《立法法》的修改有二：一是明确法律案起草和审议过程中的合宪性审查要求，二是明确备案审查工作中的合宪性审查要求。对此，《立法法》第 23、36、58、110、112 条均进行了规定。例如，第 23 条规定："列入全国人民代表大会会议议程的法律案，由宪法和法律委员会根据各代表团和有关的专门委员会的审议意见，对法律案进行统一审议，向主席团提出审议结果报告和法律草案修改稿，对涉及的合宪性问题以及重要的不同意见应当在审议结果报告中予以说明，经主席团会议审议通过后，印发会议。"又如，《立法法》第 110 条规定："国务院、中央军事委员会、国家监察委员会、最高人民法院、最高人民检察院和各省、自治区、直辖市的人民代表大会常务委员会认为行政法规、地方性法规、自治条例和单行条例同宪法或者法律相抵触，或者存在合宪性、合法性问题的，可以向全国人民代表大会常务委员会书面提出进行审查的要求，由全国人民代表大会有关的专门委员会和常务委员会工作机构进行审查、提出意见。前款规定以外的其他国家机关和社会团体、企业事业组织以及公民认为行政法规、地方性法规、自治条例和单行条例同宪法或者法律相抵触的，可以向全国人民代表大会常务委员会书面提出进行审查的建议，由常务委员会工作机构进行审查；必要时，送有关的专门委员会进行审查、提出意见。"

（二）合法性监督

从《立法法》第 105、106、107、108、109 条的相关规定可以看出，我国立法监督主要包括两方面的内容：一是对立法权行使的合法性的监督，二是对立法权行使的适当性的监督。其中以对合法性的监督为主。对立法机关立法活动进行合法性监督，其主要内容包括如下几个方面。

1. 立法的权限必须合法

我国的立法体制具体设计了各立法主体的立法权限和立法事项的范围。在现代法治国家中，任何超越权限的立法或超越授权范围或违背授权目的的授权立法，都是无效的，都应当被改变或撤销。我国《立法法》第 10、11、12、72、73、74、75、80、81、82、84、85、91、92、93 条分别对全国人大及其常委会、国务院、自治地方人大、地方人大及其常委会、国务院部门和地方政府的立法权限作了比较明确的划分。超越这些立法权限而进行的立法，当属无效，应当依照法定程序予以改变或撤销。值得一提的是，鉴于目前规章制定过程中的部门主义和地方保护主义倾向比较严重，《立法法》第 91 条中明确规定："没有法律或者国务院的行政法规、决定、命令的依据，部门规章不得设定减损公民、法人和其他组织权利或者增加其义务的规范，不得增加本部门的权力或者减少本部门的法定职责。"第 93 条中规定："没有法律、行政法规、地方性法规的依据，地方政府规章不得设定减损公民、法人和其他组织权利或者增加其义务的规范。"这两个条款的规定强调减损权利和增加行政权力的立法必须有明确的上位法根据，这同时也是对规章立法权限的具体限制。

2. 下位法不得与上位法相抵触

这要求法律、法规、规章等不得违反其上位法的规定。法律渊源体系应当有严格的效力等级，在这一等级体系中，下位法不得违反上位法的规定，与上位法相抵触的下位法都是无效的，都应当被改变或撤销。关于什么情形可以视为"抵触"，《立法法》并没有明确规定。根据实际情况，可以认定立法内容"抵触"上位法的主要情形包括：(1) 上位法有明确的规定，而下位法的规定与上位法的规定相反的；(2) 虽不是与上位法的规定相反，但旨在抵消上位法的规定，即搞"上有政策下有对策"的；(3) 上位法没有明确规定，但与上位法的立法目的和立法精神相反的；(4) 违反了《立法法》关于立法权限规定，越权立法的；(5) 下位法超出上位法规定的处罚的种类和幅度的。①

当然，这不是说下位法的立法便因此没有主动性、灵活性，只能亦步亦趋地重复上位法的规定。相反，在不与上位法规定相抵触的前提下，下位法可以而且应当结合本区域内的实际情况，制定更为详尽、更具操作性的规定，以完成上位法所希望达到的立法意图、目的，所希望实现的法律价值。《立法法》还特别提到，制定地方性法规，对上位法已经明确规定的内容，一般不作重复性规定。

3. 立法的程序必须合法

法律、法规和规章案等从提出、审议到表决、公布，法律、法规和规章从修正、解释到废止，都必须有完善的法定程序并严格遵守这些程序。程序的完备和公正是保障规范性文件内容公正、合理的必要手段。任何违背法定程序的立法都是无效的，也应当被改变或撤销。

（三）适当性监督

对立法权行使的适当性的监督是对立法权行使的合法性监督的继续和补充。立法监

---

① 参见武增主编：《中华人民共和国立法法解读》，336～337 页，北京，中国法制出版社，2015。

督首先关注的是立法的合法性问题，但对于合法性的判断标准有时并不是很清晰，在实践中也引发了争议。其原因在于，随着法律所涉及的社会关系越来越广泛和复杂，立法主体应当相应享有更广泛的自由裁量权，但是，立法主体对自由裁量权的行使，有时并不直接涉及违法问题，而是更多地涉及其自由行使的立法权力是否适当的问题，这时便会出现合法但不适当的问题。按照我国《立法法》107条的规定，“不适当”的法律、行政法规、地方性法规、自治条例和单行条例、规章，都应当被撤销或改变。而且，这里的“不适当”也可能发生在形式上是合法的情形中。所以，判断何谓“不适当”就显得很重要。立法监督在进行合法性审查的同时，还必须关注立法的适当性。当然，如果从更广泛的意义看，适当性也可以被纳入合法性的范畴内，作为合法性之内的一种衡量标准。

关于对立法的适当性监督的具体内容，《立法法》没有明确规定。《监督法》第30条规定：“县级以上地方各级人民代表大会常务委员会对下一级人民代表大会及其常务委员会作出的决议、决定和本级人民政府发布的决定、命令，经审查，认为有下列不适当的情形之一的，有权予以撤销：（一）超越法定权限，限制或者剥夺公民、法人和其他组织的合法权利，或者增加公民、法人和其他组织的义务的；（二）同法律、法规规定相抵触的；（三）有其他不适当的情形，应当予以撤销的。”学界目前对于“不适当”的界定尚没有统一的看法。有专家曾总结说，不适当就是不合理、不公平。可以视为立法不适当的几种情况是：（1）要求公民、法人和其他组织执行的标准或者遵守的措施明显脱离实际的；（2）要求公民、法人和其他组织履行的义务与其所享有的权利明显不平衡的；（3）赋予国家机关的权力与要求与其所承担的义务明显不平衡的；（4）对某种行为的处罚与该行为所承担的责任明显不平衡的。①

对立法的适当性监督问题，我们可以从如下几方面进行分析。

1. 立法要顺应民意

立法在遵循宪法和其他上位法的同时，还要考虑如何最大限度地反映和表达民众的真实愿意，如何最大可能地扩展公民的权利自由和保障其权益。因而，对于法律权利、义务和责任的设置应当尽量符合人民的公平正义观，不能过度地失衡，如对公民过度施加义务和责任，或过度增加本部门的权力或者减少本部门的法定职责等，都属于立法不当。

2. 立法要符合常理，尊重社会生活的实际和公序良俗

立法不能背离客观规律，也不能对人们提出过高的行为标准，否则，很难在社会中实施，即使推行，社会效果也不会好。立法要从具体的国情、区情、民情出发，而不能简单依凭立法机构及其人员的一时好恶。法律要具有一定的理想性、纲领性，但这并不是说立法可以脱离实际。立法机构要最大限度地使立法建立在具体生活实际的基础上，努力协调各方利益和诉求，尊重社会的常理常识常情，尊重社会生活的内在规律和逻辑。

3. 立法要遵循节制的原则

社会生活没有法律调整不行，但也不是说法律越多越好。法律调整尽管是必要的，

① 参见武增主编：《中华人民共和国立法法解读》，337页，北京，中国法制出版社，2015。

但也要防止社会生活过度法律化带来的负面影响。因此，在以抽象的法律规则来规范具体的生活时，应当遵循节制原则，即在可以不用法律规制时，就尽量不要设定法律的要求，由当事人自由处置，或由社会规范等予以调整。在设定法律责任、义务规范时遵循节制原则，一般比较容易理解。在设定权利性规范时，实际上也是如此。由法律过多地设定权利性规范并不一定就有益，有许多权利性的要求并不一定需要由法律规范保障。这就是说，立法过程中，国家的立法权要尊重社会组织、社会机构的自我管理、自我规制，在有些领域，立法要遵循辅助性原则。

4. 立法要遵循成本—效益原则

这就是说立法要遵循效率和效益原则。立法每设定一项权利、义务和责任，都意味着增加了一定的法的实施成本，由此会耗费更多的社会资源。这是立法的效益的形式方面。就立法的实质或内容方面看，立法所设定的行为模式，对行为的权利、义务和责任的制度安排，会直接影响这些行为的实际社会效益以及这些行为对社会资源的创造或损耗。因此，立法要讲求效率，要力求以最小的社会成本耗费，达到最大的法律效益和社会效益，并力求达到法律效益最大化与社会效益最大化之间的协调。

二、我国立法监督的主要方式

立法监督的方式是立法监督的核心问题之一。从世界各国的情况看，立法监督的方式主要有备案、批准或否决、合宪性审查、立法复议①、公民复决②、合法性裁决、法规清理、撤销等。我国目前立法监督的方式主要有：备案审查、批准、裁决、改变或撤销以及清理。其中，批准属于事前审查型立法监督，备案审查、裁决、改变或撤销以及清理等属于事后审查型立法监督。我国《立法法》第五章规定了立法监督的主要方式。《监督法》第 28 条规定："行政法规、地方性法规、自治条例和单行条例、规章的备案、审查和撤销，依照立法法的有关规定办理。"党的十八大以来，我国持续健全对立法各规范性文件的备案审查制度，这一制度也成为我国推进合宪性合法性审查制度的重要抓手。下面简要介绍几种监督方式。

（一）批准

立法过程中的批准是指有关国家机关制定的规范性文件，需要报其他有关国家机关同意后才能颁布实施的制度和活动。有些学者认为批准制度更多地属于立法过程的一个环节而非立法监督措施。我们从这种制度能够有效预防立法冲突的角度，可以把它作为对立法活动进行事先监督的一种方式。在规范性文件批准过程中所涉及的审查内容主要是合法性问题。

根据《立法法》的规定，在我国需要报请批准的规范性文件主要有：

---

① 比如有些国家两院制下的上议院与下议院之间、参议院与众议院之间有关立法的复议制度，既是创制新法的两个环节，也可以算是一种立法过程中的事前审查型监督制度。

② 有些国家的公民复决制度是公民直接立法的一种方式，也可以视为一种事前监督型的立法监督制度。

（1）对自治条例和单行条例的批准。自治区的自治条例和单行条例，报全国人民代表大会常务委员会批准后生效。自治州、自治县的自治条例和单行条例，报省、自治区、直辖市的人民代表大会常务委员会批准后生效。

（2）对设区的市、自治州制定的地方性法规的批准。设区的市、自治州可以制定地方性法规，报省、自治区的人民代表大会常务委员会批准后施行。省、自治区的人民代表大会常务委员会对于报请批准的地方性法规，应当对其合法性进行审查，同宪法、法律、行政法规和本省、自治区的地方性法规不抵触的，应当在 4 个月内予以批准。

（二）备案审查

立法过程中的备案，是指有关国家机关将其通过或批准的规范性文件报其他有关国家机关登记、存档，以备审查的制度。备案是为了加强对立法的监督管理，对立法状况的全面了解。有人认为，备案本身似乎谈不上是立法监督的方式，它只是为立法监督所做的准备。关于备案是否一定与对立法的审查相联系，原来也有不同的意见，2015 年修改后的《立法法》对此予以明确。备案同时也是一种主动型审查，即接受备案的机关对于报送备案的规范性文件无须其他国家机关或社会团体、企事业组织以及公民提出审查建议就主动进行合法性审查。《立法法》第 111 条规定："全国人民代表大会专门委员会、常务委员会工作机构可以对报送备案的行政法规、地方性法规、自治条例和单行条例等进行主动审查，并可以根据需要进行专项审查。国务院备案审查工作机构可以对报送备案的地方性法规、自治条例和单行条例，部门规章和省、自治区、直辖市的人民政府制定的规章进行主动审查，并可以根据需要进行专项审查。"明确规定有关机构在登记备案同时的审查功能，有助于强化备案制度在立法监督过程中的作用。

全国人大常委会的法规备案工作始于 1979 年，备案的范围在当时仅限于地方性法规、自治条例和单行条例。1990 年国务院制定了《法规规章备案规定》，对报国务院备案的法规、规章的报送范围、期限、程序等作出了较为具体的规定。2000 年《立法法》通过后，全国人大常委会委员长会议通过了《行政法规、地方性法规、自治条例和单行条例、经济特区法规备案审查工作程序》，国务院颁布了《法规规章备案条例》。2004 年，全国人大常委会法制工作委员会成立了法规备案审查室，国务院法制办公室也成立了政府法制协调司（法规规章备案审查司），分别承担具体的法规审查工作。2005 年 12 月，第十届全国人大常委会委员长会议通过了《司法解释备案审查工作程序》，要求最高人民法院、最高人民检察院制定的司法解释，应当报送全国人大常委会备案，开始了我国司法解释的备案审查工作。不少地方的人大常委会也逐步确立了有关本行政区域内规范性文件备案的制度。如北京市第十三届人民代表大会常务委员会于 2012 年 9 月通过新的《北京市各级人民代表大会常务委员会规范性文件备案审查条例》。党的十八届四中全会的决定提出要"加强备案审查制度和能力建设"；党的十九届四中全会的决定提出，要"加强备案审查制度和能力建设，依法撤销和纠正违宪违法的规范性文件"。这些改革措施推动了我国备案审查制度的进一步完善，其功能也将得到进一步加强。

我国目前规范性文件备案的范围主要包括：行政法规、地方性法规、自治条例和单行条例、规章、司法解释等。另外，基于各地地方性法规、规章或备案规定等的要求，县级以上地方人大及其常委会的决议、决定，以及县级以上地方各级人民政府的决定、命令等也都纳入有关机关的备案范围。应当注意的是，目前地方层面广泛开展的备案审查制度，其备案审查的范围是所有的规范性文件，因而其范围实际上大于立法监督的备案审查范围。立法监督所涉及的立法，也是规范性文件，不过它们只是规范性文件的一部分。按照《立法法》第109、119条的规定，行政法规、地方性法规、自治条例和单行条例、规章、司法解释应当在公布后的30日内依照下列规定报有关机关备案。

（1）行政法规的备案。国务院制定的行政法规报全国人民代表大会常务委员会备案。

（2）地方性法规的备案。省、自治区、直辖市的人民代表大会及其常务委员会制定的地方性法规，报全国人民代表大会常务委员会和国务院备案；设区的市、自治州的人民代表大会及其常务委员会制定的地方性法规，由省、自治区的人民代表大会常务委员会报全国人民代表大会常务委员会和国务院备案。

（3）自治条例和单行条例的备案。自治州、自治县人民代表大会制定的自治条例和单行条例，由省、自治区、直辖市的人民代表大会常务委员会报全国人民代表大会常务委员会和国务院备案。自治条例、单行条例报送备案时，应当说明对法律、行政法规、地方性法规作出变通的情况。

（4）规章的备案。部门规章和地方政府规章报国务院备案；地方政府规章应当同时报本级人民代表大会常务委员会备案；设区的市、自治州的人民政府制定的规章应当同时报省、自治区的人民代表大会常务委员会和人民政府备案。

（5）授权立法的备案。根据授权制定的法规应当报授权决定规定的机关备案；经济特区法规报送备案时，应当说明对法律、行政法规、地方性法规作出变通的情况。

（6）司法解释的备案。最高人民法院、最高人民检察院作出的属于审判、检察工作中具体应用法律的解释，应当自公布之日起30日内报全国人民代表大会常务委员会备案。①

（7）省级以下地方机关其他规范性文件的备案。地方各级人大及其常委会通过其他规范性文件如决议、决定以及县级以上地方各级人民政府的规范性文件如决定、命令也都由相应的地方人大常委会予以备案。近年来，各地制定了大量的有关备案审查工作的专门文件。这些文件包括了地方性法规、地方政府规章以及其他的规范性文件。因而，地方的备案审查文件，除包括上面涉及的地方性法规以及地方政府规章外，还有其他规范性文件。如北京市规定，应当报送市人大常委会备案的规范性文件包括：市人民政府发布的决定、命令及其他规范性文件，以及以市人民政府办公厅名义发布的规范性文件；市监察委员会、市高级人民法院、市人民检察院发布的属于监察、审判、检察工作范围的规范性文件；区人大及其常委会作出的决议、决定及其他规范性文件；有关机关根据本市地方性法规明确要求对专门事项作出的配套规范性文件。应当报送区人大常委会备案的规范性文件包括：区人民政府发布的决定、命令及其他规范性文件，以及以区人民政府办公室名义发布的规范性文件；区监察委员会、区人民法院、区人民检察院发布的

---

① 在2015年修改《立法法》作出关于最高人民法院和最高人民检察院的司法解释报送备案的规定之前，2006年制定的《监督法》第30条已经对此作了明确规定。

属于监察、审判、检察工作范围的规范性文件；乡、民族乡、镇人大作出的决议、决定及其他规范性文件。[①] 又如，山西省人大常委会规定，需要报送其备案审查的规范性文件，包括：县级以上人民政府发布的决定、命令以及人民政府办公厅（室）发布的规范性文件，各级监察委员会制定的规范性文件，各级人民法院制定的规范性文件，各级人民检察院制定的规范性文件，其他应当依法报送备案的规范性文件。需要报送上一级人大常委会备案的规范性文件包括：设区的市、县（市、区）人民代表大会及其常务委员会作出的决议、决定，设区的市人大常委会对其制定的地方性法规作出的解释，乡、镇人民代表大会作出的决议、决定等。[②]

另外，涉及备案审查的立法，也包括监察法规。2019 年 10 月 26 日十三届全国人大常委会第十四次会议通过的《全国人民代表大会常务委员会关于国家监察委员会制定监察法规的决定》规定，监察法规应当在公布后的 30 日内报全国人民代表大会常务委员会备案。到 2022 年 5 月，生效的监察法规有一部，即《中华人民共和国监察法实施条例》。对监察法规的备案审查工作会在实践中逐步展开。

关于全国人大常委会对备案的规范性文件的审查程序，可以按照第 110、111、112、113 条的规定来执行。关于其他接受备案机关的主动审查程序问题，《立法法》并未详细规定，只是在第 114 条规定："其他接受备案的机关对报送备案的地方性法规、自治条例和单行条例、规章的审查程序，按照维护法制统一的原则，由接受备案的机关规定。"

资料链接

《广东省各级人民代表大会常务委员会规范性文件备案审查条例》（摘录）[③]

第二条　本条例适用于本省各级人民代表大会常务委员会开展规范性文件备案审查工作。

第三条　本条例所称规范性文件，是指在本行政区域内有关国家机关依照法定权限和程序制定并公开发布，涉及公民、法人和其他组织的权利、义务，具有普遍约束力、在一定时期内可以反复适用的文件。

第四条　县级以上人民代表大会常务委员会按照有件必备、有备必审、有错必纠的原则，依照法定权限和程序开展规范性文件备案审查工作。

第五条　县级以上人民代表大会常务委员会应当加强规范性文件备案审查制度和能力建设，建立备案审查工作统筹协调机制，促进规范性文件备案审查工作科学化、民主

① 参见《北京市各级人民代表大会常务委员会规范性文件备案审查条例》（2012 年 9 月 28 日北京市第十三届人民代表大会常务委员会第三十五次会议通过，2021 年 11 月 26 日北京市第十五届人民代表大会常务委员会第三十五次会议修订）。

② 参见《山西省各级人民代表大会常务委员会规范性文件备案审查条例》（2015 年 3 月 31 日山西省第十二届人民代表大会常务委员会第十九次会议通过，2021 年 5 月 28 日山西省第十三届人民代表大会常务委员会第二十七次会议修订）。

③ 该条例于 2018 年 11 月 29 日由广东省第十三届人民代表大会常务委员会第七次会议通过，2021 年 7 月 30 日广东省第十三届人民代表大会常务委员会第三十三次会议对条例修订。这里摘录的是修订后的文本。

化、规范化、信息化。

第十条　规范性文件应当自公布之日起三十日内报送备案。

规范性文件报送备案材料的内容包括：备案报告、规范性文件文本、有关修改或者废止的决定、说明、制定规范性文件的主要依据及其他参考资料等，有公布该规范性文件公告的，还应当报送公告。

报送规范性文件备案，应当报送纸质文件和电子文件。纸质文件应当按照规定的格式、数量报送，电子文件应当通过省人民代表大会常务委员会规范性文件备案审查信息平台报送。

每年一月底前，制定机关应当将上一年度制定、修改、废止的规范性文件目录报送备案。

第十二条　县级以上人民代表大会常务委员会依法审查备案的规范性文件，并对有关国家机关和社会团体、企业事业组织、公民提出的审查要求或者审查建议进行研究处理。

第十三条　对规范性文件进行审查研究，发现存在与党中央重大决策部署不相符或者与国家重大改革方向不一致问题的，应当提出意见。

第十四条　对规范性文件进行审查研究，发现违反法律、法规规定，有下列情形之一的，应当提出意见：

（一）与法律法规规定明显不一致，或者与法律法规的立法目的、原则明显相违背，旨在抵消、改变或者规避法律法规规定；

（二）超越法定权限，限制或者剥夺公民、法人和其他组织的合法权利或者增加其义务，增加或者扩充国家机关的权力或者缩减其责任，以及对法定权限以外的其他事项作出规定；

（三）违法设定行政许可、行政处罚、行政强制或者行政收费，或者对法律法规设定的行政许可、行政处罚、行政强制、行政收费违法作出调整或者改变；

（四）违反授权决定，超出授权范围；

（五）违背法定程序；

（六）其他违背法律、法规规定的情形。

第十五条　对规范性文件进行审查研究，发现存在明显不适当问题，有下列情形之一的，应当提出意见：

（一）明显违背社会主义核心价值观和公序良俗；

（二）对公民、法人或者其他组织的权利和义务的规定明显不合理，或者为实现制定目的所规定的手段与制定目的明显不匹配；

（三）因现实情况发生重大变化而不宜继续施行；

（四）其他明显不适当的情形。

（三）主动审查和被动审查

立法监督中的审查可以分为主动审查和被动审查。其中，对备案的审查，可以是主动审查，即备案机关依照备案审查职权对报请备案的立法文件主动展开的审查；也可以是被动审查，即应有关机关的要求或其他主体的建议所启动的审查。这种被动审查，也就是下面将谈到的专项审查。专项审查的启动主要有以下两种情况：一是因有审查提案权的机关依其法定职权提出审查要求而启动审查程序。如这些机关认为有提出审查的必要，可以依据职权向备案机关提出进行审查的要求，从而启动审查程序。二是因有关国家机关、社会团体和企事业组织以及公民提出进行审查的建议，从而启动审查程序。对此，《立法法》分别作了规定。前引《立法法》第110条的规定是关于被动审查的规定。前引《立法法》第110条的规定是关于主动审查的规定。

（四）专项审查

这里所说的专项审查，是指有立法监督权的国家机关应有关机关的审查要求、其他机构或人员的审查建议而对已经公布生效的规范性文件的合法性、适当性进行检查和监督的制度和活动。这一类专项审查，实际上也是近些年持续推进的备案审查工作的一部分，因而也可归入前述的“备案审查”来谈。鉴于这一专项审查已在《立法法》中作了专门规定，我们将其列为一种单独的审查行为。

1. 关于审查要求和审查建议的提出

《立法法》第110条规定了专项审查的启动问题。这包括两个方面：（1）基于审查要求而启动的审查。这是指，国务院、中央军事委员会、国家监察委员会、最高人民法院、最高人民检察院和各省、自治区、直辖市的人民代表大会常务委员会认为行政法规、地方性法规、自治条例和单行条例同宪法或者法律相抵触的，可以向全国人民代表大会常务委员会书面提出进行审查的要求。对这一类的审查要求，要由全国人民代表大会常务委员会工作机构分送有关的专门委员会进行审查、提出意见。（2）基于审查建议而启动的审查。这是指，除上述几类机关以外的其他国家机关和社会团体、企业事业组织以及公民认为行政法规、地方性法规、自治条例和单行条例同宪法或者法律相抵触的，可以向全国人民代表大会常务委员会书面提出进行审查的建议，由全国人民代表大会全国人大常委会工作机构进行研究，必要时，送有关的专门委员会进行审查、提出意见。

应当注意的一个问题是，对于审查的对象，《立法法》的规定是“行政法规、地方性法规、自治条例和单行条例”这几类。除此之外，《监督法》明确规定了将司法解释作为审查的对象。关于对司法解释的审查要求的提出，《监督法》第32条第1款规定：“国务院、中央军事委员会和省、自治区、直辖市的人民代表大会常务委员会认为最高人民法院、最高人民检察院作出的具体应用法律的解释同法律规定相抵触的，最高人民法院、最高人民检察院之间认为对方作出的具体应用法律的解释同法律规定相抵触的，可以向全国人民代表大会常务委员会书面提出进行审查的要求，由常务委员会工作机构送有关专门委员会进行审查、提出意见。”关于司法解释的审查建议的提出，《监督法》第32条第2款规定：“前款规定以外的其他国家机关和社会团体、企业事业组织以及公民认为最高人民法院、最高人民检察院作出的具体应用法律的解释同法律规定相抵触的，可以向全国人民代表大会常务委员会书面提出进行审查的建议，由常务委员会工作机构进行研究，必要时，送有关专门委员会进行审查、提出意见。”

2. 关于专项审查的程序

《立法法》第112、113条，《监督法》第33条等对此予以规定。(1)提出审查、研究的意见。全国人民代表大会专门委员会、常务委员会工作机构在审查、研究中认为行政法规、地方性法规、自治条例和单行条例同宪法或者法律相抵触的，可以向制定机关提出书面审查意见、研究意见。在这个过程中，也可以由宪法和法律委员会与有关的专门委员会、常务委员会工作机构召开联合审查会议，要求制定机关到会说明情况，再向制定机关提出书面审查意见。(2)制定机关对审查、研究意见的反馈意见。针对人大专门委员会或人大常委会工作机构所提出的审查意见或研究意见，制定机关应当在2个月内研究提出是否修改的意见，并向全国人民代表大会宪法和法律委员会和有关的专门委员会或者常务委员会工作机构反馈。(3)对审查的处理。一种情况是，制定机关按照人大专门委员会或人大常委会工作机构在审查意见、研究意见中所提意见，对行政法规、地方性法规、自治条例和单行条例进行修改或者废止的，审查便就此终止。另一种情况是，全国人民代表大会宪法和法律委员会、有关的专门委员会、常务委员会工作机构经审查、研究认为行政法规、地方性法规、自治条例和单行条例同宪法或者法律相抵触而制定机关不予修改的，应当向委员长会议提出予以撤销的议案、建议，由委员长会议决定提请常务委员会会议审议决定。①

3. 关于审查建议的审查情况的反馈与公开

《立法法》第113条规定，全国人大有关的专门委员会和常务委员会工作机构应当按照规定要求，将审查、研究情况向提出审查建议的国家机关、社会团体、企业事业组织以及公民反馈，并可以向社会公开。这一规定有助于保障提出审查建议的组织或公民的知情权，提高其参与立法监督的积极性，督促制定机关尽快纠正立法中的问题。审查、研究情况向社会公开，也是立法公开、立法民主的表现，有助于提高国民的法治意识。

4. 关于其他规范性文件的专项审查程序

《立法法》第114条规定，其他接受备案的机关对备案文件的审查程序（其中也包括对规范性文件的被动审查）由接受备案的机关自行规定。《监督法》规定，县级以上地方各级人民代表大会常务委员会可以审查下一级人民代表大会及其常务委员会作出的不适当的决议、决定，可以审查本级人民政府发布的不适当的决定、命令。其具体程序由省、自治区、直辖市的人民代表大会常务委员会参照《立法法》的有关规定，作出具体规定。另外，到目前，各省、直辖市、自治区人大常委会已通过地方性法规等方式，对本行政区域内的规范性文件的审查范围、方式及程序等予以明确规定。

---

① 《监督法》第33条所规定的关于司法解释审查的处理方法是，全国人民代表大会宪法和法律委员会和有关专门委员会经审查认为最高人民法院或者最高人民检察院作出的具体应用法律的解释同法律规定相抵触，而最高人民法院或者最高人民检察院不予修改或者废止的，可以提出要求最高人民法院或者最高人民检察院予以修改、废止的议案，或者提出由全国人民代表大会常务委员会作出法律解释的议案，由委员长会议决定提请常务委员会审议。

资料链接

“公民上书”的三个事件[①]

2003年3月17日，就职于广州一服装公司的大学生孙志刚未携带身份证逛街时，被广州黄村街派出所以没有暂住证为由予以收容。3月18日，孙志刚被送往广州收容遣送中转站，后又被收容遣送中转站送往广州收容人员救治站，并于3月20日死亡。2003年5月14日，三位法学博士将一份题为“关于审查《城市流浪乞讨人员收容遣送办法》的建议书”传真至全国人大常委会法制工作委员会，建议全国人大常委会对收容遣送制度的相关法规予以合宪性审查。同年6月22日，国务院公布了《城市生活无着的流浪乞讨人员救助管理办法》，原《城市流浪乞讨人员收容遣送办法》被废止。

2007年11月，北京东方公益法律援助律师事务所工作人员将一份“关于请求对《上海市房屋租赁管理实施办法》进行合法性审查的建议书”快递给国务院法制办公室。该建议书建议国务院审查和撤销《上海市房屋租赁管理实施办法》第8条的规定。该条规定：租赁居住房屋，承租的人均建筑面积不得低于10平方米，或者人均使用面积不低于7平方米；其中，向单位出租用作集体宿舍的，承租的人均建筑面积不得低于6平方米，或者人均使用面积不低于4平方米。该建议书认为，《上海市房屋租赁管理实施办法》第8条中的“人均承租面积标准”没有法律依据，超越了权限，具体内容和现行多部法律相抵触，违反了依法行政的法治原则，损害了公民的基本权利和自由。

2011年11月，包括北京大学、清华大学等高校的专家在内的15名公民联名上书，提请国务院审查并修改教育部《普通高等学校招生工作规定》，呼吁取消有关“学生在户籍所在地报名参加高考和招生”的规定，尽快禁止高考和招生政策中的户籍限制。这15名公民认为，目前中央政府要求流入地学校为随迁子女提供义务教育，但普通高考和高校招生仍使用户籍标准。按照教育部的规定，学生在户籍所在地报名参加高考，这导致随父母迁入城市就学的学生无法在学籍所在地报名，剥夺了随迁子女和本地户籍的学生一样参加高考并获得录取的平等机会。高考户籍限制违反宪法“公民在法律面前一律平等”的平等原则，以及“公民有受教育的权利和义务”的规定。同时，也有悖于《教育法》“公民不分民族、种族、性别、职业、财产状况、宗教信仰等，依法享有平等的受教育机会”和“受教育者在入学、升学、就业等方面依法享有平等权利”的规定。

（五）改变或撤销

改变或撤销制度是立法监督中的一种监督方式，也是对违宪/不具有合宪性、违法等违反上位法的规范性文件的一种处理方式。改变或撤销是与备案、审查等制度相结合的，是审查后的一种处理方式。立法监督中的改变是指有权的国家机关对已经公布生效的规范性文件进行审查，因其不合法或不适当而对其相关部分的规定予以更动、修改的制度和活动。立法监督中的撤销是指对有权的国家机关已经公布生效的规范性文件进行审查，

① 这则资料由叶传星根据相关媒体报道整理。

因其不合法或不适当而使其失去立法效力的制度和活动。按照《立法法》第 107 条的规定，当法律、行政法规、地方性法规、自治条例和单行条例、规章超越权限立法或者违反上位法时，或者规章的规定被认为不适当而应当撤销或改变时，启动改变或撤销程序。《监督法》也规定了全国人大常委会对司法解释的修改、废止权，规定了县级以上地方各级人民代表大会常务委员会的撤销权。

关于有关机关改变或撤销规范性法律文件的权限，《立法法》第 108 条予以明确规定；《监督法》第 29、30、33 条也有相关规定。撤销或改变权限的具体设置如下：

(1) 全国人民代表大会的撤销权。全国人民代表大会有权改变或者撤销它的常务委员会制定的不适当的法律；有权撤销全国人民代表大会常务委员会批准的违背《宪法》和《立法法》第 85 条第 2 款规定的自治条例和单行条例；有权撤销其授权的机关所制定的超授权范围或违背授权目的的法规，必要时也可以撤销对其立法权的授权。

(2) 全国人大常委会的改变或撤销权。全国人民代表大会常务委员会有权撤销同宪法和法律相抵触的行政法规；有权撤销同宪法、法律和行政法规相抵触的地方性法规；有权撤销省、自治区、直辖市的人民代表大会常务委员会批准的违背《宪法》和《立法法》第 85 条第 2 款规定的自治条例和单行条例；修改或者废止最高人民法院或最高人民检察院作出的具体应用法律的解释；有权撤销其授权机关所制定的超授权范围或违背授权目的的法规，必要时也可以撤销对其立法权的授权。按照《全国人民代表大会常务委员会关于国家监察委员会制定监察法规的决定》，全国人民代表大会常务委员会还有权撤销同宪法和法律相抵触的监察法规。

(3) 国务院的改变或撤销权。国务院有权改变或者撤销不适当的部门规章，有权改变或撤销地方政府规章。

(4) 地方人民代表大会的改变或撤销权。省、自治区、直辖市的人民代表大会有权改变或者撤销它的常务委员会制定的地方性法规，有权撤销其常委会批准的不适当的地方性法规。

(5) 地方人大常委会的改变或撤销权。地方人民代表大会常务委员会有权撤销本级人民政府制定的不适当的规章，县级以上地方各级人民代表大会常务委员会有权撤销下一级人民代表大会及其常务委员会作出的不适当的决议、决定，县级以上地方各级人民代表大会常务委员会有权撤销本级人民政府发布的不适当的决定、命令。

(6) 省、自治区的人民政府有权改变或者撤销下一级人民政府制定的不适当的规章。

(7) 其他授权机关有权撤销被授权机关制定的超越授权范围或者违背授权目的的法规，必要时可撤销授权。

关于如何区分“改变”和“撤销”这两种监督权力，一个基本的原则是，有领导关系的机关之间，上级机关可以改变也可以撤销下级机关所制定的规范性文件；无领导关系的机关之间，上级机关只能撤销下级机关制定的规范性文件，而不能改变之。比如，全国人大对于其常委会，地方各级人大对其常委会，国务院对其各个部门，上级人民政府对下级人民政府，在各类规范性文件的审查处理上，就既可以“改变”，也可以“撤销”；而全国人大常委会对国务院、下级人大及其常委会，地方各级人大常委会对其本级人民政府，授权机关对被授权机关等，则只能适用“撤销”。

（六）裁决

裁决是我国一项有特色的解决立法冲突的制度。对于同一机关制定的规范性文件之间出现规范冲突，而“特别法优于一般法”“新法优于旧法”这两个原则都无法解决时，规章之间、地方性法规与规章之间等出现规范冲突时，可以使用裁决制度来处理立法的内在冲突。我们在“立法效力”一章中对此已经有较为详细的说明，这里就不再赘述了。

（七）清理

立法过程中的清理是对规范性文件进行系统化的方法之一，同时也是立法监督的方式之一。规范性文件的清理对于达到法律体系的统一性、保持体系协调具有重要意义。我们在“立法完善”一章中也已经详细论述了规范性文件的清理问题，这里也不再赘述。

第三节　我国立法监督中存在的问题及制度的完善

一、我国立法监督中存在的问题

从我国立法监督的情况看，立法监督主要分为以下几类。

（一）对法律的立法监督

按照我国《宪法》和《立法法》的规定，在国家立法权划分的框架中，全国人大居于主导地位，全国人大对全国人大常委会的立法有权进行监督。《宪法》规定，全国人大有权改变或者撤销全国人大常委会不适当的决定。《立法法》也规定，全国人大有权改变或者撤销它的常委会制定的不适当的法律。

但是，目前对法律的立法监督在实践中仍面临一些需要解决的重要问题，比如：(1) 对全国人大制定的基本法律的合宪性如何审查和监督，尚无明确的法律规定。从理论上讲，基本法律违反宪法的可能性是存在的。按照目前的法律规定，只能由全国人大自己主动纠正，但是并无相应的程序性规定。全国人大常委会对法律的修改和补充，并不是对全国人大立法行为的监督。(2) 全国人大在对其常委会的监督过程中，应当进一步明确什么是对法律的“部分”修改，什么是“基本法律”，什么是“不适当”的决定，什么是同该法律的基本原则“相抵触”等，最好以立法的形式对此作出明确界定。(3) 从议事程序上看，由于全国人大常委会实际上在一定意义上主导着全国人大代表大会，全国人大常委会安排代表大会的议程，全国人大常委会的领导人员通常也是代表大会的领导人员，全国人大对其常委会的立法监督实际操作起来存在困难，所以，应当对全国人大的工作体制机制作出相应的改革和完善，以有利于它对其常设机关全国人大常委会展开监督。

（二）对行政法规的立法监督

根据《宪法》，全国人大常委会是对行政法规进行立法监督的机关。《宪法》规定，全国人大常委会监督宪法的实施，有权撤销国务院制定的同宪法、法律相抵触的行政法规、决定和命令；《立法法》也规定，全国人大常委会有权撤销同宪法和法律相抵触的行政法规。

目前，国务院制定的行政法规数量较大，涉及的社会关系领域也很广泛。加强对行政法规的立法监督，对于严格依法行政，维护法制统一，具有重要意义。实际情况是，全国人大常委会对于行政法规的合宪性、合法性的监督还不够，存在的问题主要是：（1）对于全国人大常委会与国务院的立法权限有待更清晰地界定。二者权限划分上的不清晰致使在一些立法事项上难于准确判断国务院是否越权。虽然《立法法》对于只能制定为法律的事项有所规定，也使我国的立法体制有所明确，但是鉴于全国人大常委会与国务院行使的权力有某些交叉，现行法律对它们的立法权限的界定仍有待于在实践中探索解决。应当说，行政法规是否越权的问题，由于立法权限界定不清等原因，一时也难以解决。但是，行政机关的权力必须接受严格监督和限制这一法治的核心问题，是必须加以解决的，因为，不受严格监督的行政立法权，也可能会导致立法腐败的问题。（2）监督程序有待完善。《立法法》规定由全国人大专门委员会负责审查行政法规，全国人大常委会法制工作机构也设立了专门的备案审查机构，但是鉴于目前人大与行政机关权力架构的实际状况，全国人大常委会对行政法规的监督有时可能还较为流于形式。（3）对行政法规进行监督的具体程序，还缺少详细的规定。为了使《立法法》第110、112、113条所规定的审查机制发挥作用，应当更注重从程序上完善审查机制。

（三）对地方性法规的立法监督

根据《宪法》，全国人大常委会是对地方性法规进行立法监督的机关。《宪法》规定，全国人大常委会有权撤销省、自治区、直辖市国家权力机关制定的，同宪法、法律和行政法规相抵触的地方性法规和决议。《立法法》也规定，全国人大常委会有权撤销同宪法、法律和行政法规相抵触的地方性法规。

对地方性法规的监督目前存在的问题主要包括：（1）中央与地方在立法权限上的划分尚不够清晰。这往往使得对地方性法规的监督无明确法律依据可循。中央与地方立法权的划分是政治体制改革的顶层设计之一，只有随着政治体制改革逐步深入，这一问题才能得到合理解决。（2）应当准确理解“不抵触”原则。制定地方性法规的一个原则就是不得同宪法、法律和行政法规等相抵触，因此如何准确理解“不抵触”原则便成为对地方性法规进行监督的一个重要问题。需要进一步明确这一原则的内涵，以便为监督提供依据。（3）对地方性法规与部门规章之间的冲突解决机制应当重视。地方性法规与部门规章具有同等效力，在各自的权限范围内施行。《立法法》规定了对它们之间冲突的裁决机制，但是对裁决所应依据的原则并无明确规定。二者在发生冲突时有无效力的优先，是问题的核心所在。（4）地方人大与其人大常委会的立法权限有待更清晰地划分。省、自治区、直辖市的人民代表大会与其常委会在制定地方性法规的权限上的划分不够明晰，

《立法法》只是规定“本行政区域特别重大事项”由人民代表大会通过。对此还需要在地方立法实践中探索解决。《立法法》规定，省、自治区、直辖市的人民代表大会有权改变或者撤销它的常务委员会制定的和批准的不适当的地方性法规，但是由于目前人大常委会在省级人大工作中的主导地位，所以省、市、自治区人民代表大会对其常委会所制定的地方性法规的监督力度还需要在实践中逐步加强。（5）对设区的市、自治州人大及其常委会所制定的地方性法规的监督要加强。随着设区的市、自治州都获得了地方性法规的立法权，我国地方性法规的立法主体规模大大扩展。针对这些立法主体的立法监督制度还不够健全。鉴于许多设区的市、自治州可能在立法能力和经验等方面都还有所欠缺，其立法在整体规划、立法内容、立法技术等方面容易存在更多的问题，理应有更完善的监督制度。

（四）对自治条例和单行条例的立法监督

《立法法》规定，全国人大有权撤销全国人大常委会批准的违背《宪法》和《立法法》第85条第2款规定的自治条例和单行条例。《立法法》第85条第2款规定，自治条例和单行条例可以依照当地民族的特点，对法律和行政法规的规定作出变通规定，但不得违背法律或者行政法规的基本原则，不得对《宪法》和《民族区域自治法》的规定以及其他有关法律、行政法规专门就民族自治地方所作的规定作出变通规定。

对自治条例和单行条例的立法监督存在的主要问题包括：（1）关于立法权限。自治条例和单行条例与地方性法规在所涉及事项、规范内容等方面的界限不够清楚，自治权与地方国家机关的一般权力范围的界限也不够清楚。（2）关于自治条例和单行条例的变通问题。法律只是明确了不得违背法律或行政法规的基本原则，不得对《宪法》和《民族区域自治法》的规定，以及其他有关法律、行政法规专门就民族自治地方所作的规定作出变通规定，这一规定的可操作性不够，还应当进一步明确可变通的事项范围、变通方式等。（3）关于监督方式。省、自治区、直辖市对自治州、自治县的自治条例和单行条例的监督，除了事先批准，还应有其他事后监督方式。关于批准者在法的实施中是否自然享有改变或撤销权是否需要以立法形式明确规定，值得探讨。

（五）对规章的立法监督

《宪法》规定，国务院有权改变或者撤销各部、各委员会发布的不适当的命令、指示和规章；有权改变或者撤销地方各级国家行政机关的不适当的决定和命令。《立法法》也规定，国务院有权改变或者撤销不适当的部门规章和地方政府规章。

对规章的立法监督，目前存在的主要问题是：（1）部门规章之间、部门规章与地方政府规章之间、部门规章与地方性法规之间就同一事项的规定不一致时，在立法上应当如何处理，监督的程序尚不完善。目前虽有裁决制度，但是这一制度如何启动和实施还需要进一步明确。（2）应当进一步明确区分部门规章、地方性法规与地方政府规章的立法事项范围，以利于立法监督。（3）鉴于规章的数量巨大、受到部门利益或地方利益的影响可能更明显，且其实际中存在的争权诿责现象更多，需要更有效率的专门机制来处理规章之间的立法冲突，以保证对规章的更有力约束。

（六）对授权立法的立法监督

《立法法》规定了我国的授权立法制度[①]，同时也规定了对授权立法的监督，即全国人大常委会有权撤销同宪法和法律相抵触的行政法规以及同宪法、法律和行政法规相抵触的地方性法规，其中包括因授权立法而制定的行政法规和地方性法规。《立法法》还规定，授权机关有权撤销被授权机关制定的超越授权范围或违背授权目的的法规，必要时可以撤销授权。

对授权立法的监督存在的主要问题有：第一，授权立法制度还不完备，对授权立法的监督也不够。在法律上应由授权机关对授权立法进行监督，因为只有授权机关才最了解某一授权立法是否符合授权的目的和范围。但是由于对授权立法的权限范围、效力等级及立法程序等还缺乏明确的规定，对授权立法的监督也无法可循。第二，经济特区根据授权可对法律、行政法规、地方性法规作出变通规定，但关于变通的范围、方式等还缺少明确的法律依据。另外，这类授权立法与法律、地方性法规的关系也有待进一步明确。第三，应当明确授权立法与各机关依据职权所制定的法规、规章之间的关系，以妥善处理它们之间可能存在的矛盾和冲突，否则不利于对授权立法的监督。

（七）对司法解释的立法监督

《立法法》和《监督法》规定了司法解释的备案和审查制度。全国人大常委会还要求最高人民法院和最高人民检察院对司法解释予以清理。到2021年年底，最高人民法院、最高人民检察院已开展了多次较大规模的对司法解释的专项清理工作，取得了较好的效果。

目前，对司法解释的立法监督依然存在一些问题，所存在的主要问题包括：(1) 关于司法解释的范围。《立法法》第119条第1款规定，最高人民法院、最高人民检察院作出的属于审判、检察工作中具体应用法律的解释，应当主要针对具体的法律条文，并符合立法的目的、原则和原意。如果遇到需要由立法机关来处理的情况的，应当向全国人民代表大会常务委员会提出法律解释的要求或者提出制定、修改有关法律的议案。关于如何认定“具体应用法律的解释”在实践中一直存在争议，“制定新法”与“具体应用法律的解释”之间的区别有时会比较模糊。全国人大常委会也一直未就此予以明确，倒是比较容忍司法解释的“扩张”。(2) 关于司法解释“准立法性”的争议。近些年来一直有关于司法解释正当性的争论。一个受到关注的重要问题是司法解释对人民代表大会立法权的“侵蚀”。从实际情况看，最高人民法院和最高人民检察院的司法解释范围广泛，有些解释也确实有细化法律的“执行性”特点，有些解释则有填补立法空白的“试验性”特点。解释的“准立法性”会增加全国人大常委会审查司法解释的难度。(3) 对司法解释的审查程序实际上很少启动。中国目前在处理立法冲突问题时，实际上更注重的是相关机关的协调协商，将问题通过沟通、由制定机关主动纠正的方式予以解决，而正式的审查程序很少启动。对司法解释的正式审查机制也基本是“备而不用”。(4) 对其

---

① 参见本书“立法体制”一章的第三节“授权立法”。

他司法机关的“准解释性”文件的监督。修改后的《立法法》规定，最高人民法院、最高人民检察院以外的审判机关和检察机关，不得作出具体应用法律的解释。但实际上省高级人民法院、省级人民检察院，甚至一些地、市级的中级人民法院、人民检察院都制发了不少具体应用法律的“准司法解释”。对这些文件应当如何处理，需要在立法监督过程中予以关注。

鉴于我国立法监督制度中存在上述的若干问题和不足之处，下面将结合这些问题和不足之处，主要从几方面说明立法监督制度的完善问题。

二、我国立法监督制度的完善

（一）建立专门的立法监督机构

我国的立法监督工作目前由权力机关和行政机关负责，以权力机关为主、为中心；但是在权力机关和行政机关中都没有专门的立法监督机构。就中央的立法监督而言，由于没有专门的立法监督机构，而现在行使监督权的机构尤其是全国人大常委会又任务繁重，没有更多的时间和精力来顾及立法监督问题，因而立法监督工作中难免出现相互推诿、无人负责、监督不力或监督虚置等情形。鉴于立法监督不能尽如人意的状况，在我国建立专门的立法监督机构，以维护宪法权威、法制统一和严格执法，已是势在必行。建立立法监督的专门机构，与我国现行的政治体制架构并不矛盾，而恰恰是完善政治体制的一项要求。

党的十八届四中全会提出要“完善全国人大及其常委会宪法监督制度”，完善宪法监督制度的基本点之一就是建立专门的宪法监督机构。2018 年 3 月，十三届全国人大一次会议修改《宪法》，将作为全国人大专门委员会的“法律委员会”修改为“宪法和法律委员会”，旨在推进合宪性审查制度。2018 年 6 月，全国人大常委会作出《关于全国人民代表大会宪法和法律委员会职责问题的决定》，增加了宪法和法律委员会的职能。此决定表明，宪法和法律委员会在继续承担统一审议法律草案等工作的基础上，增加推动宪法实施、开展宪法解释、推进合宪性审查、加强宪法监督、配合宪法宣传等工作职责。基于此，宪法和法律委员会承担了推进合宪性审查、加强宪法监督的职能，其中应当也包括了立法监督的一定职能。可以说，这是一种中国特色的宪法监督机制。那么，在宪法和法律委员会之外，是否还需要建立专门的立法监督机构呢？

有学者主张，由全国人大宪法和法律委员会承担法律的立法监督职能。从该委员会的职能来看，其新职能围绕宪法实施、解释、监督、宣传等展开。鉴于立法监督的实际内容要比宪法和法律委员会的职能广泛得多，仅仅由此委员会承担大量的立法监督职能，是不现实的。从实际情况看，此委员会受制于机构规模、工作重心等因素影响，也无力担负此职能。因而，从加强法治、推进国家治理能力现代化的需要来看，成立专门的立法监督机构可能仍是必要的。我们认为，能够与现行政治体制相协调的比较切实的方案，可能是在全国人大内部设置专门的立法监督委员会。对于立法监督的专门机构是仅设置在全国人大内部，还是也设置在省级人大内部，也有不同意见。从《立法法》的规定看，只有全国人大常委会受理对立法合法性审查的申诉。为了减轻全国人大中立法监督机构的工作压力，也为了使立法监督增加一个必要的审查环节，可以考虑在省级人大内部也设置相应的立法监督机构。如果设置专门的立法监督机构，这类机构要对全国人大和本级的省、自治区、直辖市人大负责，似乎并无多大异议。但它们是否应对本级人大常委会负责或接受本级人大常委会的领导，是一个有争议的问题。如果立法监督机构完全受本级人大常委会的领导，一些人则担心它们对本级人大常委会的立法工作就难以予以有效的监督，所以，可以通过制定人大基本法设置立法监督机构，明确机构设置、机构之间关系等，赋予立法监督机构相对较为独立的权力，以利于其开展监督工作；还应当逐步扩大它对本级人大常委会的立法监督权力，以利于建立比较完整的立法监督体系，也有利于校正目前各级人大常委会立法权力大但较少进行监督的现实状况。

（二）完善监督的审查程序

我国现行立法监督制度的一个显著有待改进之处是，许多制度设计因为缺乏具体而详尽的程序的支持而无法得到落实，导致有其名无其实。完善立法监督的一项重要工作也就是要建立健全相应的程序和运作机制，其中主要是完善批准、备案审查、裁决、改变和撤销等方面的监督程序。从立法监督的运行过程看，立法监督程序分别要有启动程序、认定程序和执行程序等。目前，我国对相关立法的审查要求、审查建议的提出程序，受理后的审查程序、研究程序等都规定得比较粗疏。应当结合实际情况，先制定相应的审查工作规程，条件成熟后应当制定专门的法律。《立法法》中已有关于提起立法监督的主体的一些规定，但这些规定还是过于粗略。比如，按照法律规定，全国人大及其常委会、省级人大及其常委会、国务院及省级人民政府等，都有权审查、改变或撤销有关的规范性文件，但是按何种程序开始审查却无明确的规定。另外，对于如何向国务院、省级人大常委会和人民政府提出审查请求，如何启动对法律的审查请求，都还有待作出更明确的程序规定。监督启动程序的不完备，常常使一些有种种问题的规范性文件得不到及时的审查，也使受到这些文件影响的当事人的权益得不到有力而及时的保障和救济。

在立法监督程序启动后，审查机关的审查程序也还不完备。比如关于审查机构的具体构成及组成程序，审查的具体分工和步骤，审查的内容，不同的监督方式之间在审查内容、程序等方面的差别，审查决定的制作程序及方式，等等，都需要有相应的规定，这样才能保证审查决定结果的公正性、权威性。另外，对审查结论的执行也需要通过程序规定加以保障，例如：应当明确立法监督的执行主体及执行方式、步骤，被作出审查决定的机关有何申诉或建议复查的程序，作出的审查结论以何种方式公布生效等。

（三）完善立法批准制度

批准是一项重要的事前监督制度。应当进一步研究哪些规范性文件须经批准才能公布实施，纳入批准的规范性文件的范围过大会影响下级国家机关立法的自主性和积极性，范围过小则不利于充分发挥批准制度的功能。有学者建议把某些重要的授权立法也纳入批准的范围。也有些学者建议对设区的市的地方性法规的批准改为备案。审查批准的过程中除考虑合法性审查外是否还需要考虑合理性审查、批准的主要程序、审查后的处理方式等，都需要进一步明确。尤其是，关于自治条例和单行条例的批准的监督程序应当进一步完善，比如对批准的时限期间、对条例内容的审查标准、审查后处理的方式等都需要细化。

（四）完善立法裁决制度

《立法法》规定了裁决制度，但是裁决制度在实践中所发挥的实际作用并不令人满意。现行裁决制度的效率较低、程序不完善等问题，都影响其作用的发挥。需要进一步明确的是，如何启动裁决程序，裁决机关的哪个职能部门负责提出裁决意见，裁决机关裁决的依据、裁决的原则、裁决的具体程序、裁决的期限，如何处理对裁决结果的异议，裁决决定的制作等。这些问题，都需要在立法和司法实践中研究并加以制度化和程序化。

（五）完善授权立法的监督制度

我们已经指出过，目前授权立法存在的诸多问题，造成对授权立法的监督也往往不能到位。被授权立法机关的越权立法虽时有所见，但鲜见有基于正式程序的处理。加强对授权立法的监督，首要的就是要对立法的授权目的、方式、程序、范围、时限等问题在《立法法》的基础上进一步予以明确，制定专门的授权程序法，使监督审查有据可依。授权机关在接受所授权立法的备案后，应作何具体的审查，也应当通过立法等予以明确。这样，对授权立法的审查监督才能得到落实，使授权立法既鼓励和支持被授权机关发挥其改革的积极性、主动性，又能有效节制所授予的立法权力。

问题与思考

1. 什么是立法监督？其基本特点和意义是什么？
2. 立法监督有哪几种基本模式？
3. 立法监督的内容主要是指什么？
4. 我国立法监督的基本方式有哪些？
5. 我国立法监督中存在的主要问题有哪些？
6. 完善我国立法监督制度应当主要从哪些方面展开？
7. 据《中国人大》全媒体记者冯添报道，十三届全国人大常委会全面贯彻落实党中央决策部署，聚焦生态环保领域的突出问题，精准发力，连续五年开展执法检查，先后开展大气污染防治法、水污染防治法、土壤污染防治法、固体废物污染环境防治法、环境保护法等10部生态环保法律和相关决定的执法检查，为依法打好污染防治攻坚战、推进生态文明建设作出了人大贡献。

请从立法监督的模式、内容、方式和对象等方面分析评价十三届全国人大常委会的上述执法检查。

延伸阅读

1. 莫纪宏．对我国立法监督制度缺陷的探讨．江苏行政学院学报，2010（4）

2. 封丽霞．制度与能力：备案审查制度的困境与出路．政治与法律，2018（12）

3. 沈寿文．论“变通规定”批准权：兼评《立法法》第75条．思想战线，2021（3）

4. 蒋清华．支持型监督：中国人大监督的特色及调适：以全国人大常委会备案审查为例．中国法律评论，2019（4）

5. 莫纪宏．依宪立法原则与合宪性审查．中国社会科学，2020（11）

6. 李鹏．立法与监督：李鹏人大日记．北京：新华出版社，2006

7. 朱力宇．论全国人大常委会为主导的我国合宪性备案审查制度：根据彭真的有关立法实践和论述展开探讨．立法前沿，2021（1）

第十三章
立法协商

本章导读

立法协商是立法过程中促进科学民主立法、提高立法质量的重要举措之一。立法过程中应当最大限度地平衡和协调各个方面的合法利益和重大关切。尤其有立法权的人民代表大会及其常务委员会应当在立法规划、立法起草和立法审议过程中发挥组织、协调的主导作用。立法协商要求对各种利益统筹兼顾、各利益相关方充分沟通。促进我国立法协商的发展，尤其要重视人民代表大会的立法协商、政协立法协商、公民参与立法协商等多种协商形式。

关键术语

立法协商　立法协商主体　立法协商方式　公民立法参与　立法听证　立法听证程序

第一节　立法协商概述

一、立法协商的概念

立法协商，是立法过程中立法主体、各类利益相关者对立法中的重要争议问题沟通、商谈、协调、寻求各方最大共识的活动过程。立法协商是沟通立法机关与社会公众的一个重要渠道，是立法机关倾听各个方面意见和诉求，最大限度地实现最广大人民根本利益的一种重要方式。立法协商是中国特色社会主义民主政治的重要方面之一，在近年来逐渐受到理论界和实务界的广泛关注。2015 年《立法法》修改时所增加的一个重要内容就与立法协商有关。2023 年修改后的《立法法》第 39、40、54、55、56、57、74、113 条等都是与立法协商有关的条文。

二、立法协商与协商民主

协商民主是中国社会主义民主政治中独特的、独有的、独到的民主形式。它源自中华民族长期形成的天下为公、兼容并蓄、求同存异等优秀政治文化，源自近代以后中国政治发展的现实进程，源自中国共产党领导人民进行革命、建设、改革的长期实践，源自新中国成立后各党派、各团体、各民族、各阶层、各界人士在政治制度上共同实现的伟大创造，源自改革开放以来中国在民主政治体制上的不断创新，具有深厚的文化基础、理论基础、实践基础、制度基础。

在中国社会主义制度下，有事好商量，众人的事情由众人商量，找到全社会意愿和要求的最大公约数，是人民民主的真谛。要坚持有事多商量，遇事多商量，做事多商量，商量得越多越深入越好。在人民内部各方面广泛商量的过程，就是发扬民主、集思广益的过程，就是统一思想、凝聚共识的过程，就是科学决策、民主决策的过程，就是实现人民当家作主的过程。表现在立法方面，立法协商就是民主立法、科学立法的要求。

协商民主也正是贯彻“一切为了群众，一切依靠群众，从群众中来，到群众中去”的群众路线的过程。我国《宪法》规定，国家的一切权力属于人民，一切国家机关和国家工作人员必须依靠人民的支持，经常保持同人民的密切联系，倾听人民的意见和建议，接受人民的监督，努力为人民服务。无论是中国共产党执政，还是国家机关施政，都必须坚持贯彻群众路线，紧紧依靠人民。立法过程当然也不例外。

党的十八大、十九大、十九届四中全会等重要会议对健全社会主义协商民主制度、推进协商民主等都作出部署。如党的十九届四中全会关于坚持和完善中国特色社会主义制度、推进国家治理体系和国家治理能力现代化问题的决议提出，要坚持社会主义协商民主的独特优势，统筹推进政党协商、人大协商、政府协商、政协协商、人民团体协商、基层协商以及社会组织协商，构建程序合理、环节完整的协商民主体系，完善协商于决策之前和决策实施之中的落实机制，丰富有事好商量、众人的事情由众人商量的制度化实践。① 党的二十大报告继续提出：“我们要健全人民当家作主制度体系，扩大人民有序政治参与，保证人民依法实行民主选举、民主协商、民主决策、民主管理、民主监督，发挥人民群众积极性、主动性、创造性，巩固和发展生动活泼、安定团结的政治局面。”“协商民主是实践全过程人民民主的重要形式。”中国特色社会主义协商民主的各项制度将在实践中不断丰富。

立法过程中的协商民主，是中国特色社会主义协商民主的一项重要立法制度，也是立法民主化、立法科学化的要求。中共中央于2015年印发《关于加强社会主义协商民主建设的意见》，提出要“深入开展立法工作中的协商”，并且提出了多项具体的立法协商措施。各种民主协商形式都可能涉及立法协商，所以，应当拓展各类机构、公民有序参与立法的途径和方式方法，比如，注重发挥人大在协商中的主导作用，健全立法草案公开征求意见的制度，完善立法协商成果的反馈机制，等等。这些机制和制度，有助于深入推进立法民主，提高立法质量，广泛凝聚社会共识。

---

① 参见《中共中央关于坚持和完善中国特色社会主义制度 推进国家治理体系和治理能力现代化若干重大问题的决定》，载《人民日报》，2019-11-05。

三、立法协商的参与主体与内容

我国参与立法协商的主体是相当多样的。这些主体在立法协商过程中的协商形式以及具体作用等都不尽相同。

（一）人民代表大会及其常务委员会

人民代表大会制度是我国保证人民当家作主的根本政治制度。有立法权的人民代表大会及其常务委员会在立法决策、立法起草和审议过程中要根据实际需要进行充分协商，更好汇聚民智、听取民意，凝聚更大的社会共识。人民代表大会要在立法过程中发挥主导作用，也要在立法协商过程中发挥主导作用。《立法法》第54条规定："全国人民代表大会及其常务委员会加强对立法工作的组织协调，发挥在立法工作中的主导作用。"这表现在多个方面，如全国人大及其常务委员会在政治层面上与民主党派、工商联、政协委员、无党派人士、人民团体、社会团体等各界积极沟通，就立法规划、法律的起草及法律审议等多方协商，或向社会公开征求意见和建议，听取人民意见。

应当重视地方立法层面的立法协商。在地方立法协商过程中，尤其要注重地方人大及其常委会的主导作用。如在地方性法规和地方政府规章的起草过程中，要加强人大专门委员会、工作委员会与相关方面的沟通协商，更好地发挥人大代表在立法协商中的作用。如法规、规章的起草要更多地征求人大代表意见，要增加人大代表列席人大常委会会议人数，提高代表议案建议的质量，加强有关方面与代表的协商沟通等。有立法权的地方人大及其常务委员会还应通过诸如论证会、咨询会、听证会、座谈会等各种方式，多方倾听其他有关部门、专家学者、社会团体、公民等各方面的意见和建议。

（二）人民政协

人民政协以中国共产党领导的多党合作和政治协商制度为保障，集协商、监督、参与、合作于一体，是社会主义协商民主的重要渠道。应当发挥人民政协作为专门协商机构的作用，把立法协商民主贯穿履行职能全过程，推进更好地协调立法中的各种重大利益关系、汇聚力量、建言献策、服务大局。人民政协有关专门委员会和政协委员，对有关法律法规草案进行论证、协商，发表意见和建议。这是实现政协在立法过程中利益表达、民主监督、立法咨询等功能的重要途径。在具体方式方面，比如，要提高政协立法提案的质量，对人民代表大会及其常务委员会审议的法律案、法规案等积极参与建言；更加灵活、更为经常地开展立法专题协商、对口协商、界别协商、提案办理协商等；利用政协广泛联系各界的优势，广泛反映各界对立法的意见和建议；加强人民政协立法协商与党委和政府工作的有效衔接。

（三）行政机关

行政机关或政府机关在制定法律、行政法规、规章的协商过程中发挥着重要作用。

完善政府的立法协商功能对于提高立法质量至为重要。涉及经济社会发展重大问题、重大公共利益或重大民生的行政立法，尤其要重视听取社会各方面的意见和建议，吸纳社会公众特别是利益相关方参与协商。涉及特定群体利益的相关行政立法，加强与相关人民团体、社会组织以及群众代表的沟通协商。

提高政府的立法协商能力，需做好的重要工作包括如下几个方面：要做好政府信息公开工作，为各方面机构或人员参与政府协商创造条件；在法律、地方性法规的起草和审议中，更充分发挥政府机关的协商沟通功能；健全立法项目、法规及规章草案的意见征集和反馈机制，广泛听取意见，及时反馈意见采纳情况；进一步完善立法听证机制和程序，让立法听证会发挥实效；建立健全立法决策咨询机制，完善咨询程序，提高咨询质量和公信力；完善人大代表议案建议和政协提案的办理联系机制，办理结果逐步向社会公开等。

（四）人民团体

人民团体作为党和政府联系人民群众的桥梁和纽带，在立法协商中有发挥其积极作用的巨大空间，可以增强立法协商的广泛性和代表性。在人大发挥主导作用的框架下，对涉及群众切身利益的，特别是事关特定群体权益保障的重要立法议题，有关立法部门要加强与相关人民团体的立法协商。

（五）社会组织

随着新时代中国社会建设的不断推进，社会组织在社会管理和社会自治过程中的作用会不断增强。在法治框架下，多样性的社会群组织能够及时、有效地收集、表达其组织所代表的公民或群体的利益，并与其他的利益相关公民或群体进行对话、沟通和协商，以寻求利益诉求的整合与协调。近年来，我国各类社会组织蓬勃发展。① 因而，在立法协商过程中，社会组织能够发挥其重要作用。要在立法项目、立法草案的公开征集意见、立法论证、立法听证、立法评估等过程中，完善机制和程序，使有关国家机关、社会团体等之间有稳定、畅通的沟通渠道，通过健全工作机制，使对立法中涉及的重大利益调整的论证咨询和协商发挥实效，也引导社会组织有序开展立法协商，更好地为社会服务。

（六）公民

人民群众的参与是社会主义协商民主的重点和依托。应当按照协商于民、协商为民的要求，大力发展基层协商民主，重点在基层群众中开展协商。基层协商对于地方立法具有更为直接而重要的作用。凡是涉及群众切身利益的立法决策都要充分听取群众意见，加强议事协商，通过各种方式、在各个层级、各个方面同群众进行协商。要更好地保障人民群众的知情权、参与权、表达权、监督权，不断推进立法决策、立法起草及立法审

---

① 根据民政部所发布的 2020 年社会服务发展统计公报，截至 2020 年年底，全国共有社会组织 89.4 万个，比上年增长 3.2%；吸纳社会各类人员就业 1 061.9 万人，比上年增长 5.2%。

议过程中权力运行公开化、规范化，完善党务公开、政务公开以及各领域办事公开制度，让人民监督权力，让权力在阳光下运行。立法协商的典型形式如法律、法规、规章公开征求意见，公众意见采纳情况的及时反馈；密切人民代表与人民的联系，切实做到“人民代表为人民”，如建立健全代表联络机构、网络平台等。在本章第三节，我们会详细说明公民参与立法的相关问题。

还有一类“特别的”公民，这就是各专门领域的专家学者等专业人员。这些专业人员中有法律方面的，也有其他各个行业的。当然，这些专家学者也往往是归属于各类社会组织、专业研究机构等事业单位的。他们也往往以这些组织或机构的名义发声。鉴于这类专业人员的专业技能、协商经验以及拥有若干与有关国家机关的沟通的便利资源等因素，他们对提高立法协商质量、进而提高立法质量可以发挥重要作用。

四、立法协商的主要方式

立法协商是协商民主的重要形式之一。协商民主的主要形式包括政党协商、政治协商、立法协商、行政协商、民主协商、社会协商、基层协商等。协商民主诸形式是相互关联的。比如，立法协商过程中实际上就蕴含着政党协商、政治协商、民主协商、社会协商、基层协商等各种协商形式。因而，从主体的角度看，立法协商也可以细分为政党立法协商、人民代表大会立法协商、政协立法协商、行政立法协商、社会立法协商、公民立法参与等。[①]

立法协商可以在正式立法之前展开，也可以在立法过程之中展开，因而，立法协商又可分为立法规划与决策过程中的立法协商、立法起草过程中的立法协商和立法审议过程中的立法协商。下一节我们将详细分析立法起草和立法审议过程中的立法协商情况。

立法过程中的协商民主建设是一个逐步探索和不断发展的过程。要通过各种途径、各种渠道、各种方式在多层次、多主体之间进行广泛的立法协商。从协商的具体做法上，立法协商的方式可以具体划分为提案协商、会议协商、座谈会协商、论证会协商、听证会协商、公示协商、评估协商、咨询协商、网络协商、公开征求意见协商、民意调查协商等。

第二节　立法起草和审议中的立法协商

立法实际上是一个利益表达、整合与协调的过程。在我国，伴随着改革的日益深入和对外开放的愈益扩大，利益多元化、利益主体多元化、利益之间的多样性冲突等，乃是明显的事实。因此，加强立法过程中的立法协商工作，使各类立法能建立在更充分的协商、更大的社会共识之上，是十分必要和重要的。如前所述，立法协商本身也是一个

---

① 我们将在本章第三节详细介绍我国公民参与立法协商的问题。

过程，贯穿于立法的每一阶段和环节。鉴于大量的立法协商工作是在规范性文件起草和审议阶段进行的，在本节中，我们着重对这两个阶段的立法协商以及主要的协商方式方法加以介绍。

一、立法起草阶段的立法协商

一个规范性文件草案是否成熟，能否提交给有权的国家机关进行审议，在很大程度上取决于立法协商工作的质量。在我国，一般都是在有关机关对法律、法规、规章进行审议前，就把协调协商工作做好了，所以，法律、法规、规章在起草阶段的立法协商，任务重、工作量大，其重要性也是不言而喻的。

法律、法规、规章在起草阶段的立法协商，通常是由起草部门负责组织并进行协调协商的；而一些重大的、有分歧的意见的协调协商，还要由有关部门及其领导来协调。就法律草案的协商来说，如果是由全国人大常委会或全国人大专门委员会组织起草的，则由全国人大常委会来协调协商。比如，证券法草案是由全国人大财政经济委员会组织起草的，在起草过程中，全国人大常委会有关领导曾多次出面进行协调。如果法律草案是由国务院及其有关部门起草，并且对重要的问题的分歧是属于国务院各部门之间的，则由国务院进行协调；在实际工作中，虽然有的问题在法律案起草阶段已经国务院协调，但有的部门又提出不同意见（这种意见往往是向全国人大及其常委会提出的），仍交由国务院进行协调协商。

关于法律草案起草阶段的立法协商，2015 年《立法法》并没有作出具体规定，只是作了原则性规定。2023 年《立法法》第 56 条规定："全国人民代表大会常务委员会通过立法规划和年度立法计划、专项立法计划等形式，加强对立法工作的统筹安排。编制立法规划和立法计划，应当认真研究代表议案和建议，广泛征集意见，科学论证评估，根据经济社会发展和民主法治建设的需要，按照加强重点领域、新兴领域、涉外领域立法的要求，确定立法项目。立法规划和立法计划由委员长会议通过并向社会公布。全国人民代表大会常务委员会工作机构负责编制立法规划、拟订立法计划，并按照全国人民代表大会常务委员会的要求，督促立法规划和立法计划的落实。"其中的专项立法计划，按照加强重点领域、新兴领域、涉外领域立法的要求等，都是 2023 年修改后增加的，较之修改前更加具体。在法律草案起草的实际工作中，已形成了广泛的协商经验，如通过座谈会、书面征求意见、调查研究、列席和旁听、公民建言、专家咨询和论证、社会媒体讨论、信访等方式，提高协商效果。

关于行政法规草案的协调，《行政法规制定程序条例》作了相关规定。该条例第 13 条规定："起草行政法规，起草部门应当深入调查研究，总结实践经验，广泛听取有关机关、组织和公民的意见。涉及社会公众普遍关注的热点难点问题和经济社会发展遇到的突出矛盾，减损公民、法人和其他组织权利或者增加其义务，对社会公众有重要影响等重大利益调整事项的，应当进行论证咨询。听取意见可以采取召开座谈会、论证会、听证会等多种形式。起草行政法规，起草部门应当将行政法规草案及其说明等向社会公布，征求意见，但是经国务院决定不公布的除外。向社会公布征求意见的期限一般不少于 30

日。起草专业性较强的行政法规，起草部门可以吸收相关领域的专家参与起草工作，或者委托有关专家、教学科研单位、社会组织起草。”第 14 条又进一步规定：“起草行政法规，起草部门应当就涉及其他部门的职责或者与其他部门关系紧密的规定，与有关部门充分协商，涉及部门职责分工、行政许可、财政支持、税收优惠政策的，应当征得机构编制、财政、税务等相关部门同意。”《规章制定程序条例》就规章草案中的协商，作出了相应规定。如第 16 条中规定：“起草规章，涉及社会公众普遍关注的热点难点问题和经济社会发展遇到的突出矛盾，减损公民、法人和其他组织权利或者增加其义务，对社会公众有重要影响等重大利益调整事项的，起草单位应当进行论证咨询，广泛听取有关方面的意见。起草的规章涉及重大利益调整或者存在重大意见分歧，对公民、法人或者其他组织的权利义务有较大影响，人民群众普遍关注，需要进行听证的，起草单位应当举行听证会听取意见。”第 17 条规定：“起草部门规章，涉及国务院其他部门的职责或者与国务院其他部门关系紧密的，起草单位应当充分征求国务院其他部门的意见。起草地方政府规章，涉及本级人民政府其他部门的职责或者与其他部门关系紧密的，起草单位应当充分征求其他部门的意见。起草单位与其他部门有不同意见的，应当充分协商；经过充分协商不能取得一致意见的，起草单位应当在上报规章草案送审稿（以下简称规章送审稿）时说明情况和理由。”

在行政法规起草方面，《立法法》第 74 条第 1 款第二句规定：“行政法规在起草过程中，应当广泛听取有关机关、组织、人民代表大会代表和社会公众的意见。听取意见可以采取座谈会、论证会、听证会等多种形式。”这些方法不仅可以在行政法规起草过程中使用，也可在各类立法起草过程中广泛使用。这些方式方法的广泛运用，不但有助于法律案起草班子深刻了解和把握各有关方面的利益、愿望及相关要求，而且有助于立法协商工作的实施，保障立法顺利进行，使立法草案更加成熟、质量更高。

二、立法审议阶段的立法协商

尽管在规范性文件起草阶段已就许多问题进行过协调，但在规范性文件审议阶段依然有较为繁重的协调任务。应该说，这两个阶段的立法协商是不能互相代替的。《立法法》对于全国人大及其常委会在审议法律案时的立法协调协商，作了明确规定。同时，还就行政法规等在审议阶段的立法协商作了原则规定。

1. 主席团对法律案的立法协商

对于已经列入全国人民代表大会会议议程的法律案，根据《立法法》的规定，由全国人民代表大会主席团负责进行立法协商。（1）法律案由有关的专门委员会进行审议，向主席团提出审议意见，并印发会议。（2）法律案由宪法和法律委员会根据各代表团和有关的专门委员会的审议意见，进行统一审议，向主席团提出审议结果报告和法律草案修改稿，对于重要的不同意见应当在审议结果报告中予以说明，经主席团会议审议通过后，印发会议。（3）《立法法》第 24 条规定，在必要时，主席团常务主席可以召开各代表团团长会议，就法律案中的重大问题听取各代表团的审议意见，进行讨论，并将讨论的情况和意见向主席团报告。主席团常务主席也可以就法律案中的重大的专门性问题，召集代表团推选的有关代表进行讨论，并将讨论的情况和意见向主席团报告。(4) 法律案在审议中有重大问题需要进一步研究的，经主席团提出，由大会全体会议决定，可以授权常务委员会根据代表的意见进一步审议，作出决定，并将决定情况向全国人民代表大会下次会议报告；也可以授权常务委员会根据代表的意见进一步审议，提出修改方案，提请全国人民代表大会下次会议审议决定。

上述规定表明，全国人民代表大会主席团有权在审议法律案的过程中，依照法定程序进行立法协商。这与主席团在立法决策中的重要作用是完全一致的。

2. 委员长会议对法律案的立法协商

对于已经列入全国人大常务委员会会议议程的法律案，由委员长会议负责立法协商。(1) 法律案由有关的专门委员会进行审议，提出审议意见，印发常务委员会会议。(2) 专门委员会之间对法律草案的重要问题意见不一致时，应当向委员长会议报告。(3) 重要的法律案，经委员长会议决定，可以将法律草案公布，征求意见。(4) 法律案经常务委员会三次会议审议后，仍有重大问题需要进一步研究的，由委员长会议提出，经联组会议或者全体会议同意，可以暂不付表决，交宪法和法律委员会和有关的专门委员会进一步审议。(5) 法律草案表决稿，由委员长会议提请常务委员会全体会议表决。

可见，列入常务委员会会议议程的法律案，在审议过程中的立法协商是由委员长会议负责进行的。不仅如此，列入全国人民代表大会会议议程的法律案，在审议过程中，很大程度上也是由委员长会议来进行协调的。这是因为，主席团的主要成员，尤其是常务主席，都是委员长会议的组成人员。况且，法律案在列入全国人民代表大会会议议程之前，已经过委员长会议反复协调。

3. 国务院法制机构的审查

在政府立法工作中，审查是一个相当重要的环节。同时，审查也是对行政法规草案所进行的协调协商。就目前的政府立法实际来说，“中央行政机关立法经常在部门矛盾和部门利益争夺中周旋，立法质量和效率受到严重影响”①。这说明，国务院在审议行政法规草案时，加强协调工作，是十分必要和紧迫的。为此，《立法法》第 75 条规定：“行政法规起草工作完成后，起草单位应当将草案及其说明、各方面对草案主要问题的不同意见和其他有关资料送国务院法制机构进行审查。国务院法制机构应当向国务院提出审查报告和草案修改稿，审查报告应当对草案主要问题作出说明。”就是说，国务院法制机构进行的审查，也是行政法规草案审议时的协商工作。《行政法规制定程序条例》对国务院法制机构在审查过程中的协商问题作了规定。按照该条例的规定，报送国务院的行政法规送审稿，由国务院法制机构负责审查。为做好协调工作，国务院法制机构关注如下问题：(1) 应当将行政法规送审稿或者行政法规送审稿涉及的主要问题发送国务院有关部门、地方人民政府、有关组织和专家等各方面征求意见；(2) 国务院法制机构可以将行政法规送审稿或者修改稿及其说明等向社会公布，征求意见；(3) 国务院法制机构也应

① 李步云、汪永清主编：《中国立法的基本理论和制度》，205 页，北京，中国法制出版社，1998。

当就行政法规送审稿涉及的主要问题，深入基层进行实地调查研究，听取基层有关机关、组织和公民的意见；（4）行政法规送审稿涉及重大利益调整的，国务院法制机构应当进行论证咨询，广泛听取有关方面的意见，论证咨询可以采取座谈会、论证会、听证会、委托研究等多种形式；（5）国务院有关部门对行政法规送审稿涉及的主要制度、方针政策、管理体制、权限分工等有不同意见的，国务院法制机构应当进行协调，力求达成一致意见。

4. 地方性法规、自治条例和单行条例草案在审议阶段的立法协商

《立法法》等法律并没有明确规定地方人大及其常委会在制定地方性法规、自治条例和单行条例时的协商问题。但是，地方性法规、自治条例和单行条例案在审议阶段的立法协商，同前述全国人大及其常委会审议法律案的协调，是差不多的。《立法法》第 87 条第 1 款规定："地方性法规案、自治条例和单行条例案的提出、审议和表决程序，根据中华人民共和国地方各级人民代表大会和地方各级人民政府组织法，参照本法第二章第二节、第三节、第五节的规定，由本级人民代表大会规定。"也就是说，对于已列入代表大会会议议程的地方性法规草案、自治条例和单行条例草案等，由代表大会主席团负责协商；对于已经列入常务委员会会议议程的地方性法规草案、自治条例和单行条例草案等，则由主任会议进行协商。

举办高质量的立法听证会、咨询会、座谈会等是立法协商中常见的重要方式。立法案起草阶段的立法协商和法案审议阶段的立法协商，都涉及包括立法听证会等在内的多种协商方法。国内外的立法实践都已表明，这些协商方法的协商结果都不错。例如，征求专家学者的专业意见就有利于提高法案的质量。"即使是法律上的问题，起草人在下结论前，如能以精益求精的态度向有特别研究的学术团体，或对这方面享有盛誉的学者专家虚心求教，对于法案品质的提升，必有莫大助益。"① 现代社会中专业性、技术性问题大量出现，以及立法越来越专业化，要求在立法协商中必须征求专家学者的意见，充分发挥专家学者的作用。当然，要真正提高立法质量，增强法律的效果，还应当把多种协商方法有机结合起来。

近年来，随着我国立法民主的质量逐步提高，中央和地方立法中关于立法协商的专门制度和实践不断丰富。比如，江苏省人大常委会主任会议 2021 年 12 月通过《江苏省人大常委会立法协商办法》。该办法为政协委员、民主党派、工商联、无党派人士、人民团体、社会组织有序参与地方立法协商工作，发挥协商民主在立法工作中的重要作用提供了规范和保障。又如，2021 年 12 月，深圳市政协通过了《深圳市政协立法协商工作规范》。这是全国首部政协立法协商工作地方标准。此工作规范规定了立法协商的基本原则、组织机构、专家咨询机构、立法协商内容、工作流程、工作方案、调研与协商以及立法协商建议报告等。这些地方性的探索对于我国深化各个层次的立法协商，具有显著的启发意义。

---

① 转引自郭道晖总主编：《当代中国立法》（下），1267～1268 页，北京，中国民主法制出版社，1998。

第三节　公民立法参与

一、立法工作中的群众路线

新中国成立以来的立法实践中，一贯强调走群众路线，而近些年来则注重提倡公民参与。坚持群众路线，强调从群众中来，到群众中去，实际上是我国立法的一项重要的指导思想与原则。毛泽东在谈到1954年宪法草案时就指出："这个宪法草案所以得人心，是什么理由呢？我看理由之一，就是起草宪法采取了领导机关的意见和广大群众的意见相结合的方法。这个宪法草案，结合了少数领导者的意见和八千多人的意见，公布以后，还要由全国人民讨论，使中央的意见和全国人民的意见相结合。"① 在制定《民法通则》时，彭真曾指出：全国人大常委会在制定法律的过程中，"要坚持民主集中制，在高度民主基础上高度集中；要坚持群众路线，要反复从群众中来，到群众中去，反复用实践检验。不仅要集中委员们、代表们的意见，而且要听取、反映和集中各方面专家、实际工作者以及群众中的意见"②。因为"法律是要十亿人遵守的，制定法律时只有把各方面的矛盾、问题、意见摆出来，很好研究，吸收正确的，抛弃错误的，把正确的意见集中起来，才有可能使法律比较符合实际，能够行得通"③。

立法工作中走群众路线，方式方法较多，比如，讨论会、座谈会，尤其是公开征求意见等。这些做法的实际效果是十分明显的，已被实践证明。但是，在实际工作中也还存在一些问题。一方面，坚持群众路线，在实际执行过程中，往往带有很强的个人主观色彩和随意性，对此，有党史专家指出："我们党几十年来是有民主的传统，走群众路线的传统的，是善于正确处理人民内部矛盾的，但是我们的人民民主和走群众路线的方法还没有制度化、法律化。"④ 具体到立法工作，走群众路线这一优良传统，也未能制度化和法律化，这就使在立法工作中如何贯彻群众路线的问题上，具有很强的主观随意性。另一方面，在实际立法过程中，立法机关或其工作部门在征求意见时，往往只征求政府主管部门的意见。其结果就是，法律的"部门"色彩太浓厚，一些部门往往借"立法"扩权、固化自己的利益，法律也在某种程度上演变成了管理、治理老百姓的工具。

然而，在我国，让群众更广泛地参与立法乃势所必然。随着改革的深入和开放的扩大，我国社会的迅速发展促成了经济结构的急剧变化以及社会利益、阶层的分化，利益群体愈来愈趋向多元化。相应地，利益主体意识和政治参与意识逐渐增强。在这一背景下，我国的立法更加注重充分反映不同利益群体的利益和意志，适当改变以往立法工作中的一些做法，充分发扬民主，让群众尽可能多地参与立法，增强立法的透明度，使立

---

① 《毛泽东著作选读》（下册），707页，北京，人民出版社，1986。

② 彭真：《论新时期的社会主义民主与法制建设》，303～304页，北京，中央文献出版社，1989。

③ 彭真：《论新时期的社会主义民主与法制建设》，98页，北京，中央文献出版社，1989。

④ 廖盖隆：《全面建设社会主义的道路》，425页，北京，中共中央党校出版社，1983。

法过程公开化。这是我国的现实需要，也是符合世界潮流的。

我国的立法工作要坚持并完善群众路线，发挥民主协商的积极作用，使群众参与立法能够制度化、法律化，切忌把群众运动当作群众路线，要把运动式的参与变成制度化、法律化的参与。我国的立法工作需要继续征求有关部门、有关方面的意见，但又不能局限于此，以免使得有关主管部门“借法扩权”。同时，更要征求法律所调整范围内的利益群体和群众的意见，并用新闻媒体等适当方式把这些意见加以公开。在法律草案由全民讨论的情况下，也应公布什么意见被采纳、什么意见未被采纳。

总之，立法的民主化，体现了人民当家作主的社会主义民主的本质要求，对中国的政治文明建设和民主政治发展具有重要的推动作用。在立法过程中的公民参与，有助于激发公民政治参与的热情，形成尊重法律和有序政治参与的习惯；有助于反映人民的意愿，让立法机关了解事实并听取各方面的意见，提高立法的质量和公正性；还有助于形成社会的监督氛围，促进政府和其他国家机关的立法规范化运作，保障法治精神的真正落实。在利益多元化条件下，立法过程中的公民参与，使各方利益都有可能得到公正、公开的反映，便于立法机关准确把握和平衡各方利益，减少立法的盲目性，保证立法更加公正和切实可行。因此，2023 年修改的《立法法》增加了两条规定。第 70 条规定：“全国人民代表大会常务委员会工作机构根据实际需要设立基层立法联系点，深入听取基层群众和有关方面对法律草案和立法工作的意见。”第 90 条规定：“省、自治区、直辖市和设区的市、自治州的人民代表大会常务委员会根据实际需要设立基层立法联系点，深入听取基层群众和有关方面对地方性法规、自治条例和单行条例草案的意见。”

二、公民参与立法协商的主要方式

在立法工作中贯彻群众路线，注重公民参与，是我国政治民主化的结果和表现。特别是随着改革开放的日益深入，这一行之有效的做法得到了坚持和发扬。党的十八大以来，党中央提出社会主义协商民主的概念并出台相关文件。

正是在总结实践中成功的做法和经验的基础上，2015 年修改后的《立法法》进一步完善了公民参与立法的制度。根据 2023 年修改后的《立法法》第 39、40 条的规定，列入常务委员会会议议程的法律案，宪法和法律委员会、有关的专门委员会和常务委员会工作机构应当听取各方面的意见。听取意见可以采取座谈会、论证会、听证会等多种形式。列入常务委员会会议议程的法律案，应当在常务委员会会议后将法律草案及其起草、修改的说明等向社会公布，征求意见；征求意见的情况应当向社会通报。第 74 条还规定：行政法规在起草过程中，应当广泛听取有关机关、组织、人民代表大会代表和社会公众的意见；听取意见可以采取座谈会、论证会、听证会等多种形式；行政法规草案应当向社会公布，征求意见。

在我国立法实践中，公民参与立法协商的形式多种多样。概括起来，主要有：公开征集立法项目建议或法律法规草案稿、立法调研、书面征求意见、座谈会、论证会、列席和旁听、公布法律（法规）草案征求意见、立法听证八种形式。鉴于立法听证的重要性和复杂性，我们予以单独介绍。这里以有立法权的人民代表大会及其常务委员会的立法为例，先介绍其他七种。

（一）公开征集立法项目建议或法律法规草案稿

这就是实行立法预告制度，即公开立法项目规划草案或面向社会公开征集立法项目建议和法律法规草案稿。《立法法》第 56 条中规定，编制立法规划和年度立法计划，应当认真研究代表议案和建议，广泛征集意见，科学论证评估。2016 年 10 月 21 日，全国人大常委会法制工作委员会印发的《立法项目征集和论证工作规范》第 2 条规定：在编制和调整全国人大常委会立法规划、拟订年度立法工作计划具体工作过程中，应当通过多种渠道，广泛征求、收集立法项目建议；对征集的立法项目建议，应当从立法必要性、可行性、调整范围、拟解决主要问题和立法时机等方面进行研究评估，并提出是否列入立法规划、年度立法工作计划的意见。各级国家机关、团体、党派，各级人大代表、政协委员，企事业单位，公民、法人和组织可以单独或联合，以组织或个人名义提出原则性的立法意见和建议或法律法规草案文本，质量较高的，列入人大常委会立法规划草案。从实际情况看，能提出法律（或法规）草案文本的，多数是专家学者。前些年，有关专家提出的《立法法专家建议稿》《民法典专家建议稿》等都属于这种情况。这就改变了过去立法项目大都是由政府部门提出的传统做法，公民可以提出立法项目建议，从立法源头就开始参与立法活动。这种“开门立法”的方式有利于提高立法工作的透明度，使立法更好地集中民智、体现民意、符合民心，并得到顺利的贯彻执行。

多年来，公开征集立法项目已经成为立法公开的一个重要方面，中央和地方层面都在积极推进。有些立法项目征集是针对一些重点领域，例如，国务院法制办公室在 2013 年 11 月发布公告“重点征集对全面深化改革开放、推进政府机构职能转变和简政放权、保障和改善民生、维护社会公正、保护资源环境、加强政府建设等方面的法律、行政法规项目建议”。很多有立法权的地方人大常委会和政府都多次公开征集年度立法项目和五年立法规划项目。不少地方在这个方面也有制度创新，如：项目征集过程中出现的有创新思考的公民还被邀请担任市人大的立法顾问；河北省建立专家顾问团参与地方立法规划研究，就河北省人大常委会立法规划草案和立法计划草案提供咨询和提出建议；等等。

（二）立法调研

对于列入常委会会议议程的法律案或法规案，人大常委会和专门委员会组成人员，以及常委会有关工作机构，通常情况下都要深入基层、深入群众，实地进行立法调研，有时还通过电话进行调查或者委托有关单位进行抽样调查，掌握与立法相关的第一手材料，以便更好地审议法律（法规）案。

（三）书面征求意见

《立法法》第 39 条第 4 款规定：“常务委员会工作机构应当将法律草案发送相关领域的全国人民代表大会代表、地方人民代表大会常务委员会以及有关部门、组织和专家征求意见。”对于列入常委会会议议程的法律案或法规案，在经过常委会初审后，常委会的工作机构将法律草案或法规草案印发中央各有关部门、各省（区、市）人大常委会以及法律院校和科研机构等组织和专家书面征求意见。常委会工作机构在将意见汇总、整理后，送宪法和法律委员会和有关的专门委员会，并根据需要印发常委会会议，以供常委会组成人员审议时参考。

（四）座谈会

在法律草案或法规草案的起草阶段，有立法提案权的国家机关，如全国人大常委会或国务院，经常召开各种类型的座谈会，征集有关单位、群众和专家学者的意见，起草小组根据这些意见起草法律草案或对法律草案进行修改，然后再到基层去讨论、征求意见，最后形成向立法机关提出的正式法律草案。在法律草案或法规草案的审议阶段，全国人大常委会根据实际需要，也会经常召开座谈会。为了提高工作效率，座谈会一般由宪法和法律委员会、有关的专门委员会和常委会工作机构联合召开。参加人员包括与法律草案或法规草案有关的机关、社会组织、地方、人民团体、企业事业单位和法律方面的专家学者以及利害关系人等。一般是分类召开几个座谈会。

（五）论证会

这主要是针对法律草案或法规草案中专业性、技术性较强且分歧较大的问题，邀请有关方面的专家对其科学性和可行性进行研究论证，以征求比较权威的意见，供常委会审议时参考。《立法法》第 39 条第 2 款规定："法律案有关问题专业性较强，需要进行可行性评价的，应当召开论证会，听取有关专家、部门和全国人民代表大会代表等方面的意见。论证情况应当向常务委员会报告。" 2017 年 11 月 20 日，十九届中央全面深化改革领导小组第一次会议审议通过的《关于立法中涉及的重大利益调整论证咨询的工作规范》第 2 条对什么是重大利益调整论证咨询作了明确界定，第 3 条进一步明确了应当进行论证咨询的情形。[①] 例如，2018 年 3 月 20 日，全国人大常委会法制工作委员会指导的《中华人民共和国地方志法》立法专家论证会在国家方志馆召开。法学专家和地方志专家分别从法学角度和地方志编修实践角度出发，对立法的必要性、紧迫性、可行性提出了有价值的建议，在文件的整体框架、概念界定、章节选择、具体措辞等方面提出了专业意见，就立法的技术、文本的内容等方面进行了充分沟通交流。

资料链接

广东省人民代表大会常务委员会立法论证工作规定（摘引）[②]

第一章　总　则

第二条　本规定所称立法论证，是指按照规定的程序，邀请专家、学者、实务工作者和人大代表，对立法中涉及的重大问题、专业性问题进行论述并证明的活动。

省人大专门委员会、省人大常委会工作委员会组织立法论证适用本规定。

---

① 关于这两条的具体规定，见第四章第二节的"资料链接"。

② 该规定由广东省第十二届人民代表大会常务委员会第八次主任会议于 2013 年 6 月 14 日通过。

第三条　根据立法活动的阶段性特点，立法论证可以分为立项论证、起草论证和审议论证。

第二章　立法论证的方式和程序

第五条　立法论证一般采用论证会的形式。

第六条　根据立法工作的需要，省人大专门委员会、省人大常委会工作委员会可以单独或者联合举行论证会。

第七条　论证会一般由下列人员参加：（一）论证会举办单位负责人；（二）相关领域的专家、学者等专业人士；（三）相关领域的实务工作者；（四）省人大有关专门委员会、省人大常委会有关工作委员会负责人和人大代表；（五）省人民政府法制办公室、省人民政府有关部门负责人；（六）相关单位或者人员。

论证会由举办单位的负责人主持。

第八条　论证会参加人应当认真履行职责，客观、公正、科学地提出意见。

第十条　论证会按照下列程序进行：（一）主持人宣布论证会开始，介绍论证会参加人、论证的议题和论证会议程，说明论证会的目的、论证的重点；（二）有关单位负责人对有关问题和情况予以说明；（三）论证会参加人员围绕论证会议题发表意见；（四）主持人归纳分歧点，组织论证会参加人围绕主要分歧点展开辩论；（五）主持人对论证会进行总结。

第十一条　对于综合性强、涉及面广的议题，可以分解成若干专题，论证会参加人员按专业划分就相关专题进行论证。

第十四条　省人大有关专门委员会、省人大常委会有关工作委员会也可以根据立法的实际情况，委托高等院校、科研机构、行业协会等进行立法论证。

委托论证的，由接受委托的高等院校、科研机构、行业协会制作论证报告。

（六）列席和旁听

全国人大常委会会议审议法律草案时，可以邀请各省、自治区、直辖市人大常委会负责同志，以及与常委会审议的法律案有关的全国人大代表列席常委会参加会议，由他们直接反映基层公民的声音。在一些地方，公民旁听人大及其常委会会议，已经成为公民政治生活的一部分。把各级人大常委会议事过程公开化，让公民亲眼看到体现自己意志的法律的形成过程，使更多的群众熟悉国家和地方的法律、法规，增强了公民投身民主法制建设实践的积极性和责任感，并对立法起到监督、宣传作用。

近些年来，很多地方的人大常委会都进行过公民旁听人大常委会会议的实践，很多地方的人大常委会也制定了相应的规章制度。比如：山东省青岛市于 1999 年就通过了《关于公民旁听青岛市人民代表大会常务委员会会议试行办法》。2002 年，湖南省人大常委会制定了《公民旁听湖南省人民代表大会常务委员会会议的若干规定》。又如，2021 年 3 月 9 日，德州市人大常委会办公室发布公告，为便于公民了解地方国家权力机关的工作情况，增强市人民代表大会及其常务委员会工作透明度，推进人大工作民主化、公开化，根据有关规定，面向全市征集旁听公民代表人选。户籍在德州市或在德州市居住满1周年、年满18周岁、具有完全民事行为能力的中华人民共和国公民均可申报（依法被限制人身自由和剥夺政治权利的人除外）。旁听公民代表名额为15名左右。

（七）公布法律草案征求意见

让全民参加讨论一些重要法律草案，是我国长期坚持的传统的公众参与立法的形式。彭真在谈到组织全民讨论1982年宪法修改草案时曾说：宪法是十亿人民办事的总章程，全体人民包括党和政府都要遵守。“既然要全体人民来遵守，对宪法的修改就非得切实发扬社会主义民主，交付全体人民讨论不可。”① 在1982年《宪法》的制定过程中，全民讨论的规模、参加人数等都是空前的。

自新中国成立以来到2008年4月15日十一届全国人大常委会第二次委员长会议召开时，我国先后对2部宪法草案和15部法律草案进行过公开征求意见。具体情况如下：1954年《宪法草案》（1954年9月14日公布）、1982年《宪法草案》（五届全国人大常委会第二十三次会议通过公布）、《全民所有制工业企业法草案》（1988年1月12日公布）、《行政诉讼法草案》（1988年11月9日公布）、《集会游行示威法草案》（1989年7月7日公布）、《香港特别行政区基本法草案》（第一次于1988年4月公布，第二次是在1989年2月公布）、《澳门特别行政区基本法草案》（第一次是在1991年7月9日公布，第二次是在1992年3月16日公布）、《土地管理法草案》（1998年5月7日公布）、《村民委员会组织法草案》（1998年6月26日公布）、《合同法草案》（1998年9月4日公布）、《婚姻法草案》（2001年1月11日公布）、《物权法草案》（2005年7月8日公布）、《劳动合同法草案》（2006年3月20日公布）、《就业促进法草案》（2007年3月26日全文公布）、《水污染防治法草案》（2007年9月5日公布）。

1989年4月七届全国人大二次会议通过的《全国人民代表大会议事规则》，对草案公布就有规定。2008年4月15日，十一届全国人大常委会第二次委员长会议决定，今后法律草案一般都予以公开，向社会广泛征求意见，都向社会公布。2000年3月颁布实施的《立法法》对此制度曾作了明确规定，并在2015年的修改中对此制度进一步完善。2015年《立法法》第37条规定：“列入常务委员会会议议程的法律案，应当在常务委员会会议后将法律草案及其起草、修改的说明等向社会公布，征求意见，但是经委员长会议决定不公布的除外。向社会公布征求意见的时间一般不少于三十日。征求意见的情况应当向社会通报。”2015年12月十二届全国人大常委会委员长会议通过了《向社会公布法律草案征求意见工作规范》，2016年全国人大常委会法制工作委员会印发了《向社会公布法律草案征求意见工作规程》，细化有关工作程序和要求。2021年修改后的《全国人民代表大会议事规则》也明确规定准备提请大会审议的法律草案，应当向社会公布，广泛征求意见。

自2008年法律草案普遍向社会公布征求意见以来，截至2022年3月底，共有257件次法律草案在中国人大网向社会公布征求意见，参与人次150多万，提出意见近530万条。近些年来，这些立法草案的征集意见活动等受到广泛关注，引起强烈的社会反响。不少法律草案在公开征集意见过程中收到大量的意见和建议。如《劳动合同法修正案草

① 彭真：《论新时期的社会主义民主与法制建设》，117～118页，北京，中央文献出版社，1989。

案》收到意见和建议 557 243 条，《预算法修正案草案》收到意见和建议 330 960 条，《个人所得税法修正案草案》收到意见和建议 237 684 条，《资产评估法（草案）》收到意见和建议 156 122 条，《车船税法草案》收到意见和建议 97 295 条，《刑事诉讼法修正案草案》收到意见和建议 80 953 条，《社会保险法草案》收到意见和建议 68 208 条。

总之，近年来，公开征求法律草案意见的工作越来越规范，主要表现在：第一，从一般仅局限于关系人民群众切身利益、社会普遍关注的重要法律草案，扩大到除极少数例外的所有法律草案，即实现了公布法律草案征求意见的常态化、普遍化和制度化；而对法律草案中专业性强、各方面意见分歧比较大的问题，要通过立法论证会、听证会等形式，深入研究论证。第二，全国人大常委会有关工作机构不仅将征求来的意见体现在草案的修改中，而且在加以归纳整理的基础上，同时将其提交常委会。比如，对于婚姻法、物权法草案等征求来的意见都是这样做的。第三，全国人大常委会有关工作机构还将征求来的意见在归纳整理的基础上向社会公布。特别是在物权法草案公开征求意见的过程中，还由全国人大常委会办公厅举行新闻发布会，介绍该法律草案的制定情况。[①]

《立法法》对法律草案公开征求意见的规定，是推进和实现科学立法、民主立法的重要途径和基本保证；对于集思广益、凝聚共识、做好立法工作，对于宣传普及法律法规常识、增强全社会法律意识，对于国家行政机关、审判机关、检察机关等更好地贯彻实施法律，都具有重要意义。

资料链接

《民法典》制定过程中的公民立法参与[②]

2020 年 5 月 8 日，十三届全国人大第三次会议通过了《民法典》。《民法典》被称为“社会生活的百科全书”，其实施对实现中国式现代化意义重大。在《民法典》制定过程中，充分发挥全过程人民民主，民法典草案公开征求意见就是发扬民主的一个重要表现。民法典草案（包括民法总则草案、各分编草案）各编以及整体先后 14 次在中国人大网公开征求意见，其中民法总则草案公开征求意见 3 次，民法典各分编草案一并公开征求意见 1 次，民法典物权、合同、人格权、婚姻家庭、继承、侵权责任等各分编草案分别公开征求意见 9 次，民法典草案公开征求意见 1 次，先后共有 425 762 人次提出 1 021 834 条意见。

在 2020 年 5 月十三届全国人大审议民法典草案期间，共整理 1 241 位代表提出的 2 956条意见，宪法和法律委员会、法工委认真听取代表们提出的审议意见，并积极予以采纳，对民法典草案作了 100 多处修改，其中实质性修改达到 40 多处，得到了广大代表的认可。5 月 28 日，十三届全国人大三次会议以 2 879 票、99.8%的赞成率通过了《民法典》。《民法典》的制定过程，是开门立法、民主立法的典范。

---

① 关于立法公开征求意见的有关情况，参见《中国人大》增刊，2005-07-10。

② 相关的讨论，可以参见《“巩献田旋风”实录——关于〈物权法〉(草案) 的大讨论》，北京，中国财经出版社，2007。

第四节　立法听证

从国外的立法实践看，公众参与立法的形式是多种多样的，但其中最为行之有效的通常是立法听证。同时，立法听证也是进行立法协商的重要途径和制度。因此，我们单列一节来介绍立法听证的相关制度。

一、听证制度的概念和发展

（一）听证的概念

美国的《布莱克法律辞典》对听证一词的释义为：听证在立法和行政机构中广泛使用，可以是裁定性的或仅是调查性的。听证在普通法院中是裁定申诉，国会委员会在立法前实行听证，这些听证从而成为立法史的重要渊源。

有学者对听证的界定为：广义的听证一般指在国家机关作出决定前，给利害关系人提供发表意见的机会，对特定事项进行质证、辩驳的程序。听证的内涵是听取当事人的意见，听证的外延则涉及立法、执法和司法三大领域。狭义的听证指行政机关为了合理、有效地制定和实施行政决定，公开举行由利害关系人参加的听证会，广泛听取各方面的意见的活动，以保证行政机关的行政决定合理合法。[①] 由此可以看出，听证既有立法上的，也有行政和司法上的；其内容虽然有不同的表述，但其内涵不外乎是“听取利害关系人的意见”，尤其是在作出不利于利害关系人的决定之前，应听取利害关系人的意见的一种法律制度。

因此，本教材认为，听证（hearing）是指可以就争议问题提供证据、陈述理由，并由有决定权或裁判权的个人、机关作出决定或裁决的相对正式的程序。听证的目的在于为争议各方，尤其是权益可能受损的一方，创造陈述意见的机会和场合。

（二）听证制度的起源和发展

听证制度建立的法哲学基础是英美普通法中的自然公正或“自然正义”（natural justice）。自然公正是普通法的一个非常古老的法原则，它在普通法中有两个最基本的程序规则，其中一个是：任何人或团体在行使权利可能使别人受到不利影响时，必须听取对方意见，每个人都有为自己辩护和防卫的权利。自然公正的法律条文源出于英国 1215 年《自由大宪章》，其第 39 条规定：“凡自由民除经其贵族依法判决或遵照国内法律之规定外，不得加以扣留、监禁、伤害、搜索或逮捕。”这一法律精神一直为英国普通法所保留，成为英国普通法的核心内容。

---

① 参见杨惠基：《听证程序理论与实务》，121 页，上海，上海人民出版社，1997。

1787 年美国宪法制定后，自然公正原则即为其修正案所接受，形成了著名的“正当法律程序”（due process）。其宪法修正案第 5 条规定：“未经正当法律程序不得剥夺任何人的生命、自由和财产。”第 14 条也规定：“无论何州，不得制定或施行剥夺合众国公民之特权或特免的法律；亦不得于未经正当法律程序前，使任何人丧失其生命、自由和财产。”在美国的正当法律程序中，包含着听证制度的因素。

可见，听证原来是指司法听证，是司法审判活动的一个必经程序。这种制度后来从英国传到美国，美国又把它移植到立法和行政领域，作为增强立法和行政民主化、有关当局获取信息的重要方法。第二次世界大战后，立法听证制度又传到了日本和拉丁美洲一些受美国影响较大的国家。西方一些国家采取立法听证制度的原因主要有两个：一是随着科学技术的发展，在环境保护、城市管理、移民、交通安全、知识产权、犯罪及其防范等领域，越来越呈现出高度的专业性和技术性，作为立法者的国会议员没有受过专门训练，很难对其中的问题提出有针对性的意见。因此，在立法之前请有关的专家参加听证，陈述他们对某项议案的观点，为立法者提供有科学根据的咨询意见，成为立法听证会的一个主要内容。二是随着社会关系复杂化，形成了不同的利益集团。比如，企业中的企业家和工会；破产案件中的企业、银行、破产企业的债权人；消费者权益保护案件中的消费者；等等。这些利益群体有着自己特殊的利益。在制定有关法律的过程中，有关群体之间的利益往往是对立的。因此，在立法听证会上听取这些不同利益集团的意见，也是一项必不可少的内容。

（三）听证制度在我国的发展

我国法律第一次规定听证制度是 1996 年 3 月八届全国人大四次会议通过的《行政处罚法》，1997 年通过的《价格法》也规定了有关听证的内容。《行政处罚法》和《价格法》确立了我国的行政听证制度，对于促进行政行为的公开性、民主性，减少行政偏差，收到了很好的效果。

在总结行政听证的实施经验后，《立法法》又把听证制度引入立法程序。2005 年 9 月，全国人大法律委员会、财政经济委员会和全国人大常委会法制工作委员会共同举行了个人所得税工薪所得减除费用标准听证会。这是全国人大常委会首次举行立法听证会，不仅在全国范围内产生了重要影响，而且使立法听证逐渐走向法治化的轨道。

目前，全国绝大多数的省、自治区、直辖市和原较大的市的人大常委会、人民政府都已举行过立法听证会，许多省市的人大常委会还制定了立法听证规则，初步形成了一些听证的制度和程序。实践证明，立法听证制度是推进立法民主化、科学化的有效途径，应当积极规范和完善这项制度，使之上升为立法工作制度，从而推动立法听证制度的民主化和科学化。2015 年修改的《立法法》第 36 条第 3 款新增规定：“法律案有关问题存在重大意见分歧或者涉及利益关系重大调整，需要进行听证的，应当召开听证会，听取有关基层和群体代表、部门、人民团体、专家、全国人民代表大会代表和社会有关方面的意见。听证情况应当向常务委员会报告。”2023 年修改的《立法法》第 39 条第 3 款重申了这一规定。

二、立法听证的概念和作用

（一）立法听证的概念

立法听证是指立法主体在立法活动中，进行涉及公民、法人或其他组织的权益的立法时，为给予利害关系人发表意见的机会而由政府官员主持，由专家学者、当事人、利害关系人以及其他人陈述意见，从而为立法主体制定规范性文件提供依据和参考的一种程序制度。具体来说，立法听证有以下几层含义。

第一，立法听证是在立法过程中进行的，而不是在立法活动未进行之前（草案拟定之前）进行的，也不是在立法活动已经结束，规范性文件已公布实施后进行的。

第二，立法听证的相对人是立法对其权益产生影响的当事人及利害关系人。所谓当事人、利害关系人，是指立法对其已有的或将有的权益发生直接影响的关系人。

第三，立法主体应当听取利害关系人的意见，但不是必须接受利害关系人的意见。也就是说，立法主体对利害关系人的意见有自己的决定权，接受或不接受是立法主体的权力。这是因为，听证的核心要素包括两个方面：一是建立在知情权基础上的民众的陈述权、抗辩权与质证权，旨在必须被“听”；二是民众有自己的意见被认真对待的权利，旨在可能被“取”①。

第四，立法听证制度是一种程序制度，立法主体是采用还是不采用这种制度，应依据法律、法规的规定。如果法律、法规规定必须采用这种制度，而立法主体不采用这种制度，则该立法会因程序问题而无效。立法听证的决定权除法定情形以外属于立法主体的自由权利，对利害关系人而言，也是一种权利，其选择与不选择是其享有的自由。

（二）立法听证的作用

根据国内外学者的归纳，立法听证具有以下几个方面的积极作用。第一，有利于立法主体（如国会及其相应的委员会）了解事实，收集信息；第二，有助于立法主体听取各方面的意见，反映各方面的要求，平衡相关各方的权益；第三，有利于促进法律的制定，提高立法质量；第四，有助于法案制定过程的公开和透明，进而宣传该法律，并最终有利于法律的实施。②

但是，立法听证制度并非十全十美，也有消极作用，所以，我们在借鉴国外立法听证制度时，应当看到这一制度本身也有负面影响。事实上，在美国、英国等普遍实行立法听证的国家，它也存在消极影响，主要是：（1）妨碍了立法机关的效率；（2）增加了立法成本；（3）委员在听证时容易产生误导与偏见。③ 当然，这些问题，有的是实行立法听证制度所必须付出的“代价”，即不能为了追求所谓的立法效率而置法律本身的质量于不顾。有的

① 冯英：《行政立法听证的民主价值及制度保障》，载《国际关系学院学报》，2006（2）。

② 参见汪全胜：《立法听证研究》，13～19 页，北京，北京大学出版社，2003。

③ 参见汪全胜：《立法听证研究》，20～21 页，北京，北京大学出版社，2003。

则是通过完善这一制度本身就可以解决的，如建立立法听证代表选择决议制、听证意见听取与选择的表决制，就可以在一定程度上杜绝委员会听证容易产生误导与偏见的问题。

三、立法听证会的原则、准备和程序

我国尚无全国统一的立法听证会的详尽程序规定。下面仅根据这些年我国各地的一些实践，进行一般性的介绍。

（一）立法听证的原则

各地一般都规定立法听证遵循公平、公正、公开的原则。公开举行的听证会允许新闻媒体报道。如果听证涉及国家秘密、商业秘密或者个人隐私，听证会则不公开举行。立法听证的这些原则应当体现在听证会的各个阶段和各个环节。

（二）立法听证会的准备

1. 确定听证人

对听证人的界定，各地的规定不同。我们认为，听证人是一种一次性的临时职务，不是一种待遇，只有出席听证会履行职责才有意义。因此，没有必要将一个立法机构的所有组成人员都界定为听证人，可将听证人界定为，出席听证会听取意见的听证机构（如人大专门委员会）的组成人员或负责人（指不设委员的人大常委会工作委员会等）。

2. 确定听证主持人

听证主持人必须是举行听证机构的成员，其职责一般规定为：介绍听证人、陈述人的情况，说明听证内容及有关情况，宣布听证会规则，安排和掌握听证会上的发言顺序和发言时间，执行听证会纪律，提交听证报告。

3. 发布举行立法听证会的公告

决定举行立法听证会后，需要向社会发布公告。这从一个方面体现了立法听证的公开原则，有利于保障听证人的权利。多数地方规定，由听证机构发布公告。公告的主要内容包括：举行听证会的时间、地点，听证法规草案的基本情况和听证事项（内容），听证陈述人和听证旁听人的人数、报名条件和报名办法等。

4. 确定听证陈述人

关于听证陈述人，各地普遍界定为：与立法事项有利害关系的人员（公民、法人或其他组织），与法规草案内容有关的政府部门、法院、检察院负责人（或代表），有关方面的专家、学者。关于确定听证陈述人数，各地基本是按照利害相关人或者不同观点的各方人数基本相当的原则确定。

（三）立法听证会的程序

各地关于听证会程序的规定虽然有繁有简，但都贯彻了公开、公平、公正的原则。

综合各地的规定，听证会程序的主要内容包括：

（1）由工作人员核对已通知的陈述人是否到会。由主持人宣布听证会规则和会场纪律，介绍听证人、听证陈述人，宣布听证事项。

（2）对法规草案的主要内容或听证的主要内容作简要说明。一般规定由提案人代表对法规草案的主要内容进行说明或由主持人对听证的内容进行说明。

（3）陈述人对听证内容发表意见。发言顺序和发言时间，通常由主持人公平、合理地确定。多数地方还规定了辩论制度，即在主持人的主持下，各方陈述人可以就有关内容及争议进行辩论。有的省还规定了辩论的具体操作办法：听证陈述人可以在听证主持人的主持下，就有关内容相互进行质证和辩论。一方陈述人可以再次发言反驳对方陈述人的观点；各方陈述人之间可以互相提问，被提问的一方经听证主持人同意可以就所提问题作出回答。

（4）听证人询问听证陈述人。多数地方规定，听证人可以询问（提问）听证陈述人，有关听证陈述人应当予以回答；还规定，听证陈述人对与听证事项无关的问题，可以不予回答。如江西省还规定，听证陈述人不得对听证人提出质疑。

（5）对听证过程予以完整记录。多数地方对听证记录问题作了规定。为便于公众详细了解听证会的情况，衡量听证报告反映的听证会上的各种意见是否客观、真实，监督人大的立法，评价听证会的作用，听证记录应当向社会公开。这既体现立法听证会的公开原则，也有别于立法座谈会等其他立法听取意见的形式。

（四）听证报告和听证报告的效力

许多地方规定，立法听证会结束后，要根据听证记录，由主持人负责，经听证人合议，制作听证报告，并将听证报告提交人大常委会。听证报告要客观、真实。听证报告的主要内容为：听证会的基本情况，听证陈述人的基本观点、论据及争论的主要问题，听证人的意见和建议。

多数地方对听证报告的效力作了原则规定。一般是将听证报告作为是否立法和修改法规的依据之一或重要参考。立法听证的目的是保证制定的法规充分考虑各方面的利益和意见，符合实际，切实可行。要达到这一目的，在立法中对听证意见必须给予应有的重视。听证的作用具体体现为对听证意见如何处理。对听证意见作出法定的处理，是听证会与座谈会的区别之一。

四、我国的立法听证的价值目标及其实现

总体上来说，结合我国国情，我国的立法听证，应将价值目标定位于增进立法的民主性和科学性，以提高立法质量。要实现这一目标，有以下几个实际问题值得特别注意。

（一）应该循序渐进地实现听证的民主性和科学性

听证制度作为一种重要的民主制度设计，自然应该重视听证的民主性功能定位，否则，就不能体现引进听证制度的初衷。同时，民主的发展是一个长期的过程，听证制度

的发展和完善也是如此。为此，我们在听证制度建设上应该稳步推进，否则就会引起不必要的混乱。由于立法听证的社会影响较大，程序要求比较严格，成本也比较高，所以必须对某些听证的范围明确界定。一方面，听证范围的规定应尽可能具体详细，不应过于笼统，所以要明确界定应当听证事项的范围；另一方面，对可以听证的范围则无须规定，这样可以为公众直接参与立法提供一个平台，所以，在法律上，对确定的听证范围要采用“应当举行听证”的强制性用语，而不要采“可以举行听证”的原则性规定，并且逐步拓宽立法听证的范围。

（二）必须特别重视听证的透明性和公开性

这是为了实现听证的民主性和科学性。听证的透明性要求的预先公布、听证过程公开和听证会资料公开等，都是立法听证的效果评估需要进一步研究的问题。我们应当看到，立法听证坚持公开原则，有利于加强对立法行为的监督，避免暗箱操作可能带来的腐败，有利于防止立法过程中的部门利益倾向。为保证听证的公正性和广泛性，在听证参加人的结构问题上，各地都强调要让有关利益主体代表和普通公民代表参与听证会。但在实际操作过程中，由于受部门利益倾向及立法者的主观期望等因素影响，听证参加人的广泛代表性始终不能得到保证，所以，在注意发挥并重视专家证人作用的同时，立法机关应该在进一步拓宽群众获知立法听证信息渠道的基础上，为保障听证参加人的公平代表性，参加听证会的代表的组成和人数比例也应反映相应的利益结构，既要达到表达意见的目的，又要防止平均主义，平衡不同意见持有者的参加人数；同时，还应注意利益不大显现的群体的要求，特别是弱势群体的要求，吸收他们的代表作为听证参加人参加听证会。

（三）必须重视实现立法听证效益的最大化

目前，一方面，我国的立法听证基本上都是由立法机关主动召集的，实践中少有群众主动要求召开立法听证会的。另一方面，《立法法》和地方立法听证规则中对立法范围的界定过于宽泛；一般是说，涉及本地“重大的，与公民、法人和其他组织的权益关系密切的”法律、法规需要举行立法听证会，可是在实际操作中往往难于掌握，随意性较大。在这样的情况下，还是要逐步探索，慎重地举行听证会，充分考虑到立法听证的成本和经济效益，因为这是相对容易测量和评估的。

（四）应当明确听证结果的法律效力

地方立法听证一般都强调听证操作的公开透明、公正合理，而对立法听证结果的后续处理和实际应用则往往较为忽视。由于立法听证不同于行政听证，听证不是立法的必经程序，如果把听证陈述人的意见等同于人大代表的立法意见，则与法律规定不符。但是，对立法听证结果的后续处理和实际应用的忽视，也会挫伤群众参与立法的热情，损害立法的质量和权威，所以，应对“应当举行听证”的听证会的法律效力，即立法机关的回应机制，如对听证会中的合理意见如何采纳，对未采纳的意见给予书面答复、说明理由等，作出明确的、有约束力的规定。这也是立法听证的效果评估的重要内容。

问题与思考

1. 什么是立法协商？
2. 参与立法协商的主体主要有哪些？
3. 如何进行法案起草阶段的立法协商？
4. 如何进行法案审议阶段的立法协商？
5. 试对某一法律草案向社会全文公布后广泛征求的意见进行分析。
6. 什么是听证？什么是立法听证？二者有何联系和区别？
7. 试收集我国全国和各地举行立法听证会的情况并加以分析。

8. 2005 年 9 月，全国人大法律委员会、财政经济委员会和全国人大常委会法制工作委员会共同举行了个人所得税工薪所得减除费用标准听证会。这是全国人大常委会首次举行立法听证会。自立法听证会公告发布以后，陆续有 4 982 人申请参加听证会，要求作陈述发言。按照听证会公告中确定的“东、中、西部地区都有适当名额，工薪收入较高、较低的行业、职业都有适当名额，代表不同观点的各方都有适当名额的原则”，从中选出 40 人作为听证陈述人的候选人。经过预选，最后确定具有代表性的 20 人为公众陈述人。每位听证陈述人都根据自己的意愿表达意见。听证会主办者依据公众陈述人的意见整理出一个报告，提交给10月底举行的十届全国人大常委会第十八次会议审议个人所得税法修正草案时参考。

请根据全国人大常委会这次立法听证会的做法和实践设计一个模拟立法听证会。

延伸阅读

1. 苏绍龙．地方立法协商制度机制刍议．暨南学报，2015 (5)

2. 朱志昊．论立法协商的概念、理论与类型．法制与社会发展，2015 (4)

3. 许传玺，成协中．公共听证的理想与现实：以北京市的制度实践为例．政法论坛，2012 (3)

4. 樊鹏．论中国的“共识型”体制．开放时代，2013 (3)

5. 马一德．宪法框架下的协商民主及其法治化路径．中国社会科学，2016 (9)

6. 谈火生，于晓虹．中国协商民主的制度化：议题与挑战．华中师范大学学报（人文社会科学版），2018 (6)

7. 李蕊．人大协商：内涵、理论与要素．经济社会体制比较，2018 (4)

第三编

立法过程与程序

第十四章

法律规范的结构与形式

本章导读

法律规范是法的最基本的构成要素，立法的任务之一就是要科学、准确、合理地表现法律规范的内容以及各种规范之间的相互关系。作为法律规范的表达手段，立法技术归根结底是由法律规范的自身属性和作用特点决定的，而立法技术的完善与否又在相当程度上制约着法律规范功能的发挥程度。深入研究法律规范的结构、种类、表现形式以及不同类别法律规范的功能等，对于发展和提高立法技术水平具有重要意义。

关键术语

法律渊源　法律体系　法律规范　法的逻辑结构　命令性规则　调整性规则　保护性规则　授权性规则　义务性规则　禁止性规则　绝对确定性规则　相对确定性规则　强行性规则　任意性规则　委任性规则　准用性规则　专门性法条　原则性法条　定义性法条　业务性法条　冲突性法条

第一节　立法的内部协调

实现立法的内部协调，是现代法治的基本要求之一，也是运用立法技术所要实现的基本目标之一。我们主要从法律渊源体系的内在协调、法律部门体系的内在协调以及立法内在结构体系的协调等方面来分析立法的内在协调。

一、法律渊源体系的协调

法律渊源，一般是指“法的法律效力的来源，包括法的创制方式和法律规范的外部表现形式”[①]。法律渊源体系的协调，就是指立法体系上的协调，是法的纵向关系上的协调。

① 孙国华主编：《法理学教程》，392页，北京，中国人民大学出版社，1994。关于法律渊源的内涵和外延，法学界的看法不尽一致，本书在这里引用的是通说。

在我国，法律渊源有宪法、法律（基本法律和其他法律）、行政法规、监察法规、地方性法规、规章（部门规章和地方政府规章）、自治条例和单行条例、军事法规和军事规章、特别行政区的法律和其他规范性文件、国际条约等。需要说明的是，《立法法》对军事法规和军事规章未作具体规定，也没有涉及特别行政区的立法、国际条约和司法解释。[①] 但是，《立法法》第 69 条规定："全国人民代表大会常务委员会工作机构可以对有关具体问题的法律询问进行研究予以答复，并报常务委员会备案。"这一规定说明，全国人大常委会工作机构（如法制工作委员会）对有关具体问题的法律询问所给予的规范性的"答复"，属于立法解释，也是法律渊源的一种。这些都是我们在研究法律渊源体系的协调时应当加以注意的。

法律渊源体系的协调包括以下内容：

（1）法律、行政法规、监察法规、地方性法规、自治条例和单行条例、规章和其他规范性文件都必须同宪法保持一致，不得抵触。《宪法》第 5 条第 3 款规定："一切法律、行政法规和地方性法规都不得同宪法相抵触。"《立法法》第 98 条更加明确地规定："宪法具有最高的法律效力，一切法律、行政法规、地方性法规、自治条例和单行条例、规章都不得同宪法相抵触。"

（2）行政法规、监察法规、地方性法规、自治条例和单行条例、规章和其他规范性文件都必须同宪法、法律保持一致，不能抵触。《立法法》第 99 条第 1 款规定："法律的效力高于行政法规、地方性法规、规章。"

（3）地方性法规、自治条例和单行条例、规章和其他规范性文件都必须同宪法、法律、行政法规保持一致，不能抵触。《立法法》第 99 条第 2 款规定："行政法规的效力高于地方性法规、规章。"

（4）自治条例和单行条例，是由民族自治地方的人民代表大会依据当地民族的政治、经济和文化的特点而制定的。一方面，自治条例和单行条例可以依照当地民族特点，对法律和行政法规的规定作出变通规定，但不得违背法律或者行政法规的基本原则，不得对宪法和民族区域自治法的规定以及其他有关法律、行政法规专门就民族自治地方所作的规定作出变通规定。另一方面，自治条例和单行条例依法对法律、行政法规作变通规定的，只在本自治地方适用。

（5）司法解释必须同宪法、法律保持一致，不能抵触。在我国，法律渊源体系的不协调现象表现在：有些法规、规章规定的内容超越了权限；有些法规、规章的规定同法律相抵触；有些法规之间、规章之间、法规与规章之间存在相互矛盾、冲突的现象。[②] 这说明，应当高度重视法律渊源体系的协调问题。这是立法内部协调的重要内容，也是维护社会主义法制统一的内在要求。

---

① 关于最高人民法院和最高人民检察院的司法解释以及其他各级人民法院、人民检察院的司法解释是否属于我国的法律渊源，认识也是不一致的。一方面，宪法、有关法律特别是《立法法》，对其未作规定；另一方面，司法解释特别是最高人民法院和最高人民检察院的司法解释，在司法实践中事实上具有法律渊源的地位和作用。故此，对于司法解释是否属于法律渊源的问题，需要进一步加以研究。

② 参见顾昂然：《关于〈中华人民共和国立法法（草案）〉的说明》，载《人民日报》，2000－03－10。

二、法律部门体系的协调

法律部门体系，一般是指一个国家的全部法律规范，按照一定的原则和要求，根据不同法律规范的调整对象和调整方法的不同，划分为若干法律门类，并由这些法律门类及其所包括的不同法律规范形成相互有机联系的统一整体。法律部门体系的协调，是指法律部门体系的内部结构的和谐一致，是法的横向关系上的协调。

法律部门体系的协调包括以下内容：(1) 各法律部门①都必须同宪法保持一致，不能与宪法抵触；(2) 每一法律部门内部要协调一致，不能相互矛盾、冲突；(3) 不同法律或其他规范性文件之间不能相互矛盾、冲突；(4) 同一规范性文件内部不能相互矛盾、冲突。

在实际立法工作中，法律部门体系内部不和谐，相互矛盾、冲突的现象也是比较突出的，还存在不均衡的问题。这是建立和完善中国特色社会主义法律体系必须着力加以解决的。从另一角度说，法律部门体系的内部协调，也是立法技术问题。

三、法律渊源体系和法律部门体系的结合

如前所述，法律渊源体系的协调，是法的纵向关系上的协调；法律部门体系的协调，是法的横向关系上的协调。在立法的内部协调中，还应当将这两者结合起来，即纵向和横向的协调统一。

简言之，法律规范与法律部门体系和法律渊源体系都有一定的关联，因此，要在不同层次的法律渊源（如宪法、法律、行政法规、监察法规、地方性法规、规章、自治条例和单行条例等）之间，在不同内容的法律部门（如民商法部门、刑法部门、行政法部门等）之间，基本做到逻辑严谨、结构合理、和谐统一，法律、法规和规章的规定之间要衔接协调，使中国特色社会主义法律体系成为以宪法为统帅，以法律为主干，包括行政法规、地方性法规、自治条例和单行条例等规范性文件在内，由宪法和宪法相关法、民商法、行政法、经济法、社会法、刑法、诉讼与非诉讼程序法等法律部门的法律规范组成的协调统一整体。②

四、立法的内部结构协调

立法的内部结构的协调，是指作为法的表现形式的规范性文件内部结构、体例等的和谐、有序。其主要包括以下内容：

---

① 关于我国法律部门的划分问题，在法学界一直是有争议的，需要继续深入研究。本教材在下面列举的法律部门，根据的是全国人大常委会法律委员会杨景宇主任于2003年4月25日在十届全国人大常委会法制讲座第一讲“我国的立法体制、法律体系和立法原则”中的划分。他划分的法律部门是：宪法和宪法相关法、民法商法、行政法、经济法、社会法、刑法、诉讼与非诉讼程序法。这种划分为十届全国人大常委会在制定立法规划时所采用。

② 参见吴邦国：《加强立法工作提高立法质量为形成中国特色社会主义法律体系而奋斗》，载《求是》，2004(3)。

（1）法律规范的逻辑结构要和谐一致。在制定法律规范时，都必须充分注意它的逻辑结构。这是保证法律体系协调的重要方面。这就要求：立法时要有全局观念，要注意一个规范性文件前后的协调一致，也要注意这个规范性文件与其他规范性文件的联系。只有如此，才能保证法律规范的逻辑结构和谐一致，也才能保证法律体系的协调。

（2）法的体例要协调。在以往的立法工作中，对法的体例重视不够，但要达到法律体系的协调，就必须使法的体例科学、合理。

（3）法的名称要规范。这是法律体系协调、立法协调中的一项内容。在我国以往的立法实践中，对法的名称的使用比较随意，结果是名称较为混乱，表现为：一是使用的名称较多，如法、基本法、条例、规定、办法、决定、通则等；二是“暂行”“试行”等也被用在名称中；三是同一机关使用不同的名称，而不同机关又使用同一名称；等等。《立法法》虽然并未对法的名称加以规定，但是近年来在立法实践中正在逐步规范。[①]

另外，法的目录、标题，法的总则、分则和附则的制作，立法语言的使用等，也是法律体系协调所包含的内容。

第二节 法律规范的结构

法律规范的逻辑结构是立法学、法理学研究的重要问题之一，它通常是指一个法律规范由哪些要素构成，以及这些要素之间在逻辑上的相互关系等问题。目前我国法学界比较有代表性的观点主要是“两因素说”和“三因素说”，但对于这两因素或三因素的内容究竟是什么，学者有各种不同看法。持两因素说的学者有的认为法律规范是由“行为模式”和“法律后果”这两个因素构成的，有的则认为法律规范分别是由“假定”和“处理”这两个因素或“假定”和“制裁”这两个因素构成的。持三因素说的学者有的认为构成法律规范的三个因素分别是“假定”、“处理”和“法律后果”，而法律后果又包括肯定性后果和否定性后果；另外一些学者则认为这三要素是“假定”、“处理”和“制裁”。即使对于“制裁”这一概念的内涵，也有不同认识：有的认为制裁只能是一种不利后果，有的却主张制裁包括奖励和惩罚。[②]

应当看到，法律规范的逻辑结构问题其实是一个非常复杂的问题。一方面，人们都是通过法律规范的表现形式来认识其逻辑结构的，而法律规范的表现形式本身就是多种多样、十分繁杂的，要从中区分出具有一般意义的构成因素绝非易事；另一方面，一个规范必须由哪几个要素构成，对这些要素应如何认识和概括，又往往取决于研究者本身的研究目的和方法，也就是说具有一定的主观性。从不同目的出发、从不同角度观察，得出的结论自然也会有所不同。因此，法学界至今对此众说纷纭也是正常的。

我们认为，就立法技术而言，法律规范的逻辑结构可以从不同层次上认识，即分为

---

① 有关论述还可以见本教材第十五章“法律文本的结构与形式”。

② 关于法律规范的结构要素的不同看法，请参见孙国华、朱景文主编：《法理学》，4版，90页，北京，中国人民大学出版社，2015。

法律规范的内在逻辑结构和形式结构。

一、完整的法律规范——逻辑性规范的内在结构

法律规范是一种特殊的、在逻辑上周全的规范，一个完整的法律规范在结构上由三个要素组成，即“假定”、“处理”和“制裁”。

假定是指法律规范中规定适用该规范的条件的部分，它把规范的作用与一定事实状态联系起来；它指出在发生何种情况或具备何种条件时，法律规范中规定的行为模式便生效。假定部分规定的内容是能够引起一定正常法律关系产生的法律事实，如主体的资格与条件、法律行为和法律事件的性状等。

处理是指法律规范中为主体规定的具体行为模式，即权利和义务的部分；它指明人们可以做什么、应该做什么、不能做什么，以此指导和衡量主体的行为。

制裁是指法律规范中规定主体的行为违反法律要求时应当承担何种法律责任，或引起何种国家强制措施的部分。

法律规范的三个要素是具有内在联系的统一整体，任何一个完整的法律规范都必须具备上述这三个要素。这三个要素之间存在着逻辑上的必然因果联系，这种联系可以表述为：“如果……则……否则……”也即如果发生了规范的假定部分规定的事实状态，则主体之间就会产生处理部分所规定的权利和义务关系，而如果义务主体不履行法定义务或者侵犯了权利主体的权利，制裁部分的规定就会发生作用，通过国家强制力使违法者承担应负的法律责任以保护主体权利，恢复受到破坏的社会关系。这三个要素之间在逻辑上的这种内在因果性联系是法律能够切实有效地发挥特殊社会整合作用的重要保证，也是法律规范区别于其他行为规范的重要特征之一。据此，我们可以将这种完整体现法律调整内在因果联系特点的规范称为“逻辑性”的法律规范。

二、法律规范的形式结构——命令性规则的结构

在立法实践中，包含假定、处理、制裁三因素的逻辑性规范是通过具体的国家命令表现出来的。当我们考察这些作为法律规范表现形式的国家命令的结构时，就会发现一项具体命令中实际上通常只包含两个构成要素，即只有“如果……则……”前者指明适用规范的事实情况，后者规定该事实将导致的法律后果，而且这些命令本身也构成一定的行为规则或模式。为区别于前述逻辑上完整的法律规范起见，可以将它们称为“命令性”的法律规则。实际上，当我们说到某个“宪法规范”或“刑法规范”时，就是指的这种命令性规则，而不是逻辑性规范，因为这些“规范”在结构上往往并不包含完整的逻辑性规范的三个要素。①

---

① 在汉语中，规范和规则的词义相近，前者通常指约定俗成或明文规定的标准，后者通常指共同遵守的具体规范。在法学概念中，规范通常与法律、社会、行为等词语构成词组，如法律规范、社会规范、行为规范。而规则构成的词组，则更为具体，如交通规则。因此，本教材在法律规范、逻辑性规范等概念之下，将更为具体的标准和规范，称为“某某规则”，如命令性规则。

如果作进一步分析，就会发现这些命令性规则在功能上可以分为两类：一类命令是规定合法行为模式的，其结构为假定（正常的法律事实）——处理（权利或义务）；另一类命令则是规定违法行为及其法律后果的，其结构为假定（非正常的法律事实，即违法构成）——制裁（法律责任）。这两类命令性规则在法律调整中执行着不同的功能：前者为主体规定在一定场合的权利和义务，旨在建立一种正常的法律秩序，执行法律确认和调整正常社会关系的职能；后者则规定对违法行为的制裁措施，执行法律保护合法的社会关系的职能，旨在维护正常的法律秩序，或者使被破坏的法律秩序得到恢复。据此，我们可以将这两类命令性规则分别称为调整性规则和保护性规则。

执行调整功能的规则和执行保护功能的规则之间在逻辑上有内在的因果联系，二者必须结合起来，才能完整地发挥法律调整的职能。保护性规则中的假定，恰恰就是违反了某个调整性规则中处理部分规定的事实状态。如果我们将在内容上有必然因果关系的调整性规则和保护性规则结合起来，就可以形成一个由假定、处理和制裁三要素构成的逻辑上完整的法律规范。

三、法律规范在立法中的表达方式

（一）逻辑性规范与法律条文

从形式上看，立法如何体现法律规范的内在结构关系似乎取决于立法者的偏好，它们完全可以将一个逻辑性规范的三个构成因素规定在一个法律条文（本教材在以下有些地方也按照用语习惯简称为“法条”）中，但是在现代立法中，这种立法却十分罕见。最常见的情况是立法者将假定、处理规定于一个条文，将制裁措施规定在另外的条文中。这样做，首先是立法技术的要求。法律中关于主体权利、义务的规定内容很多，制裁措施却很少，如果在每一个有关权利、义务的规定之后都要规定具体的制裁措施，不仅烦琐，而且无必要。越是高等级的立法，越是法典化程度高的立法，二者分离的情况就越普遍。此外，随着法律文化的发展，人们对法律调整的内在规律的认识也在不断加深，开始认识到法律规范中关于正当行为模式和制裁措施的规定实际上分别执行着不同的功能，客观上也有不同的特点。而且，当代社会民主、自由、人权和法治的要求，也使法律对制裁措施的限定日益严格。因为它直接涉及国家权力对有关法律关系主体权利和自由的剥夺，所以越是严厉的制裁措施，在作出立法规定时就越是严肃和谨慎，以期尽可能避免或减少立法中的任意性。例如，我国《立法法》规定，有关犯罪和刑罚、对公民政治权利的剥夺和限制人身自由的强制措施和处罚，只能由全国人大及其常委会以法律规定。这样一来，法规、规章等下位法虽然可以规定主体的合法行为的具体模式，却不能规定刑事制裁和行政处罚措施，在客观上也必然造成相当一部分逻辑性规范中的假定、处理部分与制裁部分的分离。

在我国的立法实践中，法条与逻辑性规范的关系有如下几种表现形式：一是将逻辑性规范中的假定、处理和制裁规定在同一法律条文当中。如《治安管理处罚法》第 57 条规定：“房屋出租人将房屋出租给无身份证件的人居住的，或者不按规定登记承租人姓名、身份证件种类和号码的，处二百元以上五百元以下罚款。房屋出租人明知承租人利用出租房屋进行犯罪活动，不向公安机关报告的，处二百元以上五百元以下罚款；情节严重的，处五日以下拘留，可以并处五百元以下罚款。”这种规定极为罕见。二是将逻辑性规范中的假定、处理和制裁规定在同一规范性文件的不同条文中，如我国《民法典》关于法律责任的规定集中于总则编“民事责任”一章中。这种规定极为常见。三是将逻辑性规范中的假定、处理和制裁规定在同一部门法的不同规范性文件中，例如行政法中各种法律、法规对行政法律责任的规定。四是将逻辑性规范中的假定、处理和制裁三要素分别规定于不同部门法的规范性文件当中，其中最典型的就是我国《刑法》分则的内容几乎全部是刑事制裁措施，而逻辑性规范中的假定和处理，却规定在其他部门法的规范性文件中。

（二）命令性规则与法律条文

与逻辑性规范相比，命令性规则与法条之间有着明显的对应关系，在许多情况下，一个规则中的“如果……则”这两个要素都表现在一个法律条文当中，一个条文就是一项指令。因此，不少学者认为命令性规则就是法律条文。

本教材认为，命令性规则还不能等同于法律条文，二者仍然是内容和形式的关系。法律法规案的起草者在把国家命令转化为具体的法律条文时，除要忠实表达立法者的意愿以外，还必须考虑现代立法技术本身的要求。在许多情况下，他们必须将立法者的指令加以分解和重新组合，使之以更加条理化、规范化、简明化的方式表现出来。

为达到上述要求，立法者往往将命令性规则结构要素中的相同内容集中起来，规定于一个条文中。比较常见的情况是将多个命令性规则中的假定部分或者制裁部分进行集中表述。例如，《刑法》分则条文规定的是犯罪行为的性状及制裁措施，但绝大多数假定部分都没有对作为犯罪构成所必需的有关犯罪主体责任年龄和责任能力进行规定，而是将有关这两方面的规定集中规定于《刑法》总则中，以几个专门条文加以规定。再如，法典化的规范性文件中“罚则”部分规定的不少制裁措施都可以适用于多种违法行为。如《刑法》第 113 条第 1 款规定：“本章上述危害国家安全罪行中，除第一百零三条第二款、第一百零五条、第一百零七条、第一百零九条外，对国家和人民危害特别严重、情节特别恶劣的，可以判处死刑。”

随着现代立法技术的发展，特别是法典化程度的不断提高，这种表述方式越来越普遍。它不仅避免了语言表达上的重复和烦琐，而且由于集中和概括，还可能将一些部门法规定中具有共性的东西上升为一般性规定，使其对具体规定具有普遍指导意义。

在少数情况下，立法者还可以将不同命令性规则中处理部分的相关内容作集中表述。例如，我国《宪法》第 35 条规定：“中华人民共和国公民有言论、出版、集会、结社、游行、示威的自由。”这是依据权利主体和权利类别，将有关公民表达自由的相关各种权利集中于一个条文。再如，《国务院组织法》第 4 条规定：“国务院会议分为国务院全体会议和国务院常务会议。国务院全体会议由国务院全体成员组成。国务院常务会议由总理、副总理、国务委员、秘书长组成。总理召集和主持国务院全体会议和国务院常务会议。国务院工作中的重大问题，必须经国务院常务会议或者国务院全体会议讨论决定。”

这一条文是将国务院会议的职能、种类、与会成员、召集人、主持人等相关问题合并加以规定的。

此外，立法者为了防止法律条文过于烦琐，有时还可能将法律规范中的某些要素（如假定）予以省略。例如，我国《民法典》第1069条规定："子女应当尊重父母的婚姻权利，不得干涉父母离婚、再婚以及婚后的生活。子女对父母的赡养义务，不因父母的婚姻关系变化而终止。"这里的"子女"是指已经成年、有独立生活能力的子女。

综上所述，法律条文的结构与逻辑性规则和命令性规则的结构不一定是一一对应的，立法者可以根据具体情况，以不同方式来表现法律规范的内容和结构。但是无论采用何种方式，立法时都必须注意保持法律规范的不同结构要素的因果性和完整性，防止因条文和规范在形式上的分离而遗漏某个结构要素，从而影响整个规范的效力。

第三节 法律规范的分类

从不同角度出发，按照不同标准，可以对法律规范进行不同的分类。不同的分类方式对于认识法律规范的特点和功能都具有一定意义。在本节中我们是从立法学角度出发，侧重考察与立法技术有密切联系的几种分类。

一、调整性规则和保护性规则

按照在法律调整中的不同作用，可以把法律规范分为调整性规则和保护性规则。法一方面要规定哪些行为是合法的，告诉人们应当、不应当或可以怎样行为；另一方面也要规定人们一旦作出违法行为应当承担何种法律责任，受到何种法律制裁。前一方面通常称为法对社会关系的调整职能，而后一方面则称为法对社会关系的保护职能，因为规定法律责任和制裁措施的目的就是抑制违法行为，保护社会关系的正常存在和发展。

（一）调整性规则

调整性规则是直接体现法对社会关系调整职能的规则，它为主体提供了各种合法行为的模式和尺度，其功能在于通过分配法律权利和法律义务的手段来确认和调整社会关系，把重要的社会关系理顺，并纳入一定目的和秩序范围之中。

根据法律为人们提供的不同行为模式，可以把调整性规则分为授权性规则、义务性规则、权义复合性规则和禁止性规则。

授权性规则是允许主体作出某种行为的法律规则，它规定主体享有作出或不作出某种行为的自由。这种行为自由为义务主体的义务所支持，并受到法律保护。

授权性规则规定的行为自由可以分为消极的自由和积极的自由。前者是权利主体不受他人干预的自由，在规范性文件中往往以"……不受侵犯""……不受干涉"等用语来表述。后者是权利主体通过积极行为来实现或维护的自由，在规范性文件中多以"可以……""有权……""有……的权利"等用语来表述。从积极自由的具体形态看，它包括权利主体以自己的行为实现某种利益的权利，权利主体请求相对的义务主体协助自己实现利益的权利，以及当义务主体不履行义务时或侵权时，权利主体请求国家机关出面干预，进行法律救济的权利。积极自由的三种形态之间存在着密切的逻辑联系，后一种形态既是前两种形态的自然延伸，也是前两种形态实现的条件和保障。立法者在制定授权性规则时，必须注意权利的系统性，任何一个环节的缺失，都会导致权利无法实现。

义务性规则，又称积极义务规则，是规定义务主体必须作出某种积极行为，以满足权利人利益的规则，它体现了义务主体必须为实现他人利益作出某种行为的必要性或负担。规范性文件中表述义务的法律用语通常为"应当……""必须……""有义务……""有责任……"等。在相对法律关系中，义务人的履行责任的积极行为是实现权利人权利的必要条件。

权义复合性规则是指兼具授予权利、设定义务两种性质的法律规范。权义复合性规则大多是有关国家机关组织和活动的规则，所以也可以称为职权性规则。权义复合性规则规定主体只能依法行使权力，而不能选择放弃，否则就是失职，如行政规范规定的国家工作人员的职权。有些关于公民权利的规定，也属于权义复合性规则，如我国《宪法》关于公民的教育权和劳动权的规定。权义复合性规则的特点是：一方面有关主体有权按照法律的规定作出一定行为，另一方面作出这些行为又是他们不可推卸的职责或义务。例如，国家机关及其工作人员的权力既具有职权的性质，又具有职责的性质，是权利和义务的结合。因为，对国家机关及其工作人员来说，其行使国家职能的活动既是行使权力的行为，也是履行责任的行为，不能像一般社会主体一样根据自己的利益自由选择是否行使权力或权利；如果它不行使法律赋予的权能，就构成失职，并可能因此而承担法律责任。因此，法律对国家机关及其工作人员的授权从本质上说更接近于义务。就此而言，前述的义务性规则和授权性规则的区分通常只对国家机关职能活动以外的主体行为才有意义。

禁止性规则也即规定消极义务的规则。义务人必须按照禁止性规则的规定抑制自己的某种行为，以满足权利人的利益。表达禁止性规则的法律用语通常是"不得……""不能……""不应……""禁止……""严禁……"等。

授权性规则、义务性规则、权义复合性规则和禁止性规则之间存在着不同形态的联系。首先，没有无权利的义务，也没有无义务的权利。立法者在规定义务人的义务时，必须考虑是否为其设定了相应的权利；反之亦然。当然，这并不意味着同一主体在任何一个法律关系中都既享有权利，又承担义务，因为有的法律关系只能是单一的法律关系。但某一法律关系中的义务人，却可以成为另一法律关系中的权利人。也就是说，任何主体的权利和义务都应当在整体法律关系的系统中达到大体平衡，否则，就是立法的失误。其次，重视权利并不等于主体的每一项具体权利都必须在规范性文件中加以明确规定。例如，在私权利方面，现代立法往往采取一般允许和个别禁止相结合的方式，即"凡是法律不禁止的，就是允许的"。这是通过少量而具体的必要否定来表现大量和一般的抽象肯定，以保护私权利。在公权力方面，现代立法往往采取一般禁止和个别允许相结合的方式，即"凡是法律没有授权的，就是禁止的"。这是通过少量而具体的必要肯定来表现大量和一般的抽象否定，以限制对公权力的滥用。

此外，从立法技术的角度看，在相对法律关系中，多数情况下义务人积极义务的内容同时是权利人权利的内容，只要法律规定了义务人的义务，权利人的权利也就不言自明了。但在绝对法律关系中，义务人的义务只表现为消极的不作为，对其义务的规定并不能说明权利人权利的具体内容究竟是什么。在这种情况下，法律除规定义务人的消极义务以外，还必须明确规定权利人的权利。总之，立法者只有深入认识不同的调整性规则之间相互联系的方式和特点，才能适当地运用各种立法措施，实现立法目标。

（二）保护性规则

保护性规则体现法对社会关系的保护职能，它规定的是违法行为所应承担的法律责任和法律制裁措施（包括保护权利的措施）。例如《刑法》和《治安管理处罚法》中的绝大部分规则都是规定这类措施的，其他部门法，如民法、行政法、经济法等，在规定主体的权利、义务的同时，也有关于法律责任的规定。

立法者设定法律责任和制裁措施应当遵循的首要原则是合法性原则。合法性原则包括规定法律责任和制裁措施时，在职能权限和责任内容两个方面都必须合法。按照我国现行立法体制，立法机关确定法律责任的种类和程度的权限与它们在国家机关体系中的地位是一致的。例如，《立法法》第 11 条规定，有关犯罪和刑罚、对公民政治权利的剥夺和限制人身自由的强制措施和处罚、司法制度等事项，必须由法律规定。《行政处罚法》也规定，行政法规可以设定除限制人身自由以外的行政处罚，地方性法规可以设定除限制人身自由、吊销营业执照以外的行政处罚。从内容上看，各级立法主体在设定法律责任时，都必须符合上位法的规定和原则精神，既不应将合法行为规定为违法，也不能将违法行为规定为合法。法律责任内容本身的合法性是正确适用法律的前提。立法者设定法律责任和制裁措施应当遵循的另一个原则是合理性原则。合理性原则要求设定法律责任时必须考虑违法行为的社会危害性和违法行为可能得到的利益，不同部门法对法律责任的规定应当相互协调。由于违法主体及违法行为的性质、情节和背景的多样性、复杂性，在坚持责任法定的前提下，允许执法机关和司法机关根据案件的具体情况在法律规定范围内正确运用归责原则，做到罚当其罪、罚当其过。

此外，设定法律责任还应坚持法律责任的平等性、程序保障性、可操作性等原则。在调整性规则与保护性规则的相互关系上，应当使二者相互对应、相互衔接，凡是违反禁止性规定和义务性规定的行为，原则上都应当承担法律责任。只有将这两类执行不同功能的规则结合起来，才能充分发挥法律规范逻辑结构的特有优势，体现法律调整有结果、有保障的特性，有效地保障主体权利，维护社会秩序的稳定和健康发展。

资料链接

关于地方性法规中法律责任条款的设计①

第三十二条　法律责任条款应当符合以下要求：

（一）法律责任应当与地方性法规的禁止性条款或者义务性条款相对应，不得只规定

① 摘编自《重庆市地方立法技术规范》（自 2012 年 9 月 1 日起施行）。

法律责任而不规定相应的行为规范；

（二）法律责任应当针对具体违法行为，不得笼统地针对立法目的、基本原则、指导方针等总括性内容；

（三）法律责任应当与违法行为的性质、情节和后果相适应；

（四）同一地方性法规内部、不同地方性法规之间对性质、情节和后果基本相同的违法行为所规定的法律责任应当基本相当；

（五）法律责任的表述应当清晰、明确、严谨，便于理解和执行，裁量幅度不宜过大。

上位法对法律责任已经作出明确规定，地方性法规如果在行为规范和法律责任内容上没有细化的，一般不再重复规定。地方性法规不使用“违反本条例（办法、规定、规则）规定，依照××（上位法）××（条、款）的规定处罚”等引致性表述方式。

第三十三条　行政处罚可以采取违法行为对应法、条文对应法或者违法行为和条文综合表述法进行表述：

（一）采用条文对应表述的，被对应的条文应当是明确的义务性规范或者禁止性规范。可以表述为：“违反本条例（办法、规定、规则）第×条第×款规定的，由××给予××的行政处罚。”

（二）采用违法行为对应表述的，可以表述为：“违反本条例（办法、规定、规则）规定，……，由××给予××的行政处罚。”

（三）采用综合表述的，可以表述为：“违反本条例（办法、规定、规则）第×条、第×条规定，有下列行为（情形）之一的，由××给予××的行政处罚”。

地方性法规一般不在单独一个条文中笼统规定“违反本条例（办法、规定、规则）的规定，给他人造成损失的，依法承担民事责任”或“违反本条例（办法、规定、规则）的规定，构成犯罪的，依法追究刑事责任”。

二、绝对确定性规则和相对确定性规则

法律调整是一般性调整同个别调整方法相结合的调整方法，它表现为在许多情况下，法律规范在规定一般行为模式的同时，又留有一定余地，允许执法和司法人员根据问题或案件的具体情况在法律规定范围之内作出个别决定。此即赋予他们法律范围内的自由裁量权。

根据法律规范是否允许个别调整以及允许个别调整的程度，可以将法律规范分为绝对确定性规则与相对确定性规则。

1. 绝对确定性规则

绝对确定性规则明确、具体而又全面地规定了主体权利、义务或法律责任的内容，没有留下任何余地或空白，不允许执法和司法人员进行自由裁量。这类规则不需要以个别调整加以补充，执法和司法人员必须执行法律规则的规定。绝对确定性规则的规定在条文中通常表述为“应当……”或“必须……”等。例如，《刑法》第57条第1款规定：

“对于被判处死刑、无期徒刑的犯罪分子，应当剥夺政治权利终身。”

2. 相对确定性规则

相对确定性规则对主体权利、义务或法律责任的规定比较概括，允许执法和司法人员在规则规定的范围内根据具体的法律事实状态进行一定的自由裁量。这类规定在法律条文中有的表述为“可以……”或者“可以……也可以……”，还有的则表述为“应当……或者……”。根据规则允许个别调整的方式和程度，相对确定性规则还可以进一步区分为情况性规则、择一性规则和任选性规则。

情况性规则概括规定了某类法律事实的状况或法律后果的性质、种类和幅度，允许执法和司法人员根据具体情节在法定范围内作出自由裁量。又如我国《刑法》往往规定，对于某类犯罪中“情节严重”、“情节恶劣”或“情节较轻”的行为应作出不同处理，至于什么是“情节严重”或“情节轻微”，需要由司法机关根据具体情况确定。

择一性规则规定了对于某一行为的两种以上处理方案，由执法或司法机关从中择一适用的，应当报请其上级人民法院审理。

与情况性规则相比，择一性规则列举了几种处理方案，执法或司法机关只能从中选择一个加以适用，自由裁量的余地相对小一些。在立法实践中，立法者可以将两种方法结合起来：一方面，给出几个可供选择的方案；另一方面，允许执法和司法机关在择一适用的同时再根据具体情节自由裁量，以便使个案的处理结果更符合案件的具体情况。我国《刑法》分则中有关犯罪与刑罚的大多数规定都是如此。

任选性规则规定了对于某一行为的两种以上处理方案，由执法或司法机关从中任选一种或几种适用。例如，《民法典》第179条规定：“承担民事责任的方式主要有：（一）停止侵害；（二）排除妨碍；（三）消除危险；（四）返还财产；（五）恢复原状；（六）修理、重作、更换；（七）继续履行；（八）赔偿损失；（九）支付违约金；（十）消除影响、恢复名誉；（十一）赔礼道歉。法律规定惩罚性赔偿的，依照其规定。本条规定的承担民事责任的方式，可以单独适用，也可以合并适用。”

三、强行性规则和任意性规则

根据法律调整是否允许当事人进行自主调整，即按照自己的意愿自行设定权利和义务，可以把法律规范分为强行性规则和任意性规则。自主调整与个别调整都是在法律范围内允许一定程度的自由选择，但个别调整是指通过授予主管机关和执法人员在适用法律中享有一定的自由裁量权而进行的个性化调整，而自主调整是通过允许一般法律关系参加者在法律范围内自行设定和支配自身的权利义务而实现的个性化调整。

强行性规则是一种“刚性”规则，它为法律关系参加者规定的行为模式是必须遵守的，当事人之间违反法定行为方案的自愿协议不具有法律效力。相反，任意性规则可以说是一种“柔性”的规则，它一方面也规定了主体间的行为关系模式，另一方面又允许当事人在法律许可的范围内通过自愿协商另行设定彼此间的权利和义务，只有在当事人没有协议的情况下，才适用法律规范的规定。

有些学者认为任意性规则就是授权性规则，但二者实际上并不能完全等同。尽管任意性规则与授权性规则有许多共同之处，但并非所有的授权性规则都是任意性规则。有些授权性规则特别是公法领域的授权性规则规定的权利，主体可以行使，也可以放弃，但却不能对这种权利任意作出与法律规定不同的处分。如公民在政治选举中可以投票，也可以弃权，但却不可以同候选人商定出售自己的选票，因为贿选是违法行为。而任意性规则规定当事人各方可以就相互的权利和义务作出法定行为模式以外的约定，即使将来发生纠纷，也应以各方事前达成的自愿协议作为解决纠纷的依据。只有在他们没有约定时，才以法律规定的权利义务作为他们的行为标准和尺度。因此，任意性规则可以被看作是一种特殊的授权性规则。

在各国的立法实践中，任意性规则多见于民商法、婚姻法等传统的“私法”部门中的财产关系领域，其基础是法律关系主体在意志自由的前提下对私有财产的绝对处分权。任意性规则赋予主体极大的行为自由，允许主体根据自己的利益和意愿自行处分财产权利以最大限度地提高效率。

在立法表述方式上，任意性规则中一方面规定主体双方法定的权利、义务，以维持最低限度的秩序和公平，另一方面又规定当事人可以通过自行协商在前述规定之外选择其他行为方案。如《民事诉讼法》第 24 条规定因合同纠纷提起的诉讼由被告住所地或者合同履行地人民法院管辖，但第 35 条又规定合同的双方当事人有权在书面合同中通过协议选择二者之外的其他地域，如合同签订地、原告住所地、标的物所在地人民法院管辖。再如《民法典》第 493 条规定：“当事人采用合同书形式订立合同的，最后签名、盖章或者按指印的地点为合同成立的地点，但是当事人另有约定的除外。”

任意性规则与法律条文的关系有多种表现形式，它可以由两个以上条文规定，也可以规定于一个条文中。如上述关于民事诉讼管辖的规定中，第 24 条规定了法定管辖，第 35 条则规定了协议管辖，二者结合起来构成一个完整意义上的任意性规则。而《民法典》合同编中关于合同成立地点的任意性规则通过同一条文中的“但书”来表达。

四、委任性规则和准用性规则

绝大多数立法都明确而直接地规定了法律关系主体的权利、义务和法律责任内容，无须援用其他规范性文件加以说明，这类规则通常被称为“确定性规则”。但也有一些规则并未直接规定上述内容，而是委托其他主体或采用其他方式来规定，这就是通常所说的委任性规则和准用性规则。

委任性规则，又称委托性规则，是指没有明确规定某一行为规则的具体内容，只是授权某一国家机关加以规定的法律规则。委任性规则是一种特殊的职权性规则：一方面，它的授权不同于普通社会主体之间的授权，被授权者不得放弃或拒不接受被授予的权能，否则即为失职；另一方面，这种授权关系的客体不是作出个别性决定的权能，而是制定具有普遍效力的规范性文件的权能，即立法职责的授权。委任性规则中必须明确规定具体的授权对象，明确规定授权立法事项的范围，而且这种授权不得违反宪法和法律的有关规定。如授权地方人大制定刑法，或者授权人民法院制定法律的实施细则，均是违法的。从当代发达国家立法的发展来看，国家立法机关在其制定的法律中授权行政机关制定该法律的实施条例或细则的现象日益普遍。我国改革开放以来，全国人大及其常委会亦是如此。

准用性规则也没有直接规定某一行为规则的内容，但明确指出在这个问题上可以适用其他法律条文或规范性文件中某一规定的规则。

资料链接

委任性规则

《注册会计师法》第 43 条："在审计事务所工作的注册审计师，经认定为具有注册会计师资格的，可以执行本法规定的业务，其资格认定和对其监督、指导、管理的办法由国务院另行规定。"

准用性规则

《反不正当竞争法》(1993 年) 第 21 条第 1 款："经营者假冒他人的注册商标，擅自使用他人的企业名称或者姓名，伪造或者冒用认证标志、名优标志等质量标志，伪造产地，对商品质量作引人误解的虚假表示的，依照《中华人民共和国商标法》、《中华人民共和国产品质量法》的规定处罚。"

需要注意的是，委任性规则和准用性规则虽然表面上都没有规定行为规则的具体内容，但委任性规则只是指出某一法律规则应当由哪个机关制定，在作出授权时，被授权制定的法律规范还不存在，该规则的具体内容仍不确定。而准用性规则准许援用的法律规则是已经实际存在的，因而它实际上是一种确定性规则。

准用性规则在现代立法中的应用十分广泛，它是立法机关为了避免就同一问题在文字上作重复规定而采用的省略技术。准用性规则既可以援用同一规范性文件之中的已有规则，也可以援用其他规范性文件甚至其他部门法律中的规则；既可以援用同一位阶的立法，也可以援用上位法的规定。但在援用上位法时，必须注意不得超越法定的立法权限。例如，在实践中，有的省级人民代表大会曾经在地方性法规中列举了某些扰乱社会秩序的现象后，确认这类行为应依照《刑法》第×条的规定追究刑事责任，这种规定显然超越了地方性法规的立法权限，属于违反《立法法》的行为。

第四节　专门性法条

在规范性文件中，除直接规定法律关系参加者具体权利和义务的法律规范以外，还有另外一些内容，主要包括有关立法宗旨和依据的说明、一般法律原则的阐述、法律概念和术语的解释、法的效力范围的说明、授权一定国家机关制定实施细则的规定，等等。这些内容没有规定被调整的法律关系主体的具体行为模式，因此有时学者也将其称为规范性文件中的"非规范性内容"。

本教材认为，对“规范性”可以在不同意义上理解。上述内容虽然没有直接规定法律关系主体的行为模式，但它们既不同于一般的宣传性号召，也不是只适用于个别场合的规定，而是对于相关法律规范具有实际指导意义并具有普遍法律效力的内容。它们在规范性文件中具有不可替代的特殊规范功能，是正确理解和适用具体法律规范所必需的。它们虽然本身并没有规定具体的行为模式，不是产生具体法律关系的独立的规范性根据，但它们在法律调整中执行着某些专门职能，如定义概念、确定法律原则、指出法律规范的效力范围，等等。它们与直接规定权利义务的法律规范结合在一起，共同实现着法律调整的职能，离开这些内容，具体行为模式就无法运作。因此，有的学者指出，这些内容实际上是随着法律调整和立法技术的发展而逐步从具体规范中分离出来的一种“专门化规范”，也可称为“专门性法条”。根据它们在法律调整中的不同功能，大体上可以将其分为 4 类：原则性法条、定义性法条、业务性法条和冲突性法条。[①]

一、原则性法条

原则性法条的功能在于确定法律调整的指导思想、目的、任务或基本价值取向。原则性法条在形式上并不具备法律规范所必需的假定、处理、制裁的结构要素，也没有提供明确、具体的行为模式，而只是提出立法者对某一类行为的倾向性要求。原则性法条的这种高度抽象和概括的性质使它比具体的法律规范更具有稳定性，适用的范围也更广泛。

原则性法条是一国法的重要组成部分。从实质意义上讲，任何法律体系或部门法中都包含原则性法条，但具体表现形式有所不同。例如：普通法系国家的许多法律原则往往隐含在个案的判例中，由法官在援用判例时加以阐释；而大陆法系国家一般倾向于将原则性法条在规范性文件中作出明确的表述。

在成文法国家中，制定原则性法条时主要应当注意以下几方面问题：首先，任何部门法的基本规范性文件必须包含原则性法条。我国宪法和许多部门法典中都有原则性法条。例如宪法中关于中华人民共和国公民在法律面前一律平等的规定，刑法中关于罪刑法定、罪刑相适应的规定，民法中关于民事活动遵守平等、自愿、等价、有偿和诚实信用原则的规定，等等。一些部门法的普通法律中也有原则性法条的规定。但由于目前我国的立法尚不够完善，有些部门法还没有原则性法条的规定。例如税法的原则性规范——税收法定、税赋公平等原则仅隐含在税法的具体规定之中，需要在今后立法中加以明示。其次，原则性法条必须与具体的法律规范相结合，将原则性的一般要求转化为具体的行为模式。最后，原则性法条之间应当相互协调，即下位法的原则性法条应当符合上位法的原则性法条，各部门法的原则性法条要符合法律体系和宪法的总原则，各部门法的原则性法条之间要相互协调，各部门法的原则性法条应当以明示的方式加以表达。

---

① 对于这四种专门化规范，可以结合本书第十五章第三节的有关论述一起来理解。

资料链接

关于地方性法规中立法目的条款的设计[①]

第十八条　地方性法规一般需要明示立法目的。立法目的一般以“为了”置于句首，按照由直接到间接、由具体到抽象、由微观到宏观的顺序排列。为了表明权利本位的价值取向，应当将保障公民权利的目的写在前，规范行政管理的目的写在后。

根据法律、行政法规有关制定地方性法规的规定制定的地方性法规，一般不重复上位法的立法目的。实施办法的立法目的，直接表述为：“为了实施《中华人民共和国××法》，……，制定本办法”。

第十九条　立法依据包括法律依据和事实依据。

法律依据主要指制定地方性法规所依据的上位法，其表述方式如下：

（一）有直接上位法的，应当在立法目的之后，明示某部具体的法律、行政法规为立法依据，表述为：“……，根据《中华人民共和国××法》，……，制定本条例（办法、规定、规则）。”根据法律、行政法规有关制定地方性法规的规定制定的地方性法规，立法依据一般表述为：“根据《中华人民共和国××法》第×条规定，……，制定本办法（规定、规则）。”

（二）有直接上位法，同时涉及间接上位法或者有几个直接上位法的，可以在直接上位法名称后加“等法律、行政法规”或者“等法律、法规”的表述。直接上位法按照位阶从高到低排列，一般不超过两部。

（三）没有直接上位法的，可以表述为“根据有关法律、行政法规，……，制定本条例（办法、规定、规则）”。

事实依据主要指本市的实际情况，表述为“结合本市实际”。

二、定义性法条

定义性法条的功能是确定和解释法律概念的特定含义。与日常生活中的语言不同，法律语言主要不是用来交流一般的信息或情感，而是传达国家指令的。因此，对法律语言的理解，直接关系到法律关系主体的切身利益和国家机关适用法律的准确性。这就要求制定出“明确的、普遍的、肯定的”规范，对其进行表述的法律语言的含义必须十分清晰，应尽量避免歧义。因而，定义性法条是成文法体系中必不可少的内容，也是立法技术中应当注意的问题。

我国各个基本部门法中都包含定义性法条，如刑法中的“故意犯罪”和“过失犯罪”、“正当防卫”和“紧急避险”，民法中的“法人”“不当得利”，诉讼法中的“证据”“期间”，等等，都有专门的法律条文对其进行定义。

从我国司法实践来看，人民法院审判工作中遇到的比较普遍的疑难法律问题（案件

① 摘编自《重庆市地方立法技术规范》（自2012年9月1日起施行）。

事实难以确定者除外），几乎都与对法律概念的含义的理解和识别有关。例如“商标”与“产品名称”的区别、“重婚”与“非法同居”的区别，以及近年来在适用《消费者权益保护法》时对“消费者”概念理解的分歧等，都会导致对同类案件审理的不同结果，影响法律的统一适用。有鉴于此，立法者对于规范性文件中具有普遍意义并且容易产生歧义的核心和关键术语，应当以专门的定义性法条准确表述。同时，重要术语的界定应当注意协调性和统一性，包括在同一规范性文件中和在不同规范性文件之间的统一性。定义性法条在语言表述上首先应当力求准确，然后才是简明，要尽量避免发生含混不清、模棱两可的现象。

资料链接

定义条款的安排方式①

(1) 贯穿法律始终的基本概念，在总则中或者法律第一条立法目的之后规定。如果规定适用范围的，定义条款在适用范围之后规定。

(2) 涉及多个法律条款的专业术语，一般在附则中规定。

(3) 概念、术语只涉及某章节的内容时，可以在该章节的开头、结尾或者有关条文中规定。

(4) 定义条款表述为：“本法（本章、本节、本条）所称，××，是指（包括）……”。

(5) 一个定义条款中规定多个概念、术语的，应当分项表述。

制作“定义”的规则②

(1) 当地方性法规中的词汇不予以定义，可能引起歧义或不同的理解时，才予以定义；

(2) 必须是相应相称，不能有“定义过宽”或者“定义过窄”的逻辑错误；

(3) 不能直接或者间接地包含被定义项；

(4) 定义必须清楚确切，避免对定义中的词语再进行定义，不能使用比喻；

(5) 不采用否定句式，但否定概念除外；

(6) 不得对某一词语作出与法律文件习惯用法相悖的定义；

(7) 上位法已定义的概念，地方性法规不得另行界定，一般也不宜做重复界定。

三、业务性法条

这里所说的业务性法条，是指专门规定法律规范的效力范围的规范。法律规范的效力范围包括时间效力、空间效力、对人的效力和对事的效力几个方面。不同法律规范的效力范围有所不同，因此，各规范性文件中一般都以专门条文明确规定其效力范围。

---

① 引自全国人大常委会法制工作委员会制定的《立法技术规范（试行）（一）》。

② 参见《重庆市地方立法技术规范》（自2012年9月1日起施行）第37条。

资料链接

几则业务性法条

《专利法》第 82 条："本法自 1985 年 4 月 1 日起施行。"

《民事诉讼法》第 4 条："凡在中华人民共和国领域内进行民事诉讼，必须遵守本法。"

《民事诉讼法》第 5 条第 1 款："外国人、无国籍人、外国企业和组织在人民法院起诉、应诉，同中华人民共和国公民、法人和其他组织有同等的诉讼权利义务。"

立法中对法律效力范围的规定，应当遵循通行的一般原则。从我国过去的立法实践来看，在有关法的时间效力规定中应当注意几个问题：首先，现代立法的通行做法是法律颁布之后一段时间再生效，特别是一些重要的基本法律。因为基本法律的制定或修改往往涉及广大当事人的重要权益，在法律通过公布至生效经过一段时间，有利于法律关系主体有充分的时间根据即将生效的新法律预先做好准备，以便维护自己的权益。当然，这并不排除由于紧迫需要而必须立即生效的单行法规，如修改某个基本法律的个别决定，可以自公布之日起生效。其次，在新法律与旧有法律规定发生冲突时，按照新法优于旧法的原则，应当废止旧法律。我国许多规范性文件中都以专门条款对此作出了说明。但有时旧法律是分散的单行法规，新法律所要废止的只是其中的部分条文。在这种情况下，应尽可能在新法律中明确指出被废止的是哪一些具体规定。如果只是一般地声明过去的同类规定中凡与新法冲突者，一律以新法为准，很难使普通的法律关系参加者搞清楚究竟旧法律中的哪一些规定已经被废止、哪一些规定仍然有效，不利于人们自觉守法、维护自身的合法权益。最后，如果新法律的某些规定（刑法除外）有必要溯及既往，也应当尽可能明确规定。

四、冲突性法条

冲突性法条，又称"法律选择规范"、"抵触规范"或"间接规范"等，是指在法律、条约或国际惯例中规定的，在处理国际民商事案件过程中，当有关国家的法律规定相互抵触时，应当适用哪一国法律的规范。冲突性法条的特点在于它在调整国际民商事关系时，并不直接规定当事人的权利和义务，而是指出在某类民事关系中应当适用哪一个国家的法律。

冲突性法条的功能实际上也在于规定法律的效力范围，但与一般的业务性法条相比，它又具有明显的特殊性。例如：它只调整特定的社会关系，即国际民商事关系；它是专门关于在发生法律冲突时应当适用何种法律的规范；它的规范数量较多，可以构成一个相对独立的部门法；它不仅指出在发生法律冲突时本国法的适用范围，而且明确指出在何种情况下应当适用外国法；等等。因此，我们这里将冲突性法条与业务性法条区分开来，作为一种特殊的专门化规范。

从我国立法的形式结构来看，冲突性法条虽然构成国际私法中的主要规范，却并未制定专门的部门法典，其有关规定散见于相关国内各部门法和单行法规、国际条约以及国际惯例当中。在国内法中，比较集中进行规定的如《涉外民事关系法律适用法》等，此外，还有一些单行法规。

从立法内容上看，冲突性法条的指向应当是双向的，即除了指出在何种情况下应当适用中国法，而且应当明确指出在何种情况下可以适用外国法。而且，冲突性法条对于国际民商事关系的法律适用规定，除一般性规定如遵守国际条约和协定以外，对于不同种类的法律关系，应当有具体的规定。各国大都采取了在法律中详细列举的方式对相关的法律适用根据予以规定。这种详尽列举的方式不仅是各国立法的通例，也是保护我国公民的合法权益所必需的。我国《民法典》第 11 条规定："其他法律对民事关系有特别规定的，依照其规定。"第 12 条规定："中华人民共和国领域内的民事活动，适用中华人民共和国法律。法律另有规定的，依照其规定。"对应当适用哪个国家的法律进行比较集中规定的是《涉外民事关系法律适用法》。该法第 2 条第 1 款规定："涉外民事关系适用的法律，依照本法确定。其他法律对涉外民事关系法律适用另有特别规定的，依照其规定。"例如，该法第 21 条就规定："结婚条件，适用当事人共同经常居所地法律；没有共同经常居所地的，适用共同国籍国法律；没有共同国籍，在一方当事人经常居所地或者国籍国缔结婚姻的，适用婚姻缔结地法律。"此外，还有一些单行法规也进行了适用的规定。

综上所述，与调整性、保护性规则等规定主体具体权利、义务的规范不同，专门性法条不是关于主体具体权利、义务的规定，而是一种"关于规范的规范"，其中：原则性法条和定义性法条是关于具体规范内容的规范，前者规定具体规范的价值目标或基本精神，后者规定具体规范中关键术语的准确含义。业务性法条和冲突性法条是关于规范效力范围的规范，前者侧重规定具体规范自身的效力范围，后者则规定在发生特定领域法律冲突的情况下，不同规范之间的效力关系问题。

需要指出的是，专门性法条不是任何一个规范性文件都必须具备的要素。如前所述，它们是随着法律规范在功能上的日益分化而逐渐产生的，对于形形色色的具体法律规范起着一种组织作用。从立法实践看，通常只有在比较完备的部门法典中才必须有专门性法条，而在其他单行法规中就不一定需要。当然，这并不是说专门性法条对这些单行法规没有任何作用，而是由于在部门法的主要规范性文件中已经规定了相关内容，不必再另行规定。

问题与思考

1. 在立法中如何将法律渊源体系协调与法律部门体系协调结合起来？
2. 如何理解法律规范的结构？法律条文与逻辑性规范和命令性规则是何关系？
3. 法律规范有哪些主要分类？不同种类的法律规范对立法技术有何要求？
4. 什么是法律中的专门性法条？其特点和功能是什么？
5. 我国立法是如何表现专门性法条的？
6. 2020 年 12 月 26 日，最高人民法院知识产权法庭微信公众号发布信息，介绍典型案例相关情况；其中的案例四是：上诉人怡信公司与被上诉人曾某某等职务发明创造发明人、设计人奖励、报酬纠纷案【（2019）最高法知民终 230 号】。

曾某某于2006年6月入职怡信公司，系怡信公司享有的涉案专利证书记载的三位发明人之一。2011年至2016年期间，怡信公司曾以涉案专利权被侵害为由提起多起侵权诉讼，获得判决支持的侵权赔偿数额合计112.5万元。

2017年10月11日，曾某某以怡信公司为被告向广州知识产权法院提起诉讼，请求怡信公司支付其职务发明创造发明人报酬。一审法院判决怡信公司支付20万元。怡信公司不服一审判决提起上诉，主张怡信公司并未实施涉案专利，也没有因维权获益。

最高人民法院知识产权法庭二审审理认为，原审法院酌定报酬数额基本适当，驳回了怡信公司的上诉请求。

二审判决认为，单位基于涉案专利的维权行为获得的损害赔偿款，系专利权人禁止他人未经许可实施专利而获得的收入，在扣除必要的维权成本及支出后，该经济效益应当视为《专利法实施细则》第78条规定中所指的营业利润，应据此基础给予职务发明人合理的报酬。

该案涉及职务发明创造发明人报酬的法律适用问题。二审判决明确了《专利法》第16条规定的"实施""经济效益"以及《专利法实施细则》第78条规定的"营业利润"的理解和适用，对于审判实务具有重要的指导意义。

请根据《专利法》的有关规定，从定义性法条的角度，进一步对"发明""职务发明创造""非职务发明创造"等法律概念进行辨析，并讨论该案判决的其他法律适用问题。

延伸阅读

1. 郭泽强．从立法技术层面看刑法修正案．法学，2011（4）
2. 孙书妍．立法技术与法律的有效性：以就业促进法为例．人大研究，2008（6）
3. 叶海波．"根据宪法，制定本法"的规范内涵．法学家，2013（5）
4. 徐向华，王晓妹．法律责任条文设计模式的选择．法学，2009（12）

第十五章
法律文本的结构与形式

本章导读

法律文本是一个由属于相同调整范围或针对相同调整对象的若干法律规范组成的文件载体。一个完整的法律文本的结构一般包括三项要件：法律文本的名称、法律文本的内容、表现法律文本内容的符号。根据构成情况，法律文本有简单结构、复杂结构和介于两者之间的一般结构三种类型。其中一些结构和形式是法律文本必须具备的。明确认识这一点，对于我们做好立法甚至执法、司法、守法以及法学研究等工作都有重要意义。不具备这些结构和形式或这些结构和形式残缺不全的法律文本，在执行、适用或遵守时都会遇到一些困难和不便。

关键术语

法律文本　结构与形式　名称　总则　分则　标题　符号

第一节　法律文本的结构与形式概述

一、法律文本结构与形式的三个方面

法律文本是一个由属于相同调整范围或针对相同调整对象的若干法律规范组成的文件载体。过去为了强调法的规范性特征，学界通常称之为"规范性文件"①。因此，本教材也基本上使用"规范性文件"的概念。② 近年来，为突出法的文本意义，也有学者将各种规范性文件称为"法律文本"或"立法文本"等。③ 由于《立法法》在第 62、63 条中使用了"法律文本"的称谓，指的是法律签署公布后，在全国人大常委会公报和中国人大网以及在全国范围内发行的报纸上刊载的"标准文本"，所以，"法律文本"是全国人大及其常委会制定的规范性文件的一种表现形式，也是一种称谓。全国人大及其常委会

① 孙国华、朱景文主编：《法理学》，4 版，115 页，北京，中国人民大学出版社，2015。

② 参见本教材第一章第一节关于"规范性文件"的界定。

③ 有研究者提出，对法律文本的分析，其对象包括全国人民代表大会及其常务委员会通过的法律、条例、决定以及法律解释［柳经纬、许林波：法律中的标准——法律文本为分析对象，载《比较法研究》，2018（2）：189］。

制定的法律，其文本的结构和形式不仅最全面、严谨，而且具有普遍的代表性。因此，本章以其“法律文本”为主要模式对有关问题加以阐释。

现实中常见的各种法律文本，其表现形式是多种多样的，其结构也不尽相同。但是经过梳理分析，我们可以发现法律文本在结构上还是有它的必备成分。这些成分就是法律文本的结构和形式。

一个完整的法律文本的结构和形式一般包括三项要件：一是法律文本的名称。二是法律文本的内容，其中包括规范性内容和非规范性内容。规范性内容即通常所说的行为规范，它规定人们的行为模式和行为后果。非规范性内容即法律文本中关于制定该规范性文件的依据、宗旨和原则的说明（宪法和有的法律还包括序言），关于该规范性文件的适用范围的规定，关于专门概念和术语的解释，关于通过机关和通过时间、批准机关和批准时间、公布机关和公布时间的规定，关于该规范性文件的生效或施行时间，关于授权有关机关制定变通、补充规定或制定实施细则的规定，关于废止有关规范性文件及其中内容的规定，等等。三是表现法律文本内容的符号，主要包括名称下方的括号，目录，总则、分则、附则及各部分的标题，卷、编、章、节、条、款、项、目，有些法律文本还有发布单位或负责人员的签署、附录等。

二、法律文本的结构类型

从实践看，并不一定每个法律文本都要由上述所有的要件构成。与构成法律文本的要件所具有的不同地位和作用相联系，各种法律文本有简单结构、复杂结构和介于两者之间的一般结构的区别。

（一）简单结构的法律文本

简单结构的法律文本通常包括名称、名称下方的括号、制定机关和制定时间、公布机关和公布时间、签署内容、生效或施行时间、主题内容或主要法律规范等要件。简单结构的法律文本应具备的要件也不是绝对的，根据文件的具体内容，有的可能少一些，有的则可能多一些。例如，五届全国人大常委会第十二次会议于 1979 年 11 月 29 日通过的《全国人民代表大会常务委员会关于中华人民共和国建国以来制定的法律、法令效力问题的决议》包括以下 7 个要件：（1）名称；（2）名称下方的括号；（3）立法机关和立法时间；（4）公布机关和公布时间；（5）签署内容；（6）施行时间；（7）主题内容。十二届全国人大常委会第十六次会议通过的《全国人民代表大会常务委员会关于特赦部分服刑罪犯的决定》包括以下 5 个要件：（1）名称；（2）名称下方的括号；（3）立法机关和立法时间；（4）四项主题内容；（5）施行时间。还有的决议或决定包括所附的法律条文或文件等要件。再如：1981 年 3 月 6 日通过的《全国人民代表大会常务委员会关于批准〈国务院关于职工探亲待遇的规定〉的决议》，将《国务院关于职工探亲待遇的规定》共 9 条全文附后。2018 年 3 月 17 日十三届全国人大一次会议通过的《第十三届全国人民代表大会第一次会议关于国务院机构改革方案的决定》短短两段，附了篇幅较长的《国务院机构改革方案》文件。

目前的立法实践中，全国人大及其常委会所制定的规范性文件，其文本相当一部分属于简单结构，如宪法修正案，关于修改有关法律的决议和决定，关于调整国家机构的决议和决定，关于授予国务院有关权力的决议和决定，以及其他有关法律问题或重大事项的决定等。

上述这些简单结构的法律文本，大致有四个比较明显的特点：第一，篇幅不大，有的只有一段文字；有的是两三段或若干段文字，但不设条文，不用第×条的表达形式，而是用“一”“二”这样的序号加以表述，比如宪法修正案、刑法修正案等；有的虽设条文但条文不多，基本不超过20条，如《中华人民共和国学位条例》《中华人民共和国国籍法》《中华人民共和国领海及毗连区法》《中华人民共和国台湾同胞投资保护法》《中华人民共和国专属经济区和大陆架法》《反分裂国家法》《中华人民共和国外国中央银行财产司法强制措施豁免法》《中华人民共和国资源税法》等。第二，在这些法律文本的结构中，要件相对较少，没有目录，没有章、节的设置，没有各部分的标题，也没有清晰的总则、分则与附则的区分。第三，一般没有关于授权有关机关制定变通或补充规定或者制定实施细则的内容等。第四，相当一些简单结构的法律文本，其名称直接标明了该文件是由哪个机关制定的，如《全国人民代表大会常务委员会关于加强法律解释工作的决议》《全国人民代表大会关于授权汕头市和珠海市人民代表大会及其常务委员会、人民政府分别制定法规和规章在各自的经济特区实施的决定》等。这里必须要说明的是，立法实践中，简单结构的法律文本是从结构和表达形式上讲的，它们虽然简约，但实际上发挥着重要作用，有的甚至起着关键的作用。比如，五届全国人大三次会议于1980年9月10日通过的《中华人民共和国个人所得税法》，历时30多年，历经全国人大常委会7次修正，虽然只有双条，但在现实中仍深受广大纳税人关注，在推进个人所得税改革、用税收调节个人收入分配方面发挥着重要作用。十三届全国人大常委会第十四次会议于2019年10月26日通过的《全国人民代表大会常务委员会关于国家监察委员会制定监察法规的决定》，尽管篇幅不长、内容不多，但对于完善国家立法权限划分、健全我国立法体制具有重要意义。

（二）复杂结构的法律文本

复杂结构的法律文本的要件较多，通常包括：（1）国家元首、政府首脑或地方负责人员的签署；（2）文件名称；（3）名称下方的括号；（4）制定机关和制定时间；（5）公布机关和公布时间；（6）生效或施行时间；（7）目录；（8）序言；（9）总则、分则、附则；（10）各部分的标题；（11）卷、编、章、节、条、款、项、目；（12）主题内容和各方面的法律规范；（13）有关说明和解释；（14）关于授权有关机关制定变通或补充规定或者制定实施细则或具体办法的规定；（15）关于废止有关规范性文件或有关内容的规定；（16）附录。当然，并不是每个复杂结构的法律文本都包括上述所有要件。比如，于2020年5月28日通过的《中华人民共和国民法典》共7编、84章、1 260条，结构上包括中华人民共和国主席令，通过机关和通过时间，公布机关和公布时间，施行时间，法典名称，名称下的括号，目录，总则、分则、附则，各部分的标题，设置编（有的编下又设分编）、章、节、条、款、项，主题内容和民法各领域法律规范，有关解释，关于废止有关规范性文件的规定，附录中关于民法典草案的说明等 14 个要件。

目前的立法实践中，真正采用复杂结构的法律文本并不占多数，除《民法典》外，还有全国人民代表大会通过的《宪法》和《刑法》、《刑事诉讼法》、《民族区域自治法》、《香港特别行政区基本法》、《澳门特别行政区基本法》、《立法法》等篇幅较大、有关国家重大制度的法律。

复杂结构的法律文本有三个比较明显的特点：第一，构成要件数量较多，分成若干部分，各部分设有标题。第二，结构上，基本具备编、章、节、条、款、项的设置，目录之后通常有序言、总则、分则、附则、附件等内容。第三，名称中出现“法典”“宪法”的称谓，因为其涉及事项重大、关系多元、影响广泛等。

（三）一般结构的法律文本

一般结构的法律文本介于简单结构和复杂结构法律文本之间，其要件比简单结构的法律文本多，但比复杂结构的法律文本要少。采用这种结构的法律文本，其要件通常包括：（1）签署内容；（2）名称；（3）名称下方的括号；（4）制定机关和制定时间；（5）公布机关和公布时间；（6）生效时间和施行时间；（7）目录；（8）章、条、款、项；（9）主题内容和法律规范；（10）授权有关机关制定实施细则或具体办法的规定；（11）废止有关规范性文件或其有关内容的规定等。

一般结构的法律文本有如下三个特点：第一，要件多于简单结构的法律文本，但少于复杂结构的法律文本。第二，结构上比复杂结构的法律文本简略，但要比简单结构的法律文本规整。文件正文通常没有节的设置，而是采用“第×章”之下直接设“第×条”的结构。第三，名称上通常以“××法”“××条例”“××细则”“××规定”“××办法”以及其他形式予以表现。一般结构的法律文本是立法实践的常态，全国人大及其常委会通过的一般法律和地方制定的地方性法规，通常采用这种结构。以 2019 年全国人大及其常委会通过的法律文本为例，可以说明问题。在全年通过并公布的 22 件法律、有关法律问题和重大问题的决定中，采用复杂结构的有 4 件、简单结构的有 3 件，其他 15 件采用的是一般结构，如《中华人民共和国外商投资法》《中华人民共和国商标法》《中华人民共和国反不正当竞争法》《中华人民共和国疫苗管理法》《中华人民共和国药品管理法》《中华人民共和国基本医疗卫生与健康促进法》等，所占比例达 68%。

第二节　法律文本的名称

一、法律文本名称的意义

名称是法律文本结构中首先应具备的要件，也是每个规范性文件必备的要件。它的科学性、完善化，对于加强立法甚至促进执法、司法、守法以及法学研究都具有不可或缺的意义。

1. 立法方面的意义

名称问题解决好了，立法者可以很好地把握所制定的规范性文件的效力等级、性质和内容；制定后可以明确该规范性文件由哪个机关进行解释、修改或补充、废止等；还有利于具有立法权限的机关对规范性文件进行分类、清理、汇编、编纂等系统化工作。

2. 执法、司法和守法方面的意义

法律文本有规范、科学的名称，可以使执法者、司法者和守法者明确了解该规范性文件的性质、内容和效力等级，从而知道该规范性文件与自己的职责、义务以及日常工作、生活有什么关系，使自己在执法、司法和守法时避免盲目性，增强自觉性。

3. 法学研究方面的意义

法律文本的名称或者规范性文件的名称解决好了，可以更容易地对立法资料进行分类、编排、整理和统计，有利于开展法学研究特别是立法学研究。

二、法律文本名称的完善问题

（一）主要进展

多年来，我国在法律文本名称的科学化、规范化方面做了大量工作，取得了较大的进展，主要有如下三方面。

（1）从名称的过多过杂逐步变为名称的规范统一。在以往的立法实践中，全国人大及其常委会所制定法律的名称，曾经有法、决议、决定、条例、规定、规则、办法、方案等多种。国务院制定的行政法规的名称有几十种，如条例、规定、决议、决定、办法、规则、细则、通知、意见等；有的同类名称还有多种表达形式，如规定有暂行规定、试行规定、补充规定、若干规定，办法有暂行办法、试行办法、施行办法、实施办法等不同名称。名称的繁多庞杂，不仅使人们较难分清各种不同层次的规范性文件的效力等级、适用范围，而且必然影响法律规范体系的统一协调、动态平衡、和谐发展。经过多年的努力，特别是在建立完善社会主义法律规范体系的过程中，基本上实现了不同效力等级的法律文本使用不同的名称：全国人大及其常委会制定通过的规范性文件，称为“中华人民共和国××法”“全国人民代表大会关于××的决议”“全国人民代表大会常务委员会关于××的决议（决定）”等。行政法规、地方性法规主要用“条例”“规定”“办法”等，而且基本上不用“暂行条例”“试行规定”等名称。

（2）从名称混乱不一到名称的简单明了。在过去，许多效力等级差别很大的法律文本，如法律、行政法规、地方性法规、部门规章等，使用相同的名称，很难直观地看出它们的效力等级。如《测量标志保护条例》《工矿产品购销合同条例》《国营企业奖金税暂行规定》等，人们很难从名称上分清它们是国务院制定的行政法规，还是国务院有关部门制定的部门规章。再如1984年国务院制定的《中华人民共和国国务院关于经济特区和沿海十四个港口城市减征、免征企业所得税和工商统一税的暂行规定》，既用了“中华人民共和国”，又用了“国务院”，显得很啰唆。现在制定新的行政法规都统一用“中华人民共和国××条例（规定、办法）”“国务院关于××的决定（规定）”；部门规章不用“中华人民共和国”的名称，直接标明什么内容，地方性法规和地方政府规章则标明“××省（市）”的名称。

（3）名称之下以题注的形式对制定机关及通过日期、修改机关及修改日期等内容作出规定。《立法法》第65条第3款规定：法律标题的题注应当载明制定机关、通过日期。经过修改的法律，应当依次载明修改机关、修改日期。这里规定的“法律标题”可以等同于法律文本的名称，其题注的内容可以视为法律文本名称科学化、规范化的具体体现。

（二）存在的问题

应该看到，过去我国在法律文本的名称方面存在一些问题。这些问题有的在国外也是普遍存在的，有的则是我国特有的，主要是：

（1）名称仍有无章可循的情况。主要是有些行政法规、部门规章、地方政府规章，除称“条例”外，还有“决定”“规定”“办法”“细则”“意见”等不同名称。有专家提出，实践中一些地方立法的名称种类多且使用较乱，缺少章法。据不完全统计，地方性法规常用的名称有实施办法、条例、办法、规定、若干规定、规则、细则、决定、决议等十多种。其中，对于何时使用条例、何时使用办法，何时使用规定、何时使用若干规定，何时使用规则、何时使用细则，何时使用决定、何时使用决议，等等，并不明确。①

（2）一些法律文本，从其名称很难看出该规范性文件制定的主体以及效力等级。例如，1981年6月通过的《中国人民解放军选举全国人民代表大会和地方各级人民代表大会代表的办法》是由全国人大常委会制定的有关法律问题的决定，但人们很难直接判断该办法是国家立法机关制定的规范性文件，还是国家军事机关制定的规范性文件；还有，分别于1999年2月、9月发布的《金融违法行为处罚办法》《城市居民最低生活保障条例》，都是由国务院发布的，但一般人无法从它们的名称上直接辨别出它们是由国务院制定的行政法规，还是由国务院有关部门制定的行政规章。

（3）法律、法规和规章中存在名称过长或过短的情况。比如，《全国人民代表大会常务委员会关于授权广东省、福建省人民代表大会及其常务委员会制定所属经济特区的各项单行经济法规的决议》《中华人民共和国第六届全国人民代表大会第三次会议关于授权国务院在经济体制改革和对外开放方面可以制定暂行的规定或者条例的决定》《全国人民代表大会关于批准香港特别行政区基本法起草委员会关于设立全国人民代表大会常务委员会香港特别行政区基本法委员会的建议的决定》，名称过长，不便准确记忆，也不易被普通人掌握。再比如，1999年1月制定的《失业保险条例》，本身是国务院制定并发布的行政法规，但由于名称前未加“中华人民共和国”或“国务院”的字样，名称显得过短，不符合立法规范化的要求。

上述问题虽然在近年来得到了一些解决，但还是时有发生。因此，一方面还需要我们在立法工作中总结经验，通过规范性文件的系统化逐步解决；另一方面也需要我们继续对这类问题进行深入细致的理论研究。

---

① 参见吴秋菊：《试论地方性法规立法技术等》，15～16页，湖南师范大学，2003。

资料链接

广东省地方性法规名称的表述[①]

第十一条 地方性法规的名称一般由适用范围、种类名称两个部分组成。

第十二条 地方性法规名称中的适用范围，是指法规适用的空间、规范事项和行为。例如“广东省工资支付条例”中的“广东省”和“工资支付”为适用范围。

地方性法规规范省级人大工作的，在规范事项前冠以“广东省人民代表大会”或者“广东省人民代表大会常务委员会”，例如“广东省人民代表大会常务委员会议事规则”；规范各级人大工作的，在规范事项前冠以“广东省各级人民代表大会”或者“广东省各级人民代表大会常务委员会”，例如“广东省各级人民代表大会常务委员会规范性文件备案审查工作程序规定”。

第十三条 地方性法规名称中的种类名称，分为条例、实施办法、规定、规则。

第十四条 条例，适用于对某一方面事项作比较全面、系统规定的地方性法规。

以下列上位法为依据，结合广东省实际，不仅对上位法中规定的内容进行补充、细化，还对上位法没有规定的内容作出规定的实施性法规，也可以称为条例：

（一）以有关法律或者行政法规为直接上位法依据的；

（二）既以有关法律或者行政法规为直接上位法依据，还以其他法律、行政法规的有关规定作为立法依据的；

（三）没有法律或者行政法规为直接上位法依据，但有若干法律、行政法规的有关规定作为立法依据的。

第十五条 实施办法，适用于为贯彻实施法律作比较具体、详细的规定的实施性法规。

符合下列情形的实施性法规，一般称为实施办法：

（一）法律授权省级地方国家权力机关可以依据该法律制定实施办法的；

（二）法律虽无授权，但为全面实施有关法律，在调整范围与该法律一致或者小于该法律的情形下，结合广东省实际对该法律规定比较原则的内容作具体详细的规定的。

第十六条 规定，适用于对某一方面的事项或者某一方面的内容作局部或者专项规定的地方性法规，可用于制定实施性、自主性或者先行性法规。

第十七条 规则，适用于规范人大及其常委会的程序性活动的地方性法规。

第十八条 地方性法规名称的表述应当完整、简洁、准确，正确体现地方性法规的适用范围和基本内容。

地方性法规名称除法律、行政法规名称加书名号外，不使用标点符号。例如“广东省实施《中华人民共和国妇女权益保障法》办法”。

重庆市政府规章名称的表述[②]

第十一条 政府规章一般分为“实施细则”、“办法”、“规定”、“决定”、“规范”：

（一）为贯彻法律法规，根据本行政区域实际情况而作出的具体、详细的规范，一般

---

① 摘编自《广东省人民代表大会常务委员会立法技术与工作程序规范（试行）》（2007 年 12 月 1 日起施行）。

② 摘编自《重庆市行政立法基本规范（试行）》（2009 年 1 月 1 日起施行）。

使用“实施细则”；

（二）对某类、某种社会关系或者某项工作作出的比较全面的规范，一般使用“办法”；

（三）对某一具体事项作出的专项性规范，一般使用“规定”；

（四）对某一重要事项或重大行动作出的部署性规范，一般使用“决定”；

（五）对某些技术性、操作性较强的工作作出的规定，一般使用“规范”。

第十二条　规范性文件一般分为“规定”、“决定”、“办法”、“通告”、“细则”等。

第三节　法律文本的整体结构

一、总则、分则与附则

从整体结构看，法律文本通常包括总则、分则和附则三部分。要提高立法质量和规范性文件的科学化水平，重要的条件之一就是必须科学合理地构造好法律文本的这三个组成部分。

（一）总则

1. 总则的概念

法律文本结构中的总则是对所有法律规范具有纲领性作用，与分则、附则等相对应的立法条文的总称。它在整个规范性文件中占有统领地位，是对事关该文件全局的内容的综合；是规范性文件整体中的一个组成部分，与其相对应的还需有分则、附则等内容。总则要以立法条款的形式表现，但这些立法条款的内容大多是关于立法宗旨、立法原则等总括性的表述。在成文法的国家，总则虽然不是任何一个规范性文件都必须具备的，但却是大多数立法所不可或缺的。

2. 总则的内容

总则作为法律文本结构中具有统领性的部分，它的内容主要包括：（1）制定规范性文件的目的；（2）制定规范性文件的根据；（3）法律规范的基本原则；（4）基本制度或有关制度；（5）法律规范的效力；（6）法律规范的适用等。其中（1）（2）（3）（5）（6）方面的内容是一般结构法律文本的总则都应当包括的，（4）方面的内容一般在篇幅较大的法律、法规的总则中出现。从我国制定的规范性文件的实际情况看，总则的内容并不一致。因此，在构造法律文本的总则时应当注意：不能过于简单，不能省略应当包括的内容；但也不能过繁，不宜篇幅过长、条款过多，不能把可以独立作为一个部分且分量较重的内容写进总则中；同一类结构的法律文本，其总则内容差别不能过大；不能把总则当成一个“杂物袋”，把凡是不好放到别的部分的内容，都写入总则，否则，会使总则成为没有立法统领性、规律性，与分则、附则内容缺乏内在联系的部分。

3. 总则的形式

法律文本的总则，有明示与非明示两种形式。明示的总则一般出现在有一定规模、设有“章”的法律文本结构中。其名称通常称为“总则”，还有称为“总纲”“基本原则”“一般规定”等，此外还有其他名称。例如，《中华人民共和国宪法》第一章“总纲”即是宪法的总则。非明示的总则即无标题的总则，一般出现在简单结构的法律文本中。无论是明示的总则还是非明示的总则，一般都应当设在法律文本的开始部分，只有在总则之前还有序言、前言的情况下，才可以例外。

在结构复杂的法律文本中，除总体上设有总则的专编或专章外，在本编、本章或其他有关编、章、节中还设有“基本规定”“一般规定”“一般原则”“通则”等部分。比如，《中华人民共和国民法典》《中华人民共和国刑事诉讼法》《法国民法典》《德国民法典》中就有类似的名称。这里需要说明的是，在其他有关编、章、节中设有“基本规定”“一般规定”等部分，不能视为整个规范性文件的总则，因为它们只对文件的各有关部分有程度不同的统领作用，对整个规范性文件却不具有统领作用。

4. 总则的写法

一般地说，对总则的写法至少有如下几方面的要求：

（1）要注意总则内容的完整性，合理安排总则的结构和主要内容。首先要写入制定规范性文件的目的和根据；其次写入法律规范的基本原则，如有必要，可写入法律规范的基本制度或有关制度；再次写入法律规范的效力和适用范围；最后写入其他有必要在总则中表述的内容。总则内容不能过简或过繁，同类结构法律文本的总则在体系和内容上应当尽量协调，不能使总则成为一个杂则，也不应当将非总则性的内容写进总则中去。

（2）要注意总则形式的科学性。通常需要以明示形式表现的内容，要以总则的形式表现；需要以非明示形式表现的内容，要将非明示的总则内容集中写在一起。明示和非明示的总则一般都要置于整个规范性文件的开始部分。

（3）要注意明确表述总则的各项内容。关于制定规范性文件目的的表述，要直接、具体、明确，一般需要采用明示的形式平铺直叙地加以表述。写入的位置要正确，通常为第一条；格式要规范，用“为了”，不用“为”，一般表述为“为了……，制定本法（条例或规定）”。写入的顺序要合理，当目的具有多项内容，需要用多句来表述时，一般采用由直接到间接、由具体到抽象、由微观到宏观、由近到远的顺序排列，少数情况下也可以采用间接到直接、抽象到具体、宏观到微观、由远到近的顺序排列。关于制定规范性文件的依据，一般要以法定依据作为立法依据；根据授权产生的规范性文件要以授权规定为依据。立法依据的写法不宜过于笼统，也不宜过于具体。对于全国人大及常委会通过的规范性文件而言，一般不明示某部具体的法律为立法依据；但是，宪法或者其他法律对制定该法律有明确规定的，应当明示宪法或该法律为立法依据。表述为：“……根据宪法，制定本法。”或者“……根据《中华人民共和国××法》的规定，制定本法。”。总体上看，当总则需要规定立法依据时，其与立法目的通常在规范性文件的第一条一并表述，先表述立法目的，再表述立法依据。

规范性文件中所规定的“原则”，其位置一般应在立法目的和立法依据之后、总则的其他内容之前；如有多项原则，应当按它们的内在逻辑的顺序，依照重要程度排列。规范性文件所规定的“基本制度或有关制度”，主要是关于法律规范调整对象的总制度，应当排在原则之后、效力和适用范围等内容之前。关于法律规范的效力和适用范围，一般要按照空间效力、对人的效力、时间效力的顺序来写；简单结构的法律文本中，关于法律规范的效力可以集中写为一个条文，一般放在总则的最后。

（二）分则

1. 分则的概念

分则是法律文本结构中与总则相对应，并使总则内容得以具体化的法律条文的总称。分则是对法律规范调整对象的各有关主体、客体、行为、结果作出分别规定的部分，即规定具体的行为规则，指明立法上鼓励什么、允许什么、禁止什么、限制什么，具体的奖励与处罚措施，等等。

分则在法律文本结构中居于重要地位。没有分则，总则不能得以具体化。而且，分则不仅是对总则条文的具体化，还是对总则条文的充实，是法律规范的实质性内容。同时，因为分则是具体规定行为规则的，所以它不仅是实现法律规范立法意图的重要部分，也是贯彻实施规范性文件最直接、最主要的根据和具体内容。

2. 分则的内容

根据法律文本结构的差异，分则的内容也呈现不同的特点。但是从各种法律文本分则的共性来看，分则内容主要包括如下几个方面：

（1）从分则与总则的关系的角度看，分则的内容主要是对制定规范性文件的目的和依据，法律规范的原则、基本制度及其他总则内容的具体化。

（2）从分则是对社会关系进行实质性调整的角度看，分则的内容主要是对法律规范调整对象的各有关主体、客体、行为、事件、结果等作出的具体规定。例如，《中华人民共和国海商法》的分则以13章的篇幅，对船舶的所有权、抵押权、优先权问题，对船长和船上其他一切任职人员的有关问题，对海上货物运输合同中的承运人的责任、托运人的责任、运输单证、货物交付、合同的解除、有关合同的特别规定问题，对海上旅客运输合同问题，对船舶租用合同问题，对海上拖航合同问题，对船舶碰撞、海难救助、共同海损、海事赔偿责任限制问题，对海上保险合同问题，对时效问题，对涉外关系的法律适用问题，等等，作出了具体规定。

（3）从分则作为立法实践中具体条件、行为模式和后果模式的主要载体看，分则是以系统地、具体地规定权利或职权、义务或职责，并规定行使这些权利或职权、履行这些义务或职责的保障措施，以及侵犯权利或不当行使职权、不履行义务或职责所引起的结果为内容的。任何一个法律文本，无论其分则采取何种表现形式，上述这些内容应当得到充分体现。

3. 分则的形式

分则在形式上，也有明示和非明示之分。明示的分则，其显著标志是在分则内容前标有“分则”的标题，如《中华人民共和国刑法》。明示的分则通常出现在总则内容较多、与分则内容在比重上相差不悬殊的法律文本结构中。它的优点是可以使人们清楚地看出该规范性文件的统领性规定和实现这些统领性规定的具体规定以及其他具体规定的布局，便于贯彻实施规范性文件以及研究这些文件。

非明示的分则是指在法律文本结构中没有分则标题，但其内容属于分则的范畴。这种形式又区分为两种：一种是在其之前有明示的总则。例如，《中华人民共和国行政诉讼法》《中华人民共和国民事诉讼法》《中华人民共和国行政处罚法》等大多数一般结构的法律文本，都采用这种分则形式。另一种是在简单结构的法律文本中，由于不设章，规范性文件中没有总则、分则、附则之类的标题，但实际上有总则、分则、附则的内容上的区分。如《中华人民共和国学位条例》《中华人民共和国国籍法》等，就采用了这种分则形式。

4. 分则的写法

分则的写法，须注意做到三点：

（1）法律规范体系和实质内容要完整。分则是法律文本结构中用以确定发生条件、行为模式和后果模式的主要部分。要写好分则，首先要使发生条件、行为模式和后果模式在法律规范体系和实质内容上具有完整性。具体说，就是要完整地体现总则规定的立法目的、基本原则、主要制度等方面的内容以及其他有关内容；要完整地规定调整对象涉及的各有关主体、客体、行为、事件、结果等方面的内容；要完整地规定权利或职权、义务或职责；要完整地构造行为规范与法律责任的逻辑结构，告诉人们有权做什么、应当做什么、不能做什么以及相应的法律后果。

（2）法律规范的内容要明确、具体。分则中确定的发生条件、行为模式和后果模式等法律规范的内容一定要明确、具体，具有可操作性，否则，规范性文件就较难被有效地执行和适用。

（3）分则自身部分的结构要合理，层次要清楚，顺序要适当。一般说，分则的内容比总则、附则的内容要多很多。这就使分则在结构安排、层次划分、顺序确定等方面有更高的要求。在顺序的确定上，如果分则各部分的内容处于平行、并列的地位，那么就应当按照这些内容的重要程度确定顺序，先写相对重要的内容，依次排列下去。比如，在以保障公民合法权益为立法目的的规范性文件中，其分则一般应当以这样的顺序来排列：人身权益、政治权益、劳动权益、财产权益、文化教育权益、婚姻家庭权益等。

（三）附则

1. 附则的概念

法律文本结构中的附则是规范性文件整体中辅助总则和分则内容而存在的一个部分。作为总则和分则的辅助性内容，附则对总则和分则的实施有着重要的意义。附则并不是每个法律文本都具备的部分，但是绝大多数法律文本都需要包含附则的内容。

2. 附则的内容

附则的内容应当主要包括这样几个方面：关于涉及多个法律条款的专有名词、专业术语的定义，关于该规范性文件解释权的授权规定，关于制定实施细则的授权规定，关于制定变通或补充规定的授权规定，关于宣布有关规范性文件或有关规定失效或废止的规定，关于该规范性文件施行问题的规定。当然，有的法律文本结构中的附则，未必都需要包括上述这些内容。比如，有的附则可以没有关于名词、术语定义的内容，可以没有关于制定变通规定的内容，或者可以没有关于废止有关规范性文件或有关规定的内容。

3. 附则的形式

附则的形式，也有明示与非明示的区分。明示的附则存在于复杂结构和一般结构的法律文本中。实践中，复杂结构的法律文本和大多数一般结构的法律文本中都有明示的附则，其显著特征是在附则内容前标有“附则”的字样。非明示的附则即无标题“附则”，一般存在于简单结构的法律文本中，但也有一般结构的法律文本，虽然有附则的内容，却没有附则的标题。

4. 附则的写法

在撰写附则时，一定要使所写内容具有确定性，所以需要注意以下三点：

（1）凡复杂结构的法律文本和内容较多的一般结构法律文本，除特殊情况（如制定宪法）外，都应采取明示的附则的形式，设专章撰写附则内容。

（2）内容较少的一般结构的法律文本和简单结构的法律文本，也要有附则的内容，但附则可以采取非明示的形式。

（3）无论是明示的附则还是非明示的附则，一定要有正确合理的排列顺序。其顺序是：关于专有名词、专业术语的定义，关于规范性文件解释权的授权规定，关于制定实施细则的授权规定，关于制定变通或补充规定的授权规定，关于宣告有关规范性文件或有关规定失效或废止的规定，关于该规范性文件施行问题的规定，等等。

撰写附则，除要正确地选择明示或非明示的附则形式和有序地排列各项附则内容外，附则的表述也要准确、简明。具体要求如下：

关于专有名词、专业术语的定义。撰写时要坚持必要性原则，即只有在对规范性文件中的专有名词、专业术语不予定义，就有可能引起歧义或出现不同理解时，才需要作出定义。定义可以用“是”“是指”“包括”等文字来表述。其中，“是”“是指”用于对有关名词、术语作硬性的、限制性的严格定义，“包括”用于对有关名词、术语作柔性的、开放性的描述定义。定义一般适宜置于附则的开头，同一规范性文件中的定义，通常要集中于同一条款或相连的几个条款，以便完整理解和适用。在有些情况下，专有名词、专业术语也可规定在总则或分则中。具体说，对于贯穿整个规范性文件始终的专有名词、专业术语的定义，需要在总则中规定；专有名词、专业术语只涉及某章节的内容时，应在该章节的有关条款中规定。

关于解释权的授权规定。这是有些规范性文件不可缺少的内容。享有解释权的主体应当是合法的、适当的主体，所以要注意依据宪法和立法法有关解释权的规定作出相应的规定。授予有关主体享有解释权，可以是整体的授权，也可以是部分的授权。按照立法程序，对一些重要的规范性文件的解释问题作出授权规定时，还需要规定审查或报批制度。

关于制定实施细则的授权规定。要注意明确规定由哪个机关或哪些具有同一性质的机关制定实施细则，明确规定实施细则必须根据有关规范性文件或其原则加以制定。有些规范性文件的实施细则还需要报一定国家机关批准，如国务院所属部门制定的实施细则，应当报国务院批准。

关于制定变通或补充规定的授权规定。这方面的规定并不是所有规范性文件附则必备的内容，通常是对民族自治地方的自治机关授予此项权力。要注意写清楚制定变通或补充规定权力的行使条件和程序。

关于宣告有关规范性文件或有关规定失效或废止的规定。一项新的规范性文件出台，可能或必然导致已有的相关规范性文件的失效。对于失效的规范性文件或有关规定应当宣布废止。只要现行的同级别和低级别的规范性文件或有关规定与所制定的规范性文件相抵触，就应当在所制定的规范性文件中明文宣布它们失效或废止，并明确规定被宣告失效或废止的规范性文件或有关规定从何时起失效或废止。

关于法律文本施行问题的规定。要注意写明法律文本施行的具体年月日，置于整个规范性文件的最后。

二、目录、序言、附录

（一）目录

1. 目录的概念

法律文本的目录是在完整的法律文本结构中将总则、分则和附则各部分的标题集中排列于序言或正文之前的部分。除简单结构的法律文本外，大多数设有章、节的规范性文件都需要有目录。

2. 设置目录的目的和要求

设置目录的目的在于使人们能方便地从整体上把握规范性文件的基本内容，了解法律文本的结构，快捷地查阅有关文件。

针对立法实践中仍有一些不够规范的做法，立法机关在制定规范性文件时，还需要形成统一的关于目录设置的形式，各种形式的法律文本，只要设有章、节等各个部分，就应当设置目录，并且要注意详略适当、规范一致。国家层面的法律文本有两种情况：(1) 法律设章、节的，在正文前须列“目录”，将各章、节的名称按序排列表述。条、款、项、目不列入目录。将附则单列为一章。(2) 法律设编、章、节的，各编、章连续排序，各编之下的章单独排序，比如《刑法》；编之下设分编的，各分编之下的章要连续排序，比如《民法典》；各章之下的节单独排序。附则不单列为一编或者一章。

（二）序言

1. 序言的概念

法律文本的序言是指该文本的正文前叙述性或论述性的文字部分。序言有两种表现形式：一种是在序言前标明“序言”字样，如《中华人民共和国宪法》《中华人民共和国民族区域自治法》的序言。另一种是没有标明“序言”字样，如波兰、匈牙利等国家的宪法序言。序言有长有短，长的如《南斯拉夫宪法》的序言有12 000字，短的有仅数十个字。

序言并不是所有法律文本结构中都必须有的。在国内外立法实践中，对于哪些法律文本设序言，各国情况复杂多样。有些国家如英国的成文法多数有序言，有些国家的法律文本很少有序言。但宪法是例外，世界上多数国家的宪法都有序言。据统计，全世界各国有 2/3 的宪法写有序言。我国的法律文本设序言的情况主要有三种：一是宪法；二是个别基本法律，如《中华人民共和国民族区域自治法》《中华人民共和国香港特别行政区基本法》《中华人民共和国澳门特别行政区基本法》等；三是以决议、决定形式出现的法律文本。前两者的序言一般标有“序言”字样，有一定篇幅；后者的序言没有“序言”字样，篇幅短，通常也被视为前言。世界各国的立法实践表明，除宪法序言和少数特别重要法律的序言篇幅较长外，一般结构法律文本的序言只是短篇。短篇序言通常是说明制定该规范性文件的原因、目的和依据，有的还指出制定该规范性文件的任务、文件的性质、基本内容等。篇幅较长的序言，除具有短篇序言的内容外，还要阐述或概括制定规范性文件的指导思想以及社会、经济、历史背景等内容。

2. 序言的性质

从各国法律文本序言的内容看，除个别情况外，都属于非规范性内容，因而不能当作法律规范来适用，或者说不能作为司法裁判依据。但是由于序言也是法律文本结构的组成部分，具有准法律效力，对它所阐述的原则和概括的内容当然不能违背，否则也是违法行为，甚至是违宪/不具有合宪性行为。

（三）附录

1. 附录的概念

附录是部分规范性文件后所附加的有关资料的总称，有时也称为附件。设置附录的目的，主要是使规范性文件或其中的有关内容能够得到一定的说明，更好地为人们所理解，有助于该文件的实施，同时也可以避免在有关的条款中出现与其他条款不协调的引文、说明、图表、图形、数据、名单等。

附录并不是所有法律文本结构中都要具备的。一个规范性文件是否需要设置附录，取决于该文件是否只有附加了有关资料文件才能得到清晰充分的解释说明。

2. 附录的性质

附录只是规范性文件的附加部分，不是文件正文的组成部分。但是由于附录是由制定该规范性文件的主体经过选择附加在文件正文之后的，因而它也是法律文本整体结构的组成部分。基于此，作为法律文本组成部分的附录也具有法律文本的效力，可以作为执行、适用和遵守的根据或参考。

3. 附录的形式

附录的形式或种类有多种，主要有如下几种：第一种，独立的规范性文件，如《中华人民共和国香港特别行政区基本法》的三个附件，包括《香港特别行政区行政长官的产生办法》《香港特别行政区立法会的产生办法和表决程序》《在香港特别行政区实施的全国性法律》3 个独立的文件。第二种，有关规范性文件的部分条款，如有的法律汇编中《中华人民共和国行政处罚法》在正文后附有我国刑法的有关条款。第三种，有关文字性的说明，包括方案、建议名单、制作说明等，比如第十三届全国人民代表大会第一次会议《关于国务院机构改革方案的决定》附有《国务院机构改革方案》。第四种，有关图表和图形，比如我国税收税务方面的法律和行政法规多数附税率表，《中华人民共和国国徽法》《中华人民共和国国旗法》分别附有我国国徽、国旗的图案。

第四节　法律文本的形式要件

法律文本结构中既包含规范性的内容，又包含非规范性的内容，只有经过排列、组合，才能成为一个完整的符合要求的法律文本。而要把法律文本的内容加以排列、组合，需要借助分层设置、标题等形式要件。

一、法律文本的分层设置

（一）卷、编

卷、编通常在法典或篇幅较大的规范性文件即复杂结构的法律文本中使用，比如《法国民法典》是由 3 卷共 35 编构成。在现代立法实践中，卷是法律文本形式结构中单位最大的组成部分，因而使用得并不多。中华人民共和国成立以来，还未出现使用卷的法律文本，而编是复杂结构法律文本中比较多见的结构形式，如《中华人民共和国民法典》《中华人民共和国民事诉讼法》《中华人民共和国刑法》《中华人民共和国刑事诉讼法》等。

在卷、编的设置中，应当注意两点：一是，卷一般设置在特别重大、内容特别多的法典中，编一般设置在重大的、篇幅很长的法典、法律中。二是，卷、编同时在级别相称的重大法典、法律中的设置，应尽量协调一致。在设卷的法律文本中，卷以下的编应当采用统一序号排列，以便人们了解和适用该规范性文件。

（二）章、节

在设章的法律文本中，章是连接规范性文件整体的主要符号之一，是便于人们理解这些文件的整体结构、主要内容及立法样式的重要要件。设章的法律文本的结构应当注意：章的使用频率应次于条和款，具有中等篇幅的规范性文件都可以分章排列、构成；每章应列有标题；同一规范性文件中各章的长短应根据各章的内容确定。

节在法律文本的结构中低于章并隶属于章。节只能在设章的法律文本中存在，但并非所有设章的法律文本中都必须设节。章下面是否设节，取决于该规范性文件的立法性质、内容构成和篇幅长短，通常是在章的内容较多的情况下才使用节。同样，在章下面究竟设几节，取决于该章的内容构成和篇幅长短。每节都是一个内容相对独立的立法条款组合体，都应当有一个反映自身内容的标题。

（三）条、款

条是构成法律文本的最重要、最常见的单位要件，也是每个规范性文件的基本符号。从成文法面世之日起，条就是绝大多数法律文本的基本构成部分。在现代立法实践中，条更是规范性文件不可或缺的要件。在法律文本的结构中，条通常是以“第×条”的形式出现，但也有以“一、二、三”等序号的形式出现的情况。所有的条均应按照统一序数连贯排列；条的先后顺序，应当按照由一般到具体的逻辑顺序排列。

在法律文本的整体结构中，每一条的内容应当具有相对独立性和完整性。通常，每一条只能规定一项内容，同一项内容只能规定在同一条中。条的长短与它所包含的内容多少有关，但在制定规范性文件时应当尽量使条包含的内容适当，使条的长短保持适中。

款是法律文本结构中条之下、隶属于条的一种单位要件，也是构成规范性文件的基本符号。当条的内容有两层以上的意思需要表达时，就要用款的形式。款的重要性和使用频率仅次于条。在现代立法实践中，没有款的成文法是比较少见的。款的长短也决定于其所包含的内容多少，但应尽量使包含的内容适当，长短适中。在一条多款的情况下，各款也应以从一般到具体的逻辑顺序排列。在我国，法律文本结构中的款是以自然段的形式加以表现的。

（四）项、目

项是法律文本结构中包含于款之中、隶属于款的一种要件，它是在款的内容有两个以上层次时出现的；而目是包含于项之下、隶属于项的一种要件，它也是在项的内容有两个以上层次的情况下出现的。与条和款相比，项和目的使用频率比较低，特别是目一般很少出现。一个法律文本结构中的条款是否设置项和目，主要取决于条款内容的多少和复杂程度①。

《立法法》第 65 条第 1、2 款规定：“法律根据内容需要，可以分编、章、节、条、款、项、目。编、章、节、条的序号用中文数字依次表述，款不编序号，项的序号用中文数字加括号依次表述，目的序号用阿拉伯数字依次表述。”在立法实践中，一些规范性文件的章、节、条、款、项、目设置存在随意性。有的地方性法规共二十多条分若干章，有些达四十多条却不分章。在条、款、项的设置方面，有时把几个不相关的内容放在一条；有时又把一个内容分作若干条；有时该分款时不分款，有时不该分款却分款；一个内容有若干层次时，有时分项，有时不分项，而是放在同一款用分号隔开。针对这些情况，专家认为，章、节、条、款、项如何设置，应当遵循服务于内容和方便实施的原则。规范性文件是否设章、节，主要看内容的多少和复杂程度。内容多、层次多的，应当设章，章下还可设节；否则就不必分章、节。②

---

① 以上第（三）（四）部分相关内容已在第十四章详细阐述，这里不再过多赘述。

② 参见吴秋菊：《试论地方性法规立法技术等》，16 页，湖南师范大学，2003。

二、法律文本中的标题

（一）标题的概念

在复杂结构和一般结构的法律文本中，鉴于有的内容较多、篇幅较长的规范性文件仅使用分层符号还不足以配置好法律文本结构与内容的情况，在立法实践中除了需要分层设置卷、编、章、节，还要在各卷、编、章、节前标出所规定的内容，即设置标题。标题的意义在于方便人们从宏观上理解、把握和运用规范性文件的基本内容。这里对标题的论述仅涉及标题如何构造的问题。

（二）标题的分类

法律文本中的标题，需要根据规范性文件的分层情况加以分类。有的法律文本结构中设有“卷、编、章、节”四级标题，如《法国民法典》；有的设有“编、章、节”三级标题，如《中华人民共和国民法典》《中华人民共和国民事诉讼法》等；多数的是设“章、节”两级标题，如《中华人民共和国行政诉讼法》《中华人民共和国行政处罚法》等；还有许多是只有章一级标题，如《中华人民共和国电子签名法》《中华人民共和国基本医疗卫生与健康促进法》等。标题层次的多少，由法律文本的结构、内容而定。

应当注意的是，这里所说的各类标题，只是法律文本中列入目录的标题。除了这类标题，在许多国家和地区的规范性文件中，还有条文标题（又称“条旨”），即在每一条之前都有一个说明本条内容的标题，例如《德国民法典》。设置条文标题，可以使人们对规范性文件的各个具体内容有更明确的理解和掌握，对于执法和司法人员引用条文、把握条文的精神实质有积极的作用。

（三）撰写标题的注意事项

一个完善的法律文本中的标题应当做到：（1）确切地表达规范性文件中各有关组成部分的立法目的和主要内容。（2）文字表述要科学、规范。标题的长短应当适度，要尽量简洁明了；标题一般不用标点符号；各级标题之间、标题与条文的字体要有所区别。（3）同一规范性文件中各个同级标题，在结构、样式以及其他方面要尽可能一致；同一级别的规范性文件中的标题，也应尽可能协调。

问题与思考

1. 如何理解法律文本的内涵和外延？它与相关概念的区别和联系是什么？
2. 法律文本的结构与形式包括哪些方面？
3. 法律文本的结构有哪些类型？
4. 近年来，在法律文本名称的完善上有哪些进展？目前还存在哪些问题？
5. 法律文本的整体结构包括哪些内容？

6. 法律文本有哪些形式要件？

延伸阅读

1. 刘风景．法条序号的功能定位与设置技术．环球法律评论，2014（3）

2. 付立庆．论刑法用语的明确性与概括性：从刑事立法技术的角度切入．法律科学，2013（2）

3. 汪全胜，张鹏．法的总则中的“法的效力”条款设置论析．理论学刊，2013（2）

4. 罗传贤．立法程序与技术：第八、九章．6版．台北：五南图书出版股份有限公司，2012

5. 柳经纬，许林波．法律中的标准：以法律文本为分析对象．比较法研究，2018（2）

6. 车清迅．基于深度学习的文本处理系统 设计与实现．华中科技大学，2019

7. 杨鹏．立法技术的现状与愿景．行政法学研究，2021（3）

第十六章

立法语言

本章导读

立法语言是在长期历史变迁和经验积累中产生和发展，并被人们反复认同的一种特殊语言形式。在千百年的立法和执法、司法实践中，立法者和其他法律工作者创造并运用着立法语言。人们积极或消极地认同立法语言，主动或被动地使用立法语言。立法的特定程式，词语、语体、风格的沿袭和职业化教育培训等，都为立法语言的精准化、固定化提供了社会环境和必要条件。对世界其他国家和地区的立法语言的研究和借鉴，是形成本国立法语言风格与传统的重要渊源。在我国，宪法、法律、法规、规章等所有规范性文件作为国家和全社会一体遵行的行为规范，必须采用明确、特定化和无歧义性的词语、语言结构作为载体，否则，规范性文件所具有的特质将因其语言的非确定性而受到损害。立法语言是决定能否创制出高质量规范性文件的必不可少的重要技术因素。

关键术语

立法语言　法律术语　句子　句法结构　句式　句类　超句句型　时态　标点符号

第一节　立法语言概述

一、立法语言的概念

所谓立法语言，是指制定和修改规范性文件的专门的语言文字和标点符号，它按照一定的规则表述立法意图、设定行为规范、形成规范性文件。立法语言是一国语言的组成部分，是全体公民共同使用的特殊语言表现形式。从大量的立法实践看，立法语言非常重要，它是立法者表达其立法意图、立法目的、立法政策及法律措施的文字和符号载体。

立法语言是一种语言表现形式。它与其他语言表现形式有共同的属性，都是人们传递信息的文字和符号。但立法语言又是一种特殊的语言表现形式，与其他语言表现形式有着明显的区别。相比而言，立法语言是一种最为明确、规范、严谨、简洁的语言表现形式，因而它是书面语而不是口语，是规范用语而非习惯用语。

1. 立法语言与文学语言不同

立法语言不同于小说、诗歌、散文以及其他文学形式所使用的语言，不能用形容的、夸张的手法和带有感情色彩的方式组织立法语言，也不能用描绘、比喻、象征、抒情的笔调组织立法语言。例如，我国宪法中关于保卫祖国是中国公民的神圣职责的规定，就不能写成“保卫亲爱的祖国母亲是我国公民的天职”。

2. 立法语言与学术研究中的语言不同

立法语言必须明确、肯定，不能以探索的语气或讨论的、商榷的、争论的论据来组织立法语言。为说明某件立法的原因、目的、必要性等，可以采取适当说理的方法来组织立法语言。例如，为说明制定《中华人民共和国行政复议法》的目的和必要性，该法第 1 条规定：“为了防止和纠正违法的或者不当的具体行政行为，保护公民、法人和其他组织的合法权益，保障和监督行政机关依法行使职权，根据宪法，制定本法。”这种写法是可以的，但不能用论证的方式来规定规范性文件中的有关内容。

3. 立法语言与非规范性文件的语言不同

立法语言，特别是规范性文件中有关行为规范的语言，同报告、纪要、宣传提纲等非规范性文件的语言有区别。

二、立法语言的地位和作用

（一） 立法语言的地位

一件规范性文件最显著的表现特征，就是它是由文字以及标点符号构成的语句排列、组合而成的语言表达形式。语言文字和标点符号是所有规范性文件在形式上的最基本的构成单位。当立法发展到一定规模后，立法语言便成为制定、修改或补充规范性文件过程中必须运用的一种语言表现形式，运用立法语言的技术也因此成为立法技术中的重要组成部分。所以，立法语言在整个立法技术中占有重要地位。

实践中，一件法律、法规、规章或其他规范性文件是否切实可行，固然与立法调整的条件是否成熟，与立法主体的思想认识水平、知识储备数量以及他们对立法调整的社会关系熟悉掌握程度如何直接相关，但是与规范性文件本身的语言水平如何，也有密不可分的关系。因此，为了制定和修改好一件规范性文件，许多国家的立法机关十分注意在提高立法语言水平上采取有效措施，如聘请法学家、语言学家参加规范性文件的起草，对草案中的语言文字和标点符号进行推敲、研究、修改或提出修改建议。

（二） 立法语言的作用

立法语言是否准确、科学和规范，是判断科学立法的重要标准之一。探寻并遵循立法语言表达的逻辑、语法和修辞规则，有助于改进立法技术，提高立法质量，切实推进科学立法。[1] 立法语言的作用，主要表现在以下三个方面：

（1）立法语言可以明确无误地表达立法主体的立法意图、立法政策及法律措施等。立法语言是立法主体表述其调整意图、目的，体现立法调整政策及法律措施的载体和表现形式。要进行立法调整，最先出现的是作为观念形态的立法意图、目的，以及随之出现的立法政策及拟采取的法律措施，这些都需要凭借立法语言使之物质化或外化，成为国家或地区范围内一体遵行的法律规范。简言之，将立法意图变成法律条文。没有立法语言，立法主体的这些观念便无从表达，也无法为人所知，也就谈不上立法意图、目的的实现。

（2）立法语言可以准确、明白地传递立法主体的立法意图、立法政策及法律措施。立法意图、立法政策及法律措施在被规范性文件正确表达之后，还需要准确无误地传递给接受者。法是一国公民普遍遵循的行为准则，它在理论上要求遵守者和适用者不因职业、经历、性别、教育程度的不同而对其产生不同的认识和理解。因此，立法语言中的同一词语、同一语言结构都应当向接受者传递特定的无歧义性的信息。

（3）立法语言的正确运用既可以提高立法质量，也可以使法律得以有效实施。立法语言应当是所有语言表现形式中最为规范、严谨、通俗、简洁的。因此，不仅立法者可以通过使用立法语言实现自己的立法调整意图，而且执法者、司法者、守法者也可以凭借立法语言的特征和优点，准确无误地理解各项立法规定，从而正确、有效地执行、适用和遵守规范性文件。科学的立法语言，既是保证立法质量必不可少的条件，也是保证各项立法规定准确有效实施的工具。

资料链接

国家立法机关重视立法语言规范化工作[2]

在2019年12月初，全国人大常委会法制工作委员会（以下简称“法工委”）完成立法用语规范化专家咨询委员会换届工作，聘请17位专家组成第三届立法用语规范化专家咨询委员会。

在12月2日上午，法工委召开换届会议，法工委主任沈春耀向专家颁发聘书、表示祝贺，希望新一届专家为提高法律语言文字水平做出更大贡献。沈春耀回顾党和国家重视法律文件用语规范化工作时说，1951年毛主席起草了党中央《关于纠正电报、报告、指示、决定等文字缺点的指示》。在起草“五四宪法”“八二宪法”时，邀请叶圣陶、吕叔湘等语言文字专家担任顾问。2007年法工委建立工作制度，成立立法用语规范化专家咨询委员会，由立法规划室负责日常组织工作，目前已经审校了110余部法律草案。每部法律草案通过前一般都请2～3位语言文字专家进行审校，减少文字“硬伤”，优化语言表达。法工委相关室积极与专家沟通交流意见。沈春耀提出，栗战书委员长多次就立法用语作出重要批示，王晨副委员长对立法用语规范化工作予以充分肯定。法工委落实

---

① 参见姚树举：重视立法表达 提高立法质量，载学习时报，2020-10-28（2）。

② 参见全国人大常委会法工委立法规划室：法工委召开第三届立法用语规范化专家咨询委员会换届会议，http：//www.npc.gov.cn/npc/c30834/201912/acd900cb24a9429587a772f4746d984e.shtml，2020-10-09。

全国人大常委会领导重要批示精神，将立法用语规范化工作作为提高立法质量的重要环节常抓不懈。进入新时代立法工作任务日趋繁重，立法节奏明显加快，对立法用语规范化工作提出更高要求。沈春耀说，法工委正在修订立法技术规范，着力推动立法的精当表述和精准规范，提高立法精细化水平，这项工作凝集了历届专家的辛勤工作成果。沈春耀在介绍新一届立法用语规范化专家咨询委员会组成时说，专家委员会中既有上届连任的专家，也有新专家进来，保持了工作的连续性；有长期从事法律语言学、通用语言学教学科研的专家学者，也有现代汉语词典、新华字典、新华词典的编审和商务印书馆总编辑，还有法学专家。大家功底深、造诣高，立法离不开专家，这是科学立法的要求。希望新一届专家们与我们共同努力做好立法用语规范化工作，不断提高立法工作质量。

杜永道先生已连续三届担任专家，他发言时说：法工委重视立法用语规范化工作，十余年来连续性、长时间、制度化地将法律草案送语言文字专家审校，这一做法在新中国历史上前所未有，法工委的同志为此付出了辛勤劳动，立法质量有了较大提高。有幸参与此项工作，深感责任重大，要不待扬鞭自奋蹄，为我国法治建设贡献力量。新聘专家表示，非常荣幸成为这个团队的一员，决心为国家立法事业努力工作。

法工委各室有关同志与专家对立法工作中遇到的语言文字有关问题进行深入交流研讨，表示今后要加强工作沟通交流，加强改进立法用语规范化工作。

第二节 立法语言的特点

立法语言作为一种特殊的语言表现形式，在其使用过程中有一些特殊的要求。《立法法》第 7 条第 2 款规定："法律规范应当明确、具体，具有针对性和可执行性。"这些要求体现了立法语言的特点，通常也称作立法语言"风格"。针对立法语言的特点，中外思想家和法学家都有过精辟的论述。概括起来，立法语言的特点大致可以归纳为：准确肯定、简洁凝练、规范严谨、庄重严肃和通俗朴实。

一、准确肯定

所谓"准确肯定"，就是用清楚、具体、明白无误的语言表现形式，在立法条文中规定行为条件、行为模式和法律后果以及其他内容。准确性是立法语言的灵魂和生命，因而是立法语言最基本的要求。立法语言必须准确、肯定，其原因在于：只有准确、肯定的立法语言，才能充分有效地表达立法者的观念和要求，使所公布的规范性文件为人们正确理解和认识，并保证规范性文件的有效实施。如果立法中的语言表达含糊不清，模棱两可，必易生歧义，不利于人们正确地执行、适用和遵守，由此可能带来诸多不良后果。

要保证立法语言的准确、肯定，最重要的是用精确的文字和符号来表达立法中的概念和语句，这就要求：

（1）尽量摒弃使用同义词，强调一词一义。在同一规范性文件中，同一个概念尽量要用一个词语来表达，不同的概念不应当用同一词语来表达；而且不同的词语之间不允许存在相互替代的现象。孟德斯鸠说过："法律用语对每个人都能唤起同样的观念。"[①] 有关词语如有多种含义时，必须采用限定词来界定其含义，从而保证同一立法词语对任何人，在任何环境下都产生同一的、无歧义的认识和理解。例如，我国《宪法》第 34 条规定："中华人民共和国年满十八周岁的公民，不分民族、种族、性别、职业、家庭出身、宗教信仰、教育程度、财产状况、居住期限，都有选举权和被选举权；但是依照法律被剥夺政治权利的人除外。"该条所使用的"公民""民族""种族""性别""职业""家庭出身""宗教信仰""教育程度""财产状况""居住期限""选举权""被选举权""被剥夺政治权利的人"等词语，以及"但是"一词前的分号都有不可替代的明确、肯定的含义。

（2）用同样的方式运用同样含义的语言文字。如在同一规范性文件中，不能一会儿用"和"，一会儿用"以及"等。

（3）正确看待立法词语的模糊性。语言的准确、肯定并不是绝对的。在坚持立法语言的准确性、肯定性的同时，有条件地使用模糊词语也是可以的。立法作为调整人们行为的规范，是抽象的、概括的规定，制定出来后应当有一定的稳定性，而社会生活又是不断变化发展的，立法要适应客观发展的需要进行修改、补充，但立法又不能朝令夕改。同时，相当一些立法还要对那些尚未出现但极有可能出现的行为进行超前规范。可见，要使立法具有较大的涵盖面和较强的适应性，要保证"法网恢恢，疏而不漏"，免得已有立法在复杂多变的社会形势面前无能为力，就需要有条件地使用模糊词语。例如，《中华人民共和国刑法》分则的许多条文中都使用了模糊词语，"情节轻微""情节严重""情节特别严重""其他特别严重情节""数额较大""数额巨大""数额特别巨大""其他方法"等，就是模糊词语。用这些模糊词语表述的立法条文，在适用时具有一定的伸缩性和灵活性，有助于提高法律的可执行性，有助于国家执法机关、司法机关及其人员根据现实中的具体情况，因时因地运用自由裁量权，准确有效地实施各项立法规定。

二、简洁凝练

简洁凝练是现代立法语言的一个突出特点，也是大陆法系国家立法的优良传统。所谓立法语言的简洁凝练，是指通过使用包含较大信息量的语言文字和标点符号，用尽可能少的语言材料表达尽可能多的内容，做到言简意赅、词约而事倍。这是立法进行规范性调整的重要特点。为此，立法机关或起草规范性文件的部门应当做到：

（1）在对词语意义明确把握的基础上，注意实际用词、造句的简洁凝练。立法中无主语句的广泛使用，联合词组充当各种句子成分以及介宾词组充当定语、状语的大量运用，可以使立法条文明确、简洁。例如《中华人民共和国外国中央银行财产司法强制措施豁免法》第 3 条规定："外国不给予中华人民共和国中央银行或者中华人民共和国特别行政区金融管理机构的财产以豁免，或者所给予的豁免低于本法的规定的，中华人民共

---

① ［法］孟德斯鸠：《论法的精神》，下册，张雁深译，297 页，北京，商务印书馆，1982。

和国根据对等原则办理。”这条规定使用动宾词组作状语，从条件、依据、原则等方面进行限定和通俗化表述，达到了明确和简洁的效果。

（2）必须避免冗长烦琐、重复累赘。立法规定的内容，要尽可能用最有限的句子和用语来表达，而不必为了强调某一问题的重要性而多次重复同一内容或使用多余的词汇。如果立法中存在可有可无的词语，必将耗费执法者、司法者、守法者的时间和精力来无谓地领会立法者的意图，甚至造成无谓的争议。

但要注意，简练不应该有损于立法所必须包括的内容，不应出现漏洞而引起不必要的麻烦。既不能为了追求形式上的简短，在立法中未列入必要的内容以致有损于立法的完整性；也不能为了追求简短而滥用简称或省略，以免引起各种误解。如果必须使用简称，则应对其含义加以说明。

三、规范严谨

规范性文件应该用合乎语法要求的最准确的语言表现形式写成，这样才能为人们所普遍理解和掌握，所以，立法语言必须做到规范、严谨。

立法语言的规范，是指立法语言一般要符合常规，必要时可以超常规使用立法语言，以表达规范性文件的内容，但是必须严格控制。在一般情况下，立法机关应当按人们在实际生活中通常所理解的含义，准确使用立法语言。但有些情况下，立法语言应当与日常生活用语区别开来：（1）由于日常生活用语具有多种含义，并不是在任何时候都能准确地表达具有一定含义的法律概念。如日常生活中，把一切用暴力剥夺他人生命的行为都称为杀人，但在立法语言中只有故意或过失实施的杀人，才构成杀人罪；而在正当防卫的情况下，立法上并不视之为杀人。（2）由于某些词汇的含义在不断发展和变化，在起草规范性文件时，不能使用含义不固定的新创造的时髦语言。立法中只应该使用已经固定下来的、大家都能接受的语言。

立法语言的严谨，是指立法中语言文字和标点符号的使用必须字斟句酌，力求严密周详、无懈可击。要保证立法语言的严谨性，必须注意法律用语的前后一致。例如，1979 年《中华人民共和国刑法》总则第 14 条第 2 款规定：“已满十四岁不满十六岁的人，犯杀人、重伤、抢劫、放火、惯窃罪或者其他严重破坏社会秩序罪，应当负刑事责任。”但该法分则中对各种“杀人”犯罪具体规定为“故意杀人罪”、“故意伤害罪”、“过失杀人罪”和“过失伤害罪”。1997 年 3 月修订的《中华人民共和国刑法》将这条改为：“已满十四周岁不满十六周岁的人，犯故意杀人、故意伤害致人重伤或者死亡、强奸、抢劫、贩卖毒品、放火、爆炸、投毒罪的，应当负刑事责任。”这样的规定是严谨的。同时，还要注意：（1）立法语言必须符合同一律、不矛盾律等形式逻辑的要求。因而，立法者需要严格按照逻辑规律的要求进行语句的表达、篇章的布局，以保证规范性文件在运用时能够推导出统一的、无歧义性的结论。（2）设定法律规范要严密而不疏漏。要有严密的逻辑结构，包括行为条件、行为模式和法律后果模式三部分，缺少其中任何一部分都会影响法律规范的整体质量和效能。（3）对事物、对象、行为、程序的规定都要精准而周全。关于时间、场合、范围等都要作严谨而细致的规定。

四、庄重严肃

立法语言要求庄重严肃，主要是由立法的严肃性和权威性决定的。中国共产党老一辈领导人董必武曾说："法律和法令是一种庄严慎重的东西。"① 要保证立法语言的庄重、严肃，应当做到：

（1）不用怀疑性、询问性、商榷性、讨论性、建议性的语句以及其他不肯定性的语言表现形式来表达立法的内容。

（2）一般不用简称。称谓事物如表达组织机构、文件名称等，应当使用全称。比如，《中华人民共和国刑法》第452条第2、3款规定："列于本法附件一的全国人民代表大会常务委员会制定的条例、补充规定和决定，已纳入本法或者已不适用，自本法施行之日起，予以废止。列于本法附件二的全国人民代表大会常务委员会制定的补充规定和决定予以保留。其中，有关行政处罚和行政措施的规定继续有效；有关刑事责任的规定已纳入本法，自本法施行之日起，适用本法规定。"这里对补充规定和决定的制定主体——全国人大常委会使用的是全称"全国人民代表大会常务委员会"。还有，全国人民代表大会常务委员会《关于国家监察委员会制定监察法规的决定》开始一句："为了贯彻实施《中华人民共和国宪法》和《中华人民共和国监察法》，保障国家监察委员会依法履行最高监察机关职责，根据监察工作实际需要，第十三届全国人民代表大会常务委员会第十四次会议决定。"其所使用的法律名称、组织机构等都是全称。上述这样的规定，使之有一种庄重、严肃之感。

五、通俗朴实

一件规范性文件要起到规范和引导的作用，要易为人们所理解和掌握，立法语言的平实质朴、明白易懂显得十分重要。尤其是当今时代，短、平、快的现代化工作节奏和生活方式要求立法语言必须通俗易懂，才能更便于为广大民众自觉遵守。

为保证立法语言的通俗化，立法主体在制定规范性文件时应当特别注意：

（1）不用晦涩难懂、深奥孤僻的词语，要用人们易懂的普通词语。如我国1979年《刑法》第149条中"隐匿、毁弃或者非法开拆他人信件……"的规定中"信件"一词就是从讨论稿中的"信函"一词改过来的。这样规定就更为通俗一些。

（2）不用形象性的词汇和艺术化的句式，要用朴实无华的词语。立法中不宜使用带有感情色彩的词汇，不宜对法律用语加上各种外表的装饰，也不应使用文学上的夸张、比喻、形容等手法。

（3）不应使用隐语、诙谐语或双关语。

（4）避免使用地方语言、古语等不容易为人们所理解的语言。

（5）不能使用已经过时的旧的公文程式套话。

---

① 董必武：《董必武政治法律文集》，338页，北京，法律出版社，1986。

总之，规范性文件不是为法学专家学者制定的，而是由广大民众熟悉和掌握的，要让立法尽可能地通俗朴实，做到“三易”，即易看、易读、易懂。当然，立法语言要通俗易懂，不是说立法中不能有法律概念、术语和词汇，而是说其应该是来自广大民众语言中的明确易懂的用语。

第三节　立法语言的使用规范

一、法律术语的使用

词语是语言文字中最基本的语言单位和构成要素。立法语言中使用的“词语”又被称作“法律术语”。如何使用法律术语是立法者运用立法语言首先要考虑的问题。

法律术语有各种不同的来源，其中有的是从常用词语中转化而来的，有的是以往立法和公文中所使用的，有的是在立法实践中创造的，有的是从外国立法中移植过来的。总的来看，法律术语可以分为以下几种。

（一）常用术语

常用术语是对各种物体、现象、特性、行为等立法对象的最常用名称，如“房屋”“财物”“银行”等。这类术语在日常生活、文学艺术著作、科学著述、一般公文中同样使用，其特点是简单易懂，在立法中用其常用的意义，没有任何专门的含义。

但是常用术语中许多词的界限是比较模糊的，具有不确定性。因此，在立法工作中需要注意：

(1) 寻找最能表达其本意的词语。例如，在《中华人民共和国刑法》修订中，将原《刑法》第32条规定的“免予刑事处分”改为“可以免予刑事处罚”。“刑事处分”和“刑事处罚”是立法中常用的概念，但由于处分是一个使用范围很广的概念，如党纪处分、政纪处分等。刑法中对犯罪分子适用刑罚应当称为刑事处罚，而不是刑事处分。修改后在用词上要更精确一些。

(2) 注意辨析反义词，以防语义存在歧义。

(3) 词语的组合上应当严谨。要使立法语言具有确切的含义，避免使用含糊不清的词语。如《中华人民共和国对外贸易法》第4条规定：“国家实行统一的对外贸易制度，鼓励发展对外贸易，维护公平、自由的对外贸易秩序。”而没有用“对外贸易法律与制度”这一含混不清的术语。

（二）常用但在规范性文件中具有专门含义的术语

日常生活中的许多术语，在规范性文件中却有专门的含义，如“管辖”“回避”“证据”“第三人”等。这类术语在立法语言中占相当比例。它们较之常用术语，具有更简洁的特点，能更准确、明晰、充分地表达其应有的含义。

这类术语既可以在立法中使用，也可以在日常生活中使用，但在立法中要有更确切的含义。因此，在起草和修改规范性文件时应当注意对有特定含义或特定适用范围的这类术语作出界定，以免引起歧义和不正确的适用。如《中华人民共和国刑法》第 91 条规定："本法所称公共财产，是指下列财产：（一）国有财产；（二）劳动群众集体所有的财产；（三）用于扶贫和其他公益事业的社会捐助或者专项基金的财产。在国家机关、国有公司、企业、集体企业和人民团体管理、使用或者运输中的私人财产，以公共财产论。"

（三）专门法律术语

立法同其他任何专业领域一样，也有自身特有的专门术语，如"原告""被告""起诉""自诉""公诉""前科""时效"等。专门法律术语可以准确、扼要地表述立法中所专有的概念。这类术语通常在立法中规定，在一般的口语中较少使用。

规范性文件中的专门术语并不很多，只有当一般的用语没有相应的概念时，才采用专门法律术语。这类术语有的是沿用古代法律制度中的，有的是从外国法律制度中翻译移植过来的，但主要是由本国语言或用本国语言创造的词语构成的。

（四）技术性术语

在现代立法，尤其是专业性较强的立法中，经常可以见到从科学、技术、艺术等各个领域借用的术语，以及各种职业术语。立法中使用这些术语是很有必要的，因为立法涉及社会生活的各个领域，这些领域有自己的特点，并有独特的技术性术语。立法调整的领域越广，所使用的技术性术语就越多。

技术性术语可以准确地、简洁地表达它们所反映的概念，消除将相近的概念混淆在一起的可能性，有助于更加确切地作出立法上的规定，从而有利于对规范性文件更好地理解和正确地适用。

资料链接

规范性文件中几组常用词语的使用规范

1. 公布、发布、公告

(1)"公布"用于公布法律、行政法规、结果、标准等。

示例 1：本法自公布之日起施行（《村民委员会组织法》第 41 条）。

示例 2：统计调查项目的审批机关应当对调查项目的必要性、可行性、科学性进行审查，对符合法定条件的，作出予以批准的书面决定，并公布；对不符合法定条件的，作出不予批准的书面决定，并说明理由（《统计法》第 13 条）。

示例 3：食品安全国家标准由国务院卫生行政部门会同国务院食品安全监督管理部门负责制定、公布，国务院标准化行政部门提供国家标准编号（《食品安全法》第 27 条第 1 款）。

(2)"发布"用于公开发出新闻、信息、命令、指示等。

示例 1：履行统一领导职责或者组织处置突发事件的人民政府，应当按照有关规定统一、准确、及时发布有关突发事件事态发展和应急处置工作的信息（《突发事件应对法》第 53 条）。

示例 2：突发事件发生地的其他单位应当服从人民政府发布的决定、命令，配合人民政府采取的应急处置措施，做好本单位的应急救援工作，并积极组织人员参加所在地的应急救援和处置工作（《突发事件应对法》第 56 条第 2 款）。

（3）“公告”用于向公众发出告知事项。

示例 1：……遇有大型群众性活动、大范围施工等情况，需要采取限制交通的措施，或者作出与公众的道路交通活动直接有关的决定，应当提前向社会公告（《道路交通安全法》第 39 条）。

示例 2：国务院专利行政部门对宣告专利权无效的请求应当及时审查和作出决定，并通知请求人和专利权人。宣告专利权无效的决定，由国务院专利行政部门登记和公告（《专利法》第 46 条第 1 款）。

2. 违法、非法

（1）“违法”一般用于违反法律强制性规范的行为。

示例 1：被检查单位或者个人拒不停止违法行为，造成严重水土流失的，报经水行政主管部门批准，可以查封、扣押实施违法行为的工具及施工机械、设备等（《水土保持法》第 44 条第 2 款）。

示例 2：村民委员会不及时公布应当公布的事项或者公布的事项不真实的，村民有权向乡、民族乡、镇的人民政府或者县级人民政府及其有关主管部门反映，有关人民政府或者主管部门应当负责调查核实，责令依法公布；经查证确有违法行为的，有关人员应当依法承担责任（《村民委员会组织法》第 31 条）。

（2）“非法”通常情况下也是违法，但主要强调缺乏法律依据的行为。

示例 1：……任何组织和个人不得侵占、挪用义务教育经费，不得向学校非法收取或者摊派费用（《义务教育法》第 49 条）。

示例 2：非法占有高度危险物造成他人损害的，由非法占有人承担侵权责任。所有人、管理人不能证明对防止非法占有尽到高度注意义务的，与非法占有人承担连带责任（《民法典》第 1242 条）。

二、立法中句子的使用

句子是指由各种词语以一定的形式组成，并能表达一个相对完整意思的语言单位。任何一件规范性文件的条文都是由句子构成的。立法主体在起草和修改规范性文件时，需要对句法结构和句式、句类、超句句型、时态等予以重视，并作出慎重的选择。

（一）句法结构

法律条文的句法结构是立法语言中最典型、最完备的一种。它的使用有以下两个特点。

1. 多用并列结构

这主要包括：（1）词语并列。如《中华人民共和国刑事诉讼法》第 66 条规定：“人民法院、人民检察院和公安机关根据案件情况，对犯罪嫌疑人、被告人可以拘传、取保候审或者监视居住。”这条规定采用了词语并列，即行为主体并列、行为对象并列和行为方式并列。（2）短语并列。如《中华人民共和国宪法》第21条第1款规定：“国家发展医疗卫生事业，发展现代医药和我国传统医药，鼓励和支持农村集体经济组织、国家企业事业组织和街道组织举办各种医疗卫生设施，开展群众性的卫生活动，保护人民健康。”这里采用了5个并列的短语。（3）复句中的分句或单句并列。如《中华人民共和国刑事诉讼法》第112条规定：“人民法院、人民检察院或者公安机关对于报案、控告、举报和自首的材料，应当按照管辖范围，迅速进行审查，认为有犯罪事实需要追究刑事责任的时候，应当立案；认为没有犯罪事实，或者犯罪事实显著轻微，不需要追究刑事责任的时候，不予立案，并且将不立案的原因通知控告人。控告人如果不服，可以申请复议。”

2. 普遍使用复杂同位成分

通常在主句的条件状语从句中列有同位成分。这些同位成分有的本身结构就比较复杂，与主句的中心词距离较远，并且是独立罗列。这种句法结构在其他语体中很少运用。但在立法语言中使用复杂同位成分，可以确保法律条文在结构上的严谨性和内容上的完整性。例如，《中华人民共和国行政处罚法》（2017年）第55条规定：“行政机关实施行政处罚，有下列情形之一的，由上级行政机关或者有关部门责令改正，可以对直接负责的主管人员和其他直接责任人员依法给予行政处分：（一）没有法定的行政处罚依据的；（二）擅自改变行政处罚种类、幅度的；（三）违反法定的行政处罚程序的；（四）违反本法第十八条关于委托处罚的规定的。”

（二）句式

句式就是指句子构成的形式。立法语言中句式结构的使用，主要有如下特点：

（1）较多使用长句。立法句子中普遍使用结构复杂的同位成分以及复杂的附加、修饰成分，因而经常出现长句子。

（2）较多使用动词性的非主谓句。汉语句式分为主谓句和非主谓句，而非主谓句又分为名词性、动词性和形容词性非主谓句。在立法语言中，一般多用动词性非主谓句。法律条文所表达的内容主要是行为规范，其所设定的权利、义务适用于一般的人、一般的事。因此，没有行为主体的规定并不会产生歧义，相反，会达到简洁明快的效果。《中华人民共和国刑法》第291条就是这种句式：“聚众扰乱车站、码头、民用航空站、商场、公园、影剧院、展览会、运动场或者其他公共场所秩序，聚众堵塞交通或者破坏交通秩序，抗拒、阻碍国家治安管理工作人员依法执行职务，情节严重的，对首要分子，处五年以下有期徒刑、拘役或者管制。”

（3）普遍使用非名词性宾语的句式。一般语体中，动词大多要求带名词性宾语，但在立法语言中却经常使用一些要求带非名词性宾语的动词，如“禁止”“给予”“予以”“加以”等。它们与动词组成动宾结构，如“分别给予警告、拘留”“给予适当鼓励”等。而且在立法语言中，非名词性宾语往往几项并列，把表示同范围、同性质行为的词语按一定逻辑顺序排列（通常是从轻到重逐步递进），如“分别给予教育、警告、罚款、行政拘留，直至依法追究刑事责任”。

（4）必要时使用文言句式。立法语言还保留了某些文言句式，虽然其类型有限，但仍经常出现。如“有下列情形之一”“有下列行为之一”等。文言句式与立法语言准确、严谨、庄重的风格是一致的，因而是必要的。

（5）一般使用松散句式。汉语句式中，根据句与句之间的结构是否相同，分为整句和散句两种类型。立法语言要求准确、凝练、严谨、朴实，不追求语言的艺术化，不讲究形式工整、音节匀称，所以一般选用散句、松句。

（三）句类

汉语的句类有陈述句、疑问句、感叹句和祈使句，但在立法语言中，只能使用陈述句和祈使句。

1. 关于陈述句的使用

陈述句在立法语言中主要用于表述说明性或授权性的规定。它有直接陈述和间接陈述两种表述手段：（1）直接陈述句，用于表述说明性的规定以及积极授权性的规定。其中，说明性的陈述句，常使用的句式有：“……是……”“……是指……”等。积极授权性（正面授予公民或机关某种权利或权力）的陈述句，常用句式有：“可以”“有权”“有……的自由”“有……的权利”等。如《中华人民共和国宪法》第35条规定：“中华人民共和国公民有言论、出版、集会、结社、游行、示威的自由。”（2）间接陈述句，用于表述消极授权性的规定。一般用否定之否定的方式间接授予公民或机关某种权利或权力，常用句式是“非经……不受（得）……”等。如《中华人民共和国宪法》第74条规定：“全国人民代表大会代表，非经全国人民代表大会会议主席团许可，在全国人民代表大会闭会期间非经全国人民代表大会常务委员会许可，不受逮捕或者刑事审判。”

2. 关于祈使句的使用

祈使句在立法语言中主要用于表述义务性的规定，即要求人们必须为一定行为或者不为一定行为的规定。要求人们必须为一定行为的规定，句式的常用语有：“应当”“应该”“必须”“得”等，如《中华人民共和国律师法》第3条第1款规定：“律师执业必须遵守宪法和法律，恪守律师职业道德和执业纪律。”要求人们必须不为一定行为的规定，句式的常用语有：“禁止”“不得”“不许”“不准”“不能”等，如《宪法》第49条第4款规定：“禁止破坏婚姻自由，禁止虐待老人、妇女和儿童。”

（四）超句句型

所谓超句，是指简单句以上的复合句和句群。如前所述，立法语言多用长句，即复合句。立法语言中，复合句较为常用的有选择句、条件句和假设句、转折句等句型。而句群是指两个或多个在意义上有密切联系、在结构上各自独立的单句或复句，按照句法结构规则组合而成的具有逻辑关系的法律条文。它是立法语言中语法手段高层次运用的结果。这里仅介绍几种复合句句型。

1. 选择句

选择句又称“或然句”，是指列出两种或两种以上的情形以供选择的句子。它表示一种选择关系。法律条文中使用选择句的主要有关于行为主体、行为方式、危害程度和行为后果选择的规定。《中华人民共和国刑事诉讼法》第 196 条第 2 款规定："人民法院调查核实证据，可以进行勘验、检查、查封、扣押、鉴定和查询、冻结。"该规定就是行为方式上的选择句。

2. 条件句和假设句

条件句和假设句都属于偏正复句。条件句是指偏句提出一种条件，正句则规定在满足这种条件的情况下所产生的结果的句子。而假设句是指偏句提出一种假设，正句则规定结论的句子。宪法、法律、法规、规章等作为一种重要的行为规范，要求人们必须为或不为一定行为时，往往使用条件句或假设句作出规定。立法实践中，条件句和假设句的区别并不明显，法律假设所要求的，通常也是一种条件。条件句和假设句的常用术语有"……的""凡……的""经……""如……"等，如《中华人民共和国刑事诉讼法》第 186 条规定："人民法院对提起公诉的案件进行审查后，对于起诉书中有明确的指控犯罪事实的，应当决定开庭审判。"

3. 转折句与"但书"

转折句在立法中主要用于例外、限制、纠偏、附加等特别规定中。转折句中"但书"的结构尤为重要。

"但书"是立法语言中形式上以"但"字开头，内容上规定例外、限制和附加条件的文字。"但书"属于特殊的行为规范。立法实践中的"但书"有如下具体的表现形式：(1) 排除的形式。这种形式主要用"但是……""但是……除外"等句式来表述，如《中华人民共和国刑法》第 8 条规定："外国人在中华人民共和国领域外对中华人民共和国国家或者公民犯罪，而按本法规定的最低刑为三年以上有期徒刑的，可以适用本法，但是按照犯罪地的法律不受处罚的除外。"除外是使用最广泛、最多的"但书"形式。(2) 授权的形式。主要用"但是可以……""但是……可以……""但是……有……"等句式来表述，如《中华人民共和国刑法》第 37 条规定："对于犯罪情节轻微不需要判处刑罚的，可以免予刑事处罚，但是可以根据案件的不同情况，予以训诫或者责令具结悔过、赔礼道歉、赔偿损失，或者由主管部门予以行政处罚或者行政处分。"又如《中华人民共和国民法典》第 303 条规定："共有人约定不得分割共有的不动产或者动产，以维持共有关系的，应当按照约定，但是共有人有重大理由需要分割的，可以请求分割……"(3) 要求的形式。主要表述形式有："但是应当……""但是……应当……""但是……要……"等，如《中华人民共和国刑事诉讼法》第 111 条第 2 款规定："接受控告、举报的工作人员，应当向控告人、举报人说明诬告应负的法律责任。但是，只要不是捏造事实，伪造证据，即使控告、举报的事实有出入，甚至是错告的，也要和诬告严格加以区别。"(4) 命令的形式。主要用"但是必须……""但……必须……"等来表述，如《中华人民共和国民事诉讼法》第 56 条规定："当事人一方人数众多的共同诉讼，可以由当事人推选代表人进行诉讼。代表人的诉讼行为对其所代表的当事人发生效力，但代表人变更、放弃诉讼请求或者承认对方当事人的诉讼请求，进行和解，必须经被代表的当事人同意。"(5) 禁止的形式。主要表述有："但不能……""但是……不能……""但是不得……""但……不……"

等，如《中华人民共和国行政诉讼法》第 90 条规定："当事人对已经发生法律效力的判决、裁定，认为确有错误的，可以向上一级人民法院申请再审，但判决、裁定不停止执行。"（6）否定的形式。使用"但是……不认为……"等表述，如《中华人民共和国刑法》第 13 条规定："一切危害国家主权、领土完整和安全，分裂国家、颠覆人民民主专政的政权和推翻社会主义制度，破坏社会秩序和经济秩序，侵犯国有财产或者劳动群众集体所有的财产，侵犯公民私人所有的财产，侵犯公民的人身权利、民主权利和其他权利，以及其他危害社会的行为，依照法律应当受刑罚处罚的，都是犯罪，但是情节显著轻微危害不大的，不认为是犯罪。"

4. 因果句

立法句子为表述某种因果关系，经常使用因果句。因果句就是偏句说出原因，正句则规定结果的句子。因果句通常使用"因……""因……而……"，如《中华人民共和国民法典》第 805 条规定："因发包人变更计划，提供的资料不准确，或者未按照期限提供必需的勘察、设计工作条件而造成勘察、设计的返工、停工或者修改设计，发包人应当按照勘察人、设计人实际消耗的工作量增付费用。"

5. 目的句

目的句就是用偏句表达一种行为，用正句规定这种行为的目的的句子。在立法句子中，常用"为了……制定……""为……特制定……"来表示立法目的，如《中华人民共和国合伙企业法》第 1 条规定："为了规范合伙企业的行为，保护合伙企业及其合伙人、债权人的合法权益，维护社会经济秩序，促进社会主义市场经济的发展，制定本法。"还有用"以……为目的"来强调某一法律规范的目的，如《中华人民共和国刑法》第 152 条第 1 款规定："以牟利或者传播为目的，走私淫秽的影片、录像带、录音带、图片、书刊或者其他淫秽物品的，处三年以上十年以下有期徒刑，并处罚金；情节严重的，处十年以上有期徒刑或者无期徒刑，并处罚金或者没收财产；情节较轻的，处三年以下有期徒刑、拘役或者管制，并处罚金。"还可以用"为了……""为了……而……"来规定法律条文中目的与手段之间的必然联系，如《中华人民共和国刑法》第 20 条第 1 款规定："为了使国家、公共利益、本人或者他人的人身、财产和其他权利免受正在进行的不法侵害，而采取的制止不法侵害的行为，对不法侵害人造成损害的，属于正当防卫，不负刑事责任。"

（五）时态

立法语言中，句子的时态主要有现在时、将来时和过去时三种。但在使用时要区分情况，严格掌握一些规则：

（1）通常用现在时态。由于法律的适用与实施是一个持续过程，是一种经常性的工作，所以立法句子绝大多数情况下要用现在时态。

（2）应当尽可能地避免使用将来时态。非用不可时，要在正常规则或主要规则之后，用禁令或命令的形式表述。如 1996 年 3 月 17 日公布的《中华人民共和国行政处罚法》第 64 条第 2 款规定："本法公布前制定的法规和规章关于行政处罚的规定与本法不符合的，应当自本法公布之日起，依照本法规定予以修订，在 1997 年 12 月 31 日前修订完毕。”

（3）混合使用过去时态与现在时态。表述一个先决条件时，可用过去时态表示适用法律之前应具备的条件，用现在时态来表示与适用法律同时存在的条件。如《中华人民共和国刑法》第 12 条第 1 款规定：“中华人民共和国成立以后本法施行以前的行为，如果当时的法律不认为是犯罪的，适用当时的法律；如果当时的法律认为是犯罪的，依照本法总则第四章第八节的规定应当追诉的，按照当时的法律追究刑事责任，但是如果本法不认为是犯罪或者处刑较轻的，适用本法。”

三、立法中标点符号的使用

标点符号是用来标明词句、语气和专名的书写符号，是书面语言必不可少的组成部分。用书面语言表达出来的法律规范，同样需要用标点符号来表明法律条文的句子、段落和语气。立法语言有自己的特点，其标点符号的使用也与一般书面语言有所不同。规范性文件中最常用的标点符号有逗号、句号、顿号、分号、冒号、括号和书名号，很少用问号、感叹号等表达感情色彩和语气方面的标点符号。这些标点符号通常分为两类：一类是点号，起停顿作用，包括逗号、顿号、分号、冒号、句号等；另一类是标号，起标示作用，使用较多的是括号、书名号和引号等。

（一）逗号、顿号、分号、句号

逗号表示句子中间的停顿，在规范性文件中运用得很广泛，常常用在主语和谓语、动词和宾语之间。句子中是否使用逗号，除了看有没有停顿，还要从结构上看能不能断开。当主语和谓语都比较长时，主语和谓语之间、主语各部分之间、谓语各部分之间均可加逗号。比如，《全国人民代表大会议事规则》第 23 条第 1 款规定：“主席团，全国人民代表大会常务委员会，全国人民代表大会各专门委员会，国务院，中央军事委员会，国家监察委员会，最高人民法院，最高人民检察院，可以向全国人民代表大会提出属于全国人民代表大会职权范围内的议案，由主席团决定列入会议议程。”

顿号表示句子中一个小的停顿，用来分开句子里的并列词或词组。它可以在主语、宾语和定语位置上的并列成分中使用。当一个句子内部有多个并列词语，各个词语之间需要使用顿号，并且用“和”或者“以及”连接最后两个并列词语。比如，《中华人民共和国民法典》第 259 条第 2 款规定：“违反国有财产管理规定，在企业改制、合并分立、关联交易等过程中，低价转让、合谋私分、擅自担保或者以其他方式造成国有财产损失的，应当依法承担法律责任。”当一个句子存在两个层次以上的并列关系时，既可在相同并列层次之间使用顿号，也可在不同层次之间使用顿号。比如，《中华人民共和国公务员法》（2006 年）第 107 条规定：“本法自 2006 年 1 月 1 日起施行。全国人民代表大会常务委员会 1957 年 10 月 23 日批准、国务院 1957 年 10 月 26 日公布的《国务院关于国家行政机关工作人员的奖惩暂行规定》、1993 年 8 月 14 日国务院公布的《国家公务员暂行条例》同时废止。”

分号表示句子中比较大的停顿，常用在并列的分句之间。在规范性文件中，分号运用得比较多。在多重复句中，各并列分句内已使用逗号的，并列分句之间使用分号。比如，《中华人民共和国电子签名法》第29条规定："未经许可提供电子认证服务的，由国务院信息产业主管部门责令停止违法行为；有违法所得的，没收违法所得；违法所得三十万元以上的，处违法所得一倍以上三倍以下的罚款；没有违法所得或者违法所得不足三十万元的，处十万元以上三十万元以下的罚款。"

句号表示一个陈述句完了以后的停顿，用在一个完整的句子之后。句子的完整与否，要从句子的结构和意义两方面来判断。立法语言绝大多数是陈述性的，因而句号在规范性文件中运用得很多，每个条文至少要使用一个句号。

资料链接

2004年《宪法》修正案中逗号的运用[①]

2004年3月14日经十届全国人大二次会议最后表决通过的《中华人民共和国宪法修正案》，其中涉及对土地和私有财产征收、征用及补偿问题的条文，删除了宪法修正案草案中的两个逗号。

为了删改这个逗号，大会主席团向代表们提交了长达四百五十余字的解释和说明。宪法修正案草案中的相关表述为："国家为了公共利益的需要，可以依照法律规定对土地实行征收或者征用，并给予补偿。""国家为了公共利益的需要，可以依照法律规定对公民的私有财产实行征收或者征用，并给予补偿。"在审议时，点在"并给予补偿"前面的一个逗号引起了有些代表的疑虑。有代表提出，以上两处规定中的"依照法律规定"，是只规范征收、征用行为，还是也规范补偿行为，应予明确。由于对此有不同理解，有些代表建议将"补偿"明确为"公正补偿""合理补偿""充分补偿""相应补偿"，等等。

大会主席团经研究认为，宪法修正案草案上述两处规定的本意是："依照法律规定"既规范征收、征用行为，包括征收、征用的主体和程序，也规范补偿行为，包括补偿的项目和标准。为了避免理解上的歧义，建议在最终的定稿中将上述两处规定中"并给予补偿"前面的逗号删去，修改为："国家为了公共利益的需要，可以依照法律规定对土地实行征收或者征用并给予补偿。""国家为了公共利益的需要，可以依照法律规定对公民的私有财产实行征收或者征用并给予补偿。"

（二）括号、书名号和引号

1. 括号

日常语言中，括号通常表示文章中的说明和补充的部分。在规范性文件中，使用括号有三种情况：

（1）在规范性文件的名称下方设置括号，用以标明规范性文件通过的时间和通过机

① 本则资料由叶传星摘录。

关、公布时间和公布机关、施行时间等内容。

（2）在规范性文件的正文中用以表示说明、注释和补充的内容。对这种情况要慎重，因为对于某种意思如果需要加以说明、注释和补充，还可以用定义的形式解决，或者以专条、专款解决。

（3）习惯上常常用来表示条、款之下“项”的顺序，将表示项的顺序的数词加上括号。

2. 书名号

书名号在规范性文件中多用来表示其他某个或某些规范性文件的名称。如《中华人民共和国行政监察法》第51条规定：“本法自公布之日起施行。1990年12月9日国务院发布的《中华人民共和国行政监察条例》同时废止。”

但在立法实践中，有的加了书名号，有的却没有加。为了规范、统一，在规范性文件中应当统一采用全称并加书名号。

3. 引号

引号表示规范性文件中引用的部分。立法实践中运用引号要注意：

（1）如果是完整地引用法律条文，而且引文中已经有标点，那么句末的标点不变，并将其放在引号内。比如，《中华人民共和国刑法修正案（九）》第48条规定，将《刑法》第392条第1款修改为：“向国家工作人员介绍贿赂，情节严重的，处三年以下有期徒刑或者拘役，并处罚金。”

（2）如果引文是法律条文的局部或者是名词、短语的，在引句内引用部分的末尾不加标点符号，但是在引号外的句末应当加注标点符号。比如，全国人大常委会《关于修改〈中华人民共和国土地管理法〉、〈中华人民共和国城市房地产管理法〉的决定》，将原《土地管理法》第74条改为第75条，其中的“土地行政主管部门”修改为“自然资源主管部门、农业农村主管部门”；将第84条中的“土地行政主管部门”修改为“自然资源主管部门、农业农村主管部门”；将有关条款中的“土地行政主管部门”修改为“自然资源主管部门”，“基本农田”修改为“永久基本农田”，“行政处分”修改为“处分”。

（3）如果引文较长，又分了段，那么只有在每段开头用前半个引号，在最后一段的末尾才加上后半个引号。比如，全国人大常委会《关于修改〈中华人民共和国建筑法〉等八部法律的决定》，将《中华人民共和国建筑法》第8条修改为：

“申请领取施工许可证，应当具备下列条件：

“（一）已经办理该建筑工程用地批准手续；

“（二）依法应当办理建设工程规划许可证的，已经取得建设工程规划许可证；

“（三）需要拆迁的，其拆迁进度符合施工要求；

“（四）已经确定建筑施工企业；

“（五）有满足施工需要的资金安排、施工图纸及技术资料；

“（六）有保证工程质量和安全的具体措施。

“建设行政主管部门应当自收到申请之日起七日内，对符合条件的申请颁发施工许可证。”

问题与思考

1. 什么是立法语言？它与其他语言文字有何不同？
2. 立法语言的地位和作用是什么？
3. 立法语言有哪些“风格”？
4. 法律术语包括哪些内容？
5. 立法句子的使用有哪些特殊要求？
6. 如何看待标点符号在立法起草和完善中的意义？
7. 在今天这个时代，科学技术不仅深刻地改变了人类的环境、生活和人类自身，也对法律制度产生了深远的影响。例如，科学技术的发展就给如何准确使用法律术语提出了很多难题。因此，国务院某直属管理机构在其制定的《缺陷产品召回管理条例（征求意见稿）》第3条对相关概念进行了界定：“本条例所称缺陷产品，是指因设计、生产、指示等原因在某一批次、型号或者类别中存在具有同一性的、危及或者造成人体健康和生命安全的不合理危险的产品。本条例所称召回，是指按照规定程序和要求，对缺陷产品，由生产者通过警示、补充或者修正消费说明、撤回、退货、换货、修理、销毁等方式，有效预防、控制和消除缺陷产品可能导致损害的活动。”这一条文说明了法律用语的严格性。

请参与全国人大常委会公布法律草案征求意见的活动或其他国家机关的“开门立法活动”，并从立法语言的角度提出自己的意见。

延伸阅读

1. 刘爱龙．立法语言的表述伦理．现代法学，2006（6）
2. 张永和主编．立法学．北京：法律出版社，2012
3. 周赟．立法语言的特点：从描述到分析及证立．法制与社会发展，2010（2）
4. 李康宁．民事法律立法语言失范问题检讨．法律科学，2010（5）
5. 朱涛．民法典编纂中的立法语言规范化．中国法学，2017（1）

图书在版编目（CIP）数据

立法学 / 朱力宇，叶传星主编．-- 5 版．-- 北京：中国人民大学出版社，2023.6
新编 21 世纪法学系列教材 / 曾宪义，王利明总主编
ISBN 978-7-300-31756-4

Ⅰ.①立… Ⅱ.①朱… ②叶… Ⅲ.①立法-法的理论-高等学校-教材 Ⅳ.①D901

中国国家版本馆 CIP 数据核字（2023）第 093901 号

新编 21 世纪法学系列教材
总主编　曾宪义　王利明
立法学（第五版）
主　编　朱力宇　叶传星
Lifaxue

出版发行	中国人民大学出版社		
社　　址	北京中关村大街 31 号	**邮政编码**	100080
电　　话	010－62511242（总编室）		010－62511770（质管部）
	010－82501766（邮购部）		010－62514148（门市部）
	010－62515195（发行公司）		010－62515275（盗版举报）
网　　址	http://www.crup.com.cn		
经　　销	新华书店		
印　　刷	北京密兴印刷有限公司	**版　　次**	2001 年 9 月第 1 版
开　　本	787 mm×1092 mm　1/16		2023 年 6 月第 5 版
印　　张	22 插页 1	**印　　次**	2024 年 9 月第 3 次印刷
字　　数	501 000	**定　　价**	58.00 元

《　　　　　　》※任课教师调查问卷

为了能更好地为您提供优秀的教材及良好的服务，也为了进一步提高我社法学教材出版的质量，希望您能协助我们完成本次小问卷，完成后您可以在我社网站中选择与您教学相关的1本教材作为今后的备选教材，我们会及时为您邮寄送达！如果您不方便邮寄，也可以申请加入我社的**法学教师QQ群：436438859（申请时请注明法学教师）**，然后下载本问卷填写，并发往我们指定的邮箱（cruplaw@163.com）。

邮寄地址：北京市海淀区中关村大街31号中国人民大学出版社806室收

邮　　编：100080

再次感谢您在百忙中抽出时间为我们填写这份调查问卷，您的举手之劳，将使我们获益匪浅！

基本信息及联系方式：※

姓名：＿＿＿＿＿＿　性别：＿＿＿＿＿＿　课程：＿＿＿＿＿＿＿＿＿＿

任教学校：＿＿＿＿＿＿＿＿＿＿＿＿　院系（所）：＿＿＿＿＿＿＿＿

邮寄地址：＿＿＿＿＿＿＿＿＿＿＿＿　邮编：＿＿＿＿＿＿＿＿＿＿

电话（办公）：＿＿＿＿＿＿　手机：＿＿＿＿＿＿　电子邮件：＿＿＿＿＿＿

调查问卷：※

1. 您认为图书的哪类特性对您使用教材最有影响力？（　　）（可多选，按重要性排序）

　A. 各级规划教材、获奖教材　　B. 知名作者教材

　C. 完善的配套资源　　D. 自编教材

　E. 行政命令

2. 在教材配套资源中，您最需要哪些？（　　）（可多选，按重要性排序）

　A. 电子教案　　B. 教学案例

　C. 教学视频　　D. 配套习题、模拟试卷

3. 您对于本书的评价如何？（　　）

　A. 该书目前仍符合教学要求，表现不错将继续采用。

　B. 该书的配套资源需要改进，才会继续使用。

　C. 该书需要在内容或实例更新再版后才能满足我的教学，才会继续使用。

　D. 该书与同类教材差距很大，不准备继续采用了。

4. 从您的教学出发，谈谈对本书的改进建议：＿＿＿＿＿＿＿＿＿＿＿＿

＿＿＿＿＿＿＿＿＿＿＿＿＿＿＿＿＿＿＿＿＿＿＿＿＿＿＿＿＿＿＿＿

＿＿＿＿＿＿＿＿＿＿＿＿＿＿＿＿＿＿＿＿＿＿＿＿＿＿＿＿＿＿＿＿

选题征集：如果您有好的选题或出版需求，欢迎您联系我们：

联系人：黄　强　吴静雨　联系电话：010-62515955/5727

索取样书：书名：＿＿＿＿＿＿＿＿＿＿＿＿＿＿＿＿＿＿＿＿＿＿＿＿

书号：＿＿＿＿＿＿＿＿＿＿＿＿＿＿＿＿＿＿＿＿＿＿＿＿＿＿＿＿＿

备注：※ 为必填项。